미신적 기복주의가 만연해 있는 오늘날 교회의 현실은 블레셋의 다곤 신전과 다를 바 없어 보인다. 그들의 하나님은 그저 알라딘이 마술램프에서 불러내는 지니와 같다. 오늘날 시급하게 회복되어야 할 하나의 교리가 있다면, 바로 기복적 우상숭배를 떠나 참되고 크신 하나님을 경배하게 만드는 성경적 신론이다. 바렛의 이 책은 하나님의 존재와 속성에 관한 지식만을 제공하지 않고, 높고 크신 하나님 앞에 합당하게 엎드려 경배하게 만들어 준다. 하나님에 관한 정보를 제공하는 책들은 많다. 그러나 마땅히 엎드려 찬양을 드려야 할, 상상할 수 없을 만큼 높고 크신 하나님을 보여 주는 책은 거의 없다. 그런데 이 책이 바로 그 일을 훌륭하게 해냈다.

— **신호섭**, 올곧은교회 담임목사, 고려신학대학원 교의학 겸임교수, 《교회다운 교회》 저자

기독교의 모든 것은 하나님을 어떻게 아는가에 달려 있다. 이 책은 완전하시고, 불변하시고, 순일하시며, 무소부재하시며, 전지전능하시고, 거룩하시고, 사랑으로 가득하신 하나님을 너무나 성경적이면서도 이해하기 쉽게 그리고 은혜롭게 설명해 놓았다. 아우구스티누스, 토마스 아퀴나스, 스티븐 차녹, 헤르만 바빙크로 이어지는 고전적 신론을 이토록 훌륭하게 설명한 책은 드물 것이다. 이 위대한 책을 모든 기독교인들에게 적극 추천한다.

— **우병훈**, 고신대학교 신학과 교의학 교수

이 책은 하나님의 속성들에 대한 성경적이고 개혁주의적인 소개서이다. 바렛은 메마르고 지루하게 글을 쓰지 않는다. 그는 자신이 하나님에 관한 각성이 어떻게 시작되고 진행되었는지에 대한 자술적 고백으로 책을 시작하기에, 독자들은 흥미진진하게 독서를 시작할 수가 있다. 바렛은 성경과 신

학 저술들을 읽고 자신이 체험적으로 알게 된 하나님의 속성에 대한 소개를 해주고 있다. 매년 봄학기면 신론을 강의하는 나 같은 사람으로서는 바렛의 원서를 일찍이 주목했었는데, 이렇게 국내에 번역 소개되는 것을 보니 기쁘게 추천하고 싶다.

— 이상웅, 총신대학교 신학대학원 조직신학 교수

이 책은 전문적 조직신학자가 신자들을 위해 가능한 한 쉬운 용어로 우리 하나님에 대해 설명하려고 시도한 노력이다. 그러므로 누구나 읽고서 이 책이 지시하는 방향대로 우리 하나님에 대해 배우고 그 하나님과 교제해 나가야 할 것이다. 이 책은 아우구스티누스와 안셀무스의 좋은 측면들을 중심으로 논의를 전개하면서, 칼뱅과 바빙크의 전통에서 하나님의 어떠하심을 설명하고 있다. 가장 쉽게 설명한 이 책의 논의를 따라가면서, 우리 하나님에 대해 생각하고 그 하나님과 교제하는 기쁨이 있기를 바란다.

— 이승구, 합동신학대학원대학교 조직신학 교수

하나님의 속성을 다루는 좋은 책의 표는, 하나님을 풀어 해석하려 하지 않고 하나님을 깔끔히 포장해서 박스에 집어넣으려 하지 않는다는 것이다. 오히려 하나님의 광대함, 하나님의 초월성, 하나님의 불가해성과 씨름한다. 그런 책은 우리가 하나님에 관해 얼마나 많이 아는지, 동시에 우리가 하나님에 관해 얼마나 아는 게 없는지 깨닫고 놀라게 만든다. 또한 딱 성경만큼만 가고, 그 너머로는 가지 않는다. 이 책이 바로 그런 책이며, 그런 의미에서 이 책을 기쁘게 추천한다.

— 팀 챌리스, challies.com 운영자, 《Visual Theology》 저자

R. C. 스프로울 이후로 이처럼 깊이 있는 신학을 이처럼 경건하고 이해하기 쉽게 면밀히 다룬 책은 아마 없을 것이다. 이 책은 하나님의 '찬탄할 만한 신비'를 명료하고 지혜롭게 탐구한다. 이 책을 읽으라. 그리고 충격을 받으라.

– 재러드 윌슨, 미드웨스턴 침례신학교 콘텐츠 기획 디렉터,
〈For the Church〉 편집 주간, 《The Gospel-Driven Church》 저자

최근의 동향을 보면 복음주의 개신교가 성경의 건전한 교리를 수호하는 일은 잘하고 있지만, 신론은 심각할 정도로 소홀히 여기고 있다. 또한 아둔하고 역사에 무지한 성경엄수주의(성경의 문자적 해석에 집착하는 것—편집주)의 영향 아래 여러 부분에서 니케아 공의회의 고전적 정통 교리에서 멀리 벗어나 있음을 알 수 있다. 감사하게도 개신교 신학자들 사이에 고전적 신론에 대한 관심이 새로워지고 있기는 하다. 하지만, 이에 대한 논의가 아직 드물어 이 교리가 왜 중요하며 교회와 관련해 이 교리에 무엇이 걸려 있는지에 관해 많은 그리스도인들이 명확하게 알지 못하는 지경이다. 매튜 바렛이 펴낸 이 탁월한 책은 성경적이고 역사적이며 보편적인 신론이 무엇이며 이것이 왜 중요한지, 그리고 신론을 버리는 개신교 세계의 큰 추세가 왜 교정되어야 하는지를 명료하고 이해하기 쉬운 말로 펼쳐 나감으로써 전문 신학자와 일반인 사이의 간극을 메워 준다.

– 칼 R. 트루먼, 그로브시티칼리지 교수, 《오직 은혜》 저자

오래전인 1973년, J. I. 패커는 자신의 저서 《하나님을 아는 지식》에서 복음주의 교회에 가장 필요한 것은 우리의 삼위일체 하나님에 관해 크게 생각하고 그분의 완전함과 영광과 위엄에 관해 아는 것이라는 사실을 우리에게 일

깨워 주었다. 슬프게도, 복음주의자들이 다른 것에 몰두하느라 하나님의 영광에 대해서는 생각하지 않아 우리의 영적 삶과 건강이 손상되고 있는 듯한 현실을 목격한다. 다수의 복음주의 교회가 하나님을 알라는 패커의 부르짖음을 마음에 두지 않은 것이다. 하지만 매튜 바렛은 패커의 부르짖음을 잊지 않았다. 이 책에서 바렛은 우리 시대의 교회가 다른 무엇보다도 절실히 필요로 하는 것을 주었다. 그것은 바로 우리 삼위일체 하나님의 아름다움, 영광, 자충족성, 우리와 완전히 다른 타자성을 바라보는 것이니, 오직 그 하나님만이 우리의 예배, 믿음, 순종, 섬김을 받으시기에 합당하다. 교회가 자기 길을 다시 찾고 하나님을 다시 최우선으로 삼고자 한다면 이 책을 읽어야 한다. 이 책은 우리 시대의 깊이 없는 신학적 사고에 대한 멋진 교정책이며, 인간에게 길들여지지 않은 우리의 창조주이자 구속주이신 분을 다시 한 번 깊이 생각해 볼 수 있게 해준다. 내가 읽은 하나님의 속성에 관한 책 중 가장 읽기 쉬운 책으로 손꼽힐 이 책에서 바렛은 성경으로 돌아가라고, 그리고 복음이 말하는 하나님에 관해 깊이 고찰했던 이전 신학자들의 어깨 위에 서 보라고 우리를 부른다. 오늘날 단호히 복음 편에 서서 우리 시대의 일시적 유행과 오류를 피하고자 한다면, 이 책을 집어 들라. 그리고 이 책의 안내를 받아, 변치 않는 생명을 주는 것을 향해 나아가라. 그것은 바로 우리 주 예수 그리스도의 얼굴에서 볼 수 있는, 하나님을 아는 지식이다.

　– 스티븐 웰럼, 서던뱁티스트신학교 기독교신학 교수, 《God the Son Incarnate》 저자

하나님의 속성을 생생하고 흥미롭게 다룬 이 책은 홀로 우리의 예배를 받기에 합당하신 하나님을 더 깊이 이해할 수 있도록 독자들을 안내할 것이다. 하나님의 본성과 관련해 큰 혼란이 대세를 이루고 있는 이 시대에, 바렛

은 신뢰할 수 있는 주해^{註解}에 교회사의 위대한 전통에 대한 해박한 지식을 결합시켜, 독자의 흥미를 끄는 문체와 능란한 필치로 복잡한 문제를 설명해 준다. 이 책은 하나님의 속성에 관한 훌륭한 입문서로서, 우리의 믿음을 튼튼히 해주고, 우리가 더욱 명료히 생각할 수 있게 도와준다.

– **크레이그 카터**, 틴들유니버시티칼리지 및 신학교 신학 교수,
《*Interpreting Scripture with the Great Tradition*》 저자

아우구스티누스, 아퀴나스, 안셀무스의 고전과 맥을 같이 하는 이 책은 '하나님은 무엇인가?'라는 질문의 핵심에 닿아 있다. 단순하되 절대 지나치게 단순화하지 않은 접근법을 사용하여, 매튜 바렛은 하나님의 성품에 관해, 그리고 하나님의 완전성에 관해 성경이 하는 말을 풀어서 설명해 준다. 하나님은 아름답고 거룩하시니, 바렛은 하나님보다 큰 이는 없으며 우리가 알아야 할 분으로 하나님보다 더 나은 이는 없다는 사실을 우리에게 일깨워 준다. 하나님을 알기를 소원한다면, 이 책을 집어 들고 읽으라.

– **앤서니 카터**, 이스트포인트교회 담임목사,
《*Black and Reformed*》, 《*Blood Work*》 저자

하나님을 아는 지식은 그리스도인의 경건이 꽃을 피우는 토양이다. 매튜 바렛이 이 책을 펴낸 것을 감사하게 생각하며, 이 책이 보여 주는 하나님의 지고^{至高}하심에 마음이 사로잡힌 사람들 가운데서 이 책이 경건을 성숙시키는 샘이 되기를 기도한다.

– **스코트 스웨인**, 올랜도 리폼드신학교 총장 겸 제임스 우드로 하셀 석좌교수,
《*Reformed Catholicity*》 저자

경박하고 정신을 산만하게 하는 시대를 사는 우리에게는 이런 책이 더 많이 필요하다! 모든 주제 중 가장 위대한 주제이자 진정한 신학이 이 책에서 명료하고 엄밀하게 다뤄진다. 매튜 바렛은 이해하기 쉽고 흥미로운 필치로 우리 하나님의 속성에 대해 탐구한다. 다 읽고 실망하며 책을 내려놓는 독자는 하나도 없을 것이다. 많은 이들이 이 책을 읽기를 기도한다. 이 책은 독자들의 신학을 형성시켜 줄 뿐만 아니라 궁극적으로 송영으로 안내할 것이다. 이 책에서 상세히 설명되는 하나님은 우리의 예배를 받기에 합당하신 분이다!

— **제이슨 헬로포울로스**, 유니버시티개혁교회 담임목사, 《신규 목회자 핸드북》 저자

매튜 바렛은 교회의 덕을 세우는 중요한 자료들을 경이로운 속도로 펴내고 있다. 그의 최신 저서에서 바렛은 독자들이 하나님의 속성이라는 고전적 논의에 쉽게 다가갈 수 있게 해준다. 이 책은 명료하고 매력적인 문체로, 방대한 양의 세심한 신학적 연구와 논증의 열매를 보여 준다. 기록된 하나님의 말씀으로서의 성경의 최고 권위에 몰두하는 바렛의 자세가 책의 매 페이지에 뚜렷이 드러난다. 그리스도인들이 살아 계신 하나님의 활기 없는 초상에 흔히들 만족하고 마는 시대에, 우리에게 절실히 필요한 원기회복제가 여기 있다. 이 책을 읽고 하나님을 보는 시야를 넓히라.

— **마크 D. 톰슨**, 무어 신학 대학 총장

깊고 강한 흐름이 바렛의 신론 탐구 작업을 관통한다. 바렛은 주해적 엄밀성, 신학적 정확성, 실천적 통찰력을 가지고 교회의 위대한 지성들과 대화하며 책을 써 나간다. 하나님이 어떤 분이신지 연구하며 참으로 그분보다 더 큰

이는 없다는 것을 깨닫기 위해 이 책은 공부할 가치가 충분하다.

– J. V. 페스코, 캘리포니아 웨스트민스터신학교 조직신학 및 역사신학 교수,
《Justification》 저자

하나님은 그분의 계시에 따라 하나님을 알고, 사랑하고, 예배하는 존재로 우리를 지으셨다. 이를 가장 힘들게 하는 것 중 하나는, 하나님의 성품을 우리 마음대로 다시 상상해 우리에게 가장 편한 분 또는 이 시대의 감수성에 가장 잘 들어맞는 분으로 만들려고 하는 우리의 우상숭배적 본능이다. 하나님의 속성 어느 하나라도 왜곡하거나 소홀히 할 때 이런 일이 발생하며, 이렇게 되면 우리는 창조주 하나님께서 원래 의도하신, 참되고 생명을 주는 관계에서 멀어지게 된다. 이 책에서 매튜 바렛은 우리의 생각, 설교, 예배에서 종종 소외되곤 하는 하나님의 성품의 여러 측면들을 매우 유익하고도 성경적으로 그려 보여 준다. 하나님의 백성이 크고 자애로우신 우리 왕을 제대로 알아 그분을 더 높이고, 예배하고, 그분 안에서 만족하고, 그분을 더 향유할 수 있도록 이 책이 도움을 줄 것이라 확신한다.

– 에릭 토네스, 바이올라 대학교 및 탈봇신학교 신학 교수 겸 신학과 학과장,
《Godly Jealousy》 저자

중요한 책이다. 오랜 세월 검증된 고전적 신론은 이 시대 교회에서 쇠퇴해 가고 있다. 바렛은 이에 항의하는 외로운 목소리가 아니며(그는 의도적으로 시대를 넘나드는 최고의 기독교 신학을 소개한다), 이해하기 쉬운 형식으로 이 논점을 우리에게 제시한다. 그의 글은 시종 흥미롭고 명료하다. 그러면서도 이 책은 당신의 하나님 개념을 확장시킬 것이다. 시간을 들여 읽을 만한

신론 책이라면 마땅히 그래야 한다. 바렛이 줄곧 말하는 것처럼 하나님은 그보다 더 큰 이는 상상할 수 없을 만큼 크신 분이기 때문이다. 그렇다. 바렛은 하나님의 속성에 관해 가르쳐 줄 뿐만 아니라 그 속성들이 서로 어떻게 연관되는지에 대해서도 알려 준다. 하지만 이 책을 읽는 것은 수업을 한 시간 듣는 것과는 다르다. 이 책을 읽는 것은 영적 훈련에 가깝다. 심지어 살아 계신 하나님과의 만남이라고 해도 좋을 것이다. 이 책을 읽다 보면 온 힘을 다해 하나님을 찬양하는 글을 읽는 것 같은 기분이 든다. 책을 읽어 나가면서 경외감이 점점 커지는 것을 느끼지 않을 사람이 없을 것이다. 읽고 또 읽어야 할 책이다.

– **팀 체스터**, 영국 보로브리지 그레이스교회 목사
《*Enjoying God*》 저자

죄와 두려움의 근원을 추적해 보면 그것은 결국 하나님에 대한 인식이 빈곤하기 때문이라는 것을 알 수 있다. 이 책은 그런 나에게 아주 반가운 보약이다. 현대 교회의 모든 연약함과 두려움 또한 그 근원을 하나님을 보는 시각의 빈곤함에 두고 있다. 이 책은 꼭 필요한 보약이다. 기도하는 마음으로 이 책을 읽고, 완전하시고 무한하시고 은혜가 넘치는 삼위일체 하나님을 만나기 바란다. 그분은 우리의 상상을 초월하는 사랑, 지혜, 권능, 은혜이시다.

– **피터 샌런**, 잉글랜드 자유교회 훈련 담당 디렉터, 《*Simply God*》 저자

무한, 영원, 완전

무한, 영원, 완전

지은이   매튜 바렛
펴낸이   김종진
옮긴이   오현미
편집   김예담
디자인   이재현
초판 발행 2021. 10. 18.
등록번호   제2018-000357호
등록된 곳 서울특별시 강남구 선릉로107길 15, 202호
발행처   개혁된실천사
전화번호   02)6052-9696
이메일   mail@dailylearning.co.kr
웹사이트   www.dailylearning.co.kr

책값은 뒤표지에 있습니다.
ISBN 979-11-89697-23-5 03230

길들여지지 않은 하나님의 속성

무한, 영원, 완전

매튜 바렛 지음 | 오현미 옮김

개혁된실천사

To Georgia.

"그 이튿날 아침에 그들이 일찍이 일어나 본즉 다곤이 여호와의 궤 앞에서 또다시 엎드러져 얼굴이 땅에 닿았고 그 머리와 두 손목은 끊어져 문지방에 있고 다곤의 몸뚱이만 남았더라."

삼상 5:4

목차

추천의 글

기독교 신학자들은 어떤 문제에 관해 자기 생각이 틀렸다는 것을 알게 되면 그런대로 그것을 쉽게 인정한다. 하지만 그러고 나서 곧 흔적을 지운다. 증거에 입각해 자기 견해를 수정하고, 올바른 견해를 채택하고, 그런 다음부터는 마치 처음부터 늘 그런 입장이었고 틈틈이 이 입장을 개선해 왔을 뿐인 것처럼 그 입장을 가르치고 말한다. 이는 어떻게 보면 혼돈에서 벗어나 진리에 이른 과정으로 볼 수도 있지만, 일단 진리에 도달하면 이들은 그 과정에 대해서는 함구하고 도착지에 대해서만 말한다. 충분히 그럴 수 있다. 우리가 신학자들에게 바라는 것은 진리의 땅에 대한 설명이니까 말이다.

　매튜 바렛의 이 책에서 가장 좋은 점은, 그가 자신의 발자국을 지워 없애지 않는다는 것이다. 바렛은 그 발자국을 되짚어, 자신이 어떤 여정을 밟아 왔는지 우리에게 보여 준다. 이는 신기한 발견의 여정이다. 바렛이 발견한 것은 그가 이미 알고 있는 하나님이었으니 말이다. 바렛은 그 여정 내내 하나님을 찬양했고, 하나님을 신뢰했고, 하나님을 섬겼고, 하나님의 말씀에 나타난 하나님을 연구했고, 하나님에 관한 참된 것을 가르쳤고, 하나님께 기도했다. 그런데 어찌된 일인지 어느 시점에 이르자, 자신이 지금까지 하나님에 대해 생각해 오던 익숙한 방식에 무언가 비현실적이고 불완전하고 부적절한 것이 있다는 깨달음이 점점 분명해지기 시작했다.

　바로 그 지점이 바렛의 여정과 기독교 신앙 안에서 자란 많은 사람들의 여정이 교차하는 지점이다. 하나님을 생각할 때 우리는 늘 즐겨 떠올리는 부분적인 것들(하나님의 자비, 친밀함, 우리를 향한 관심, 우리에게 주목하심, 우리를 향한 사랑)을 미리 골라 놓고 이것에만 집중하면서, 하나님에 대한 우리의 생각이 이런 친숙한 개념을 중심으로 마치 궤도를 돌 듯 돌아가게 만든다. 위안이 되고, 익숙하고, 안락한 일련의 신적 속성에 점점 편안함을 느낀다. 우리가 스스로 들어가 안주하는 신론에는 깎아지른 듯한 절벽도, 현기증 날 만큼 높은 곳도, 바닥을 헤아릴 수 없는 심연도 없다. 우리가 가진 신론은, 마치 모든 것을 올바로 이해하지만 어쩌다 보니 하나님의 순전한 '하나님 되심'godness만 배제하는 그런 신론인 것 같다. 하지만 그것은 모든 것을 잘못 이해했다는 의미다.

　그 점이 바로 바렛이 이 책에서 포착하고 있는 충격이다. 내가 안다고 생각했던 하나님을 만나고, 그 순전한 하나님 되심godness에 충격을 받는 것이다. 하나님은 바렛이 생각했던 것보다 더 크셨다. 바렛은 그 충격의 순간을 책 전체로 확장시키면서, 우리가 그토록 축소하고 싶어 하고, 경시하고 싶어 하고, 피하고 싶어 하고, 무시하고 싶어 하는 하나님의 모든 속성을 탐구한다. 우리가 더 고상하고, 더 고전적이고, 더 성경적인 신론을 고백하는 법을 배워가노라면, 하나님의 완전성, 자존성, 단순성, 불변성, 고통불가성, 영원성, 그리고 모든 '전'^{omni} 속성(전능, 전지 등을 의미함—편집주)이 행진하며 지나간다.

이 책에서 바렛은 하나님이 생각보다 크신 분이라는 발견을 기록하고 있지만, 여기에 수반되는 또 하나의 발견이 있다. 그것은 바로 신학은 어렵다는 발견이다. 신학이 어려운 이유는, 하나님이 얼마나 크신지를(안셀무스의 표현을 빌리자면, 하나님은 하나님보다 더 큰 존재는 생각할 수 없을 정도로 크시다는 것을) 일단 깨달으면, 하나님에 관해 이야기한다는 게 얼마나 어려운 일인지도 깨닫게 되기 때문이다. 그저 신학 서적을 공부하고, 새로운 전문 어휘들을 배운다고 해서 문제가 극복되지는 않는다. 실제로 대다수 독자가 이 책에서 몇 가지 유익한 새 단어들을 들어 알게 될 것이다. '자존성'^{aseity} 같은 단어는 사실 일상적인 단어가 아니고, '단순성'^{simplicity} 같은 단어는 신학에서 특별한 의미를 지닌다. 하지만 그런 단어를 골라, 하나님에 대해 올바른 말을 더 많이 하는 데 사용하는 것만으로는 충분치 않다. 고전적 기독교 신론의 이런 단어와 개념은 뿌리 깊은 생각의 습관을 뒤집어 엎는 여정에서 줄곧 볼 수 있는 표식일 뿐이다. 그런 생각 습관은 대개 "만약 내가 하나님이라면…" 같은 정서에서 시작된다. 우리는 자기 자신에게서 시작하여, 하나님도 어떤 면에서 분명 나와 비슷하시되 좀 더 규모가 크고 좀 더 훌륭한 분일 것이라 상상하는 그런 신학 스타일에 쉽게 안정감을 느낀다. 내가 누군가에게 거부당하면 슬픈 것처럼 하나님도 거부당하면 더더욱 슬픔을 느끼실 것이지만 그 슬픔 때문에 어떤 행동에 나서지는 않으실 것이라고 생각한다. 또는 내가 누군가에게 사랑을 받아야 하는 것처럼 하나님은 더더욱 사랑받으셔야 하며, 설령 사랑받지 못하신다 해도 틀림없이 어떻게든 그것을 받아들이실 수 있다고 생각한다. 우리는 이런 말을 받아들여 미묘한 뉘앙스를 덧붙이거나 어떤 성경적 원리로 울타리를 두르거나 특별히 심각한 오류만 배제할 가능성이 있다. 그리하여 우리의 신학은 모양새 좋은 하나님을 말하는 점잖은 신학으로 귀결된다. 하지만 여기에는 우리가 방심할 때마다 계속 오류를 발생시키는 근원적 문제점이 있다. 성경을 읽을 때조차, '내가 이러하니 하나님도 이러하실 것'이라고 생각하는 신학 스타일에서 벗어나지 못하는 것이 바로 그 근원적 문제점이다.

바렛은 이 책을 통해 그런 경향을 반전시키고자 한다. 바렛은, 신학의 올바른 길은 위에서 아래로 임하는 하나님의 계시를 따르는 것임을 알게 되었고, 그래서 독자들과 이 여정을 함께 하고 싶어 한다. 그러려면 참으로 직관에 반하는 어떤 움직임이 요구되는데, 그것은 하나님의 완전함과 복됨에 관한 메시지를 들으려면 우리가 실제로 자기 자신 밖으로 나와야 하기 때문이다. 또한 기독교 사상의 위대한 전통의 주요 신학적 증인들 중 몇몇의 말에 더욱 주의를 기울일 것이 요구된다. 아타나시우스가 아리우스파에 충격을 받고 이에 대응하여 내놓은 주장, 아우구스티누스의 자전적 《고백록》, 안셀무스의 책 한 권 분량의 묵상 기도 등 이러한 오래된 목소리들은 하나님의 하나님 되심에 크게 놀란 순례자로서 쓴 글이기 때문이다. 이렇게 바렛이 독자들을 초대하는 여정에는 수많은 동반자들이 있다. 그러나 무엇보다 중요한 것은 그 여정을 일단 시작하는 것이다. 우리가 이미 알고 있다고 생각한 그 하나님의 진정한 하나님 되심에 영속적으로 충격 받는 사람들의 무리에 합류하는 것이 중요하다.

프레드 샌더스
바이올라 대학교
토레이 아너스 인스티튜트
신학 교수

책머리에 | 집을 채우라

내 경우, 경건 서적보다는 교리 서적이 경건 생활에 더 도움이 되는 경향이 있으며, 다른 많은 사람들 앞에도 동일한 경험이 기다리고 있지 않을까 생각한다. 경건 서적 앞에 가만히 앉거나 무릎 꿇을 때는 "아무 일도 일어나지 않는"데, 입에 담뱃대를 문 채 연필을 손에 들고 약간 어려운 신학 서적을 끝까지 읽어 나가다 보면 마음이 저절로 기뻐 노래하는 경험을 하는 사람들이 많을 거라고 믿는다.

C. S. 루이스, "옛날 책 읽기에 관하여"

하나님의 속성에 관해 성도들이 읽을 수 있도록 명쾌하고도 이해하기 쉬운 문체로, 그러나 타협 없는 엄밀한 내용으로 쓰인 책이 거의 없다는 사실에 종종 아쉬움을 느낀다. 도서관 서가에 신학도가 뽑아 읽을 책은 층층이 쌓여 있지만, 신학도가 아닌 사람들이 하나님에 관한 깊은 지식의 샘으로 무작정 뛰어들 수 있는 기회는 별로 없다. 신학만이 충족시킬 수 있는 영적 허기가 있지만 안타깝게도 이들은 이 허기를 채우려고 대중적인 경건 서적으로 시선을 돌린다. 그러니 우리네 교회들이 선교에 대해서는 큰 열정을 품으면서도 우리가 경배한다고 하는 크신 하나님에 대해 물으면 빈혈 환자처럼 맥을 못 추는 것도 당연하지 않은가?

설상가상으로, 우리 앞에 입을 딱 벌리고 있는 그 구멍은 자유주의 신학자들이 너무도 열심히 메우고 있는 중이다. 지난 2세기의 세월은 현대인과 포스트모던인이 아우구스티누스, 안셀무스, 아퀴나스 같은 인물들이 확언한 고결한 하나님 인식을 우리와 비슷한 하나님, 우리가 길들일 수 있는 하나님으로 신속히 대체하고 있다. 더러운 귀신 비유를 적용해 보자. 나쁜 신학이 한 세대에게 쫓겨났는데 그 다음 세대가 그 빈자리를 대체물로 다시 채우지 않으면, 기독교 신학의 집은 비어 있는 상태가 된다. 나쁜 신학의 영이 돌아와 집이 비어 있는 것을 보고 더 더러운 신학을 일곱 가지나 데려온다. 나중 상태가 처음 상태보다 더 나빠졌다(마 12:45). 그것이 우리 시대의 유산이다.

하지만 상황은 달라질 수 있다.

이 책의 의도는, 진정한 의미에서의 좋은 신학, 귀신이 영원히 가까이 오지 못할 그런 유형의 신학으로 그 집을 채우려는 것이다. 이는 우리의 형상으로 창조되는 하나님, 곧 초월성이 내재성에게 집어삼켜진 하나님, 피조물과 별반 다를 게 없기 때문에 피조물에게 좌지우지될 수 있는 하나님을 창조하려는 현대 신학자들의 어젠다를 필요 없게 만든다는 뜻이다. 또한 이는 성경에 근거한 하나님 이해, 이사야의 말처럼 "높이 들린"(사 6:1) 분으로서의 하나님, 우리의 생각에 따라 길들여지지 않은 속성을 지니는 분으로서의 하나님 이해로 그 집을 채운다는 뜻이다. 그분은 예레미야가 다음과 같이 고백하는 하나님이시다.

> 여호와여 주와 같은 이 없나이다
> 주는 크시니 주의 이름이 그 권능으로 말미암아 크시니이다(렘 10:6).

이 하나님보다 더 큰 이는 없으니, 하나님은 그저 우리 자신의 더 큰 판형인 분이기 때문이 아니라 우리와 전혀 유사하지 않은 분이기 때문이다. 피조물과 혼동되지 않는 창조주만이 자기를 낮춰, 자신의 형상을 훼손한 자들을 속량하실 수 있다. "하나님의 참 엄위가 우리에게 내려오지 않았다면" 우리의 "상황은 분명 절망적일 것"이라고 장칼뱅은 탄식했다. "우리가 그분께로 올라가는 것은 우리 능력 밖의 일이기 때문"이다.[1]

여기서 밝혀 둘 것은, 이 책이 학자들을 위해 쓴 책이 아니라(학자들도 이 책을 많이 읽었으면 하지만), 교인들, 목회자들, 고전적 신론으로 인도해 줄 책을 아직 접해 보지 못한 새내기 신학도를 위해 쓴 책이라는 것이다. 이 책이 하나님의 백성들 사이에 널리 배포되어, 아브라함과 이삭과 야곱의 하나님과 무관한 신학으로 우리의 신학적 집을 채우려고 할지도 모를 영리한 자들에 맞서서 다음 세대 교회가 튼튼히 세워지기를 진심으로 바란다.

그 목표를 위해 나는 명료하고 이해하기 쉬운 방식으로 이 책을 쓰려고 노력했다. 말미에는 용어 풀이를 제공해, 독자들이 책을 읽어나갈 때 만나는 용어와 개념 이해를 돕고자 했다. 나는 하나님의 단순성을 강하게 믿는 사람이다. 단순성 때문에, 한 장에서 논의되는 속성은 다른 모든 장에서 다루는 속성들과 늘 연관된다. 용어 풀이는 용어와 개념이 어떤 특정 장에서 충분히 설명되기 전부터 독자들에게 도움을 줄 것이다.

책 발간과 관련해 감사를 드려야 할 분들이 많다. 브라이언 보스는 하나님의 속성에 관한 책을 써서 베이커 북스를 통해 출판하지 않겠느냐고 맨 처음 제안한 분이다. 솔직히 말해 처음에는 확신이 없었다. 신론이라는 겁나는 주제에 관해 이해하기 쉽고 명료하게 대중적 수준의 책을 쓴다는 것은 지진을 일으키며 연기를 피워 올리는 시내 산에 오르는 것과 같다는 생각이 들었다. 나는 모세처럼 바위틈에 몸을 숨긴 채, 하나님의 실체의 영광을 볼 수 있으리라고 지극히 오만하게 추측하지 않고 그저 하나님의 강한 역사와 말씀을 수단으로 하나님이 어떤 분이신지 알 수 있기를 겸손히 구했다. 이 책을 쓰고 있을 때 R. C. 스프로울이 주님 곁으로 갔다. 브라이언은 스프로울이 일반 신자가 쉽게 이해할 수 있는 방식으로 복잡한 신학을 또박또박 설명할 수 있는 은사를 지닌 사람이라고 하면서 그를 더 연구해 보라고 권했다.

예리한 편집자의 눈을 지닌 제임스 코스모에게도 신세를 졌다. 코스모가 거친 모서리를 부드럽게 다듬어 준 덕분에 책의 논지와 문장이 최대한 명료하고 매끄러워졌다. 출판을 앞두고 원고를 미리 읽어 준 우리 학생들, 로니 커츠, 샘 파키슨, 조지프 레니어에게도 감사를 표한다.

우리 가족이 캔자스시티로 이주해 자리 잡을 수 있도록 지원해 준

미드웨스턴 침례신학교 총장 제이슨 앨런, 교무처장 제이슨 더싱에게 특별히 감사드린다. 두 분은 이 책을 집필할 시간을 보장해 주었으며, 내가 이곳에서 학생들에게 신학을 가르치게 된 것을 그분들이 더할 나위 없이 반겨 준 덕분에 나는 더 분발해서 교회를 위해 뛰어난 학자가 되어야겠다고 다짐하게 되었다. 그분들과 한 팀이 되어서 기쁘다.

늘 그랬던 것처럼, 아내 엘리자벳은 나의 든든한 보루다. 루터에게 카타리나가 있었다면 내게는 엘리자벳이 있다. 기쁨과 행복이 가득한 집을 가꾸어 나가는 와중에도 아내는 신학적 대화에 싫증을 내지 않는다. 나는 어쩌다 한 번씩 그리스도의 겸손함을 흉내내 보려고 애를 쓰는데, 아내에게는 그런 겸손이 일상이다. 아내는 그리스도께서 그러시듯 진심으로 남을 사랑한다. 직접 경험해 본 우리 아이들은 누구보다 그 사실을 잘 안다.

이 책은 우리 딸 조지아에게 헌정한다. 조지아는 심성이 고요한 아이다. 조지아가 이야기를 할 때면 나는 조용히 경청한다. 조지아의 온유함은 하늘에 계신 아버지께서 주신 것이 틀림없다. 이 책이 성부의 아름다움을 여러분에게 알려 주어서, 여러분이 성령님에 의해 성자에게 더욱더 가까이 다가갈 수 있게 되기를 기도한다.

매튜 바렛
2018년 캔자스시티

들어가는 말 | 하나님께 놀라다

주는…존귀와 권위로 옷 입으셨나이다.

시 104:1

초월적이시고, 엄위하시고, 경외로우신 루터와 칼뱅의 하나님이…고분고분한 분이 되고 말았다.

마샤 위튼, 《*All is Forgiven*》

"아슬란은 사자야. 사자라고, 위대한 사자."

"오!" 수잔이 말했다. "나는 그가 사람인 줄 알았어. 안전할까? 사자를 만나면 좀 긴장이 될 것 같아서."…

"안전하냐고?" 비버 씨가 말했다…"안전은 무슨? 당연히 그는 안전하지 않아. 하지만 그는 선하지. 그는 왕이라고."

C. S. 루이스, 《사자, 마녀, 그리고 옷장》

각성

대학 시절에 나는 두 번 사랑에 빠졌다. 첫 번째는 대학 일 학년 때 햇살 좋은 L. A.의 한 카페테리아 밖에서 지금의 내 아내 엘리자벳을 만났을 때였다. 믿기 어렵겠지만, 결혼한 지 십삼 년째인데, 우리가 처음 만난 날이 마치 어제 일처럼 기억난다.

모든 일이 거꾸로였다. 발렌타인데이가 코 앞에 다가와 있어서 엘리자벳은 룸메이트에게 소개팅을 시켜 주겠다고 약속했단다…그것도 아주 신속하게. 대다수 새내기들처럼 나는 아무것도 모르는 얼치기였고, 엘리자벳은 룸메이트의 소개팅 상대로 나를 염두에 두고 있었던 것 같다. 내 친구들이 나중에 하는 이야기를 들으니, 엘리자벳은 2주 동안 몰래 나를 엿보면서 내가 자기 룸메이트에게 어울릴 만한 사람인지 살폈다고 한다. 그러던 어느 날 엘리자벳은 친구를 내게 소개하려면 우선 자기 자신이 나와 안면을 터야 한다고 생각하고 용기를 냈다. 카페테리아에서 걸어 나오던 나는 눈이 번쩍 뜨일 만큼 예쁜 여자가 갑자기 "안녕"하고 인사를 하는 바람에 깜짝 놀랐다. 우리는 한 시간 동안 이야기를 나누었지만, 엘리자벳은 내가 자기 룸메이트에게 어울리는 상대가 아니라고 최종적으로 결론을 내렸다. 나는 엘리자벳의 룸메이트가 아니라 엘리자벳에게 딱 맞는 사람이었던 것이다! 짧게 줄여 말하자면, 그해 발렌타인데이에 엘리자벳의 룸메이트는 다른 소개팅 상대를 찾아야 했고, 내가 꽃다발을 들고 찾아간 사람은 엘리자벳이었다. 그러나 그해 나는 두 번째 사랑에 빠졌다. 아니, 다른 여자와 사랑에 빠진 것은 아니었다. 따분하게 들리겠지만, 두 번째 사랑의 대상은 책이었다. 기독교 대학에 갓 입학한 학생으로서 엘리자벳은 신학 수업을 즐기고 있었다. 어느 날 엘리자벳은 자신이 읽고 있는 책들 중에 내가 읽은 책이 있느냐고 물었다. 당황한 나는 쿨럭쿨럭 기침으로 대답을 대신했다. 내가 잘 보이고 싶은 여자가 여기 있는데, 이 여자는 신학에 대해 나보다 더 많이 알고 있는 게 분명했다. 내가 창피해한다는 것을 알아차리지 못한 엘리자벳은 예를 들어 은혜의 교리에 관해 얼마나 많이 배웠는지를, 그리고 하나님의 주권과 자유 의지 사이의 신비, 그리고 악의 문제 같은, 기독교 신앙을 둘러싼 중요한 질문들과 얼마나 씨름하고 있는지를 내게 이야기하기 시작했다.

내 호기심에 불꽃이 일었다.

며칠 후 학교 카페테리아 밖에서 나는 낡아서 버려진 장 칼뱅의 《기독교 강요》 한 권을 우연히 손에 넣었다. 그로부터 며칠 동안 나는 잠을 잘 수 없었다. 그 책을 손에서 내려놓을 수가 없었다. 그런 책을 읽어 보기는 난생 처음이었다. 물론 나는 기독교 가정에서 자랐다. 그리고 당연히 매주 예배당에 가서 성경 말씀을 듣고 배웠다. 어린 신자로서 기독교 서적도 많이 읽었다. 하지만 이 책은 달랐다. 왜 달랐을까?

칼뱅은 하나님의 엄위에 대해 아주 명료하고 깊이 있게 또박또박 이야기했다. 눈에서 비늘이 벗겨진 나는 이제 하나님을 "공부하는" 것이 아니었다. '신학'이라는 딱지가 흔히 그런 의미를 전하기는 하지만 말이다. 그렇다. 나는 살아 계신 하나님을 만나고 있었다. 그 학기에 나는 지금까지 알지 못했던 하나님 그 자체를 알아가는 일에 착수했다. 내가 비록 여러 해 동안 성경을 읽어 온 경건한 그리스도인일 수는 있지만, 이제 내 앞에는 지금까지 한 번도 본 적 없는 하나님의 영광을 볼 수 있는 창문(사실은 문)이 활짝 열렸다.

그해에 하나님에 관해 더 많이 배울수록 나는 이 크신 하나님과 비교할 때 내가 얼마나 작고 보잘것없는 존재인지를 더더욱 인정해야 했다. 주변 문화는 하나님이 그저 우리 자신의 좀 더 크고 좀 더 나은 판형version일 뿐이라고 말했지만, 내가 발견해가고 있는 하나님은 인간과는 전혀 다른 분이었다. 그때까지 한 번도 그런 적이 없지만, 나는 다음과 같은 칼뱅의 고백에 공감했다. "인간은 자기 자신을 하나님의 엄위와 비교해 보기 전에는 자신의 저급한 상태에 대한 자각으로 족히 마음이 찔리며 영향을 받지 않는다."[1] 욥이 그랬듯, "하나님의 지혜, 능력, 정결하심"을 헤아려보면 볼수록 나는 압도되었다. 특히 나 자신의 "우둔함, 무능력, 부패함"을 생각하면 더욱 그러했다.[2] 일단 하나님의 엄위하심에 정신이 번쩍 들자, 그분의 무한한 영광, 지고至高함, 완전함이 마치 무자비하고 얼음같이 차가운 겨울이 지난 후에 비추는 태양의 따뜻한 광선처럼 갑자기 밝게 빛났다. 하나님의 신성의 광채가 나를 눈멀게 했으며, 역설적으로 이제 그분의 아름다움을 그 어느 때보다 잘 볼 수 있게 되었다.

그해 여름, 캠핑 여행 도중에 하나님의 영광에 대해 더욱 큰 각성을 하게 될 거라고는 꿈에도 생각하지 못했다.

더욱 큰 각성

캠핑은 정말 가족끼리 할 수 있는 진귀한 경험의 보증수표이다. 별이 나를 내려다보는 대자연 속에서 잠자기, 한밤중 모닥불 둘레에 둘러앉아 마시멜로를 구워 먹으며 무서운 이야기하기, 낚싯바늘에 벌레 한 마리 끼워 커다란 농어 잡기 등 갖가지 캠핑은 추억을 만드는 일이다.

내 경험에 한해 말하자면, 캠핑은 악몽이 될 수도 있다. 결혼하고 몇 년 후 처음으로 아내와 캠핑을 갔을 때가 기억난다. 모기들이 우리 캠핑장에서 가족 모임이라도 갖기로 한 것 같았다. 첫날 아침, 잠에서 깨어 푸짐한 아침 식사 생각에 마음이 부풀어 있던 우리는 팬케이크, 시럽, 달걀, 베이컨을 가져오지 않았다는 것을 깨달았다. 게다가 날씨도 더웠다. 너무 더워서 밤에 잠을 잘 수 없을 정도였다. 한 살 된 우리 딸은 캠핑이 몹시 마음에 안 든다는 것을 온 캠핑장에 다 알리기로 작정한 듯했고, 안락한 집을(특히 에어컨이 있는) 놔두고 사서 고생을 하기로 한 엄마 아빠의 결정에 노골적으로 불만을 표시했다. 새벽 세 시, 더는 버틸 수가 없었다. 우리는 짐을 꾸려 차 트렁크에 던져 넣고 패잔병처럼 집으로 향했다.

그렇게 대실패로 끝난 최근의 캠핑 경험에도 불구하고, 어렸을 때 가족끼리 낡은 스테이션 왜건을 타고 이 캠핑장 저 캠핑장으로 다녔던 것은 행복한 추억으로 남아 있다. 나는 아침 안개에 싸인 호수의 고요함을 즐기며, 힘든 하이킹 후에 산 정상에서 맞는 부드러운 바람을 좋아한다. 거기에는 하나님의 성품을 묵상하기 좋은 순간들이 있다.

대학 입학을 위해 집을 떠나온 후, 나는 캠핑 전통을 이어가려고 애썼다. 그 첫해 여름, 장차 내 처가 식구들이 될 분들의 초대로 캠핑을 함께 갔던 잊지 못할 추억이 있다. 아침에 프렌치 토스트를 해먹고 오후에는 수상 스키를 탔다. 믿을지 안 믿을지 모르겠지만, 내가 비록 메이플 시럽을 좋아하고 얼굴에 바람을 맞으며 시속 삼십 킬로미터로 수상 스키 타는 걸 좋아하기는 하지만, 그것이 그 캠핑 여행의 하이라이트는 아니었다. 하이라이트는 어느 고요한 아침, 다른 식구들보다 훨씬 일찍 잠에서 깬 날에 찾아왔다. 그때 나는 아우구스티누스의《고백록》한 권을 막 손에 넣은 참이었다. 보급판의 작은 책이었는데, 전날 실수로 강아지 물그릇에 책을 빠트리고 말았다. 물에 젖은 책이 복어처럼 부풀어 올라서, 나는 그 책을 그냥 버릴 뻔했다. 하지만 몇 가지 이유로 나는 그 책을 버리지 않았고, 이슬이 촉촉이 내린 그날 아침, 떠오르는 태양 빛 아래 앉아 아우구스티누스의《고백록》을 한 번 읽어보기로 했다. 그리고 그날 이후 내 인생은 전과 같을 수가 없었다.

아우구스티누스

히포의 아우구스티누스Augustinus of Hippo(354–430)는 불신자 시절 마니교 철학에 깊이 빠져 있었다. 북아프리카의 이 불안한 양심은 기독교 신앙만이 자신이 풀려고 하는 의문들에 답을 줄 수 있다는 것을 깨닫기까지 평안을 몰랐다.《고백록》을 보면 그의 회심에 관해 알 수 있는데, 그리스도인의 자서전 중 어쩌면 역사상 가장 유명하다고 할 수 있는 이 책은 하나님의 성품에 관해 많은 것을 말하는 신학적인 기도에 바탕을 두고 있기 때문에 전형적인 전기의 틀에 들어맞지는 않는다. 아우구스티누스는 평생을 논쟁에 휘말려 살았던 것으로 보인다. 예를 들어 그는 펠라기우스파에 맞서 원죄 교리를 옹호하면서, 인간은 태생적 부패성 때문에 강력하고도 효과적으로 새로운 영적 생명을 주어 회심이라는 결과를 낳을 은혜를 필요로 한다고 논증했다. 서쪽의 아리우스파에 대항해서는 그리스도의 완전한 신성을 옹호했고, 이어서 오늘날까지도 여전히 논의의 대상이 되고 있는 삼위일체 교리를 설파했다. 우리의 연구와 관련해 큰 깨우침을 주는 것은, 하나님의 초월성과 내재성 사이의 섬세한 균형에 관한 아우구스티누스의 고찰일 것이다.

죄와 심히 씨름하면서, 마침내 하나님께 삶을 바치고 그리스도를 믿고 의지하게 되기까지 자기 육체와 싸운 사람이 여기 있었다. 아우구스티누스는 어느 날 과거를 돌아보면서 자신의 회심 스토리를 풀어 쓰려고 했다. 하지만《고백록》은 단순한 자서전이 아니다. 이 책은 하나님에 대한 선명한 묘사이며, 이 묘사는 수없이 많은 기도의 형태로 등장한다. 나는 짙푸른 호수의 아름다움에 흠뻑 빠져 있다가 갑자기 전에 한 번도 본 적 없는 하나님의 아름다움에 눈을 열어 주는 한 기도에 맞닥뜨렸다.

> 지존하시고, 지극히 선하시며, 지극히 능력 있으시며, 지극히 전능하시며, 지극히 자비로우시면서도 지극히 의로우시며, 깊숙이 숨어 계시면서도 친밀히 임재하시며, 아름다움과 능력이 완전하시며, 안정되어 있으시면서도 불가해^{不可解}하시며, 변하지 않으시나 만물을 변화시키시며, 새로워지지도 낡지도 않으시나 모든 것을 새롭게 하시며, 교만한 자들을 "노쇠하게 하시나 저들은 이를 깨닫지 못합니다"(욥 9:5, 옛 라틴어 역본). 항상 일하시고, 항상 안식하시며, 자기에게 모아들이시나 궁핍함이 없으시며, 붙들어 주시고 채워 주시고 보호해 주시고, 창조하시고 양육하시고 성숙케 하시고, 부족한 것이 없으면서도 찾으십니다. 사랑하시되 불타오르지 않으시며, 질투하시되 불안해하지 않으시며, "한탄"하시되(창 6:6) 후회로 괴로워하지 않으시며, 진노하시되 평온하십니다. 변화를 뜻하시되 계획은 바꾸지 않으십니다. 주님은 찾은 것을 다시 소유하시며 절대 다시 잃어버리지 않으십니다. 주님은 결코 궁핍하지 않으시나 이익은 기뻐하시며(눅 15:7), 절대 탐욕스럽지 않으시나 이자를 요구하십니다(마 25:27).

우리가 주께서 요구하신 것보다 많이 바쳐 주님을 채무자로 만들려 하나 뉘라서 주님의 것 아닌 것을 가질 수 있겠나이까(고전 4:7)? 주님은 그 누구에게 그 어떤 빚도 지지 않으셨으면서도 빚을 갚아 주십니다. 또한 빚을 탕감해 주시면서도 아무 손해도 입지 않으십니다. 내 생명, 내 거룩한 즐거움이신 내 하나님이여, 이 모든 말로 내가 무엇을 아뢰었습니까? 사람이 주님에 대해 말할 때 말로써 무엇을 이루었습니까? 그러나 장황한 말로 시끄럽게 하나 실상은 아무 할 말이 없어서 주님에 대해 침묵하는 자들에게는 화가 있을 것입니다.[3]

창조주와 피조물을 세심하게 구별 짓는 아우구스티누스는 팽팽한 줄 위를 걷는 곡예사와 같다.[4] 그렇다. 하나님은 내재하시되("친밀히 임재하시며") 여전히 초월적이고 불가해하시다("깊숙이 숨어계시면서도"). 그렇다. 하나님은 세상에 변화를 일으키시되("만물을 변화시키시며") 하나님 자신은 절대 변하지 않으신다("변하지 않으시되"). 그렇다. 하나님은 창조하시고 다시 새롭게 하시되, 자기 자신은 시간을 초월하여 영원하시다("새로워지지도 낡지도 않으시되"). 그렇다. 하나님은 다른 것은 양육하시지만, 하나님 자신은 절대 양육이 필요하지 않은 분이시다. 그렇다. 하나님은 세상을 성숙으로 이끄시지만, 하나님 자신은 성숙해지는 일이 없으시며, 잠재적 능력에 이를 필요도, 그 능력이 활성화될 필요도 없으시다. 하나님은 극대로 살아 계시며maximally alive, 순수현실태이시며pure act("항상 능동적이시고"), 절대 변하지 않으신다("변하지 않으시되"). 그렇다. 하나님은 사랑하시되 사랑의 감정에 취해 불안정하게 요동하지 않으신다("사랑하시되 불타오르지 않으시며"). 그렇다. 하나님은 질투하시지만, 그분의 질투는 인간의 질투와 달리 절박하거나 무능력하지 않다("불안해하지 않으시며"). 그렇다. 하나님은 악한 자에게 심판을 쏟아 부으시지만, 절대 변덕스러운 하나님으로서 그렇게 하시지 않으며("평온하십니다"), 하나님의 심판은 언제나 그분의 의로움으로써 계량된다. 그렇다. 하나님은 우리 빚을 갚아 주심으로 우리를 구속^{救贖}하시지만, 이것이 가능한 이유는 오직 하나님만이 누구에게도 빚지지 않는 절대적 자존의 하나님이시기 때문이다("그 누구에게 그 어떤 빚도 지지 않으셨으면서도").

명시적으로 진술되지는 않았지만, 아우구스티누스의 기도에는 한 가지 기본적 전제가 시종 드러나지 않게 엮여 있다. 그것은 하나님의 속성들이 화음을 맞춰 노래한다는 것이다. 하나님의 단순성이란 하나님이 여러 부분들로 이뤄지지 않으며 하나님은 곧 하나님의 속성들이라고 하는 믿음^{he is his attributes}인데(5장과 용어 풀이를 보라), 아우구스티누스의 기도에는 이 단순성이 한 번도 직접적으로 언급되지는 않지만, 기도 전체에 스며들어 있다. 아우구스티누스는 하나님 자체를 하나님이 자신의 피조물과 관계 맺으시는 방식과 조화시킬 뿐 아니라, 각 속성이 다른 속성을 조명한다고 믿고 절대 한 속성을 다른 속성과 분할하지 않는다. 한 속성이 다른 속성을 그렇게 조명할 때 우리는 한 걸음 뒤로 물러나, 하나님의 나뉘지 않는 하나의 본질의 완전함에 감탄한다. "온전히 아름다운 시온에서 하나님이 빛을 비추셨도다"(시 50:2).

아우구스티누스의 기도문을 읽고 또 읽은 뒤, 젖었다 말라서 쭈글쭈글 부풀어 오른 책을 내려놓고 잔잔한 수평선을 바라보았다. 그리고 복잡한 심정이 되었다. 왜 전에는 이런 하나님에 대해 알지 못했을까? 하나님은 매우…크신, 내가 배워서 알고 있던 하나님보다 훨씬 더 크신 분이었다. 물론 나는 기본적 사실들은 알고 있었다. 하나님은 창조주이시다, 하나님은 주Lord이시다, 하나님은 사랑이시다. 하지만 나는 하나님의 완전한 속성에 대해 아우구스티누스처럼 생각해 본 적이 없었다. 솔직히 말해, 몇몇 속성들에 대해서는 그때까지 단 한 번도 생각해 본 적이 없었다. 마음 한쪽으로 좌절감도 들었다. 그렇게 오랫동안 그리스도인으로 살아왔고, 그렇게 여러 해 동안 성경을 공부했고, 그렇게 규칙적으로 교회에 다녔으면서 어떻게 하나님의 단순성, 자존성, 고통불가성 같은 속성에 대해 한 번도 들어본 적이 없을 수가 있을까? 그러나 그와 동시에 나는 압도적인 기쁨에 사로잡히기도 했다. 아우구스티누스를 내 편으로 삼아 나는 성경을 다시 읽었고, 성경의 모든 페이지에서 이런 속성들을 발견했다. 전에는 어떻게 이것을 못 보고 넘길 수 있었을까? 이런 속성들은 성경 어디를 펼치든 나타나 있었는데 말이다. 오랜 세월 하나님을 알아 오긴 했지만, 그 순간에 나는 허를 찔렸다.

이 책을 집필하기 앞서 몇 달 간 나는 아우구스티누스의 기도문을 다시 읽었다. 다시 읽다 보니 도무지 피할 수 없는 한 구절이 눈에 띄었다. 아우구스티누스는 하나님이 "아름다움과 능력이 모두 완전하시다"고 말한다. 특히 뇌리를 떠나지 않은 것은 '완전'perfection이라는 단어였다. 이 단어는 무슨 뜻이었을까? 아우구스티누스는 하나님의 여러 속성을 가리키는 말로 왜 이 단어를 썼을까?

앞으로도 오랫동안 그 단어는 점점 더 내 머릿속을 맴돌 것 같았다.

완전한 존재에 대한 생각이 머리에서 떠나지 않다

좀처럼 인정할 수 없었지만, 이런 식으로 하나님에게 놀랐다는 사실은 내 인생이 변해야 한다는 의미였다. 그 잊을 수 없는 캠핑 여행에서 돌아온 뒤, 들을 수 있는 신학 과목 강의는 거의 모두 들었다. 나는 아우구스티누스가 설명한 이 하나님, 특히 그 '완전'이라는 말에 대해 더 많이 알아야 했다.

그 후 몇 해가 지나자 연기가 걷히기 시작했고, 마침내 모든 것이 이해되기 시작했다. 그러나 이때 내 눈을 열어 준 이는 아우구스티누스가 아니었다. 이번엔 안셀무스였다. 아우구스티누스가 이 하나님에 대해 나를 처음 각성시킨 사람이라면 안셀무스는 나를 두 번째로 각성시킨 사람이었다. 하나님에 관해 말하는 인기 있는 최신 서적들을 몇 권 읽었지만, 그 어떤 책도 안셀무스만큼 하나님을 진지하게 논하지 않았다. 안셀무스는 다른 누구도 하지 않은 질문을 했다. 핵심 질문은 '하나님은 가장 완전한 존재이신가?'였다. 이 질문에도 '완전'이란 단어가 또 나왔다. 안셀무스가 '완전'이라는 개념에 도달하는 방식은, 하나님은 과연 하나님보다 더 큰 존재는 상상할 수 없는 그런 분이신가를 질문하는 방식이었다.[5] 하나님이 정말 그런 분이시라면, 그분은 우리가 상상할 수 있는 가장 완전한 분이심에 틀림없다. 그리고 하나님이 우리가 상상할 수 있는 가장 완전한 분이시라면, 그분을 완전하게 하는 어떤 속성들(혹은 완전성)이 뒤따라야 한다. 예를 들어 무한함(3장), 자존성(4장), 단순성(5장), 불변성(6장), 고통불가성(7장), 시간을 초월하는 영원성(8장) 같은 속성들, 어떤 한계 때문에 무능해지는 일이 없도록 막아 주는 속성들, 언제까지나 가장 완전하고, 지고^{至高}하고, 영광스러운 존재일 수 있도록 보장해 주는 속성들 말이다.

그것이 모든 것을 설명해 주었다. 내가 아우구스티누스가 설명한 그런 유형의 속성을 접해 보지 못한 이유는, 누구도 내게 하나님을 완전한 존재로, 하나님보다 더 큰 존재는 상상할 수 없는 그런 분으로 소개해 준 적이 없기 때문이었다. 지나온 여정을 곰곰이 생각해 볼 때 확실히 두드러지는 점은, 대화 중에 등장하는 하나님은 언제나 아주 경험적인 방식으로 소개된다는 것이다. 예를 들어, 사랑은 인간 공통의 경험이고, 그래서 하나님은 늘 사랑의 하나님이셔야 한다. 자비는 칭찬할 만한 덕목이고, 그래서 하나님은 늘 자비의 하나님이셔야 한다. 하나님에 관해서는 언제나 아래서 위로 향하는 방식으로 생각했다. 즉, 내 경험에서부터 시작해 하나님이 어떤 분이신가 하는 개념에 도달한다. 하지만 아우구스티누스와 안셀무스의 도움 덕분에, 이제 그 방식은 위험해 보였다. 그 방식은 하나님을 우리 자신의 형상으로 창조할 가능성을 가지고 장난하고, 언제나 우리 자신의 한계에 따라 하나님의 속성을 정의하는 방식이었기 때문이다.

안셀무스

이탈리아에서 태어난 안셀무스^{Anselmus}(1033–1109)는 어머니가 그리스도를 따르는 이였음에도 아버지를 좇아 초년 시절을 불신자로 살았다. 회심 후 수도자가 되기로 서원했고, 마침내는 잉글랜드로 가서 캔터베리 대주교로 임명되었다. 수도자로 사는 동안 안셀무스는 《인간이 되신 하나님》*Cur Deus Homo* 같은 가장 중요한 신학 서적을 집필했다. 우리의 연구와 관련해서는, 《모놀로기온》*Monologion*과 《프로슬로기온》*Proslogion*이 특별히 의미 있다. 《프로슬로기온》은 하나님의 존재에 대한 유명한 논증이다. 가장 감격스러운 것은, 하나님은 "하나님보다 더 큰 존재가 있다고는 상상할 수 없을 만큼 크신 분"이라고 하는 안셀무스의 믿음이다.[a] 많은 이들이 기억하지 못하는 게 있는데, 하나님의 존재를 확증하는 안셀무스의 논증은 그가 신학계에 기여한 내용의 일부에 지나지 않는다는 것이다. 라틴어로 이드 쿠오 마이우스 코기타리 네쿠이트*id quo maius cogitari nequit* 즉 "그보다 더 큰 것을 생각할 수 없는 존재"[b]라는 기본 전제를 바탕으로 안셀무스는 하나님의 크심을 이루는 어떤 속성들이 뒤따라야 한다는 것을 엄격한 논리를 통해 증명했다. 후기의 사상가들, 이를테면 토마스 아퀴나스 같은 엄청난 사상가가 안셀무스의 존재론 논증에 이의를 제기하기는 했지만, 그럼에도 이들 역시 하나님의 완전성에서부터 그 외 속성들로 이어지는 끊을 수 없는 연결 고리가 있다고 보았다. 이 책에서 하나님의 속성을 논할 때 많은 부분을 안셀무스의 논증에 의지하게 될 것이며, 이 책 전체를 관통하는 자세 또한 안셀무스와 같은 자세일 것이다. 그 자세는 바로 무한히 거룩하신 분 앞에서의 겸손이다. 이는 이해를 구하는 믿음의 자세일 것이다. 《프로슬로기온》 도입부에 기록된 안셀무스의 기도는 바로 그러한 자세를 나타낸다. "주여, 저는 주님의 고결한 높으심에 이르려고 하지 않습니다. 저의 오성悟性은 결코 그 높으심을 감당할 수 없기 때문입니다. 다만 저는 주님의 진리를, 제가 마음으로 믿고 사랑하는 그 진리를 조금 알고자 합니다. 저는 믿을 수 있기 위해 이해를 추구하는 게 아니라 이해할 수 있기 위해 믿기 때문입니다."[c]

---

a. Anselm, *Proslogion 2* (*Major Works*, 87).

b. Anselm, *Proslogion 2*, 번역문은 Hart, *Experience of God*, 117에서.

c. Anselm, *Proslogion 1* (*Major Works*, 87).

아우구스티누스와 안셀무스가 하나님에 관해 말하는 방식이 어떤 점에서 그토록 색다른가 하면, 이들은 우선 하나님을 우리와 같지 않은 분으로 생각했다는 것이다. 이들은 위(하나님)에서 출발해 아래(인간)

를 향해 생각을 전개했다. 이들의 생각은 창조주에서 시작해 피조물 쪽으로 이동했다. 이 방식이 성경 기자들이 하나님에게 접근했던 방식과 훨씬 더 가까워 보였다. 다윗의 말처럼 "진실로 생명의 원천이 주께 있사오니 주의 빛 안에서 우리가 빛을"(시 36:9) 본다.

하나님께 놀라자 하나님을 보는 내 관점과 하나님께 접근하는 방식 전체가 달라졌다. 여러분도 이렇게 하나님께 놀라게 되길 바란다.

한 가지 핵심 확신

이 책은 하나님의 속성에 관한 책이다. 하지만 하나님의 속성에 관해 전에 어떤 책을 읽었든 이 책은 아마 그 책들과 다를 것이다. 하나님의 속성이라는 주제에 관한 대다수 책들은 한 속성을 자세히 다루고 이어서 다른 속성을 또 자세히 다루고 또 이어서 다른 속성을 다룬다. 하지만 이런 속성들이 어떻게 서로 연관되는지, 이 모든 속성이 하나님에 관한 한 가지 기본적인 믿음에서 비롯되는지의 여부는 불분명하다.

이 책은 다르다. 나는 하나님의 모든 속성이 저마다 다른 모든 속성 하나하나를 이해하는 열쇠라고 믿을 뿐만 아니라, 하나의 핵심 확신을 바탕으로 하나님의 속성을 생각해야만 하나님의 모든 속성을 그 모든 영광과 더불어 이해할 수 있다고 믿는다. 그 핵심 확신이란, **하나님보다 더 큰 존재는 상상할 수 없을 만큼 하나님이 크신 분이시라는 것이다.**

오늘날, 상당히 이상하게도 이 핵심 확신은 변증에만(구체적으로 하나님의 존재에 대한 논증에만) 제한된다. 안셀무스는 원래 그보다 훨씬 넓은 범위를 염두에 두고 이런 확신을 말했으며, 이 확신은 우리가 하나님의

속성을 이해하는 방식이 어떤 궤도를 따라 움직여야 하는지를 규정해 준다.[6]

이 책의 각 장은 그 핵심 확신을 염두에 두고 다음과 같은 질문을 중심으로 진행된다. **하나님이 가장 완전한 존재시라면 하나님에 대해 무엇이 참이어야 하는가?**[7] 하나님이 그보다 더 큰 존재는 생각할 수 없을 만큼 크신 분이라면, 하나님을 그토록 크게 하는 어떤 속성이 뒤따라야 한다. 하나님의 속성은 하나님으로 하여금 크신 분이 되게 하는 속성일 때만 하나님의 참 속성으로 존재한다. 하나님으로 크신 분이 되게 하는 그 속성들이 무엇인지 밝히는 것이 이 책에서 우리가 주로 할 일이다. 그러나 여러분도 무언가 나와 비슷한 경험을 하게 된다면, 여러분도 하나님에게 놀랄 것이고, 하나님을 하나님 되시게 하는 중심 속성, 그러나 예배당 안에서 절대 이야기되지 않는 그런 속성을 발견하고 충격을 받을 것이다.

오래된 뿌리 : 우리 조상들이 믿었던 길들여지지 않은 하나님

앞에서 아우구스티누스가 언급한, 하나님을 크신 하나님 되게 하는 여러 가지 속성들은 우리 시대에는 대단히 인기 없는 특성들이다. 근대 이후 기독교 사상은 우리와 구별되는, 그리고 우리보다 위에 계시는 하나님보다 우리와 똑같은 하나님을 선호하면서 그런 특성들을 멸시하거나 혹은 완전히 무시해 왔다. 그 결과, 하나님이 우리 입맛에 맞게 길들여졌다. 그럼에도 교회 역사상 위대한 사상가들은 이런 속성들을 확언했고, 이 속성들이 성경 자체에 뿌리를 두고 있다고 이해했으며, 이 속성들이 하나님을 특징짓지 않는 한 하나님은 가장 완전한 존재, 우리가 모든 영광과 존귀와 찬양을 돌려야 할 존재일 수 없다고 믿었다.

이는 좋은 소식이기도 하고 나쁜 소식이기도 하다. 나쁜 소식인 이유는, 우리가 오늘날 사람들이 별로 하지 않는 탐구에 나서야 한다는 뜻이기 때문이다. 우리 앞에 놓인 길은 아주 오랜 시간 동안 비포장 상태로 있었다. 우리는 덤불을 치우며 나아가야 한다. 이것이 좋은 소식인 이유는, 이 시대 사람들 중 우리와 동행하는 이는 거의 없지만, 그래도 이 여정이 예로부터 전해지는 여정이기 때문이다. 앞마당의 호두나무처럼 이 책은 깊고 넓은 뿌리를 지니고 있다.

존 번연의 유명한 우화 《천로역정》을 읽어 본 사람이라면, 함께 길을 갈 친구를 올바로 선택하느냐에 따라 천상의 도성에 이를 수도 있고 그렇지 못할 수도 있다는 것을 알 것이다. 친구는 우리를 타락시킬 수도 있고, 우리를 본향으로 이끌고 갈 수도 있다. 여러 해에 걸쳐, 나는 하나님을 아는 바른 길로 우리를 이끌어 줄 수 있는 소수의 친구를 사귀었다. 이 친구들이 완전하지는 않다. 하지만 이들은 시간의 검증을 거친 친구들로서, 성경의 계시에 충실한 것으로 입증되었다. 이 친구들은 성실할 뿐 아니라 통찰력도 있다. 오래된 친구들은 그렇지 않은가? 이 친구들은 우리 시대 사람들이 소홀히 여기는 질문을 하는 경향이 있다.

그렇다면 심한 폭풍우가 우리 눈을 가려 앞길을 볼 수 없을 때 우리에게 앞으로 나아가는 길을 보여 줄 이 오래된 친구들은 누구인가? 이 친구들은 이 책에서 계속 소개될 텐데, 나는 이들을 **A팀**이라 부르고 싶다. 이들은 바로 아우구스티누스, 안셀무스, 그리고 아퀴나스다. 이 팀에다 다른 "위대한 인물들", 예를 들어 스티븐 차녹 같은 청교도와 헤르만 바빙크 같은 네덜란드 신학자들을 추가할 것이다. 하지만 추가된 친구들은 모두 이 A팀에 의지하는 경향이 있다. 이들이 묘사하는 하나님은 때로 '고전적 유신론'classical theism이라 지칭되어 왔다. 뭐라고 불러도 좋다. 부르고 싶은 이름으로 부르라. 나는 고전적 유신론에서 말하는 하나님이야말로 성경의 하나님이라고 확신한다. 그리고 이 책을 다 읽고 나면 여러분도 나와 같은 생각을 할 수 있기를 소망한다.

우리는 A팀을 불러서 이야기를 청할 것이며, 이들이 길 가장자리에 있는 도랑을 조심하라고 할 때나 쉬는 시간에는 숨겨진 동산을 즐기라고 알려 줄 때, 그 말을 경청할 것이다. 때로 이 친구들은 서로 간에 대화하고, 서로 칭찬하고, 서로를 발전시키기도 할 것이다. 이 친구들의 목표는 단지 우리가 앞길을 볼 수 있도록 돕는 것만이 아니라 우리가 본향까지, 가장 완전하신 분에게 돌아갈 때까지 우리를 인도하는 것이다. 이는 이 친구들이 저마다 우리에 앞서 과감히 탐색해 나갔던 길이며, 이들이 남긴 글은 여러분과 나 같은 순례자들을 안내하려고 쓴 글이다.

이 친구들과 함께 가는 길은 언제나 모험이다. 이 친구들은, 힘들지만 생명으로 향하는 길을 참고 걸어가도록 도와줄 것인가, 아니면 쉽지만 멸망으로 향하는 길을 가라고 우리를 설득할 것인가(마 7:13-14)? 우리가 가는 길에 어떤 위험이 따르는지를 안다면, 어떤 친구든 우리의 최종적이고 유일하게 무오無誤한 권위인 성경에 충실할 때만 좋은 친구라는 사실을 기억하게 된다. 우리는 성경에서 참되고 살아 계신

한 분 하나님의 음성을 듣기 때문이다. 과거에서 온 우리 친구들은 이 책이 진행되는 동안 시종 우리를 응원하거나 주의를 주는 목소리를 낼 테지만, 우리가 들어야 할 궁극적 목소리는 하나님 자신의 목소리다. 그러므로 시작부터 끝까지, 성경은 최고로 중요한 위치에서 우리의 동작 하나하나에 영향을 끼칠 것이다. "주의 말씀은 내 발에 등이요 내 길에 빛이니이다"(시 119:105). 우리의 뿌리는 모세, 이사야, 예수님, 바울만큼 오래된 뿌리일 것이다.

삼위일체와 하나님의 속성

우리의 순례 여행을 시작하기 전 서론적인 말을 마지막으로 한 마디 더 하겠다. 이 책은 하나님의 속성에 관한 책이지 삼위일체에 관한 책이 아니다. 삼위일체에 대한 피상적인 이해 이상의 것(이러한 이해는 통상 필요하다. 삼위일체는 신앙의 가장 깊은 신비 중 하나이기 때문이다)을 이 책에 포함시키려 하다가는 이 책의 한계를 넘어, 또 한 권의 책을 써야 할 것이다.

그럼에도 나는 하나님의 속성과 삼위일체가 무관하지 않다고 강하게 믿는다. 우리가 지금 이야기하고 있는 속성들의 주인이신 하나님은 다름 아닌 삼위일체 하나님이다. 따라서, 핵심 항목에 이를 때마다 우리는 속성에 대한 논의를 필연적으로 하나님의 세 위격과 연관지어 이야기하게 될 것이다. 세 위격은 나뉘지 않는 한 본질을 완전히, 참으로 공유하신다. 그리고 하나님의 단순성을 다루는 장에서 알게 되겠지만, 하나님의 속성들은 서로서로 동의어일 뿐 아니라 하나님의 본질과 일치하기도 한다.

그러므로 이 책에서 삼위일체를 충분히 공부하는 즐거움을 누리지는 못하더라도(매우 구미가 당기기는 하지만), 삼위일체 하나님은 이 책에서 우리가 하는 모든 이야기의 바탕이 될 것이다.

신학에서 송영으로

A. W. 토저Tozer는 이렇게 말했다. "하나님에 관해 생각할 때 우리 머릿속에 떠오르는 것이 우리와 관련해 가장 중요한 일들이다."[8] 토저의 말이 맞다면, 하나님이 스스로 알려 주신 대로 하나님을 아는 일이 바로 우리 정체성의 중심에 있다. 모든 사람은 저마다 하나님의 형상으로 지음 받았으며, 칼뱅이 즐겨 쓰는 표현을 빌리자면, 우리 안에는 신의 존재에 대한 인식sense of divinity이 있다. 이 사실에 비춰 볼 때, 그리스도인의 삶은 사실 하나님에 관한 진리를 탐구하는 과정이자, 살아 계신 하나님과의 인격적 만남으로 이어져야 할 순례 여정이다. 태어날 때부터 우리에게는 하나님을 더 잘 알고자 하는, 하나님에게 무엇을 기대할 수 있는지 알고자 하는, 우리의 생각을 하나님의 뜻에 맞추고자 하는 소원 내지 갈망이 있다. 아우구스티누스의 유명한 기도를 들어 보라. "주님께서는 주님 자신을 위해 우리를 만드셨고, 그래서 우리 마음은 주님 안에서 안식할 때까지 평안을 모릅니다."[9]

함께 순례 여행을 할 때 우리는 하나님이 어떤 분이신지를 알기 위해 성경으로 돌아갈 것이다. 성경의 하나님은 침묵하지 않는 하나님이시다. 하나님은 자신이 어떤 분이신지 말씀하시며, 우리에게도 이야기해 주신다. 그렇게 하실 때, 우주의 창조주요 주이신 분께서 자신을 알고 영원히 즐거워하라고 우리를 부르신다. 우리의 목표는 단순한 지식만 얻는 게 아니다. 하나님을 아는 이 지식이 주어지는 것은 우리를 예배로 이끌기 위해서다. 통속적인 풍자와 달리 교리는 언제나 우리를 송영으로 인도하기 위한 것이며, 이 사실이 가장 적실하게 적용되는 때는 바로 신론을 공부할 때다. 폴 헬름Paul Helm의 말처럼, "기독교 신학 전통에서 형이상학(하나님의 존재 혹은 본질 연구)은 예배의 서막일 뿐이다."[10] 결국 우리의 목표는 하나님의 완전성을 아는 것이며, 그렇게 해서 구원에 이르는 방식으로 하나님을 실제로 안다는 게 무슨 의미인지를 배우는 것이다. 아우구스티누스의 말처럼, 그때에야 하나님을 향한 우리의 애정에 불이 붙을 것이다.

하지만 출발 전에 한 가지 주의를 주고자 한다. 나는 길들여지고 순화된 하나님, 신성이 인간화된 하나님을 이야기하며 독자들의 시간을 빼앗는 일에는 관심이 없다. 그런 하나님은 대중문화 속에서 이야기되는 하나님일지는 몰라도 성경의 하나님은 아니다. 성경에 계시된 하나님은 이사야가 본 하나님, "높이 들린"(사 6:1) 하나님으로서, 하늘과 땅의 모든 권세를 가지셨으되(마 28:18) 우리의 구원자로서 우리와 함께 계시는 동시에 우리를 위해 계시는 분이시다(마 1:21-23).

이제 순례 여정을 시작하자.

1

우리는 하나님의 본질을 알 수 있는가?

— 불가해성

하나님은 복되시고 유일하신 주권자이시며 만왕의 왕이시며 만주의 주
시요 오직 그에게만 죽지 아니함이 있고 가까이 가지 못할 빛에 거하시
고 어떤 사람도 보지 못하였고 또 볼 수 없는 이시니 그에게 존귀와 영원
한 권능을 돌릴지어다 아멘.

딤전 6:15-16

진실로 주여, 주께서는 다가갈 수 없는 빛 안에 거하십니다. 참으로 세상
의 다른 무엇도 이 빛을 뚫고 들어가 주께서 거기 계심을 발견할 수 없
습니다. 참으로 저는 이 빛을 볼 수가 없으니 저로서는 감당할 수 없는
빛이기 때문입니다. 하지만 이 빛을 통해 제가 무엇을 보든, 연약한 눈
이 태양 자체는 보지 못하지만 그 태양 빛으로 다른 것을 보듯 볼 것입니
다…오 지고하시고 다가갈 수 없는 빛이시여.

안셀무스,《프로슬로기온》

그는 온몸이 돌처럼 굳었을 것이다.

태아 같은 자세로 바위 뒤에 웅크렸을 것이다. 무릎은 덜덜 떨리고

손바닥에는 땀이 축축하고 목은 바짝 마른 채, 그는 지금까지 누구도 감히 보지 못한 장면을 볼 각오를 했다.

그는 생각했을 것이다. 과연 살아서 이 일을 누구에게 이야기할 수 있을까. 아마 그럴 수 없을 터였다. 설령 그럴 수 있다 해도 아무도 안 믿을 것이 분명했다.

바위 뒤에 몸을 숨긴 사람은 모세였다. 모세는 하나님의 등을 보기 직전이었다.

어떻게 이럴 수 있었을까? 모세가 너무도 잘 알고 있었던 것처럼, 하나님은 불가해不可解한 분이시다. 하나님의 참 본질을 알고도(혹은 보고 도!) 살아남을 수 있는 사람은 아무도 없다.

얼굴과 얼굴을 대하여 전능자를 만나다

하나님의 귀를 가진 사람이 있었다면, 하나님이 친밀히 권고하시는 자리에 참석할 수 있는 사람이 있었다면, 하나님의 백성을 위해 하나 님께 간구할 수 있는 사람이 있었다면, 삼위 하나님의 내밀한 의논 자 리에 감히 들어갈 수 있는 사람이 있었다면, 하나님이 택하신 지도자 요 중보자인 모세가 바로 그런 사람이었다. 선지자, 왕, 제사장 중 모세 만큼 하나님의 관심을 받은 사람은 거의 없었다.

이스라엘을 이끌어 애굽에서 벗어나게 한 뒤, 모세는 백성들을 시 내 산으로 데리고 간다. 그곳에서 하나님이 모세를 일대일로 만나 돌 판, 곧 이스라엘이 앞으로 삶의 준칙으로 삼아야 할 율법을 수여하실 것이다. 비극적인 일은, 이스라엘이 더할 수 없이 끔찍한 죄를 저지른다는 것이다. 그 죄는 바로 우상숭배다. 백성들은 금송아지를 만들어 놓고 그 앞에 절하고 경배하면서 이것이 자신들을 애굽에서 구출해낸 신이라고 말한다(출 32장). 모세가 이들을 위해 중재에 나서야 했다. "너희가 큰 죄를 범하였도다 내가 이제 여호와께로 올라가노니 혹 너희를 위하여 속죄가 될까 하노라"(32:30).

하나님은 모세에게 백성들을 데리고 이곳을 떠나 자신이 아브라함과 이삭과 야곱에게 약속한 땅으로 가라고 말씀하시면서, 그 땅에서 이스라엘의 원수들을 다 쫓아내겠다고 약속하신다. 그런데 여기에는 함정이 있다. 이스라엘의 죄 때문에 하나님이 이제는 그들과 함께 가시지 않으리라는 것이다. "너희를 젖과 꿀이 흐르는 땅에 이르게 하려니와 나는 너희와 함께 올라가지 아니하리니 너희는 목이 곧은 백성인즉 내가 길에서 너희를 진멸할까 염려함이니라"(33:3). 백성들은 "이 준엄한 말씀"을 듣고 애통해 했고(33:4), 모세가 다시 한 번 중재에 나선다. 하나님은 모세와 "사람이 자기의 친구와 이야기함 같이…대면하여 말씀"하신다(33:11). 이 "대면"하는 대화는 회막에서 이뤄지고, 이때 하나님의 임재를 나타내는 구름 기둥이 회막 위에 내려온다.

주의 영광을 내게 보이소서

이 만남에서 모세는 여호와 없이는 약속의 땅으로 들어가지 않겠다는 뜻을 표한다. "주께서 친히 가지 아니하시려거든 우리를 이곳에서 올려 보내지 마옵소서 나와 주의 백성이 주의 목전에 은총 입은 줄을 무엇으로 알리이까 주께서 우리와 함께 행하심으로 나와 주의 백성을 천하 만민 중에 구별하심이 아니니이까"(33:15-16). 모세의 말을 경청하신 후, 하나님은 백성들과 함께 가기로 하시되 이는 모세가 "내 목전에 은총을 입었"기(33:17) 때문임을 분명히 하신다. 모세는 하나님이 "이름으로도"(33:17) 아시는 사람이다. 모세와 하나님의 관계는 이스라엘의 다른 어떤 사람과의 관계보다 인격적이고 친밀하다. 하나님을 아는 어떤 사람이 있다면 모세가 바로 그 사람이다.

그런데 그런 모세조차도 하나님의 참 본질을 경험하지 못한다. 모세가 "주의 영광을 내게 보이소서"(33:18)라고 과감히 요청할 수 있는 것은 아마 여호와와 더불어 그렇게 자주 "대면"하는 대화를 나누기 때문일 것이다. 하나님의 영광이라고? 진심인가? 모세는 어떻게 그렇게 담대할 수 있는가? 하나님의 영광을 보는 게 어떻게 인간에게 가능한 일이라고 생각할 수 있단 말인가? 자기가 지금 누구에게 그 요청을 하고 있는 건지 모른단 말인가?

모세로 말하자면, 이스라엘의 언약 중보자이다. 출애굽기 32장의 대재앙(이스라엘의 우상숭배)을 기억하는 모세는 백성들이 약속의 땅에 들어가기까지 하나님의 임재가 계속 백성들과 함께 하는 것을 간절히 보고자 한다. 그래야 백성들이 멸망하지 않을 터이니 말이다. 어쩌면 모세는 하나님의 다짐 또한 바라는 것일지 모른다.[1] 전에 하나님은 모세와 함께 계심을 보여 주심으로써 자신의 언약을 확증해 주셨다. 구름으로써 "여호와의 영광이 시내 산 위에 머"물렀고, 여호와께서는 "구름 가운데서"(24:16) 모세에게 말씀하셨다. 여호와의 영광은 이스라엘 백성이 모두 볼 수 있도록 "산 위의…맹렬한 불" 형태로도 나타났다. 모세가 그저 그 체험이 되풀이되기를 요청하고 있는 것이라 추측할 수도 있겠다. 하지만 모세는 전에 무엇을 체험했든 그 체험을 넘어서는 것을 요청하고 있는 것으로 보인다.

모세가 받은 응답은 주목할 만하다. 모세가 하나님의 참 영광을 보는 것은 불가능하다. "네가 내 얼굴을 보지 못하리니 나를 보고 살 자가 없음이니라"(33:20). 정신이 번쩍 드는 이 말씀에서 누구도 하나님의 참 본질을 알거나 볼 수 없다고 추론하는 게 안전하다. 하나님은 지극히 영광스러우시고 하나님의 영광은 지극히 무한해서, 그 영광 앞에서 우리는 불에 타 없어지듯 소멸할 것이다. 하나님은 태양과 같으시다. 태양을 똑바로 쳐다봤다가는 눈에 화상을 입을 것이고 시력을 잃게 될 것이다. 무모하게 태양에 가까이 갔다가는 태양 표면에 한 발짝 들여 놓기도 전에 분해되어 없어질 것이다. 태양을 경험하는 적절한 방법은 태양의 빛과 열기를 통해서이다. 태양 광선은 우리를 따뜻하게 해주고, 태양의 밝음은 어둠이 있는 곳에서 우리에게 빛을 준다. 하지만 태양을 바라본다고? 그럴 수는 없다. 그것은 불가능하다.

다른 한편, 하나님은 천사들을 보내기보다는 자신이 백성들과 함께 가겠다고 약속하셨다. 그래서 직접적으로는 아니더라도 하나님의 임재가 이스라엘의 중보자 모세에게 드러나는 것이 매우 중요하다. 그리하여 하나님은 자신의 계획을 알리신다. "내가 내 모든 선한 것을 네 앞으로 지나가게 하고 여호와의 이름을 네 앞에 선포하리라 나는 은혜 베풀 자에게 은혜를 베풀고 긍휼히 여길 자에게 긍휼을 베푸느니라"(33:19). 모세가 하나님의 "얼굴"을 보면 반드시 죽을 터이기에 모세 옆을 지나가실 때 하나님은 그를 바위 뒤 안전한 곳에 밀어 넣으실 것이다. "보라 내 곁에 한 장소가 있으니 너는 그 반석 위에 서라 내 영광이 지나갈 때에 내가 너를 반석 틈에 두고 내가 지나도록 내 손으로 너를 덮었다가 손을 거두리니 네가 내 등을 볼 것이요 얼굴은 보지 못하리라"(33:21-23).

성경 다른 곳을 보면 하나님은 몸이 없는 영이심을 알 수 있다(신 4:12, 15-16; 요 4:24). 따라서 위의 표현은 인간의 신체 부위(손, 등, 얼굴)를 이용해 모세 같은 필멸의 존재의 눈이 불멸의 존재의 영광과 눈앞의 임재를 체험하는 방식을 설명하는 신인동형론적 표현이다. 이 표현은 모세가 하나님의 영광을 직접 접하지 않도록 지켜 주는 것을 나타낸다. 모세가 근처 바위에 숨을 수 있다는 것조차 하나의 특권이다. 게다가 모세에게는 그 이상의 특권이 주어진다. 여호와의 얼굴을 보는 것은 허용되지 않았으나 여호와의 등은 볼 수 있었다. 모세는 바위 뒤에 숨을 수 있었지만, 실상 모세에게 자기 모습을 감추는 분은 하나님이시다. 보이는 것은 여호와의 등뿐이다. 여호와께서는 모세의 얼굴에 손을 대어, 모세가 자신의 얼굴을 보지 못하게 하시는데, 이는 결국 그 손을 치워서 자신이 지나가실 때 모세가 자신의 등을 볼 수 있게 하시기 위해서다. "하나님을 좀 더 잘 알게 된 모세는 하나님이 전보다 더 큰 신비(문제)가 되셨다는 것을 곧 깨달았을 것"이 확실하다.[21]

모세가 하나님과 만난 것이 우리에게 무언가 가르침을 준다면, 그 가르침은 바로 이것이다. 하나님의 본질은 여러분과 나 같은 유한한 필멸의 존재의 이해 범위 너머에 있다는 것이다. 모세 같은 사람도 하나님의 본질을 보고는 살아남을 수 없었다. 죽은 사람은 아무 이야기도 하지 않는다. 특히 하나님의 참 본질을 본 사람은 더더욱 그러하다. 하나님의 참 본질은 그 모든 영광, 완전함, 광휘 면에서 불가해하다.

"너희가 나를 누구에게 비기며"

그날 모세가 깨달은 것은, 하나님은 너무도 커서 이해가능성을 허용하지 않으신다는 것이다. 그 현실은 앞으로 모세로 하여금 소멸하는 불이시며 다가갈 수 없는 빛 가운데 거하시는 분에 대한 두려움으로 수없이 무릎 꿇게 만들 것이다.

하지만 이스라엘은 모세처럼 하나님을 두려워하지 않는다. 모세와는 달리 그들은 하나님의 불가해성으로 인해 경탄하지 않는다. 그들은 무한하신 분께서 참으로 유한하고 죄 많은 백성들과 언약을 맺기 위해 친히 몸을 굽히신다는 사실에 놀라 두려움에 사로잡히지 않는다. 그들은 시내 산 경계를 침범해서는 안 되며, 그랬다가는 죽는다는 것을 알고 있지만, 머리 숙여 경배하며 생명의 말씀을 기다리기보다는 고개를 돌려 눈으로 보고 손으로 만질 수 있는 신, 자기 손으로 만들 수 있는 신, 마음대로 좌지우지하고 길들일 수 있는 신에 안주한다.

하지만 하나님은 길들여지실 수 없다. 하나님은 이사야 선지자를 통해 이렇게 물으셨다. "너희가 나를 누구에게 비기며 누구와 짝하며 누구와 비교하여 서로 같다 하겠느냐"(사 46:5). 대답은 분명하다. 하나님은 누구에게도 비길 수 없다! 하나님은 이스라엘이 지금 우상으로 섬기고 싶어 하는 바벨론의 거짓 신들을 염두에 두고 이 말씀을 하고 계신다. 그 우상들은 인간의 손으로 만든 것들이다. 장인匠人들은 금을 녹이고 형태를 만들어 하나의 상像을 정교하게 만들어 낸다. 그러고는 금으로 만든 그 상을 높은 데 두고, 바닥에 엎드려 그 앞에 절하며 신으로 경배한다.

이사야가 묘사한 광경은 의도를 지닌 역설이다. 만든 사람이 자신이 만든 물건을 경배한다고? 이 광경은 훨씬 더 굴욕적인 정물화가 된다. 경배 받는 물건은 그냥 물건일 뿐 그 이상은 아니다. 이는 눈으로 볼 수 있고 만질 수 있다. 이는 움직이지 못하기에 어느 한 장소에만 제한적으로 존재한다. 정말로 이는 움직이지 못한다. 이에 하나님은 조롱하며 비웃으신다. "그것을 들어 어깨에 메어다가 그의 처소에 두면 그것이 서 있고 거기에서 능히 움직이지 못하며"(46:7). 하나님은 이보다 무력한 물건은 있을 수 없다고 생각하신다.

갓 만들어 낸 이 우상이 적어도 자기를 경배하는 자들의 말을 들을 수 있으며 그에 따라 응답할 수 있을까? 아니다. 이 우상은 듣지도 응답하지도 못한다. "그에게 부르짖어도 능히 응답하지 못하며." 응답하지 못한다면 이 우상은 사람을 고통에서 구해내지 못한다(46:7). 이는 우리가 길들일 수 있는 신이다.

이스라엘의 하나님은 얼마나 다르신가? 그분께서 답하시는 말을 들어 보라. "나는 하나님이라 나 외에 다른 이가 없느니라 나는 하나님이라 나 같은 이가 없느니라"(46:9). 이보다 앞서 하나님은 다음과 같이 벽력처럼 말씀하신다.

누가 손바닥으로 바닷물을 헤아렸으며
　뼘으로 하늘을 쟀으며
땅의 티끌을 되에 담아 보았으며
　접시 저울로 산들을
　막대 저울로 언덕들을 달아 보았으랴

누가 여호와의 영을 지도하였으며

　　그의 모사가 되어 그를 가르쳤으랴

그가 누구와 더불어 의논하셨으며

　　누가 그를 교훈하였으며

그에게 정의의 길로 가르쳤으며

　　지식을 가르쳤으며

　　통달의 도를 보여 주었느냐

보라 그에게는 열방이 통의 한 방울 물과 같고

　　저울의 작은 티끌 같으며 섬들은 떠오르는 먼지 같으리니(40:12-15).

이어서 가장 정신이 번쩍 드는 선언이 등장한다.

그의 앞에는 모든 열방이 아무것도 아니라

　　그는 그들을 없는 것 같이, 빈 것 같이 여기시느니라

그런즉 너희가 하나님을 누구와 같다 하겠으며

　　무슨 형상을 그에게 비기겠느냐(40:17-18).

우상을 하나님과 비교하겠는가?

우상은 장인이 부어 만들었고

　　장색이 금으로 입혔고

또 은 사슬을 만든 것이니라

　　궁핍한 자는 거제를 드릴 때에

썩지 아니하는 나무를 택하고

　지혜로운 장인을 구하여

우상을 만들어 흔들리지 아니하도록 세우느니라(40:19-20).

창조주는 이러한 분이다.

그는 땅 위 궁창에 앉으시나니

　땅에 사는 사람들은 메뚜기 같으니라

그가 하늘을 차일 같이 펴셨으며

　거주할 천막 같이 치셨고

귀인들을 폐하시며

　세상의 사사들을 헛되게 하시나니(40:22-23).

　피조물과 달리 "영원하신 하나님 여호와, 땅 끝까지 창조하신 이는 피곤하지 않으시며 곤비하지 않으시며 명철이 한이 없으시"다(40:28).

　이사야 40장에서 풍성히 확인되는 사실은, 하나님은 그저 우리보다 크기만 한 분이 아니라는 것이다. 하나님은 일종의 슈퍼맨처럼 정도degree에 있어 우리와 다른 분이 아니다. 이 하나님은 종류kind에 있어 다르시다. 하나님은 우리와는 유형이 전혀 다른 존재being이시다. 하나님은 창조주이지 피조물이 아니다. 신학자들이 창조주-피조물 격차 Creator-creature distinction라고 부르는 이 근본적인 차이에서 다른 모든 차이가 뒤따라 나온다. 그분은 피조물의 손 안에 자리 잡지 않으시며, 오히려 모든 사람이 그분의 손바닥 안에 있다. 심지어 온 나라들까지 그러하다. 하나님은 금으로 세공된 우상처럼 특정 장소에 한정되지 않으시고, 단壇 위에 세워지지 않으시며, 오히려 어떤 장소든 그 한 장소를 초월하시고 자신의 전 존재로 모든 곳에 동시에 계신다. 예를 들어 "앉아" 계실 때도 하나님은 천상의 보좌에 앉아 나라들을 심판하신다. 하나님은 돌을 녹여 만든 귀를 지닌 신이 아니라, 자기 백성의 기도를 들으시고 그들의 모든 필요를 아시며 그리하여 원수들에게서 백성을 구할 수 있고 구하고자 하는 하나님이시다.

이 하나님 같은 이는 또 없다. 이 하나님은 이사야 40장 28절에서 말하는 것처럼 "명철이 한이 없으"신unsearchable (ESV) 분이시다. "명철이 한이 없다"는 이 표현이 핵심이다. 하나님은 비길 데 없는 분이실 뿐만 아니라 불가해한 분이시기도 하다. 하나님의 권능, 하나님의 지식, 하나님의 임재, 하나님의 지혜는 고갈되지 않으며 깊이를 헤아릴 수 없다. 하나님의 본질의 깊이, 하나님의 능력의 범위, 하나님의 영광의 높이는 아는 사람이 없었고 앞으로도 없을 것이다. 하나님은 한마디로 무한하시다. 우리는 다른 누구에 대해서도 그렇게 말할 수 없다. "나는 하나님이라 나 같은 이가 없느니라"(사 46:9). "이는 내 생각이 너희의 생각과 다르며 내 길은 너희의 길과 다름이니라 여호와의 말씀이니라 이는 하늘이 땅보다 높음 같이 내 길은 너희의 길보다 높으며 내 생각은 너희의 생각보다 높음이니라"(55:8-9).

인간의 영역이 아님

만약 하나님이 불가해한 분이 아니시라면, 하나님에 관해 어떤 부분이 손상될까? 하나님이 속속들이 이해가능한 분이시라면 어떤 결론들이 필연적으로 뒤따르는가? 짧게 대답하자면, 하나님이 불가해한 분이 아니시라면 하나님은 여러 이유로 완전하지 않은 분일 수밖에 없다.

먼저, 모든 영광 가운데 계신 하나님을 파악하려면 우리 피조물이 하나님이어야만 할 것이다.[3] 그러나 물론, 홀로 신이신 분을 이해하기 위해 우리가 신이 되어야 한다면, 하나님 자신은 이제 신이 아닐 것이다. 아우구스티누스의 지혜에 귀 기울여 보자. "우리는 지금 하나님에 대해 이야기하고 있다. 이해되지 않는 부분이 있어서 이상한가? 만약 다 이해된다면 내가 이해하는 것은 하나님이 아니다. 우리의 고백은 경솔한 지식 선언보다는 경건한 무지의 고백이 되도록 하자. 하나님을 아는 약간의 지식에 도달하는 것만도 큰 복이다. 하지만 하나님을 파악하는 것은 전적으로 불가능하다."[4]

토마스 아퀴나스도 비슷한 말을 한다. "창조된 지성知性으로는 하나님의 본질에 관해 본질적으로 가능한 완전한 종류의 이해에 이를 수 없다." 이어서 아퀴나스는 후대의 모든 신학자들이 되풀이해서 말하게 될 유명한 발언을 한다. "무한이 유한에 담길 수는 없다. 하나님은 무한히 존재하시며exists infinitely, 유한한 것은 그 어떤 것도 하나님을 무한히 이해하지 못한다." 아퀴나스는 이렇게 결론 내린다. "피조물의 지성은 하나님을 무한히 이해하는 것이 불가능하다. 그러므로 하나님을 파악하는 것은 불가능하다."[5]

성경에서 하나님을 일컫는 이름인 엘로힘, 엘 샤다이, 만군의 주, 야훼도 원래 신적 본질을 빠짐없이 충실하게 드러내려는 이름이 아니다.[6] 이 이름들이 하나님을 참으로 드러내 주는 것은 확실하지만, 절대 철저히 드러내지는 못한다. 하나님의 의도는 절대 그것이 아니었다. "하나님은 자신을 피조물에게 완전히 알려 주실 수 없다."[7] 그렇게 한다는 것은 그분 자신의 본질을 타협하는 일일 것이다.

과거에는 하나님의 본질 essence을 하나님의 '퀴디티'quiddity(본질, 실체)라고 일컬었다.[8] 퀴디티는 "어떤 것의 본질적 성질"을 구성한다.[9] 하나님의 퀴디티는 우리의 퀴디티와 같지 않다. 하나님은 무한하시기에 하나님의 퀴디티는 형언할 수 없다.[10] "형언할 수 없다"는 것은 무언가를 "말로 표현할 수 없다"는 뜻이다.[11] 하나님의 퀴디티를 말로 표현할 수 없다는 것은, 하나님의 본질은 말로 설명이 안 된다는 뜻이다. 하나님의 본질은 심히 무한하고 심히 지고하고 심히 영광스러워서, 그 엄위와 그 아름다움과 그 완전함은 미미한 우리 인간의 말의 한계를 초월한다. 하나님이 모세에게 말씀하셨듯이, 자신의 본질 가운데 계신 하나님을 직접적으로 대면하면 우리는 반드시 죽을 것이다. 하나님의 퀴디티는 형언할 수 없기에, 우리로서는 이를 '인간의 영역이 아님'no-man's-land이라고 말하는 게 옳을 것이다.

하나님의 위엄을 탐색할 때 겸손의 역할

21세기 초입의 이십 년 세월을 산다는 것에는 나름의 이득이 있다. 지난 수 세기의 세월 위로 날아올라, 지난 세대에서 성취한 것들을 독수리의 눈으로 넓게 볼 수 있는 시점을 제공하기 때문이다. 예를 들어 계몽주의 시대에는 그리스도인을 포함해 많은 사상가들이 지극히 낙

관적인 인간관을 지녔었다. 그들의 인간관에 의하면, 이성만으로 인간은 예술과 과학이 제시하는 가장 높은 곳을 오를 수 있었다. 종교도 예외가 아니었다. 접근 방식이 다르기는 했지만, 어떤 이들은 인간의 이성적 추론 능력만으로도 하나님이 어떤 분이신지 판단할 수 있다고 믿었다. 그들은 성경을 영원히 한쪽으로 제쳐놓을 수 있었다. 이성만으로 충분했던 것이다.

시간이 흐르자 계몽주의 실험의 실패는 분명해졌다. 예를 들어, 연이어 발생한 엄청난 전쟁들은 인간이 도덕적으로 중립 상태가 아니라 타락한 존재라는 사실을 폭로했다. 이성을 악용하는 현상은 인간에게 결국 특별계시가 간절히 필요하다는 사실을 증명했다. 자율적 이성은 그다지 자율적이지 않은 것으로 드러났다. 사실상 이성은 우상숭배적이어서, 하나님을 그 보좌에서 끌어내리고 창조주의 권한을 피조물의 지적 능력으로 대체하려고 시도했다. 계몽주의의 어리석음에서 우리는, 하나님을 끌어내리기 위해 하늘 사다리를 타고 오르는 것은 인간 자만심의 극치임을 깨달아야 한다. 이는 바벨탑의 되풀이다.

이보다 나은 접근 방식은 겸손을 바탕으로 지식을 탐구하는 것으로, 이때 우리는 하나님이 자기를 계시해 주시기를 바라는 겸손한 자세를 견지한다. 이는 이해를 추구하는 믿음이라는 방식이다. 안셀무스가 기도하는 것처럼 "믿을 수 있기 위해 이해를 추구하는 게 아니라 이해할 수 있기 위해 믿는" 것이다.[12] 하나님의 말씀, 성경은 하나님을 아는 참 지식을 가질 수 있도록 우리 앞에 문을 열어 준다. 하지만, 알면 알수록 우리는 자신이 많은 것을 모른다는 것을 깨닫게 된다. "하나님이 자신이 어떤 분이신지 더 많이 계시해 주시고 그리하여 우리가 하나님이 어떤 분이신지 아는 참되고 진정한 지식을 더 많이 가질수록, 하나님은 그만큼 더 신비한 분이 된다."[13] 이는 마치 어떤 수생 생물을 현미경으로 오랜 시간 들여다볼 때는 그것이 무엇인지 모르다가, 뒤로 물러나서 보니 혹등고래임을 알아보는 것과 비슷하다.

두 가지 유혹

하나님의 불가해성은, 우리가 무한하신 하나님에 대해 이야기할 때마다 신비에 싸인 영역이 있다는 사실을 떠올릴 수 있게 해준다. 이것은 불가지론을 말하는 것이 아니다. 신비는 불가지론과 다르다. 불가지론은 우리가 하나님을 알 수 있다는 것, 혹은 하나님이 존재하신다는 것조차 부인한다. 불가지론의 중심에 자리 잡고 있는 것은, 제거할 수 없는 불신, 신에 대한 신랄한 회의懷疑다.[14] 이는 무신론에서 한 발짝 떨어진 자세로서, 어떤 이들은 무신론이 불가지론의 논리적 결론이라고 주장할 것이다.[15] 불가지론에 '신학의 죽음'이라는 딱지가 붙은 데에는 이유가 있었다.[16]

그러나 성경은 결코 그런 불확실성을 받아들이지 않는다. 창세기에서부터 요한계시록에 이르기까지 성경 기자들은, 하나님이 참으로 존재하시며, 그분이 존재하심을 알 수 있는 이유는 그분이 침묵하시지 않기 때문이라고 자신 있게 선언한다. 말씀하시는 하나님은 자신이 어떤 분이시며 자기 백성을 위한 자신의 뜻이 무엇인지를 계시해 주셨다. 세상의 눈에는 회의론자가 지혜자로 보이지만, 하나님의 눈에 회의론자는 어리석은 자에 불과하다(시 14:1). 하나님은 불가해하시지만,

불가지不可知하시지는 않다. 하나님이 입을 여시는 순간, 모든 의심은 제거된다.

세속적 불가지론까지 가지 않는 이들도 있을 수 있다. 이들은 여전히 종교성을 유지하지만(하나님은 확실히 존재하신다), 하나님에 대한 그들의 관점은 용의주도하게 신비주의적이다(우리는 하나님을 알 수 없다는 것이다). 하나님은 너무 높이 계셔서 그렇게 신비로우신 분을 말로 규정하는 것은 불가능하다는 것이다. 이렇게 되면 남는 것은 완전한 공허뿐이다. 이런 사람들은 하나님에 관해 아무것도 알지 못함으로써 하나님을 안다고 자랑하지만, 이는 얼마나 역설적인 말인지 모른다. 이들은 "시간과 공간의 모든 한계를 초월하려 하고, 우리의 하나님 개념에서 하나님과 유한한 피조물과의 모든 유사성을 없애려 하며, 그리하여 결국 신앙을 위해 아무 가치도 없는 공허한 추상적 개념만 남게 만들려 한다…절대자가 결국 무無로 환원된다."[17]

헤르만 바빙크는 이 경향을 "해결할 수 없는 이율배반"이라고 부른다.[18] "이율배반"antinomy이란 "근본적이고, 해결할 수 없을 것이 분명한 갈등이나 모순"이다.[19] "해결할 수 없는"insoluble은 "해법이나 설명이 없는" 어떤 것을 가리킨다. 과학 영역에서, 어떤 것을 "물 같은 용액에서 용해시킬 수 없을" 경우에 이 표현을 쓴다.[20] 학창 시절 과학 실험 시간에 선생님이 물과 기름을 섞어 보라고 하셨던 때를 기억해 보라. 결과가 어땠는가? 물과 기름은 섞이지 않는다. 기름은 물에 용해되지 않은 채로 있다.

그런데 바빙크는 이 두 번째 유혹을 왜 해결할 수 없는 이율배반이라고 불렀을까? 그들이 하나님의 초월성과 내재성 사이에 어떤 화해도 있을 수 없다고 포기했기 때문이다. "절대성과 인격성, 무한성과 작인, 불변성과 공유가능성, 절대적 초월성과 피조물과의 유사성, 이 모든 쌍은 신™ 개념에서 서로 조화될 수 없는 것으로 보인다."[21] 이는 오직 "해결할 수 없는 모순"만 있을 수 있다고 생각하는 것이다.[22] 하지만 이 "해결할 수 없는 모순"은 사실상 "찬탄할 만한 신비"일 수도 있지 않을까?[23]

주목하라. 하나님은 불가해하시며 찬탄할 만한 신비시라는 말 자체가, 이사야 40장에서 보았듯이 이미 그분에 대해 많은 것을 말하는 것이다. 불가해성은 불가지론과 신비주의를 부추기는 게 아니라 오히려 그들의 오류를 드러낸다.

그와 동시에, 불가해성은 한낱 필멸의 존재가 하나님의 참 본질을 알 수 있다는 생각, 즉 페르 에센티암^{per essentiam}("본질 면에서") 하나님을 알 수 있다는 생각에서 그리스도인을 보호해 준다.[24] 불가해성은 계몽주의 시대의 유신론적 합리주의(우리 필멸의 존재들이 누구의 도움도 없이 자신의 이성만을 사용해 신에 대한 포괄적 지식에 이를 수 있다는 공격적 믿음)로부터 우리를 보호해 준다.

하나님을 추구하는 가장 완벽한 방법 : 하나님이 하신 일로써 하나님 알기

아우구스티누스가 한 번은 말하기를, 하나님을 생각할 때마다 "우리는 우리의 생각하는 능력이 하나님을 생각하기에 매우 미흡하며 그분을 있는 그대로 파악하기에 무력하다는 것을 절감한다"고 했다. 하지만 성경은, 우리가 "결코 하나님을 마땅히 생각해야 할 만큼 생각할 수 없다" 하더라도 "주 우리 하나님에 대해 늘 생각하라"고 우리에게 명한다. 그렇다면, 우리는 어떻게 하나님께 다가가야 할까? "우리는 늘 그분을 찬양하고 송축해야 하지만, 우리의 그 어떤 말로도 그분을 표현할 능력이 없기에, 먼저 나는 내 마음속 생각을 이해하고 설명할 수 있도록 도와 주시고 내가 어떤 큰 실수를 저지르더라도 이를 용서해 주시기를 구한다. 나는 내 기꺼운 마음 못지않게 내 연약함도 예민하게 의식하기 때문이다."[25]

위의 문장은 아우구스티누스의 글 중 내가 아주 좋아하는 문장으로 손꼽을 만하다. 하나님에 관해 글을 쓰려고 할 때마다 그는 펜을 내려놓고 무릎을 꿇은 뒤 기도했다. 그는 불가해한 분의 신비는 결코 남김 없이 논할 수 없다는 것을 알고 있었다. 또한 아우구스티누스는 불가해한 분을 말로 설명하려는 자신의 유한한 시도가 아우구스티누스 자신의 결점으로 오염되었다는 것도 알고 있었다. 하나님을 설명하기 위해 아우구스티누스는 하나님의 도움을 간절히 필요로 했다.

이 신비를 존중하려면 이 땅에서 살고 있는 우리의 시각의 한계에 대한 적절한 인식과 겸손한 마음이 요구된다. 이 일에는 우리가 신적 계시를 받는 자요 수혜자이지 그 계시의 창시자와 창조자가 아님을 인정하는 자세가 필요하다. 우리가 하나님에 관해 무언가를 안다면 이는 하나님이 그 무언가를 우리에게 알리기로 결정하셨기 때문이다. 계시는 선물이다. 이러한 관점에서, 우리가 할 일은 사변이 아니다. 하나님이 자기 자신에 관해 계시해 주시는데, 그분이 감추기로 하신 일을 알려 달라고 요구하는 것으로 화답해서는 안 된다.

그리스도인다운 겸손은 하나님이 말씀하시지 않은 것과 하나님이 미수행 상태로 남겨 두신 일들을 알려고 하기보다, 하나님이 말씀하신 것을 감사로 받고 하나님이 말씀하고 행하신 것에 우리 자신을 제한할 것을 요구한다. 장 칼뱅은 "하나님을 추구하는 가장 완벽한 방법은 담대한 호기심으로 하나님의 본질을 꼬치꼬치 파고들려고 하는 것이 아니다. 하나님의 본질은 우리가 세심히 찾아내야 할 것이라기보다 받들어 찬미해야 할 것이다. 우리의 할 일은 하나님의 일을 중심으로, 그리고 하나님께서 자신을 우리에게 알리시는 방식 중심으로 하나님을 깊이 생각하는 것이다"라고 말한다. 아우구스티누스의 주장을 반영해 칼뱅은 이렇게 결론 내린다. "하나님을 알 수 없고 하나님의 크심에 기가 꺾였으므로 우리는 하나님이 하신 일을 응시해야 한다. 그래야 하나님의 선하심으로 인해 다시 기운을 차릴 수 있다."[26]

하나님의 본질이 아니라 하나님이 하신 일이 우리의 관심을 사로잡는다. 하나님이 하신 일은 깊이 탐사할 수 있지만, 하나님의 본질에 대해서는 경이로워 하는 데 그쳐야 한다. 그런 이유로, 우리는 바빙크와 한목소리로 "우리 하나님은 우리의 모든 사랑의 유일한 대상이 되신다. 이는 그분이 무한하시고 불가해하시기 때문이다"라고 말할 수 있다.[27] 그런 이유로 우리는 다음과 같이 노래할 수 있다.

> 죽지 않으시며, 보이지 않으시는 하나님만이 지혜로우시며,
> 우리 눈에 숨겨진 다가갈 수 없는 빛 가운데 계시고,
> 지극히 복되고, 지극히 영화로우시며, 옛적부터 계신 분이시며,
> 전능자이시며, 승리자이시니, 주의 크신 이름을 우리가 찬양합니다.[28]

2

우리는 하나님을 좇아
하나님의 생각을 생각할 수 있는가?

— 피조물은 창조주에 관해 어떻게 말해야 하며
어떻게 말하지 말아야 하는가?

하나님이여 주의 생각이 내게 어찌 그리 보배로우신지요

그 수가 어찌 그리 많은지요

내가 세려고 할지라도 그 수가 모래보다 많도소이다.

시 139:17-18a

더듬거리며, 우리는 최선을 다해 하나님의 높음을 반향한다.

그레고리우스 1세, 《*Magna Moralia*》

[하나님의] 무한한 완전성은 유한한 상징 아래 가려져 있다. 인간의 오성
悟性에 내려앉는 것은 그 완전성의 그림자일 뿐이다.

제임스 헨리 손웰, "하나님을 아는 지식의 성질과 한계"

만유萬有와 무無

이 세상에는 직접 봐야 할 어떤 경이驚異가 있다. 그랜드 캐니언도 그런 경이 중 하나다. 고층건물보다 더 높은 암벽과 대양의 바닥처럼 넓어 보이는 골짜기의 위용은 말로 묘사하기가 거의 불가능하다. 어느 해 여름 자동차 여행 중에 뜻하지 않게 그랜드 캐니언을 구경할 기회가 있었다. 일몰 무렵, 협곡에 드리워진 주황빛 하늘이 잠잘 준비를 할 때, 나는 이 거인의 절벽 위에 서서 그 장대함 앞에 경외감을 느꼈다. 협곡 너머를 바라보니 마치 은하수 뒤편을 보는 것 같았다.

그날 이후, 그랜드 캐니언의 어느 한 면과 다른 면 사이의 거리는 무한과 유한 사이, 피조물과 창조주 사이의 간격을 보여 주는 축소판 그림이라는 생각이 이따금 들었다. 우리는 시간에 매여 있지만 그분은 영원한 하나님, 전적으로 시간 밖에 계신 분이다. 우리는 공간에 제한을 받지만, 그 어떤 공간도 그분의 비물질적인 존재를 담을 수 없다. 우리는 늘 변화하고 무언가가 되어가지만, 그분은 언제나 동일하시다. 하나님의 완전함은 절대 요동하지 않는다. 우리가 지금 묘사하고 있는 격차는 "만유와 무" 사이의 격차다. 헤르만 바빙크는 "우리가 하나님에 대해 얼마나 조금 알든, 가장 어렴풋한 하나님 개념에도 그분이 모든 피조물 위에 무한히 높으신 분이라는 뜻이 담겨 있다"고 말한다.[1] 시편 기자가 노래하듯이, "여호와는 위대하시니 크게 찬양할 것이라 그의 위대하심을 측량하지 못"한다(시 145:3). 시편 기자의 말이 옳다면, 측량할 수 없는 이 하나님은 우리에게 자신을 알려 주실 필요가 있다. 무한하신 분께서 자기 자신을 우리의 매우 유한한 이해 수준에 맞게 적응해 주시는 것이 우리에게는 필요하다. 또한 하나님이 어떤 분이시며 어떤 일을 하셨는지에 대해 우리가 말해야 할 것과 말하지 말아야 할 것을, 불가해하신 하나님이 우리에게 말씀해 주실 필요가 있다.

어린 아기 말투

만유와 무는 성경의 처음 몇 장을 충격적인 장면으로 만든다. 무한하신 분께서 협곡을 건너와, 흙을 집어 들어, 자신의 형상에 따라 남자와 여자를 만드셨다. 믿을 수 없는 일로 보일 수도 있지만, 무한하시고 불가해하신 하나님이, 하나님을 알고, 심지어 하나님을 즐거워하며, 주변 세상에 하나님의 형상을 반영하게 한다는 뚜렷한 목적을 가지고 우리를 창조하셨다. 하지만 그게 전부가 아니다. 훨씬 더 좋은 일이 있다. 자신의 형상으로 인간을 빚으신 후, 하나님은 말씀을 하셨다. 그랬다. 무한하시고 초월적이시고 불가해하신 하나님이 말을 사용하셨고, 이 말씀은 하나님이 누구신지를 드러냈을 뿐만 아니라 하나님이 인간에게 어떤 의무를 요구하시는지를 알려 주었다. 하나님의 말씀은 하나님과 그분의 백성 사이에 언약 관계를 수립했다.

신학자들이 이를 가리키는 용어가 있다. 바로 '적응'accommodation이라는 용어다. 예를 들어 교부 오리게네스는 하나님을 두 살배기 아이에게 말을 거는 부모에 즐겨 비유했다. 이 부모는 "아이 때문에 발음이 분명치 않게" 말을 한다. "자신을 낮춰서 아이들이 말하는 식으로" 말하지 않으면 자기 말을 아이에게 이해시킬 수 없기 때문이다.[2] 장 칼뱅은 하나님을 어린아이를 돌보는 유모에 비교했다. 유모는 허리를 굽혀 유아가 알아들을 수 있는 말로 말한다. 칼뱅은 이를 "혀짤배기 말"이라고 했다.[3] 갓난아기를 자랑스러워하는 부모라면 칼뱅이 무슨 말을 하는 건지 이해할 것이다. 산부인과 병원에 가 보면 덩치가 산만하고 손은 망치처럼 단단한 남자들이 갓 태어난 아기를 조심스레 안고 혀짤배기 말을 하는 광경을 볼 수 있다. 우리가 그런 식으로 우리 자녀들에게 적응한다면, 하물며 하늘에 계신 우리 아버지는 얼마나 더하시겠는가? 그런 혀짤배기 말은 "하나님이 어떤 분이신지를 명쾌히 표현한다기보다 우리의 빈약한 역량에 적응하여 하나님을 아는 지식을 가져다준다."[4]

하지만 이는 한 가지 의문을 불러일으킨다. 이 어린 아기 말투는 정확히 어떠한 것들인가?

장 칼뱅

장 칼뱅Jean Calvin(1509-1564)은 16세기 제네바에서 활동한 2세대 개혁자다. 목회자로서 칼뱅은 성경을 주해적으로 설교했을 뿐만 아니라 성경 각 권 주석을 집필하여, 교회로 하여금 하나님의 말씀으로 되돌아가게 했다. 칼뱅은 오늘날 《기독교 강요》Institutes of the Christian Religion라는 책으로 가장 유명할 텐데, 이 책은 믿음의 교리들을 그리스도인의 삶에 적용시키려는 시선으로 가르친다. 칼뱅이 하나님의 주권과 예정을 옹호한 것만 생각하는 사람들이 많지만, 그의 《기독교 강요》는 성경의 권위(솔라 스크립투라)와 칭의(솔라 피데)에 대한 개신교 신학을 제시하기도 한다. 《기독교 강요》는 가장 위대한 기독교 고전 중 하나이자 종교개혁 신학의 기본 교과서이다.

유추

앞 장에서 우리가 비록 하나님을 포괄적으로 다 이해하지는 못하지만 그래도 하나님을 참으로 알 수 있다는 사실을 깨달았다. 자신의 충만한 영광과 광채 가운데 계신 하나님의 본질을 파악하기는 불가능하지만, 하나님이 자신을 우리에게 알리신 대로 아는 것은 불가능하지 않다. 하나님은 "완전히 이해될 수는 없으나 직관적으로 인식될 수는 있다."[5] 하나님에 대한 "절대 지식"을 가질 수는 없다. 유한한 피조물은 무한한 존재에 대해 절대 지식을 가질 수 없으며, 우리는 다만 "절대적 존재"에 대한 "상대적 지식"만을 가질 수 있다.[6]

또한 우리는 하나님을 아는 지식이 하나님이 친히 주시는 선물이라는 것 또한 알게 되었다. 우리가 하나님을 어떤 식으로든 조금이라도 안다면 이는 오직 우리 창조주께서 자신의 말씀과 행위를 수단으로 그 지식을 주시기 때문이다.[7] "맞아요, 하지만 우리가 만약 하나님을 아는 지식을 가진다면, 하나님은 어떤 면에서 하나님에 미치지 못하는, 제한적이고 한정적인 분이 되실 것입니다. 어느 정도 알려졌으니 말입니다." 누군가는 이렇게 반론을 제기할지도 모르겠다. 그러나 우리의 지식이 하나님을 제한하지 않는 이유 몇 가지가 있다.

1. 하나님을 아는 우리의 지식은 "하나님에 근거를 두고 있다."
2. 하나님을 아는 우리의 지식은 "하나님을 통해서만 존재할 수 있다."
3. 하나님을 아는 우리의 지식은 "무한하신 분으로서의 하나님을

그 지식의 대상과 내용으로 한다."[8]

간단히 말해, 우리의 지식 자체가 우리에게 알려지는 그분에게 전적으로 의존하기에, 우리의 지식이 하나님을 제한한다는 것은 어리석은 말이다.

하지만 이제 좀 더 절실한 쟁점에 이르게 된다. 우리는 어떤 종류의 지식을 소유하는가? 우리가 피조물이고 하나님은 창조주이시며, 우리는 유한하고 하나님은 무한하신 한, 우리의 지식과 하나님의 지식 사이에는 근본적 차이가 있기 마련이다. 하나님은 창조주이시기에, 그분의 지식은 근원적인 지식, 원형archetype이다. 이와 대조적으로 우리의 지식은 모형ectype이며, 이는 파생적이고 복사품이라는 뜻으로, 근원적인 것과 비슷한 것일 뿐이다. 우리의 지식은 하나님의 지식을 모방한 것으로, 이런 지식을 기대할 수 있음은 우리가 하나님의 형상으로 지어졌기 때문이다.

이 원형-모형 구별은 언어적으로 무슨 의미인가? 우선, 우리는 한 가지 뜻으로univocally 말할 수 없다. "한 가지 뜻밖에 없다"univocal는 것은 어떤 것이 다른 어떤 것과 똑같은 의미를 지닌다는 말이다. 하나님과 관련해서 말하자면, 무언가를 알 때 우리가 정확히 하나님이 아시는 대로 알리라는 것이다. 하나님의 존재와 관련해서 말하자면 이는 우리가 하나님을 있는 그대로, 하나님의 참 본질로 안다는 뜻일 것이다. 그 것은 합리주의로 가는 길이다. 합리주의자는 이성 자체가 하나님이 어떤 분이신지를 본질적으로 알 수 있다고 주장한다.

이 스펙트럼의 반대편 극단에는 다의적인equivocal 지식이 있다. 한 가지 뜻밖에 없는univocal 지식이 합리주의로 귀결된다면, 두 가지 이상의 뜻으로 해석할 수 있는equivocal 지식은 비합리주의로 귀결된다. 이런 지식을 옹호하는 이는 그 무엇도 참으로 알려질 수 없다고 결론 내린다. 모든 지식은 다 주관적이고, 결정적이지 않고, 불명확하다는 것이다. 하나님이 진실하고 명료하게 말씀하셨다고 믿는 유한한 피조물에게, 여러 가지 뜻으로 해석될 수 있는equivocal 지식은 선택지가 아니다.[9]

아직 다루지 않은 다른 범주가 또 있는가? 한 가지 있다. 유추적 지식analogical knowledge이다. "유추적"이란 어떤 것이 다른 어떤 것과 닮은 점이 있지만 동일하지는 않다는 뜻이다. 이는 완전히 똑같지도 않고, 완전히 다르지도 않다. 불연속성이 있을 수 있지만, 연속성도 있다.[10] 예를 들어, 아이스크림을 좋아하는 사람이라면, 아이스크림 한 입에 웃으면서 이렇게 말할지도 모른다. "천국의 맛이네." 물론 이는 문자 그대로 받아들이라고 하는 말이 아니다. 그렇지 않다면 이는 하나님의 천상의 영광에 대한 모독일 것이다. 천국의 영광은 세상에서 가장 맛있는 아이스크림의 맛을 훨씬 능가한다. 천국의 맛이라는 말은 그 맛이 어찌나 환상적인지 천국의 기쁨과 즐거움을 살짝 맛본 것 같다는 뜻이다.

성경과 관련해 적용하자면, 유추적 지식이 완전히 이치에 맞는다. 우리는 창조주가 아니라 유한한 피조물이지만, 하나님의 형상으로 창조되었다. 그래서 우리의 정체성, 우리의 성질은 당연히 유추적이다. 우리는 창조주는 아니지만, 창조주와 비슷하다. 우리는 그분의 영광을 반영하지만, 우리를 그분의 영광과 혼동해서는 절대 안 된다. 지식과 관련해 말하자면, 하나님을 포괄적으로 아는 것은 우리의 정체성과 일치하지 않지만, 우리는 하나님의 형상을 지녔기에, 비록 불완전할지라도 우리의 지식이 하나님의 지식을 닮는 것은 지극히 정상이다. 이렇게 우리가 하나님을 그 자체로, 그분이 계신 그대로의 본질로 알지는 못할지라도(이것은 한 가지 뜻밖에 없는 지식이다), 하나님이 그분의 계시로 자신을 우리에게 알리신 대로는 알 수 있다(이것은 유추적 지식이다).[11] 유추적 지식을 얻기 위해 우리는 성경에 나타난 하나님의 자기 계시에 계속 주목해야 한다. 우리는 하나님을 좇아 하나님의 생각을 생각하려고 애쓰고 있다. 이 질서를 뒤집는 것은 하나님이 보시기에 범죄에 해당한다.

하나님을 만난 개

라틴어는 아름다운 방식으로 우리의 지식과 언어의 유추적 성질을 강조한다. 어떤 것이 '레스 시그니피카타'*res significata*라고 한다면, 이는 식별되고 있는 대상이 눈에 보인다는 뜻이다. 하나님과 관련해서, '레스 시그니피카타'는 "나타내진 속성"*attribute signified*을 가리킨다.[12] 그러나 '모두스 시그니피칸디'*modus significandi*는 "문제되는 특별한 종류의 일에 용어를 적용할 수 있는 방식"을 가리킨다.[13] 토마스 아퀴나스는 '레스 시그니피카타'는 어떤 식으로도 변하지 않지만 '모두스 시그니피칸디'는 변할 수 있다고 주장했다.[14]

예를 들어, 개가 하나님을 만나면 어떨지 생각해 보라. 우리 집 개는 미니어처 오스트레일리안 셰퍼드 종이다. 우리는 2017년, 이 개가 강아지였을 때 입양했는데, 그 해는 종교개혁 오백 주년이 되는 해였

토마스 아퀴나스

안셀무스 외에 또 한 사람의 이탈리아 태생의 신학자로 우리가 살펴볼 사람은 토마스 아퀴나스Thomas Aquinas(1224/5-1274)이다. 그는 동료들에게 "무뚝뚝한 황소"dumb ox로 불렸다. 하지만 이 황소에게는 무뚝뚝한 면이 전혀 없었고, 세상에 이 황소만한 신학적 영향력을 지닌 사람은 그 이후로 없었다. 이 사람은 숨 쉬는 동안에는 손에서 펜을 놓지 않았으며 세상을 떠나기 전까지 약 구백만 단어를 집필했다. 아퀴나스의 영적 경건 또한 의심할 이유가 없다. 아퀴나스가 맨 처음 도미니코 수도회에 들어가기로 결심하자 그의 집안은 발칵 뒤집혔다. 아퀴나스를 만류하려고 가족들은 그를 발가벗은 매춘부와 함께 그의 방에 가두었다! 토마스는 불같이 화를 내면서 화로에서 벌겋게 달아오른 막대를 뽑아 들고 여자를 쫓아냈다. 토마스는 막대를 방문에 세게 던져서 그 탄 자국으로 영원히 지워지지 않을 십자가 표시를 문에다 남겼다. 토마스가 존경받는 것은 요셉처럼 단호하게 거룩함에 전념했기 때문일 뿐만 아니라 명민한 신학적 지성이 있어서다. 예를 들어 자신의 저서 《신학대전》Summa Theologiae(1266-1273)에서 토마스는 매 단락을 시작할 때마다 신학적 질문을 하나 던지고 자신의 반대자들이 이 질문에 어떻게 답변할지를 생각한 뒤, 성경적이고 신학적이고 철학적인 엄밀함으로 마치 레이저처럼 모든 반론을 분해해 버린다. 이런 스타일이 가장 빈틈없이 드러나는 부분이 신의 속성을 다루는 부분이다. 아퀴나스는 무엇을 믿어야 할 것인가 뿐만 아니라 왜 믿어야 하는지도 말해 주면서, 우리의 결론 이면에 있는 논리를 면밀히 캐낸다. 우리 시대의 신학에서는 고전적 속성들(단순성, 불변성, 영원성 등)을 거추장스러워 하면서 버리는 경우가 종종 있지만, 아퀴나스는 그런 속성들이 완전하고 무한한 존재에게는 없어서는 안 되는 속성임을 증명한다. 그런 이유로 그는 이 책에서 우리의 아주 큰 동맹 중 한 사람이 될 것이다.

다. 그래서 우리는 이 개에게 제네바 개혁자의 이름을 따서 칼빈이라는 이름을 지어 주었다.

이제 내가 우리 개 칼빈을 향해 앉으라고 말하고, 칼빈이 내 말대로 앉고(온 가족의 환호를 받으면서), 내가 "너는 참 착한good 개야"라고 말한다고 상상해 보자.[15] 그 다음 날은 주일이다. 우리는 칼빈을 개집에 넣어 두고 교회에 간다. 목사님은 교인들을 반갑게 맞아들여 "하나님은 선하시다good"라고 설교한다. 예배를 마치고 집으로 돌아오는데 다섯 살짜리 아이가 묻는다. "아빠, 엄마, 하나님이 우리 칼빈하고 똑같이 착하신 거예요?" 당연히 우리는 웃음을 터뜨린다. "그건 아니지!" "왜요?" 아이는 좀 당혹스러워하며 되묻는다.

그런 순간, 부모인 우리는 자기가 한 말에 걸려 넘어지곤 하면서 '우리 아이들은 왜 이리 영리할까'라고 생각한다. 하지만 진지하게 생각해 보면 대답은 분명하다. 하나님은 무한하시고 개는 그렇지 않다. 여기서 '모두스 시그니피칸디'가 핵심 문구가 된다. 그 이유는, 우리가 감히 하나님이 선하신 것처럼 개가 착하다고 말하지 않기 때문이다. 그렇다. 하나님의 선함은 한량이 없고, 어떻게 한량이 없는지는 우리로서는 결코 알지 못할 것이다. 하나님의 선함의 깊이는 측량할 수 없고, 헤아릴 수 없고, 끝이 없다. 개는 그렇지 않다!

기독교 사상가 캐서린 로저스Katherin Rogers의 설명처럼, "하나님은 무한하고 하나이신 분이기 때문에, 하나님과 피조물에게 적용되는 용어의 '모두스 시그니피칸디'는 상이하다. 우리는 하나님이 얼마나 선하신지 도저히 이해할 수 없으며, 그래서 선善에 대한 이해가 있을지라도 완전한 존재에게 선이라는 용어를 쓸 때에는 불가피하게 모호함과 부적절함이 있다."[16] 한 마디만 덧붙인다면, 우리가 그 부적절함을 예배 때 가장 절감한다는 것이다. 하나님이 어떤 분이시고 어떤 일을 하셨는지를 찬양하며 하나님을 향해 찬양할 때, 그 순간 우리는 하나님의 선함이 우리 개의 착함과 비교할 때 얼마나 다른지, 얼마나 측량불가능한지 마음 깊이 알고 있다. 이와 다르게 생각한다면 이는 우상숭배를 마음에 품는 것이다.

탁월하신 하나님

신학에는 우리를 그런 우상숭배에서 지켜 주는 단어가 있다. "탁월하다"supereminent는 말이 바로 그 단어이다.[17] 대단히 뛰어나다는 것이다. 하나님에게 있는 어떤 것이 탁월하다면, 이는 우리 안에 있는 것보다 "더 뛰어날" 것이 틀림없다. "그분[하나님]은 우리의 존재를 구성하는 모든 것을 더 고상하고, 더 충만하고, 더 정결하고, 한계가 없는 방식으로 소유하신다." 우리는 우리가 가진 모든 것을 하나님의 "존재being, 의식consciousness, 지극한 행복bliss의 무한한 풍성함으로부터 받는다."[18]

예를 들어 지혜라는 속성을 생각해 보자. 우리는 지혜로울 수도 있고, 심지어 하나님의 지혜를 반영할 수도 있다. 신의 지혜와 인간의 지혜 사이에는 상관관계가 있다(잠언을 보라). 그런 연속성 때문에 지혜는 하나님의 공유가능한 속성(우리 안에 어떤 식으로 반영되는 속성)으로 분류되며, 이는 하나님의 공유불가능한 속성(어떤 의미로도 우리 안에 존재하지 않는 속성)과 대비된다. 그럼에도, 하나님이 지혜로우신 것과 똑같은 방식으로 우리가 지혜롭다고 생각한다면 이는 착각일 것이다. 우리가 아는 '지혜'라는 말을 하나님께 적용할 때, 그것은 오직 탁월한 의미로만 적용하는 것으로, 그래야 피조물과 창조주 사이의 간격을 없애서 둘을 혼동하는 잘못이 방지된다. 동일한 원리가 그 외의 공유가능한 속성들에도 적용된다. 피조물에게 있는 아름다움, 선함, 사랑, 거룩함은 창조주를 반영할 수 있다. 하지만 아우구스티누스는 "당신[하나님]과 비교해 보면 그것들은 아름다움과 선함도 부족하고 존재에도 결함이 있"음을 분명히 한다.[19]

개의 착함과 하나님의 선함 또는 우리의 지혜와 하나님의 지혜 사이의 차이를 가지고 불가지론으로 몰고 가서는 안 된다. 마치 우리가 확실히 알 수 있는 것은 아무것도 없는 양 말이다. 어느 정도의 연속성이 분명히 존재한다.[20] 우리가 창세기 1-2장에서 말하는 것처럼 하나님을 반영하는 거울이 되려면, 어느 정도의 일치성이 수반되어야 한다. 그렇지 않으면 거울은 쓸모없다. 아퀴나스는 우리를 이 방향으로 조금씩 밀고 간다. "이생에서 우리는 하나님의 본질을 그 자체로서는 이해할 수 없다. 하지만 그분의 피조물의 완벽성이 그 본질을 표현해 주는 한도 내에서는 그렇게 할 수 있다."[21]

하나님에 관한 진술God-talk의 역사에는 '긍정적으로 서술된 신학'(긍정 신학)cataphatic theology과 '부정적으로 서술된 신학'(부정 신학)apophatic theology이라는 것이 있다. 긍정 신학은 하나님은 어떠어떠하신 분이라고 긍정문으로 확언하는 것을 말한다. 그렇지만, 하나님에 관한 진술이 여전히 유추적인 한, 우리의 긍정적 흥분 상태는 이 신학의 오랜 짝인 부정 신학의 지혜를 통해 차분해져야 한다. 부정 신학은 하나님이 어떠어떠하신 분이 아니라고 부정적으로 말함으로써 하나님을 설명한다. 이 접근법은 때로 부정적인 방식via negativa 또는 부정을 통한 방식via negationis,

즉 부정적으로 진술된 방식을 통한 접근법이라고도 일컬어지는데, 왜냐하면 하나님에 관해 무언가 그릇된 것을 부인하는 방식으로 하나님에 관해 참인 것을 주장하기 때문이다.[22] 그러므로 하나님은 변할 수 없다거나not mutable 하나님은 변하지 않으신다고does not change 말하고자 할 때, 우리는 간단히 하나님은 불변하신다고imnutable 말한다. 이렇게 말할 때 본질적으로 우리는 피조물에게만 있는 것, 따라서 하나님에게는 없는 모든 것을 확언하는 것이다. 대체로, 균형이 잘 잡혀져야 한다. 연속성과 불연속성이 세심히 균형을 이루게 해야 한다. 그렇지 않으면 하나님에게서 무한성을 벗겨내고, 이미지를 그 이미지의 원형과 동일하게 생각하는 오류를 범할 수 있다.[23] 하나님을 아는 지식이 얼마나 유추적인지, 얼마나 유추적이어야 하는지 아는 게 그래서 중요하다.

하나님에게는 눈과 귀와…날개가 있는가?

무한하신 하나님을 아는 지식이 유추적이라면, 하나님을 묘사하는 데 쓰이는 언어도 마찬가지로 유추적이다. 지식과 마찬가지로 인간의 언어는 의존적이고 간접적일 뿐 결코 근원적이고 직접적이지 않다.[24] 우리는 어떤 하나의 단어나 개념으로, 그 모든 충만함과 비가시적 본질 가운데 계신 하나님을 파악할 수 없다.[25] 그래서 은유나 직유 등의 언어 형태가 전적으로 적절하기도 하고 심지어 필수적이기도 하다. 우리에게는 그림을 그릴 말words이 필요하다. 하나님의 본질은 우리가 볼 수 있는 것이 아니기 때문이다. 그림을 그릴 때 우리의 상상은 그 정도까지만 펼쳐질 수 있다. 그래서 우리는 이 유한한 세상의 이미지에 따라 하나님을 묘사한다.

C. S. 루이스가 한 번은 말하기를, 옥스퍼드를 실제로 보기 전에 상상으로 머릿속에 그려 보았다고 했다. 물론 상상 속 옥스퍼드는 "세세한 점에서 실제와 매우 달랐다." 그렇다면 이는 자신이 상상해서 그린 그림이 "망상"이라는 뜻이냐고 루이스는 묻는다. 전혀 그렇지 않다. "머릿속으로 그림을 그리다 보면 아무래도 생각을 하게 된다." 하지만 그림 자체가 "나의 주 관심이었던 적은 한 번도 없었고, 머릿속 그림에도 불구하고 내가 생각한 것은 대개 정확했다." 루이스는 이렇게 결론 내린다. "무엇을 생각하느냐와 생각을 하는 동안 무엇을 상상하느냐는 별개의 문제다."[26]

마찬가지로, 성경 기자들은 머릿속 그림을 이용해, 말로 설명할 수 없는 분을 설명한다. 예를 들어, 성경 곳곳에서 이들은 신인동형론적 anthropomorphic 표현을 쓴다. 신인동형론적 표현이란 인간의 특성을 사용하여 하나님을 묘사하는 것이다. 실제로 루이스는 "눈에 보이는 실제 사물 이외의 것에 대한 모든 언어는 필연적으로 은유적"이라고 말한다.[27] 그런데 하나님은 눈에 보이는 사물이 아니다. 성경에 하나님에 대한 신인동형론적 묘사가 한가득인 것은 바로 이 때문이다.[28] 예를 들어, 성경이 하나님의 전능성, 전지성, 편재성에 대해 어떤 식으로 말하는지 생각해 보라. 성경 기자들은 하나님에 대해 눈이 있는 분으로 말한다. 시편 11편 4절은 심지어 하나님에게 눈꺼풀이 있다고 말한다 (개역개정 성경에서는 "안목"으로 번역됨―역자주). 하지만 성경의 모든 내용을 참작할 때 하나님은 몸이 아니라 영이시라는 것을 우리는 알고 있다(신 4:12, 15-16; 요 4:24). 그렇다면 성경 기자들은 왜 하나님을 눈을 가지고 보시는 분으로 묘사할까? 여기에는 여러 가지 이유가 있다.

하나님에게 "눈"이 있다고 하는 것은 하나님이 만사를 다 보시기에 만사를 다 아신다는 것을 인간 식으로 표현한 것이다. 하나님은 만사를 다 보시기에 악인은 하나님의 심판을 피할 수 없다. 그런 신인동형론적 표현은 하나님의 전지성뿐만 아니라 자신의 공의를 시행하실 수 있는 전능성도 단언한다. 성경의 다른 구절에서 하나님의 "눈"은 하나님의 언약의 사랑, 자비, 보호하심을 나타내기도 한다. 다윗 왕은 하나님께 "나를 눈동자 같이 지"켜 주시고 "주의 날개 그늘 아래에 감추"어 달라고 기도한다(시 17:8). 하나님은 눈뿐만 아니라 날개를 지닌 분, 새끼들 위를 맴도는 어미 새 같은 분으로도 묘사된다. 성경 다른 곳에서 다윗은 하나님이 베푸시는 언약적 자비와 안전을 강조하려고 하나님을 눈뿐만 아니라 귀까지 가진 분으로 묘사한다. "여호와의 눈은 의인을 향하시고 그의 귀는 그들의 부르짖음에 기울이시는도다"(시 34:15). 아퀴나스는 그런 은유가 "감각적으로 사물을 본다기보다 지적인 방식으로 사물을 보는 하나님의 능력"을 드러낸다고 설명한다.[29]

또 다른 예를 생각해 보자. 성경은 하나님이 앉아 계시기도 하고 서계시기도 한 것으로 종종 말한다. 앉아 있다는 것은 하나님의 불변의 권위를 시각화한 표현이고, 서 있다는 것은 하나님의 능력, 곧 원수들에 대한 하나님의 다스림과 통치를 묘사한다.[30] 또한 성경은 하나님을 다가오기도 하고 떠나기도 하는 분으로, 마치 몸을 가지고 방으로 들어오기도 하고 나가기도 하는 분인 양 언급한다. 이 책 9장에서 살펴보겠지만, 하나님은 편재하시기 때문에 공간의 제한을 받지 않으신다. 위와 같은 표현은 신인동형론적 표현이며, 일정한 의미가 담겨 있다.

하나님을 어떤 장소로 들어오기도 하고 나가기도 하는 분으로 묘사하는 것은 하나님의 언약적 축복(출 40:34에서 장막 위에 임한 하나님의 임재, 또는 행 2:3-4에서 오순절 때 사도들에게 임한 임재)이나 하나님의 심판(예를 들어 삼상 16:14에서 성령이 사울에게서 떠나간 것)을 각각 보여 주는 표현이다.[31] 그림에는 천여 마디 말이 담겨 있다는 말을 들어 보았을 것이다. 참으로 그러하다. 하지만 한 마디 말이 하나님을 천여 가지 방식으로 묘사할 수 있기도 하다. 왜인가? 하나님은 무한하시기 때문이다.

현대적 시각으로 글을 읽는 사람들로서 우리는 문자 그대로의 의미가 아닌 다른 의미의 해석이 어떻게 적절할 수 있는지 이해하지 못해 어려움을 겪는다. 우리는 성경을 자동차 교재처럼 읽을 수 있기를 기대한다. 하지만 은유는 문자 그대로의 의미 못지않게, 때로는 그보다 더 많은 진실을 전달해 준다. 요점을 말하자면, 우리는 "피조물에게서 보는 모든 완전성을 절대적 의미에서 하나님께 귀속시킨다."[32] 하지만, 그렇게 할 때 우리는 피조물에게는 하나님에게 있는 완전성과 정확히 똑같은 방식에서의 완전성은 있을 수 없다는 점을 염두에 두어야 한다.[33] 교부 테르툴리아누스는 "신의 특성을 인간에게 두기보다 인간의 특성을 하나님에게 두고, 인간에게 하나님의 형상을 입히는 게 아니라 하나님에게 인간의 모습을 입히는 것은 명백히 터무니없다"고 말한다.[34]

하나님은 우리가 아는 것 그 이상의 분이시다

들어가는 말에서 나는 "하나님에 관해 생각할 때 우리 머릿속에 떠오르는 것이 우리와 관련해 가장 중요한 일들"이라는 A. W. 토저의 말을 인용했다.[35] 토저의 말이 맞을 수 있지만, 우리가 생각하는 하나님 개념이 그 모든 무한한 불가해성 가운데 계신 하나님을 있는 그대로 묘사하고 있다고 추정한다면, 이는 위험한 일이다. 토저의 말에 스티븐 차녹의 말을 덧붙여야 한다. 차녹은 우리가 하나님에 관해 생각할 때는 스스로에게 이렇게 말해야 한다고 조언한다. "이는 하나님이 아니다. 하나님은 이보다 더 뛰어난 분이다. 만일 내가 하나님을 마음속에 그릴 수 있다면 그분은 하나님이 아니실 것이다. 내가 하나님에 대해 무슨 말을 하든, 하나님에 대해 무엇을 생각하고 무엇을 상상하든, 불가해하신 하나님은 그 이상의 분이시기 때문이다."[36] 스스로에게 이렇게 말할 때에야, 우리는 올바른 겸손을 갖추고 하나님이 자신을 계시해 주신 그대로 그분을 참으로 알기 시작한다.

3

하나님은 완전한 분이신가?

— 무한하신 하나님에게 한계가 없는 이유

깊도다 하나님의 지혜와 지식의 풍성함이여, 그의 판단은 헤아리지 못할 것이며 그의 길은 찾지 못할 것이로다.

롬 11:33

[그분은] 아름다움과 능력의 완성이시라.

아우구스티누스, 《고백록》

나니아는 이제 그만

어린아이의 눈으로 보기에 세상은 마법에 걸린 곳이다. 하늘에서 떨어진 눈송이가 콧잔등에 내려앉고, 병아리가 껍질을 깨고 나와 처음으로 햇살을 받으며, 더운 7월 어느 날 먹는 신선한 블루베리 맛은 아무리 먹어도 물리지 않는다. 페벤시 가의 아이들은 C. S. 루이스가 나니아라고 부른 세상을 볼 수 있었던 반면, 아이들 주변 세상의 어른들은 이를 볼 수 없었던 데에는 이유가 있다. 이는 아이들이 속아 넘어가기 쉬웠기 때문이 아니다. 아이들은 세상에 불가사의한 일이 있다고 믿었기 때문이다. 아이들은 자기를 둘러싼 세상의 경이에 관해 이유를 많이 묻지만, 이는 아이들이 그만큼 회의주의자이기 때문이 아니라 세상에 비밀이 있다고 믿으며 그 비밀을 알기를 갈망하기 때문이다. 기적적인 일은 어디에나 있고, 아이들은 그 기적을 받아들인다.

나이가 들수록 경이에 대해서는 관심을 끊게 되고, 그래서 나니아를 찾아가는 일이 점점 드물어지게 된다. 데이비드 벤틀리 하트[David] Bentley Hart(1965- , 미국 철학자, 동방정교회 신학자—역자주)는 아이들의 방식을 어른들의 방식과 이렇게 대조한다. "나이가 들어갈수록 우리는 사물의 본질적 타자성[otherness]에 대한 감각을 잃어간다. 습관이 경외를 대신하게 되고, 불가항력이 기쁨을 몰아내게 된다. 우리는 점점 어른이 되어가고 유치한 일을 멀리하게 된다." 얼마나 서글프고 얼마나 비극적인 일인지 모른다. 경이의 순간은 점점 사라지다가 결국 어쩌다 한 번 겨우 있을까 말까 한 일이 되고 만다. "그 후에는 별안간 우리의 방어 자세가 완화되는 잠깐 동안의 순간들이 평생 여기저기 흩어져 있을 뿐이며, 그런 순간이 되면 우리는 우리가 살고 있는 현실이 심히 기묘하다는 갑작스럽고 예기치 못한 느낌, 친숙했던 모든 것이 깜짝 놀랄 만한 우연이고 낯설다는 느낌 때문에 잠시 일상을 중지하는 자기 모습을 보게 된다. 존재하는 모든 것들이 얼마나 색다른지, 얼마나 불가해한지 모른다. 세상과 세상에 대한 누군가의 인식이 말로 표현할 수 없는 단일 사건 안에서 결합해 거기 그저 존재한다는 것이 얼마나 당혹스러운지 모른다."[1]

우리 눈으로 볼 수 있는 세상에서의 일이 이러하다면, 하물며 눈으로 볼 수 없는 하나님과 관련해서는 (유감스럽게도) 얼마나 더하겠는가?

구원 얻는 믿음은 어린아이 같은 믿음이라고 예수님이 말씀하신 것은, 적어도 부분적으로는 그런 이유도 있을 것이다. 그것은 무한히 아름다우시고 변함없이 자비로우신 분을 탐색하는 믿음이기에 경이로움과 외경심으로 충만한 믿음이다. 이는 외경심을 제거하고 기쁨을 몰아내지 않는 믿음이다. 이는 창조주의 "우리를 가까이하시는 타자성"에 놀라는 믿음이다. 그리고 그 다음에 이어져야 할 것은, 이 창조주는 그보다 더 큰 어떤 것이나 어떤 사람을 도무지 상상할 수 없는 그런 분이시라는 사실이다. 이 장에서 알게 되겠지만, 우리 하나님은 완전한 존재 being이시다. 하나님보다 더 큰 이는 없기에, 하나님은 한계가 없는 분, 완전함이 한량없으신 분이다. 하나님은 교부들이 좋아했던 말처럼, 존재being의 무한한 대양大洋이시다. 앞으로 이 책에서 논의할 하나님의 모든 속성은 바로 이 한 가지 전제에서 나올 것이다.

일다신론, 캘리포니아 삼나무, 그리고 수퍼히어로 증후군

19세기에는 매우 색다른 하나님 개념이 등장했으며, 이 개념은 오늘날까지도 계속 유행 중이다. 유신론을 여전히 고수하는 문화권 사람들은 안타깝게도 자신들의 형상을 따라 하나님을 창조했다. 피조물이 창조주의 형상으로 만들어지는 게 아니라 창조주인 하나님이 피조물의 형상으로 빚어지는 것이다. 이들은 성경이 그리는 초자연적 하나님(유한한 영역을 허용하지 않는 분)보다 브라이언 데이비스Brian Davies(1951- , 영국 철학자, 로마가톨릭 사제—역자주)가 "유신론적 인격주의"theistic personalism라고 부르는 것, 혹은 데이비드 벤틀리 하트가 "일다신론"monopolytheism이라고 이름 붙인 것을 더 좋아한다. 일다신론이라고 하면 모순되는 말로 들린다. "일신론"은 한 하나님을 믿는 믿음을 가리키고, "다신론"은 여러 신을 믿는 믿음을 가리키기 때문이다. 하지만 그것이 바로 이 용어의 핵심이다. 이 표현은 모순어법이다. 일다신론은 하나님이 "그보다 못한 실체들도 적게나마 소유하고 있는 다양한 속성들을 소유하는 매우 힘 있는 별개의 실체들로서의 다신론적 신들의 개념과 눈에 띄게 다르지 않다"는 것을 골자로 하는, 모순되지만 인기 있는 믿음이다. 하트는 이 입장이 "그런 존재가 단 하나 존재한다고 상정한다는 점에서만 다신론과 다르다"고 말한다.[2]

나는 캘리포니아에서 태어나 자란 사람으로, 가족끼리 자동차로 여행을 다니며 거대한 삼나무 숲을 구경한 것을 아주 아름다운 추억 중 하나로 간직하고 있다. 세쿼이아 셈페르비렌스*Sequoia sempervirens*는 서부 연안의 삼나무를 일컫는 학명으로, 이 나무는 세상에서 가장 키가 큰 종이다. 삼나무는 폭이 얼마나 넓은지 둥치 가운데 뚫린 공간을 차(혹은 버스)를 타고 통과할 수 있을 정도다. 삼나무는 키도 커서, 아무리 올려다봐도 꼭대기가 보이지 않는다. 연안의 삼나무 중 제일 키가 큰 나무는 높이가 약 115미터이다. 그런 거대한 나무들 옆에 서면 마치 개미 한 마리가 된 듯한 기분이다. 확실히 이는 사람을 겸손케 한다. 그처럼 키 큰 나무를 만드신 창조주는 얼마나 크신 분일까 생각하는 것은 하나의 예배 경험일 수도 있다.

하나님은 세상에서 가장 키가 큰 삼나무보다 더 높으신 분이라는 말이 아무리 사실일지라도, 단순히 크다는 것만이 하나님의 전부라고 생각한다면 이는 착각일 것이다. 마법에 걸린 어떤 삼나무가 별 총총

한 하늘에 닿은 듯 끝이 보이지 않을지라도, 하나님에게는 비교할 수 없다. 삼나무의 그 장엄한 높이에도 불구하고, 하나님을 삼나무에 비교하는 것은 사과를 오렌지에 비교하는 것과 비슷하다.

무언가의(혹은 누군가의) 크기가 무한할 수는 있지만, 이는 본질이 무한한 것과는 다르다. 창조주와 피조물의 차이를 단순히 크기의 차이로만 생각하는 실수를 저질러서는 안 된다. 그렇게 하는 것은 하나님이 마치 우리 자신의 더 큰 판형이기라도 한 양, 그분을 측량할 수 있다고 추측하는 것이다. 나는 이런 착각을 수퍼히어로 증후군이라고 부른다. 그리스도인들은 하나님을 자신들의 수퍼히어로로 생각하기를 좋아한다. 우리와 똑같지만 초능력을 가진 존재로 말이다.

하지만 그것은 하나님의 무한한 본질을 몹시 비성경적으로 그린 그림이다. 그분은 우리 인간과 똑같은 능력을 지녔으되 단지 그 능력의 양이 무한할 뿐인 하나님이 아니시다. 그렇다. 무한하신 하나님은 우리 인간의 특성을 전적으로 초월하신다.[3] 그분은 색다른 유형의 존재이시며, 어떤 이들은 이 유형에 "존재를 초월하는beyond being" 혹은 절대적 "존재 자체"being itself라는 이름표를 붙인다.[4] 피조물은 크기가 클 수는 있지만, 하나님은 존재being 자체가 무한하시다. 하나님의 크심은 하나님의 본질 중 하나다. 토마스 아퀴나스는 "크기가 무한하다는 것은 본질이 무한한 것과 똑같지 않다. 설령 형체가 있는 존재 중 크기가 무한한 것이 있다 할지라도(가령 불이나 공기), 이런 것들도 본질 면에서는 여전히 한계가 있다. 형상 면에서 특정한 종種에 한정될 수 있고, 질료 면에서 특정 개체의 종에 한정될 수 있다"고 못박는다.[5]

그렇다면 오직 하나님만이 본질의 무한성을 지니신다는 사실이 뒤

따라야 한다. 이와 대조적으로, 피조물은 크기가 클 수 있지만(설령 크기에 제한이 없더라도), 하나님에게는 여전히 비교할 수 없을 것이다. 하나님은 전적으로 다른 종種이시다. 어쨌든, 창조 질서 안에는 크기에 제한이 없는 사람이나 사물이 없다. 창조된 것들은 어떤 유형의 몸이나 형태를 갖고 있기 마련이다.[6] 하나님에게는 형태가 없다. 하나님은 그저 우리보다 나은 분이시기만 한 게 아니라 우리와 다른 분이시다. 누군가에게 창조되지 않은 창조주로서, 하나님은 유일하게 무한하시고 제한이 없으시고 측량할 수 없는 분이시다. 그 사실 때문에 하나님은 우리가 상상할 수 있는 가장 위대하고 가장 지고하고 가장 완전한 분이 되신다.

하나님은 "그분보다 더 큰 것은 상상할 수 없는 분"이시다

하나님이 가장 완전하시고 지고하신 존재라는 것은 기독교 신앙을 고백하는 사람이라면 누구도 부인할 수 없는 사실이다. 이는 성경을 증언하는 사람에게는 자명한 진술이며, 그것이 바로 이 책이 다음과 같은 핵심 질문을 중심으로 진행되는 이유다. 하나님이 가장 완전한 존재시라면 하나님은 어떤 분이어야 하는가? 하나님은 안셀무스의 저 유명한 발언처럼, "그분보다 더 큰 것은 상상할 수 없는 분"이시다.[7] 이 말은 하나님이 그저 경쟁자들 중 비교적 완전한 존재라는 의미가 아니며, 단지 그들보다 앞서는 분이라는 의미에서 "존재 가능한 것들 중 가장 크신 분"이라는 뜻이 아니라고 벤틀리 하트는 경계시킨다. 앞에서 살펴보았다시피, 하나님은 전적으로 다른 종류, 혹은 다른 유형이시다. 하나님은 우리와는 전혀 급이 다른 분이시다. 안셀무스의 위 발언에는 하나님이 "존재being 자체의 충만함이시며, 모든 만물이 의존하는 절대적으로 풍성한 실재實在"가 되신다는 뜻이 담겨 있다.[8]

이 책에서 우리가 할 일은, 그 완전함의 의미를 밝히는 일이다. 하나님이 하나님보다 더 큰 어떤 것은 상상할 수 없을 만큼 크신 분이려면 어떤 사실들이 하나님에게 해당되어야 하는가? 하나님이 완전한 존재시라면, 하나님을 완전하게 하는 위대한 속성들이 있어야 한다. 하나님을 크신 분이 되게 하는 한 가지 속성은 신적 초월성이다. 우리는 앞에서 이미 이 초월성 때문에 하나님의 본질은 불가해한 것이 되고 자신을 우리 수준에 맞추어 나타내 주시는 신적 적응이 꼭 필요하게 되었다는 점을 살펴보았다. 그러나 하나님으로 하여금 크신 분이 되게 하는 속성들도 수반되어야 하는데, 이를테면 무한함, 자존성, 단순성, 불변성, 고통불가성(혹은 무감성), 영원성, 광대함, 전능성, 전지성 같은 속성들 덕분에 하나님은 유한한 한계에 구애받지 않으신다. 아우구스티누스가 설명하는 것처럼, "경건의 가장 참된 출발은 하나님을 가능한 한 가장 고귀하게 생각하는 것이다. 하나님을 가장 고귀하게 생각한다는 것은 하나님이 전능하시며 가장 사소한 점에서도 변할 수 없는 분이시라고 믿어야 한다는 뜻이다. 또한 하나님이 모든 선한 것들의 창조자이시되 하나님 자신은 그 모든 것들보다 탁월하신 분이고, 하나님은 자신이 창조한 만물을 다스리시는 최고로 의로운 통치자이시고, 하나님은 만물을 창조하실 때 마치 혼자의 능력으로는 충분치 않은 양 다른 어떤 존재의 도움을 받지 않으셨음을 믿어야 한다는 뜻이다."[9] 하나님을 크신 분이게 하는 속성 하나하나가 다 필수적이다. 하나라도 빠지면 완전한 신적 존재가 아니다. 그러나 완전을 이루는 각 속성이 중요하긴 해도, 그것으로 하나님의 무한한 성질이 충분히 강조될 수는 없다. 무한성이 없으면 완전을 이루는 다른 속성들은 별 의미가 없을 것이다. 무엇보다 중요한 것으로, 하나님이 하나님보다 더 큰 것은 상상되지 않는 분이시려면, 하나님은 무한한 분이어야 한다. 무한성은 완전한 존재에 반드시 있어야 하는 성질이다.

우리가 어린아이들을 귀엽다고 생각하는 한 가지 이유는, 아이들이 말도 안 되는 말을 하기 때문이다. 수학을 공부하고 있던 수지 혹은 조니가 자랑스럽게 공책을 들어올리며 "이거 봐요, 엄마, 동그란 네모예요"라고 하거나, "이거 봐요, 아빠, 마른 물이에요"라고 하면, 우리는 웃음을 터뜨린다. 하지만 어른이 그런 말을 하면, '저 사람은 정신과 상담을 좀 받아야겠군.'이라고 생각할 것이다. 모순되는 말이 네 살배기 아이의 입에서 나오면 귀엽게 들리지만, 마흔네 살 먹은 어른의 입에서 나오면 비상식적으로 들린다. 하나님에 관해 말할 때도 동일한 논리가 적용된다. 모순어법은 하나님에 관한 진술에서는 환영받지 못한다. 예를 들어, 우리는 "하나님은 무한히 유한하시다."라든가 "하나님은 유한히 무한한 존재시다."라는 말은 하지 않는다. 유한한 존재는 그 정의상 제한을 받고, 무한한 존재는 그 정의상 제한을 받지 않는다. 무한하다는 것은 무제한이고, 한계가 없고, 구속받지 않는 것이다. 이것을 긍정적 표현을 사용하여 표현하자면, 무한하다는 것은 하나님이 절대적 의미에서 그분의 속성 자체라는 뜻이다. 하나님은 존재^{being}의 충만함이시다.[10]

바로 그 기본 전제에 하나님의 다른 모든 속성들을 위한 엄청나게 중요한 결론이 담겨 있다. 하나님을 제한하는 것은 그것이 무엇이든 하나님께 적용될 수 없다. 그것이 하나님께 적용된다면, 하나님은 더는 무한하시지 않다.[11] 몇 가지 예를 생각해 보자. 하나님이 만약 독자적이시지 않고 창조 질서에 의존하신다면, 하나님은 무한하실 수 없다. 왜인가? 그 하나님은 결핍이 있는 하나님, 불충분한 하나님, 자신의 존재existence나 충족 상태fulfillment를 위해 혹은 두 가지 모두를 위해 다른 것에 의존하는 하나님이기 때문이다. 결핍이 있는 하나님은 완전한 하나님이 아니다. 결핍이 있는 하나님은 무한하시지 않기 때문이다.

또는 하나님의 단순성을 생각해 보라. 단순한 것과 대조적으로 하나님이 여러 부분들로 이뤄진다면, 그분은 무한하실 수가 없다. 왜인가? 여러 부분들이 합쳐서 이뤄진 하나님은 여러 부분들로 나눠질 수도 있기 때문이다. 여러 부분들로 이뤄진 하나님은 자신의 그 여러 부분들에 의존한다. 여러 부분들로 이뤄진 하나님은 자신의 각 부분들을 조립해서 자신의 참 존재를 구성해 줄 다른 누군가를 혹은 다른 어떤 것을 필요로 한다. 두 경우 모두 하나님의 단일성과 독자성을 손상시킨다. 여러 부분으로 나뉜 하나님은 완전한 하나님이 아니다. 나뉜 하나님은 무한하지 않으니 말이다.[12]

마지막으로, 하나님의 불변성을 생각해 보라. 불변하는 것과 반대로 하나님이 변하신다면, 그 하나님은 무한하실 수 없다. 왜인가? 더 좋게 변하든 더 안 좋게 변하든, 변하는 하나님은 불완전이라는 약점이 있다. 특히 더 낮게 변한다고 하면 이는 하나님이 그 전에는 완전에 미치지 못했음을 전제로 한다. 어느 쪽으로 변하든 하나님의 완전함은 영원하지 않고 늘 요동칠 수밖에 없다.

이 밖에도 많은 예를 들 수 있지만, 각 경우마다 하나님은 무한에 미치지 못하기에 완전하지 않은 하나님이 되고 만다. 다시 말하거니와, 완전하신 하나님은 한계가 없으시며, 피조물인 우리의 유한한 존재를 특징짓는 그 모든 속박에 제한받지 않는 하나님이심이 강조되어야 한다.

그러나 무한함이 단지 하나님을 제한할 만한 어떤 특질을 배격한다는 뜻만은 아니다. 무한함이란 하나님이 무한히 완전하시다는 뜻이기도 하다. 어떤 특질이든 "본래 제한적인 특질"은 "하나님에 관해 부인되어야" 할 뿐만 아니라, "하나님께 돌려지는 완전함은 무제한으로 돌려져야" 한다고 철학자 캐서린 로저스Katherin Rogers는 말한다.[13] 안셀무스는 바로 그런 의미에서 하나님은 "존재의 충만함"fullness of being과 "실재의 절대적 풍성함"absolute plenitude of reality이시라고 말했다.[14] 하나님의 완전함이 하나님을 "크신 분 되게 하는" 완전함이려면, 그런 완전함은 하나님을 "최고의 정도로, 혹은 무한히" 특징지어야 하기 때문이다.[15] 예를 들어, 하나님의 모든 속성들에 어떤 무한성이 수반되는지 생각해 보라. 하나님의 권능은 무한한 권능으로, 우리는 하나님을 전능하시다고(무소불능하다고) 일컫는다. 하나님의 지식은 무한한 지식으로, 우리는 하나님을 전지하시다고(모든 것을 아신다고) 일컫는다. 하나님의 지혜는 무한한 지혜로서, 우리는 하나님을 모든 것을 다 아시는(완전히 지혜로운) 분으로 찬양한다. 하나님의 임재는 무한한 임재로서, 우리는 하나님이 편재하심을(어디에나 임재하심을) 인정한다. 그리고 "공간에 적용된" 무한함이 "편재"라면, "시간에 적용된" 무한함은 "영원"이다.[16]

요점을 말하자면, 하나님의 본질은 모든 면에서 무제한이고, 측량할 수 없고, 헤아릴 수 없으며, 평가할 수 없다. 하나님은 하나님의 속성을 이미 소유하고 계신 것보다 더 많이 소유하실 수 없다. 하나님은 이미 절대적 속성을 지니고 계신다. 그것이 바로 완전하다는 말의 의미다. "하나님에게는 어떤 완전함의 결핍도 존재하지 않는다"고 스티븐 차녹은 말한다. "한계가 있는 존재는 불완전하지만, 제한이 없는 본질은 완전하다."[17] 그렇다면, 우리가 어떠한 신적 완전함을 묘사하든, 이 완전함은 무한히 하나님께 적용된다고 말할 수 있다.[18]

우리 하나님은 측량할 수 없게 크시다

우리는 성경에서 신적 무한성과 다른 모든 신적 완전성이 위와 같이 결합하는 것을 목도하는가?

서양에서 새해 첫날은 일 년 중 성탄절 다음으로 활기찬 명절로 손꼽힌다. 뉴욕에서는 새해 카운트다운 행사가 벌어지고, 모두들 샴페인 잔을 높이 치켜들고 새로운 시작을 위해 건배한다. 그리스도인에게 새해는 특히 의미가 크다. 새해 첫날은 지난 한 해 동안 우리 삶에 임한 하나님의 은혜의 여러 증거들을 반추할 수 있는 기회다. 또한 이 날은 미래를 위한 계획을 세울 기회이기도 하다. 세상 사람들은 체중을 줄이겠다거나 새로운 사업을 시작하겠다거나 하는 결심을 하느라 분주하지만(이런 결심은 그 자체로는 나쁘지 않다), 그리스도인은 올 한 해 동안 오직 하나님의 영광을 위해 살겠다고 결심한다(솔리 데오 글로리아). 이는 실천하기 쉽지 않은 목표로서, 날마다 성경을 묵상하는 훈련을 필요로 한다.

개인적으로, 시편은 내가 "일용할 양식"으로 좋아하는 성경 중의 하나다. 시편은 인생의 부침浮沈을 포착하여, 큰 역경 한가운데서 하나님께 기도하고 하나님을 의지하는 법을 우리에게 가르친다. 많은 그리스도인들이 시편을 실천신학으로 여긴다. 하지만, 시편 하나하나가 다 하나님의 성품에 대한 풍성한 묘사를 전하는 신학 수업이다. 그 점은 시편 두세 편만 읽어봐도 금방 알 수 있는 사실이다. 시편 기자가 하나님을 "은혜로우시며 긍휼이 많으시며 노하기를 더디 하시며 인자하심이 크"신(시 145:8) 분으로 찬양하는 것을 우리는 거듭해서 볼 수 있다. 시편에는 하나님의 사랑과 은혜뿐만 아니라 하나님의 무한한 본질 또한 언급된다. 시편 기자는 하나님의 무한성을 하나님의 다른 속성들과 연결시킨다.

내가 좋아하는 시편 중 하나는 147편으로, 영혼이 상한 사람들을 위한 치유의 시편이다. "상심한 자들을 고치시며 그들의 상처를 싸매시는도다"(147:3). 상심한 사람들은 이 시편을 통해 주께서 자신을 치유하실 수 있다는 확신을 얻을 수 있다. 하나님은 "별들의 수효를 세시고 그것들을 다 이름대로 부르시는" 분이기 때문이다(147:4). 그리고 "우리 주는 위대하시며 능력이 많으시며 그의 지혜가 무궁하시"다(147:5). 시편 기자는 하나님의 능력에는 한계가 없고 하나님의 지식과 지혜(명철)는 무궁하다고 말한다.

측량할 수 없이 큰 하나님의 능력이... 어리석은 마술에까지 미치다

일찍이 시편 기자처럼 기도하는 법을 아는 사도가 있었다면, 그 사람은 바로 사도 바울이었다. 에베소 성도들에게 보내는 편지에서 바울은 감사의 기도로 이야기를 시작한다. 바울이 에베소 교인들로 인해 감사하는 것은, 이들이 주님을 믿는 믿음과 서로를 향한 사랑이 성령께서 이들 가운데서 일하신다는 본보기요 증거이기 때문이다. 기쁨에 겨운 바울은 그리스도 안에 있는 형제자매들에 대해 감사를 그칠 수가 없다. 바울은 이들의 마음의 눈이 밝아져서, "믿는 우리에게 베푸신 능력의 지극히 크심이 어떠한 것을" 알게 되기를 기도한다(엡 1:18, 19).

바로 거기서 잠깐 멈추라. 바울은 하나님의 능력이 무한하다고 말할 뿐만 아니라, 신자가 하나님의 무한한 본성에 의해 규정된 삶을 알고, 경험하고, 살 수 있고 또한 살 것이라고 추정하며, 더 나아가 그렇게 되기를 기도한다. 이는 불가능해 보일 수도 있다. 사실, 전능자의 측량할 수 없는 위대함을 우리가 어떻게 알 수 있단 말인가? 하지만 바울은 그리스도께서 부활하셨으므로 설령 부분적일지라도 우리가 알 수 있다고 확신한다. 빈 무덤이 바로 우리가 무한하신 분을 알 수 있는 이유다. 바울은 "그의 힘의 위력으로 역사하심을 따라 믿는 우리에게 베푸신 능력의 지극히 크심이 어떠한 것을" 그리스도인들이 알기를 기도하는데, 이 능력은 "그리스도 안에서 역사하사 죽은 자들 가운데서 다시 살리시고 하늘에서 자기의 오른편에 앉히"신 능력이다(엡 1:19-20).

놀랄 만한 일이다.

예수님을 무덤에서 일으킨 바로 그 전능자의 무한한 능력이, 믿는 우리 안에서 역사한다.

이보다 더 큰 능력이 있을 수 있겠는가? 에베소의 그리스도인들에게는 이와 관련된 의문이 하나 있었다. 에베소는 마술을 행하는 자들에게 인기 있는 곳이었다. 에베소 사람들은 어리석은 술책의 힘에 끊임없이 의지하고 있었다. 사도행전을 보면 바울이 에베소에 머물면서 "놀라운 능력을"(행 19:11) 행한 것을 자세히 이야기하고 있다. 바울을 흉내 내려고 하는 이들도 있었다. 예를 들어, 대제사장 스게와의 일곱 아들들이 악귀를 쫓아내려고 한 적이 있었다. 그런데 놀랍게도 악귀가 "그들에게 뛰어올라 눌러 이기니 그들이 상하여 벗은 몸으로 그 집에서 도망"쳤다(19:16). 어떤 일이 일어났는지 모두들 전해 듣고 유대인이나 헬라인 할 것 없이 두려움에 휩싸여 "주 예수의 이름을 높"였다(19:17).

이어서 우리는 회심한 사람들이 "와서 자복하여 행한 일을 알리며 또 마술을 행하던 많은 사람이 그 책을 모아 가지고 와서 모든 사람 앞에서 불"살랐다는 말씀을 보게 된다(19:18-19). 불사른 책들은 값비싼 책들이었다. 불사른 책들의 값어치는 은^{銀} 오만이었고, 오늘날 화폐 가치로 따지면 육백만 달러어치였다.[19] 이 에베소인들이 수백만 달러를 기꺼이 불 속에 던진 것은 어리석은 술책의 힘이 전능자, 곧 아브라함과 이삭과 야곱의 하나님의 무한한 능력과는 상대가 안 된다고 믿었기 때문이다. 이 이야기가 "이와 같이 주의 말씀이 힘이 있어 흥왕하여 세력을 얻으니라"(19:20)라고 마무리되는 것은 적절한 일이었다. 하나님의 무한한 능력은 누구도 이길 수 없다. 그래서 바울이 나중에 이 에베소인들이 하나님의 능력의 "지극히 크심"을 알기를 기도했을 때(1:19), 이 에베소인들은 그리스도를 죽음에서 살린 바로 그 능력이 자신들 안에 역사하고 있음을 알았다.

무한하신 하나님을 거슬러 지은 죄를 누가 대속할 수 있는가?

복음을 전하는 건 힘든 일이다. 비그리스도인에게 그리스도를 전했을 때 진심 어린 관심을 보이는 이들도 있지만, 대개는 무관심이나 노골적 적대감을 보인다. 복음을 전하려다가 "지옥이라고요? 진지하게 묻는데요. 내 죄가 영원한 형벌을 받을 만큼 큰 죄라는 말입니까?"라는 낯선 질문만 받은 적이 있지 않은가?

이는 대답하기 어려운 질문이지만, 특히 불신자들이 죄의 죄성을 다 알지 못하기 때문에 대답하기 더 어렵다. 더 근본적인 문제는, 불신자들은 자기들이 누구에게 죄를 지었는가 하는 근본 개념이 없다. 무한하신 하나님께 죄를 지었다는 것을 모르는 것이다. 이들은 헤아릴 수 없는 거룩함과, 깊이를 알 수 없는 영광과, 한량없는 완전함을 지니신 하나님의 얼굴에 침을 뱉는다.

죄 때문에 눈이 먼 우리는 우리 범죄의 크기를 깨닫는 데 어려움을 겪는다. 왜냐하면 우리는 자기 죄를 바라보면서 이를 별것 아니라고 여기기 때문이다. 우리가 자기 죄를 가볍게 여기는 이유는 자기 죄를 다른 죄인들에 빗대어 판단하면서 "뭘, 적어도 나는 저 사람만큼 나쁜 사람은 아니야."라고 생각하기 때문이다. 이사야가 그랬듯 천국 법정에 서서 하나님의 무한한 거룩하심을 목도할 때에야 비로소 우리는 "화로다, 나여!"라고 소리친다. 하나님은 우리 죄를 다른 사람들의 죄에 빗대어서 들어 보이시는 게 아니라 자신의 무한한 완전함이라는 눈부신 빛 앞에 들어 보이신다.

무한히 완전하신 분에게 죄를 지었음을 깨닫는다는 것은 겁나는 일일 뿐만 아니라 우리를 완전한 절망에 빠뜨릴 수도 있다. 속죄를 이뤄 줄 이가 아무도 없다는 것이 고통스러울 만큼 명백하기 때문이다. 그런 사람은 그 자신이 무한해야 무한하신 하나님께 지은 죄를 속할 수 있고, 끝이 없는 형벌을 받아 마땅한 죄의 값을 치를 수 있을 것이다. 우리의 유한하고 타락한 세상에서는 그런 사람을 찾을 수 없을 것이 분명하다. 바로 그 순간, 극한 절망의 순간에 복음이 그 모든 광휘로 빛난다. 우리는 캄캄한 밤에 들판에 앉아 있는데 갑자기 "주의 영광이 그들을 두루 비추고", 이어서 너무 좋아서 사실 같지 않은 이 소식을 듣게 된 그 목자들과 비슷하다. "무서워하지 말라 보라 내가 온 백성에게 미칠 큰 기쁨의 좋은 소식을 너희에게 전하노라 오늘 다윗의 동네에 너희를 위하여 구주가 나셨으니 곧 그리스도 주시니라"(눅 2:9-11). 그리고 갑자기 온 하늘이 열리며 찬양이 들렸다.

> 지극히 높은 곳에서는 하나님께 영광이요
> 땅에서는 하나님이 기뻐하신 사람들 중에 평화로다(2:14).

평화라고? 우리는 무한하신 하나님께 범죄하지 않았는가? 그렇다. 하지만 내 죄의 값을 치르시려고 무한하신 분께서 오직 그분만이 하실 수 있는 일을 하려고 친히 하늘에서 내려오셨다. 영원하신 하나님의 아들께서 "종의 형체"를(빌 2:7) 취하셨고 "보이지 아니하는 하나님의 형상"을 취하셨다. "만물이 그에게서 창조되"었고, "아버지께서는 모든 충만으로" 그분 안에 "거하게 하시고 그의 십자가의 피로 화평을 이루사 만물이 그로 말미암아 자기와 화목하게 되기를 기뻐하"셨다(골

1:15-20).

무한하신 하나님께 지은 죄는 자기 자신에게서 신의 속성을 비워내신 구주에 의해서는 속죄될 수 없다. 그렇다. 애초에 그분에게 속죄를 이룰 자격이 있음은 바로 그 신적 속성 때문이다. 무한하신 하나님께 지은 죄는 그 자신이 신이시며 그 신성과 일치하는 모든 완전함이신 구주에 의해서만 값이 치러질 수 있다.

썩어가는 시체 위에까지 넘치는…
측량할 수 없는 그분의 은혜의 풍성함

우리에게 무한하신 구주가 필요하다는 사실에 비추어서 바울은 에베소서 1장의 측량할 수 없이 큰 하나님의 능력 이야기에서 에베소서 2장의 측량할 수 없이 풍성한 하나님의 은혜 이야기로 넘어간다. 하나님의 능력과 하나님의 은혜는 연관되어 있다. 자기 아들을 죽음에서 일으키신 데서 볼 수 있는 하나님의 무한한 능력은 영적으로 죽은 우리 영혼을 새 생명으로 소생시키시는 데서도 똑같이 입증된다. 우리는 "허물과 죄로 죽었던" 자로서 "그 가운데서 행하여…공중의 권세 잡은 자를 따랐"지만, "긍휼이 풍성하신 하나님이 우리를…함께 일으키사 그리스도 예수 안에서 함께 하늘에 앉히"셨다(엡 2:1-2, 4, 6).

내가 기억하는 한 나는 줄곧 그리스도인으로 살아왔다. 하지만 내가 아는 사람들 중에는 자신이 구원받은 때를 또렷이 기억하는 이들이 있다. 여러분도 그렇다면, 바울이 하는 말의 무게를 실감할 것이다. 우리는 세상의 종이었을 뿐만 아니라 "공중의 권세 잡은 자", 즉 사탄

의 종이기도 했다. 하지만 사탄의 권세는 무한하지 않다. 사탄의 권세
는 하나님의 측량불가능한 권세와 경쟁이 되지 않는다. 하나님의 명
령이면, 영적으로 생명 없는 그 영혼들, 죽어서 땅에 묻힌 영혼들이 갑
자기 일어나 주의를 끌며 무덤 밖으로 걸어 나온다. 나사로가 그랬던
것처럼 말이다. 우리는 죽은 자들이었지만 하나님이 "우리를 그리스
도와 함께 살리셨"다(엡 2:5). 바울이 설명하는 것을 가리켜 신학자들은
"중생"이라고 한다. 이는 오로지 하나님의 역사하심이다. 왜냐하면 하
나님만이 영적으로 죽은 영혼들을 다시 일으킬 수 있는 무한한 권세를
갖고 계시기 때문이다.

그런데 우리는 새 생명으로 일으킴 받고, 살아나서 천국에서 그리
스도와 함께 앉기만 하는 게 아니다. 하나님이 그런 기적을 행하심은
"그리스도 예수 안에서 우리에게 자비하심으로써 그 은혜의 지극히
풍성함을 오는 여러 세대에 나타내려 하심"이다(엡 2:7). 하나님은 권세
가 무한한 분이실 뿐만 아니라 자비가 무한하시고 은혜가 무한하시고
인자가 무한하신 분이다. 그래서 시편 기자는 이렇게 탄성을 지른다.

> 여호와는 긍휼이 많으시고 은혜로우시며
> > 노하기를 더디 하시고 인자하심이 풍부하시도다
> 자주 경책하지 아니하시며
> > 노를 영원히 품지 아니하시리로다
> 우리의 죄를 따라 우리를 처벌하지는 아니하시며
> > 우리의 죄악을 따라 우리에게 그대로 갚지는 아니하셨으니
> 이는 하늘이 땅에서 높음 같이 그를 경외하는 자에게 그의 인자하심이

크심이로다

동이 서에서 먼 것 같이 우리의 죄과를 우리에게서 멀리 옮기셨으며
(시 103:8-12).

히브리어에는 "무한"을 뜻하는 단어가 없지만, 하나님이 우리 죄과를 동이 서에서 먼 것처럼 멀리 제거해 주셨으며 하나님의 불굴의 사랑은 하늘만큼 높다고 시편 기자가 선언하는 것으로 보아 무한의 개념은 존재한다.[20] 시편이 은유를 통해 표현하는 것을 바울은 좀 더 직접적으로 말한다. 하나님의 은혜는 무한하고, 부활하신 그리스도와 우리의 연합은 우리가 언젠가는 그분의 무한한 은혜를 끝없이, 가장 완전한 형태로 향유하게 될 것을 보장한다.

지고至高하신 분만이 예배를 받기에 합당하시다

에베소서 1장과 2장을 염두에 둘 때, 그리스도인이 수 세기에 걸쳐 "지고하다"supreme라는 말을 하나님을 가리키는 말로 써온 것이 과연 놀라운 일인가? "지고함"은 하나님의 무한한 본질의 완전함을 포착하는 말이다. 우리 친구 안셀무스의 말을 들어 보자. "확실한 것은, 지고한 본질을 가지신 분이 어떠한 선을 소유하시든, 그것은 지고하게 선한 것이다. 따라서 이는 지고한 본질, 지고한 생명, 지고한 이성, 지고한 건강, 지고한 공의, 지고한 지혜, 지고한 진리, 지고한 선, 지고한 위대함, 지고한 아름다움, 지고한 불멸성, 지고한 썩지 않음, 지고한 불변성, 지고한 행복, 지고한 영원성, 지고한 권세, 지고한 단일성이다."[21]

각각의 속성들 모두가 다 "지고하다"고 불릴 만하다. 그 이유만으로도 우리 하나님은 우리 예배를 받으실 만한 분이다. 우리의 유한성은 우리가 자신의 생명을 무한하신 분께 빚지고 있다는 사실을 늘 우리에게 일깨워 준다. 그분에게는 한계가 없다. 그분은 그분의 속성을 무한히 소유하신다. 그러므로 하나님은 가장 완전한 존재, "(하나님보다) 더 큰 존재는 상상할 수 없는 그런 분"이시다. 하나님은 질적으로나 양적으로나 미진한 부분이 하나도 없이 최고의 존재요 존재의 충만함 그 자체이시다.

실천적인 면에서 이는 "하나님을 가능한 최고의 존재로 정의해야 하며, 그렇지 않으면 우리는 무한하신 분을 우리 자신의 불완전함에 한심하게 제한받는 분으로, 그리하여 우리의 예배를 받기에 합당치 않은 분으로 상상하는 것"이라는 뜻이다.[22] 우리가 하나님을 우리 자신의 형상으로 상상하는 일이 없기를 기원한다. 또한 모세가 불타는 떨기나무 앞에서 그러했듯, 우리도 완전히 무한하신 하나님의 지고하심 앞에서 유한한 피조물로서 엎드려 절하게 되기를 기원한다.

4

하나님은 내게 의존하시는가?

— 하나님의 자존성

누가 먼저 내게 주고 나로 하여금 갚게 하겠느냐 온 천하에 있는 것이 다 내 것이니라.

욥 41:11; 참조 롬 11:35

하나님은 자기 안에, 그리고 자기 스스로 생명과 영광과 선과 복을 완전하게 갖고 계신다. 하나님은 자신 안에서, 그리고 자신을 향해 홀로 자충족하시며, 자신이 만든 그 어떤 피조물도 필요로 하지 않으시고, 다만 자신의 영광을 피조물 안에서, 피조물에 의해, 피조물에게, 피조물 위에 나타내실 뿐이다.

웨스트민스터 신앙고백서 2장 2항

하나님은 세상을 창조하시기 전에 무엇을 하고 계셨는가? 어쩌면 고독하셨을지 모른다. 고독하셨기에 자신의 마음속 빈 구멍을 채울 필요가 있었다. 그래서 하나님은 세상을 창조하기로 하셨다. 그렇게 해서 하나님은 타자와 교제를 나누실 수 있었다. 지금 그 세상이 여기 있고, 하나님은 이제 그다지 외롭지 않으시다. 우리가 있어 하나님은 충족감을 느끼시고 온전하다고 느끼신다.

위와 같은 대답을 우리는 흔히 들을 수 있다. 심지어 선의를 지닌 그리스도인들의 입을 통해서도 흔히 들을 수 있다. 자, 이제 마음을 단단히 먹으라. 내가 이제 뭔가 충격적인 이야기를 좀 하겠다. 하나님은 여러분을 필요로 하지 않으신다. 하나님은 당신이나 나를 필요로 하지 않으신다. 하나님은 이 세상의 그 누구, 그 무엇도 필요로 하지 않으신다. 사실 하나님은 세상을 전혀 필요로 하지 않으신다.

하나님은 뭔가가 결핍되어 있는 분이 아니시다. 세상을 창조하기 전, 하나님이 지루해서 손가락을 만지작거리며 몹시 외로워하시기라도 한 것처럼 생각해서는 안 된다. 하나님은 존재를 유지하기 위해 세상을 의지하는 분도 아니고, 자신의 행복과 자아 실현을 위해 세상을 의지하는 분도 아니다. 오히려 하나님은 스스로 자신의 생명을 소유하신다. 좀 더 정확히 말해, 하나님은 스스로 자기 자신 안에서 생명의 충만함이시다.

우리가 지금 설명하고 있는 것은 자존성^{aseity}이라는 속성(라틴어로는 아세$^{a\,se}$로 "자기 자신으로부터"라는 뜻임)이다. 지금까지 교회에서 배워온 내용으로 볼 때 여러분은 하나님의 자존성에 관해 들어본 적이 없을 것이다. 하지만 우리는 이 속성이 성경 어디에서나 전제되고 있고, 가르쳐지고 있으며, 또한 하나님의 다른 속성들의 비밀을 여는 열쇠라는 것을 알게 될 것이다.

자존적인 하나님의 생명

하나님의 자존성을 단언한다는 것은, 무엇보다 먼저 하나님은 자신 안에서 스스로 생명이 되시며, 그 기초 위에서 스스로 존재하시며 자충족하심이 틀림없다고 말하는 것이다.[1] 하나님은 자신 안에서 스스로 생명이 되시므로 어떤 의미로도 하나님은 타자에 의해 초래될 수 없다.[2] 그런 이유로, 하나님이 "자기 자체로 계심"inseity을 하나님의 "자존성"aseity이라 불러도 좋을 것이다.[3] 가장 근본적으로, 창조주와 피조물 사이에는 본질적으로 차이가 있으니, 창조주는 자기 자신 안에 자기 자신의 생명을 갖고 있는 반면, 피조물은 생명이신 분에게서 생명을 받는다. 우리는 완전히 의존적인 존재로, 모든 면에서 유한한 존재로 이 세상에 태어났다. 우리의 현존은 우리 어머니와 아버지에게서 유래한다. 우리가 계속 삶을 이어가려면 우주의 하나님이 우리를 지탱해 주셔야 한다. 우리는 육신의 아버지뿐만 아니라 하늘에 계신 아버지에게도 의존한다. 우리의 본질, 우리의 현존 자체는 모든 면에서 조건부다.

하나님은 그렇지 않으시다. 하나님의 본질은 우리의 본질과 전혀 다르다. 하나님은 인간 현존의 기준으로는 잴 수 없는, 측량불가능한 분이시다. 이 세상의 만물과 달리 하나님의 현존은 다른 어떤 것이나 다른 누군가에게 근거하거나, 그것에서 유래하거나, 그것을 조건으로 하지 않는다. 그 누구도 하나님을 존재하게 만들지 않았으며, 또한 하나님은 다른 어떤 것이나 다른 누군가에게 의존해서 존재를 이어나가지 않으신다. 하나님은, 유한하고 조건적이고 제한적이고 변하기 쉬운 것에게서 유래하지 않으시고, 그런 것에 제약받지 않으신다. 이 사실은 하나님이 세상을 창조하신 방식에서 확연히 드러난다. 하나님은 어떤 선재^{先在}하는 물질에 의존해서 우주를 창조하신 게 아니라, 무에서^{ex} ^{nihilo} 곧 아무것도 없는 데서 창조하셨다. 더 나아가, 자신의 현존^{existence}의 시작이나 원인이 없으신 분만이 무(변동이 없는 원동력)로부터 세상을 존재하게 할 수 있다. 원인이 없는 하나님의 현존은 오직 하나님 자신에게 그 근거를 둔다. 이는 하나님이 자신을 창조하셨다거나 자신이 자기 존재의 원인이 되었다는 뜻이 아니라, 안셀무스의 말처럼 "하나님만이 자신이 가지는 모든 것을 자기 스스로 가지며, 이에 비해 다른 것들은 스스로 아무것도 가지지 못한다. 다른 것들은 스스로 아무것도 가지지 못하기에 오직 하나님에게서만 자신의 실체를 얻는다"는 뜻이다.[4]

"자신이 가진 모든 것을 스스로 가진다"는 이 구절이 자존성을 훌륭히 요약해 준다. 창조 질서 안에 있는 사물에 대해서는 이런 말을 할 수 없다. 아우구스티누스는 말하기를, 하나님과 비교하면 "이 사물들은 아름다움과 선함과 존재 면에서 결핍이 있다"고 한다.[5]

하지만 하나님의 존재^{being}에는 그런 결핍이 없다. 자존성은 하나님을 완전한 존재로 정의한다.

삼위일체 하나님의 복된 생명

하나님이 "자신이 가진 모든 것을 스스로 가진다"면, 자존성은 하나님이 자기 자신 안에서 스스로 완전히 충족되시어 행복하시다는 의미이기도 해야 한다. "하나님은 자신의 본질과 완전함을 완벽히 보고 무한히 사랑하고 기뻐하는 가운데, 자기 자신을 즐거워하면서 무한히 행복하시다"고 조나단 에드워즈는 말한다.[6] 이 사실에 어떤 의미가 담겨 있는지 주목하라. 하나님이 세상을 창조하기로 결정하지 않으셨다면(하나님은 세상을 창조하시지 않아도 되었다는 것을 기억하는 게 중요하다), 그분은 자기 자신 안에서 스스로 완벽히 만족하고 자족하셨을 것이다. 이는 하나님이 자발적으로 세상을 창조하기로 결정하신 것은 자신 안에 어떤 빈 공간을 느꼈기 때문이 아니라는 의미이기도 하다. 하나님은 결핍된 기쁨을 어떤 식으로든 채우기 위해서, 혹은 자신의 현존에 의미를 주기 위해 우리를 필요로 하신 것이 아니다. 하나님은 생명이라는 말의 절대적 의미에서 생명이신 분으로서 전에도 자충족하셨고 지금도 여전히 그러하시다.

하나님의 자존성은 하나님을 우리의 존재와 비교했을 때 그분이 단지 양적인 면에서가 아니라 질적인 면에서 우리와는 전혀 다른 유형의 존재시라는 사실에서 비롯한다고 앞에서 말했다. 이를 좀 더 상세히 설명하자면, 존재 면에서의 그러한 차이는 삼위일체로서의 하나님과 모든 점에서 연관된다. 정통 신조가 고백하다시피, 하나님은 본질 면에서 하나이시고, 위격으로는 셋이시다. 이 세 위격은 '기원起源의 영원한 관계eternal relations of origin'에 의해 또는 '위격적 존재 방식personal modes of subsisting'(성부 되심paternity, 성자 되심filiation, 그리고 성령 되심spiration)에 따라 영원 안에서 식별되어야 한다.[7] 성자는 성부에게서 영원히 발생되시고(성자 되심), 성령은 성부와 성자에게서 영원히 발출되신다(성령 되심). 하나님은 피조세계와 떨어져 계신 내재적immanent 삼위일체로 존재하신다. 하나님의 한 본질은 창조 질서에서 독립된 채로 이 세 위격 안에 영원히 존재하신다^{subsist}(영어에서 위격에 대해서는 exist라는 단어를 사용하지 않고 subsist라는 단어를 사용하는데 한국어에는 이에 대응하는 단어가 없으므로 '존재한다'라는 동일한 용어를 사용하여 번역하였다. 따라서 '존재한다'라는 표현이 위격에 대하여 사용되는 경우에는 영문 병기가 없어도 subsist라는 단어를 번역한 것으로 보아야 한다—편집주). 이 신비에 대해서는 5장에서 다시 살펴보기로 하자.

삼위일체의 기원과 관련된 영원한 관계

성부 되심 Paternity	성부는 영원히 누구에게서도 발생되지 않으신다.
성자 되심 Filiation	성자는 성부에게서 영원히 발생되신다.
성령 되심 Spiration	성령은 성부와 성자에게서 영원히 발출되신다.

이 사실이 창조주와 피조물의 구별과 관련해 논리적으로 무엇을 의미하는지를 놓쳐서는 안 된다. 삼위 하나님이 우주를 창조하시기 전에, 성부와 성자와 성령은 나뉘지 않은 하나의 신성으로서 서로 완벽한 교제를 나누셨다(옛 청교도의 어휘를 빌리자면). 삼위일체의 세 위격은 어느 별이나 행성이 궤도를 돌기 전부터 흠잡을 데 없는 교제를 누리셨다. 그래서 십자가에 달리시기 직전에 예수님은 영원 세계에서 성부와 함께 누린 영광에 호소하실 수 있었다. "아버지여 창세 전에 내가 아버지와 함께 가졌던 영화로써 지금도 아버지와 함께 나를 영화롭게 하옵소서"(요 17:5). 예수님은 계속해서 제자들을 위해 기도하신다. "내게 주신 자도…아버지께서 창세 전부터 나를 사랑하시므로 내게 주신 나의 영광을 그들로 보게 하시기를 원하옵나이다"(17:24). 삼위일체의 세 위격은 서로를 향해 사랑을 표현하셨는데, 이 경우에는 성부께서 성자

를 심지어 세상이 존재하기 전부터 사랑하셨다는 사실이 드러난다. 영광, 사랑, 이런 것들이 영원 전부터 우리 삼위 하나님의 교제의 특징이다. 그러나 세 위격을 특징짓는 것은 영광과 사랑만이 아니다. 생명도 있다. 예수님이 요한복음 5장 26절에서 말씀하신 것처럼, "아버지께서 자기 속에 생명이 있음 같이 아들에게도 생명을 주어 그 속에 있게 하셨"다.

이 생명이 삼위일체의 각 위격에게 어떤 의미인지 그 모든 뉘앙스를 파고들어갈 필요는 없다. 다만 그리스도인의 생명을 위한 함축적 의미가 사소하지 않다고는 말해 두어야 한다.[8] 성부께서 그 자체로 생명이 아니셨다면, 그래서 성자께서 자신 안에 이 생명을 갖게 허여하지 않으셨다면, 성자에게는 자신이 구원하고자 하는 사람들에게 줄 생명이 없었을 것이다. 생명을 주는 것이 그분의 전체 사명의 기본인데 말이다(요 3:16, 36; 4:14; 5:24; 6:40, 47, 54). 그러나 예수님은 "죽은 자들이 하나님의 아들의 음성을 들을 때가 오나니 곧 이 때라 듣는 자는 살아나리라"(5:25)라고 말씀하셔서 그런 가능성을 제거하신다. 그래서 "아들께서 받아 자기 안에 가지고 계시는 생명을 다시 피조물들에게 수여하신다."[9]

모든 것을 소유하시고 모두에게 주시는 하나님

구약성경에서 하나님의 자존성은 도처에서 전제되고 확언된다. 우선, 창조주로서의 하나님을 생각해 보면 하나님의 자존성을 볼 수 있다. 구약성경은 하나님이 창조주로서 만물의 주인이시라고 되풀이해서 주장한다. 창세기 처음 몇 장에서는 하나님이 주인 되심을 쭉 보여 준다. 그분은 바다의 해파리에서부터 나무에 매달린 메뚜기에 이르기까지 모든 것을 만드신 하나님이시니 말이다. 당연히 다윗은 이렇게 외칠 수 있다.

> 땅과 거기에 충만한 것과
>> 세계와 그 가운데에 사는 자들은 다 여호와의 것이로다
> 여호와께서 그 터를 바다 위에 세우심이여
>> 강들 위에 건설하셨도다(시 24:1-2; 비교 느 9:6).

하나님의 자존성은 창조주로서의 정체성뿐만 아니라 이스라엘의 언약의 주이자 구원자로서의 역할과도 깊이 관련되어 있다. 맨 처음 아브라함과, 그리고 나중에 이스라엘과 언약 관계를 맺으실 때, 하나님은 그 누구에게도, 그 무엇에도 의존하지 않는 하나님으로서 그렇게 하신다. 하나님이 독립적인 분이신 결과 하나님은 (만물에 의존하기보다) 만물의 주인이 되신다. 만물의 주권자로서 하나님은 아브라함과 이스라엘에게 젖과 꿀이 흐르는 큰 땅을 주시고 이들을 열방에 복이 되는 나라로 만드실 수 있다.

예를 들어, 창세기 4장에서 멜기세덱과 아브라함이 만난 일을 생각해 보라. 이 만남은 하나님이 아브라함에게 나타나셔서 그가 아직 보지 못한 새 땅으로 떠나가라고 명령하신 직후의 일이다(창 12:1-2). 멜기세덱은 특별하고 불가사의한 왕이자 제사장으로서, 아브라함이 대적들과 싸워 큰 승리를 거둔 직후 아브라함에게 복을 빌어 준다. 복을 빌

어 줄 때 멜기세덱은 "지극히 높으신 하나님"을 "천지의 주재"라고 부른다. 여기서 우리는 하나님의 자존성이 교묘하게 암시되어 있는 것을 본다. 이때 멜기세덱은 하나님이 아브라함의 대적들을 아브라함의 손에 붙이셨다고 찬양한다(14:19-20). 하나님은 온 땅의 주인이시기에, 아브라함의 대적들을 넘겨주셔서, 언젠가 아브라함에게 땅을 주고 그로 큰 민족을 이루게 하겠다는 원래의 약속을 수호하실 수 있다(12:1-2). 하나님이 아브라함에게 하신 언약적 약속은 신적 자존성이라는 견고한 토대에 기초한다. 하나님이 아브라함과 그 자손에게 온 땅을 기업으로 주는 복을 내리실 수 있는 것은, 하나님이 자충족적인 분으로서 그 무엇도 필요로 하지 않는 만물의 주인이시기 때문이다. 하나님이 아브라함에게 약속하신 그 복은 예수 그리스도께서 이 땅에 오심으로써 궁극적으로 성취되니, 히브리서에서는 이 그리스도를 "더 좋은 언약의 보증"이라고 부른다(히 7:22).

또는 하나님이 자신에게 반역하는 이스라엘과 맺으신 언약 관계를 생각해 보라. 시편 50편은 "전능하신" 여호와께서 세상을 부르신다는 말로 시작한다(50:1). 말씀하시고 부르실 때 여호와께서는 자신의 목소리가 세상에 들릴 것으로 예상하신다. 여호와께서는 모든 인류를, 특히 이스라엘을 부르셔서 자신이 곧 중요한 말을 할 테니 이를 경청하라고 명하신다. 하나님의 백성 이스라엘은 여호와와 언약 관계에 있는 백성이며, 이 언약은 "제사"sacrifice로 수립되었다. 그런데 여기에는 큰 문제가 발생한다. 이스라엘은 하나님이 자신들의 제사를 필요로 하시기에, 제사로 하나님을 매수할 수 있다고 오해한다! 이때 우주의 창조주께서 자신의 언약 백성에게 어떻게 대응하시는지 주목해 보라.

내가 네 집에서 수소나

　네 우리에서 숫염소를 가져가지 아니하리니

이는 삼림의 짐승들과

　못 산의 가축이 다 내 것이며

산의 모든 새들도 내가 아는 것이며

　들의 짐승도 내 것임이로다

내가 가령 주려도 네게 이르지 아니할 것은

　세계와 거기에 충만한 것이 내 것임이로다(시 50:9-12; 146:5-7 참조).

　요점은 분명하다. 창조주께서는 그 무엇도 필요로 하지 않으신다. 그분은 모든 것의 주인이시기 때문이다. 그리고 이스라엘이 하나님을 대하는 태도를 결정하는 것이 바로 이 신적 자존성에 대한 확언이다. 백성들은 자신들이 만든 신, 제사를 이용해 마음대로 다루고 매수할 수 있는 신에게 다가가듯이 언약의 주님께 다가가서는 안 된다. 그보다 이스라엘은 "감사로…제사를 드리며"(50:14), "환난 날에" 여호와를 부름으로써(50:15) 창조주이자 언약의 주이신 분께 다가가야 한다. 그분은 이스라엘을 필요로 하는 하나님이 아니시다. 오히려 이스라엘이 하나님을 필요로 한다. 이스라엘은 하나님을 영화롭게 하기 위해 만들어진 백성이며, 이 백성은 구원을 위해 전적으로 하나님께 의존한다(50:15).

사람의 손으로 섬김을 받지 않으심

하나님의 자존성은 구약성경에서 창조와 언약에 관한 말씀에서 볼 수 있을 뿐만 아니라, 신약성경에서 하나님의 언약의 약속이 예수 그리스도의 오심을 통해 성취되는 데까지 확장된다. 복음이 모든 사람에게 선포됨에 따라, 이 좋은 소식을 듣는 사람들이 우선 이 구원의 하나님이 정확히 어떤 분이신지 이해하는 것이 가장 중요하다.

사도 바울은 아덴 사람들에게 복음을 전할 때 하나님의 자존성을 토대로 삼는다. 사도행전 17장 16-34절을 보면 바울은 아덴(소크라테스, 플라톤, 아리스토텔레스 같은 사상가를 비롯해 철학 전통으로 유명한 곳)에 머물고 있으며, 장터에서 이 도시의 철학자들을 마주친다. 시내를 두루 다니던 바울은 "마음에 격분"이 생긴다. 자, 왜 그랬을까? 거리를 걷던 바울은 온 도시에 우상이 가득한 것을 본다(17:16). 바울은 그런 우상숭배 광경에 자극을 받아 예수님과 그분의 부활을 전하게 되는데, 이는 아덴 청중에게는 낯설고 새로운 가르침이다.

이 새로운 가르침이 도대체 무슨 내용인지 호기심이 생긴 이곳 철학자들은 "이방 신들을 전하는 사람"(17:18)이라는 이름표가 붙은 바울을 아레오바고로 초청한다. 이때 바울이 택하는 접근 방식이 주목할 만하다. 그는 그곳 사람들이 예배하는 수많은 신들로 미루어 생각할 때, 그들이 얼마나 "종교심이 많"은 사람들인지 알겠다고 먼저 청중 앞에서 인정한다(17:22). 그리고 나서 바울은 이 순간을 기회 삼아, 살아 계시며 참되신 한 분 하나님과 이들이 예배하는 신을 비교하는 전략을 구사한다. "알지 못하는 신에게" 바쳐진 제단을 가리키면서 바울은 이들이 "알지 못하고" 섬기는 그것을 이제 알게 해주겠다고 말한다(17:23). "우주와 그 가운데 있는 만물을 지으신 하나님은 천지의 주재시니 손으로 지은 전에 계시지 아니하시고 또 무엇이 부족한 것처럼 사람의 손으로 섬김을 받으시는 것이 아니니 이는 만민에게 생명과 호흡과 만물을 친히 주시는 이심이라"(17:24-25).

바울의 말을 듣고 있는 이들 중에는 스토아학파 철학자들, 즉 자연이 신이며 자연 만물은(인간을 포함해서) 자기 안에 신성의 불씨를 지니고 있다고 믿는 철학자들도 있었다는 점을 명심하라. 스토아학파에게 신은 창조 질서에 절대적으로 의존하는 존재이며, 얼마나 의존도가 심한지 신이 창조 질서와 동일시될 정도다. 오늘날 범신론(하나님이 세상이고, 세상이 하나님이라는)과 만유내재신론(세상이 하나님 안에 있다는) 같은 세계관은 스토아학파와 관점이 비슷하다. 하나님과 세상이 상호 의존한다는 것이다. 하지만 이런 세계관은 하나님의 자유를 구속해서 세상이 하나님에게 꼭 필요한 것이 되게 하고, 하나님의 본질을 훼손해서 하나님의 현존이 세상에 의존하는 것이 되게 한다.[10]

바울이 이와 대조적으로 뭐라고 말하는지 주목하라. 바울은 하나님이 창조주시라고 말하며, 이는 온 세상이 그 존재를 하나님께 빚지고 있다는 뜻이다. 천지의 주재로서 하나님은 인간을 필요로 하지 않으시며, 인간의 손으로 섬김을 받지도 않으신다. 만약 하나님에게 인간이 필요하고 하나님이 인간의 손으로 섬김을 받으신다면, 그분이 주님이 아니라 피조물이 주님일 것이다. 생명과 만물을 주시는 분으로서 하나님은 그 무엇도 필요로 하지 않으신다. 아덴의 신들처럼 신전에 살면서 먹여 주고 섬겨 주는 누군가에게 의존하는 분이 아닌 것이다. 바울이 전하는 하나님은 자충족적이고, 자존하시고, 세상에 의존하지 않는 분이시다. 그분은 인간을 필요로 하지 않으신다. 또한 그분은 창조 세상과 혼동되어서도 안 된다. 그분은 창조 세상과 하나이신 분이 아니라 창조 세상 위에 계신 주님이시다. 우주의 창조주시니 말이다. 여기서 우리는 지금 중점으로 살펴보고 있는 속성을 확인한다. 하나님은 본질상 그 무엇에도 의존하지 않는 독자적인 분$^{a\,se}$이시다.

기록 바로잡기

그러나 잠깐 멈추라. 성경은 우리가 하나님을 섬기고 하나님께 바친다고도 말하지 않는가? 맞다, 그렇게 말한다. 하지만, 우리는 하나님이 먼저 우리에게 주신 것만을 하나님께 바친다.

누가복음 16장 1-13절의 불의한 청지기 비유에서 예수님은 우리가 하나님의 청지기라고 가르치신다. 청지기로서 우리는 하나님이 주신 것을 가지고 무엇을 했는지에 대해 각자 책임을 질 것이다(눅 12:42; 딛 1:7). 비슷한 예로 누가복음 17장에서 예수님은 우리가 하나님이 요구하시는 것을 행하여 그분께 순종할 때에도 이는 단지 우리에게 요구되는 것을 행할 뿐임을 분명히 하신다. 하지만 하나님이 우리에게 빚을 지기라도 하시는 것처럼 하나님이 어떤 식으로든 되갚을 의무를 지신다고 생각해서는 안 된다. 우리의 자세는 그저 다음과 같아야 한다. "우리는 무익한 종이라 우리가 하여야 할 일을 한 것뿐이라"(눅 17:10).

이는 욥이 힘들게 깨우친 교훈이다. 우리는 욥기 서두에서 그의 극심한 고통이 하나님이 정하신 일임을 알게 된다. 욥은 그런 고통을 겪으면서 하나님을 저주하라는 유혹을 받는다(친구들과 아내 때문은 아니지만). 욥기 결말을 보면, 길디 긴 침묵 끝에 하나님은 자신은 그 누구에게도 설명이나 사과를 할 의무가 없고 아무런 빚이 없다고 말씀하심으로써 욥에게 답변하신다. 욥은 하나님의 조언자가 될 위치에 있지 않다. "누가 먼저 내게 주고 나로 하여금 갚게 하겠느냐 온 천하에 있는 것이 다 내 것이니라"(욥 41:11). 욥은 이 말씀에 정신이 번쩍 든 것이 틀림없다. 사도 바울도 마찬가지다. 로마서 11장 34-36절에서 바울은 욥기 41장 11절을 인용해 이와 아주 비슷한 주장을 한다. "누가 주의 마음을 알았느냐 누가 그의 모사가 되었느냐 누가 주께 먼저 드려서 갚으심을 받겠느냐 이는 만물이 주에게서 나오고 주로 말미암고 주에게로 돌아감이라."

우리 부부에게는 네 명의 자녀가 있다. 그중 한 아이가 오빠나 언니를 향해 "여긴 내 방이야. 당장 나가!"라고 하면서 싸움을 벌일 때가 있다. 또는 엄마가 한 아이에게 동생하고 간식을 나눠 먹으라고 하면 "이건 내 샌드위치잖아요"라는 당당한 대답이 돌아올 때도 있다. 이런 경우 우리는 아이들에게 너희들 것은 사실상 아무것도 없다고 일깨워 준다. 너희들이 가진 것 중에 받지 않은 것이 하나도 없으며, 너희들이 서로 뭔가를 주거나 나눌 때 그것은 너희들이 받은 것을 주거나 나누는 것일 뿐이라고 말해 준다.

이와 관련해 유명 시트콤 〈코스비 가족〉Cosby Show의 헉스터블 집안 풍경에 비교할 만한 고전은 별로 없을 것이다. 한 에피소드를 보면, 딸 바네사가 어느 날 화가 잔뜩 난 얼굴로 학교에서 돌아와, 친구와 싸웠다고 말한다. 아버지 클리프는 아무렇지도 않게 "이겼니?"라고 묻는다. 바네사는 아빠와 엄마 옆에 털썩 주저앉으며 학교에서 여자애들이 자기를 건방진 부잣집 애라고 놀렸다고 설명한다. 바네사는 옷소매를 걷어 올렸고, 그 다음 일은 안 봐도 뻔하다. 아이들이 드잡이를 하며 바닥에 뒹굴었다는 것이다. 이때 클리프가 끼어든다. "혼자서 두 명을 상대했구나!" 바네사는 모리스 선생님이 싸움을 뜯어 말리면서 모두 사과하라고 시켰다고 말한다. 클리프는 이번에도 가만히 있지 못하고 끼어든다. "모리스 선생님이 말리지 않았다면 두 애를 다 두들겨 패려고 한 거야?" 클리프의 말에 아내 클레어가 눈을 흘긴다. 그러나 이어서 바네사가 하는 말에 클리프와 클레어 두 사람 모두 두 눈이 휘둥그레질 수밖에 없다. "우리가 부자가 아니었다면 이런 일은 없었을 텐데." 당혹스런 침묵 끝에 클리프가 허리를 꼿꼿이 세우고 팔짱을 끼며 말한다. "내가 좀 바로잡아 줘도 될까? 네 엄마하고 나는 부자야. 하지만 너는 빈털터리야. 네 친구들이나 적들한테 가서 그렇게 말해. 알겠지?" 그렇게 말하며 클리프는 빙긋 미소를 짓는다.

재미있다. 하지만 맞는 말이다. 우리 자녀들의 경우가 이러하다면, 하물며 우리 창조주와의 관계에서는 얼마나 더하겠는가? 그렇다. 우리는 그분을 섬기고, 우리의 시간이든 우리의 물질이든 그분에게 바친다. 하지만 우리도 바네사처럼 반드시 기억해야 할 것이 있다. 아담과 하와의 자손으로서 우리가 가진 모든 것은 주님에게서 온 것들이다. 그것은 우리 자신의 것이 아니다. 심지어 우리의 호흡 하나도, 우리의 시간 일 분 일 초도, 지갑 속 동전 한 닢도 우리 것이 아니다. 이 모든 것이 다 주님의 것이고, 그래서 그분께서 즉시 거둬 가실 수도 있다 (욥은 이 사실을 직접적 체험으로 깨우쳤다). 그러므로 하나님을 섬기고 하나님께 바칠 때에는 이 모든 것이 애초에 다 하나님의 것임을 기억하면서 감사함으로 섬기고 바쳐야 한다.

하나님의 속성을 푸는 열쇠

이제 우리가 얼마나 의존적인 존재이고 하나님이 얼마나 독자적인 분인지 확실히 알았으므로, 자존성이 어떻게 하나님의 다른 속성들과 연관되는지 이해하는 것이 중요하다. 하나님이 자기 스스로 생명이시라면, 하나님으로 크신 분이 되게 하는 어떤 다른 속성들이 여기서 도출되는가?[11]

먼저, 하나님이 자충족적인 분이라면, 하나님은 **스스로 신이신**self-divine 분이다. 자존하시는 하나님은 자기 자신 밖의 어떤 것에게서 자신의 신성을 받으실 수 없기 때문이다. 하나님이 자충족적인 분이라면, 하나님은 또한 **스스로 지혜로운 분**이기도 하다. 무엇이 지혜로운지, 혹은 어떤 지혜로운 선택을 해야 하는지 다른 어떤 존재가 하나님에게 알려드릴 수 있다면, 그런 하나님은 지혜가 완전하지 못하고 그 다른 존재에게서 받는 지혜가 점점 자라는 분일 것이기 때문이다. 더 나아가, 하나님이 자충족적인 분이라면, 하나님은 **스스로 덕스러운 분**이다. 만약 다른 존재에게서 덕을 받는다면, 그 하나님은 완전히 도덕적인 분이실 수 없기 때문이다. 또한 덕이 점점 증진되는 하나님은 도덕의 참 기준이실 수 없기 때문이다.

마찬가지로, 하나님이 자충족적인 분이라면, 하나님은 **스스로 입증하는**self-attesting **분** 이기도 할 것이다. 하나님은 도덕의 참 기준이신 것처럼 진리의 참 기준이 되시기도 하기 때문이다. 하나님은 단지 진리를 소유하고, 진리를 알고, 진리를 말하기만 하시지 않는다. 하나님이 진리이시다. 진리를 알기 위해 모두 하나님을 바라보아야 하는 이유는, 하나님이 진리의 참 기준이시기 때문이다. 하나님은 다른 누구와 관계 없이 자기 자체로, 그리고 스스로 진리이신 분이다. 동일한 원리가 하나님의 공의에도 적용된다. 하나님은 **스스로 의로우신**self-justifying **분**이다. 이사야가 수사학적으로 묻는 것처럼, "그가 누구와 더불어 의논하셨으며 누가 그를 교훈하였으며 그에게 정의의 길로 가르쳤으며 지식을 가르쳤으며 통달의 도를 보여 주었"는가?(40:14). 안셀무스 식으로 말하자면, 하나님은 의로우실 뿐 아니라, 자기 자신으로 말미암아 의로우시다.[12]

하나님이 자충족적인 분이시라면, 하나님은 **스스로 능력 있는 분**이어야 한다. 그렇지 않으면 하나님은 전능하지 못한 분으로서 능력이 부족할 때 다른 존재의 도움을 받아야 하는 분이 되고 만다. 하나님이 자충족적인 분이시라면, 하나님은 **스스로 아는 분**이어야 하며, 이는 어떤 일이 일어났는지 혹은 어떤 일이 일어날 것인지를 알기 위해 다른 어떤 피조물에 의지하지 않으신다는 뜻이다. 하나님이 다른 어떤 피조물에 의지해 지식을 얻는다면, 하나님의 지식은 불완전하고 다른 존재의 지식에 의지해 미래 계획에 도움을 받아야 한다는 의미일 것이다.

마지막으로, 하나님이 자충족적인 분이시라면, 하나님은 **스스로 탁월한 분**이어야 한다. 하나님보다 더 탁월하고, 더 영광스럽고, 더 위엄 있는 존재가 있다면, 하나님은 자신의 됨됨이와 자신의 행동을 특징짓는 바로 그 탁월함을 위해 그 존재에게 의존할 것이니 말이다.

스스로 탁월하심

위의 마지막 항목은 지극히 중요해서 좀 더 주목해서 살펴볼 만하다. 우리는 이 책 전체를 통해 하나님이 가장 완전하고, 지고하고, 무한하신 존재라고 주장해 왔다. 그리고 이 말이 진실이려면, 하나님으로 크신 분이 되게 하는 어떤 속성이 뒤따라야 하는지 질문해 왔다. 그 질문은 여기서도 마찬가지로 유효하다. 하나님이 완전한 존재시라면, 하나님은 자기 자신 안에 자기 생명을 가지고 있어야 한다. 만약 하나님이 다른 어떤 것에 의존하신다면, 하나님은 자신의 완전함을 그것에게 주어 버림으로써 완전함을 잃어 버리실 것이다. 안셀무스가 일깨워 주듯, "다른 어떤 존재로 말미암아 위대한 존재는 그를 위대하게 하는 다른 어떤 존재보다 못한 존재이기 때문"이다. 하나님의 완전함은 독자적인 완전함이어야 한다. 하나님의 탁월함은 스스로 탁월한 것이어야 한다. 안셀무스는 하나님의 본성이 "다른 존재보다 탁월하되 누구에 비해서도 열등하지 않은 방식으로 탁월해야 한다"고 말한다. "자체로 말미암아 존재하고 다른 모든 것의 존재의 통로가 되어 주는" 것만이 "모든 최고의 존재들 중 최고의 존재이다."[13] 자존성을 제쳐 놓으면 하나님은 지고의 존재이실 수 없다. 과거 세대의 그리스도인, 예를 들어 안셀무스 같은 사람은 그렇게 스스로 탁월한 성격을 "절대적"이라는 단어를 사용해서 표현했다. 하나님은 "절대적 존재"시니, 그 무엇도 그분에게 견줄 수 없기 때문이다. 그 무엇도 그분과 같지 않다. 그 무엇도 하나님으로 하나님이시게 하지 못한다. 따라서 절대적 하나님은 절대적 권능, 절대적 지식, 절대적 지혜, 절대적 신성, 절대적 영광, 절대적 탁월함을 지니신 하나님이시다. 라틴어에는 이 진리를 전달하는 몇 가지 단어가 있다.

에세*esse*	하나님은 지고한 존재이시다.
베룸*verum*	하나님은 지고한 진리이시다.
풀크룸*pulchrum*	하나님은 지고한 아름다움이시다.

출처 : Bavinck, *Reformed Dogmatics*, 2:151.

하나님의 각 속성이 이런 지고함을 특징으로 한다면, 하나님은 하나님보다 더 큰 존재는 상상되지 않는 분이시라는 안셀무스의 말은 옳다. 필연적으로, "모든 존재는 그분 안에 담겨 있다." 하나님은 "존재being의 무한한 대양大洋"이시다.[14]

그것이 없다면 다른 어떤 선도 존재할 수 없는 선

하나님은 자충족적이시고, 완전하시고, 지고하시고, 절대적인 존재시라는 우리 말이 맞다면, 이 사실이 나머지 세상에 미치는 함축적 의미는 지대하다. 하나님의 지고성이란 하나님 외의 다른 모든 존재는 어떠한 선을 얻기 위해서든 홀로 독자적이신 분께 의존해야 한다는 의미다. 바울은 그리스 철학자인 크레타의 에피메니데스Epimenides of Crete가 제우스에 대해 한 말을 참되고 살아계신 한 분 하나님에게 적용하여 이렇게 말한다. "우리가 그를 힘입어 살며 기동하며 존재하느니라"(행 17:28). 안셀무스는 하나님의 지고한 본성이란 "그것이 없다면 다른 어떤 선도 존재할 수 없는 선"이라고 말한다.[15]

하나님의 비공유적 속성과 공유적 속성의 구별 문제로 다시 돌아가면, 하나님의 자존성은 하나님이 피조물에게 있는 각 공유적 특성의 근원이시라는 의미다. 하나님은 "그것이 없다면 다른 어떤 선도 존재할 수 없는 선"이시며, "그것이 없다면 다른 어떤 아름다움도 존재할 수 없는 아름다움", "그것이 없다면 다른 어떤 지혜도 존재할 수 없는 지혜", "그것이 없다면 다른 어떤 의로움도 존재할 수 없는 의로움"이시다. 이는 하나님이 우리가 이 세상에서 목도하는 모든 선의 근원이실 뿐만 아니라 원인이시기도 하다는 말이다. "하나님은 이 우주를 (전에 이를 창조하셨던 것처럼) 자신의 무한한 능력으로 유지하시고, 자신의 지혜로 통제하시고, 자신의 선함으로 보존하시며, 특히 자신의 의로움과 판단으로 인간을 다스리시고, 자신의 자비로 참아 주시고, 자신의 보호하심으로 지키신다"고 장 칼뱅은 말한다. 뿐만 아니라 "지혜와 빛, 또는 의로움이나 능력이나 정직함, 또는 진정한 진리 중에서 그분에게서 흘러나오지 않은 것, 그분이 원인이 아닌 것은 입자粒子 하나도 찾을 수 없을 것이다"라고 말한다.[16]

결국, 자존성이 다른 모든 속성의 열쇠다. 자존성이 없으면 다른 모든 속성은 성립할 수 없다. 자존성이라는 속성을 이해해야 우리는 하나님이 어떤 분이신지 알 수 있으며, 하나님의 완전함이 왜 그리 완전한지 알 수 있다. 자존성 때문에 하나님의 공유적 속성은 세상에 분명히 드러난다. 하나님은 누구에게도 의존하지 않는 분으로서, 다른 모든 존재의 지고한 근원이시다. 안셀무스는 "지고한 본질 자체 외에는, 지고한 본질에 의해 창조되지 않은 것은 존재하지 않는다"고 결론 내린다.[17]

복음은 내게 의존하지 않으시는 하나님께 의존한다

이사야 40장과 44장에서 우리는 하나님이 이스라엘 주변 나라들의 이방 신과 같지 않으시다는 것을 알게 된다. 이 신들은 인간이 만든 것이다(40:19-20). 이사야는 풍자 기법을 써서, 인간이 나무로 불을 피워 몸을 따뜻하게도 하고 음식도 만들다가 바로 그 나무로 신을 만들어 그 앞에 절하고 예배하면서 "나를 구원하라"고 기도한다고 말한다(44:17). 이 사람들이 얼마나 분별이 없는지 주목하라. 이 사람들은 자기들의 신들이 자기들을 구원할 수 있다고 생각하지만, 이 신은 일상에서 늘 쓰는 소재를 사용하여 인간의 손으로 만들어진 물건이다. 이 신은 사람을 구원하지 못한다. 하나님은 인간이 만든 이 신들과, 이 신들에게 예배하는 사람들을 조롱하신다. 이것은 구원하는 신이 아니라 네가 구원해야 할 신이 아니냐는 말씀이다.

이와 대조적으로 바울은 사도행전 17장 24-30절에서 주님을 피조물이 아니라 창조주로 묘사한다. 바울의 어조는 단호하다. 하나님은 "무엇이 부족한 것처럼" 우리에게 경배 받지 않으신다. 성경적 예배를 하나님께 드려야 하는 이유는 하나님이 우리를 필요로 하시기 때문이 아니라 우리에게 하나님이 필요하기 때문이다. 우리가 목소리를 높이면 하나님이 우리 예배를 받으시지만, 우리의 그 예배 행위를 통해 우리가 하나님의 결핍을 채워 드린다고 생각해서는 안 된다. 마치 하나님이 완전해지기 위해 우리를 필요로 하기라도 하시는 듯이 생각해서는 안 된다. 이십사 장로가 하나님의 보좌 앞에 엎드려 경배하며 그 앞에 면류관을 드리며 하는 말을 생각해 보라. "우리 주 하나님이여 영광과 존귀와 권능을 받으시는 것이 합당하오니 주께서 만물을 지으신지라 만물이 주의 뜻대로 있었고 또 지으심을 받았나이다"(계 4:11).

하나님이 하나님 자체로 하나님 자신의 생명이 아니라면, 하나님이 우리가 없어도 상관없는 독자적인 분이 아니라면, 그분은 우리의 예배와 찬양을 받으시기에 합당하지 않은 것은 말할 것도 없고, 우리를 구원하기에 충분하지도 않고, 우리를 구원할 자격도, 구원할 능력도 없을 것이다. 하나님이 만약 자기 자신으로부터[a se] 존재하는(스스로 존재하는) 분이 아니라면, 그 하나님은 연약하고 애처로운 분일 것이다. 그분은 우리와 똑같이 결핍이 있고 의존적인 분일 테니 말이다. 그 하나님은 우리처럼 구원을 필요로 하는 분일 것이다. 그 하나님은 우리와 비슷한 하나님이지 우리와 다른 하나님이 아닐 것이다. 그 하나님은 우리 세상의 하나님이지 우리 세상과 구별되는 하나님이 아닐 것이다. "우리는 이 하나님을 위해 기도할 수 있을지는 몰라도 이 하나님께 기도하지는 못할 것이다."[18]

결론을 내리자면, 하나님이 여러분과 나처럼 길 잃은 죄인들을 구원하실 수 있는 것은, 그분이 피조물에게서 자유로우시기 때문이다(엡 1:7-8). 결핍이 있는 하나님은 우리가 하나님의 도움을 필요로 하는 만큼 우리의 도움을 필요로 하실 것이다. 그러므로, 복음이 우리에게 의존하시지 않는 하나님에게 의존한다는 것은 얼마나 좋은 소식인가.

5

하나님은 부분들로 이루어지는가?

── 하나님의 단순성

이스라엘아 들으라 우리 하나님 여호와는 오직 유일한 여호와이시니.

신 6:4

하나님의 본성은 단순하고 불변하고 무엇에도 영향 받지 않으며, 하나님 그 자신과 하나님의 본질 및 속성은 별개가 아니다.

아우구스티누스, 《삼위일체론》

하나님은⋯빛이시며, 어둠인 것들을 이어서 만들어지지 않는다.

푸아티에의 성 힐라리우스, 《On the Trinity》

하나님의 단순성을 부인하는 것은 무신론과 같다.

데이비드 벤틀리 하트, 《The Experience of God》

더치 애플 카라멜 파이

신학교 시절에 우리 가족은 켄터키 주 루이빌에 살았다. 루이빌에 살면서 누리는 이점 하나는 시내에서 제일 맛있는 파이 가게인 '홈메이드 파이 앤 아이스크림'에 가끔 갈 수 있다는 것이었다. 루이빌은 켄터키 더비^{Kentucky Derby}(루이빌에서 매년 5월에 벌어지는 경마대회—역자주)로 유명한데, 이 경기를 보려고 해마다 전국 각지에서, 심지어 해외에서까지 사람들이 찾아왔다. 이 축제 무렵이 되면 사람들이 화려한 모자를 쓰고 다니며, 박하 음료를 마시고, 시내 빵집마다 더비 파이를 만들어 팔았다. 생각만 해도 침이 고이는 초콜릿 호두 타르트 파이는 누구라도 맛보지 않고는 못 배긴다. 나는 전통적인 더비 파이를 즐겨 먹지만, 그보다 더 좋아하는 파이가 하나 있다. 상까지 받은 더치 애플 카라멜 파이^{Dutch apple caramel pie}다(짐작할 수 있겠지만, 나는 네덜란드 사람^{Dutch}을 좋아한다. 이 책에는 네덜란드 개혁파 신학자 헤르만 바빙크에게서 인용한 말이 차고 넘친다. 바빙크가 더치 애플 카라멜 파이를 먹었는지는 모르겠지만, 한 손에 더치 애플 카라멜 파이를 들고 튤립 정원에 앉아 바빙크의 《개혁교의학》을 읽는 것보다 더 좋은 것은 생각할 수가 없다(내 기분이 그렇다!)). 안다, 안다, 이는 신학자들이나 꿈꾸는 일이라는 것을.

사실을 말하자면, 더치 애플 카라멜 파이는 아주 두툼해서(너무 두툼해서 맛을 못 느끼는 이들도 있을 것이다) 고기 자르는 칼로 잘라서 먹어야 한다. 자, 어쨌든 칼을 하나 구해서 파이를 나눈다고 가정해 보자. 꽤 큰 조각은 나를 주면 고맙겠고, 다른 모든 이들에게는 작은 조각을 주면 좋겠다. 인정하기는 힘들지만(신학자는 어디를 가든 늘 통찰력 있는 예화를 찾는 사람이기에) 더치 애플 카라멜 파이는 하나님이 어떤 분이신지를 설명하기에는 빈약한 예다. 맞다, 빈약한 정도가 아니라 사실은 형편없는 예다. 하지만 많은 사람들이 하나님의 속성에 관해 그런 식으로 생각한다. 사실, 매 장^章마다 하나님의 각각 다른 속성을 주제로 글을 써나가면서

헤르만 바빙크

내가 헤르만 바빙크[Herman Bavinck](1854–1921)의 《개혁교의학》Reformed Dogmatics 전집을 손에 넣은 것은 신학교 1학년 때였다. 이 거인 사상가의 책은 전에 읽은 적이 있었지만, 그때는 너무 가난해서 그의 대작을 살 여유가 없었다. 오늘날까지도 이 책은 내가 받은 최고의 성탄절 선물로 손꼽힌다. 성경 신학, 역사 신학, 철학, 심리학, 과학 등의 모든 학문 분야를 기독교 신학이라는 단일 분야로 이렇게 매끄럽게 종합해서 제시한 사람은 바빙크 외에는 없다. J. I. 패커의 말에 따르면, 바빙크는 "견실하되 명료하고, 요구가 많지만 만족스럽고, 넓고 깊고 예리하고 안정적이다."[a] 바빙크는 암스테르담 자유대학에서 네덜란드 정치인 아브라함 카이퍼를 계승한 사람이다. 소속 교단에서 자유주의가 심대한 영향을 끼치는 것을 목도하던 시절, 이 네덜란드 신학자는 확고부동하게 성경에 충실한 자세를 취해 존경받게 되었다. 바빙크의 신론은 성경이 그리는 하나님의 초상을 포기한 당대의 여러 흐름에 맞서 입장을 굽히지 않은 최고의 신론으로 확고히 자리매김하게 되었다.

---

a. 바빙크, Reformed Dogmatics, 뒤표지 추천사.

내가 걱정하는 게 바로 그 점이다. 우리가 마치 "하나님"이라는 파이를 조각으로 잘라내고 있는 것 같아서 말이다.

하나님의 완전한 속성은 파이와 달라서, 파이를 각각 다른 조각으로 잘라내듯이 사랑 10퍼센트, 거룩함 15퍼센트, 전능함 7퍼센트 등으로 나눌 수 없다. 불행히도 오늘날 많은 그리스도인들이 하나님에 관해 그런 식으로 말한다. 사랑, 거룩함, 전능함이 마치 하나님을 이루는 각각 다른 부분이어서, 하나님이 다양한 속성들로 균일하게 나뉘는 양 말이다. 어떤 이들은 여기서 한 걸음 더 나아가, 속성들 중에 더 중요한 속성이 있고 그렇지 않은 속성이 있다고 생각한다. 하나님의 사랑과 관련해 대개 이런 오해가 발생한다. 즉, 사랑이 가장 중요한 속성이라고(파이의 가장 큰 조각이라고) 말하는 것이다.

그런 접근법은 아주 문제가 심각해서, 하나님을 속성들의 집합으로 만들어 버린다. 심지어 이는 하나님과 하나님의 속성이 별개라서 무언가가 하나님에게 더해지고, 무언가가 하나님의 존재에 첨부된다는 말로도 들린다. 이런 접근법은 하나님의 본질을 나눌 뿐만 아니라, 잠재적으로는 하나님의 한 부분을 다른 부분과 대립시킬 위험도 있다(예를 들어 하나님의 사랑이 하나님의 공의와 대적할 수도 있지 않은?). 때로는 이런 오류가 이해되기도 한다. 그래서 의도치 않게 우리의 언어 습관 속으로 이런 오류가 슬그머니 파고들기도 한다. "하나님에게는 사랑이 있다"God has love 혹은 "하나님은 모든 능력을 소유하신다"God possesses all power라고 우리는 말할 수 있다. 무슨 뜻을 전하려는 말인지 우리는 다 안다. 하지만 표현이 오해를 낳을 수 있다. "하나님은 사랑이시다"God is love, 또는 "하나님은 전적으로 능력 있으시다"God is all-powerful라고 말하는 편이 훨씬 낫다. 표현을 미세하게 조정함으로써 하나님의 본질의 단일성을 보호할 수 있다. 그렇게 해야 하나님의 "단순성"simplicity을 지키는 것이다.

술집과 선탠의 비유와 A팀

단순성은 여러분의 신학 사전에 낯선 개념일 수도 있지만, 이는 지난 이천 년간의 교회 역사에서 우리 그리스도인 선조들 대다수가, 심지어 일부 초기 교부들까지 확언하고 지지해 온 개념이다. 그리고 거기에는 타당한 이유도 있다. 다시 우리의 A팀과 의논해 보기로 하자.

하나님이 어떤 분이 아니신지를 설명하는 예화에 호소하는 사람이 분명 나 혼자만은 아니다. 5세기의 교부 아우구스티누스도 그렇게 했다. 아우구스티누스는 더치 애플 카라멜 파이가 아니라, 술, 인간의 몸, 햇빛을 예로 들었다. 삼위일체의 본질은 단순하다고 일컬어진다. 왜냐하면 "삼위일체의 본질이 소유하는 그 어떤 속성도 잃을 수 없기" 때문이며, "삼위일체의 본질이 무엇이냐와 삼위일체의 본질이 무엇을(어떤 속성을) 소유하고 있느냐 사이에는 차이가 없기 때문이다. 예를 들어, 그릇[잔]과 거기 담긴 액체, 몸과 그 피부색, 대기와 그 빛이나 열기, 영혼과 그 지혜 사이의 차이점과 같은 그런 차이점이 없다." 아우구스티누스는 이렇게 결론 내린다. "이 중 어느 것도 거기 담긴 것이 아니다."[11] 잔과 액체, 몸과 그 피부색, 대기와 그 빛이나 열, 영혼과 그 지혜, 이 모든 것의 공통점은 무엇인가? 그 답은 바로 나뉨division이다.

나는 천사들의 도시 로스엔젤레스에서 태어났다. 서던 캘리포니아는 선탠으로 유명하다. 헌팅턴 비치든, 뉴포트 비치든, 라구나 비치든(이곳은 밀크셰이크 맛이 최고다), 모두 한 가지 공통점이 있다. 선탠하는 이들이 많다는 것이다. 이들은 스포츠용 수영복 차림으로 하루 종일 해변에 누워, 피부가 구릿빛이 될 때까지 햇볕을 흠뻑 쬔다. 하지만 서던 캘리포니아에 드물게 비가 오는 날, 선탠으로 피부를 태운 사람들을 실내에서 만나고 싶지는 않을 것이다. 이들은 무시무시해 보인다. 확실히 구릿빛 피부색은 자연스럽지 않다. 게다가 빛이 바래기 시작할 무렵의 피부는 마치 할로윈 2주 뒤의 호박 색깔 같다.

우리의 경험으로 볼 때, 피부색은 변한다. 햇빛을 얼마나 받느냐에 따라 피부색의 음영은 달라진다. 해변에서 만나는 인간의 몸과 그 몸의 피부색, 선술집의 술잔과 거기 담긴 액체는 서로 연관되기는 해도 서로에게서 완전히 구별된 상태를 유지한다. 이들은 서로 구별될 뿐만 아니라, 하나(색깔, 액체)가 다른 하나(몸, 술잔)에 무언가 전에 없던 것을 추가한다. 이런 것들은 비필연적이고, 비본질적이고, 선택적이다.

하지만 하나님과 그분의 속성은 그렇지 않다.

하나님의 속성은, 어떤 특질을 하나님께 더하기라도 하는 것처럼 그분의 본질 외부에서 작용하지 않는다. 하나님에게는 비필연적인 속성이란 것이 없다. 애초에 꼭 존재할 필요는 없었던 양, 더하거나 뺄 수 있고, 잃어버렸다가 찾을 수 있는 그런 속성은 없다. 오히려 하나님이 바로 하나님의 속성이다. 속성은 더해지거나 나뉘지 않으며, 오히려 절대적인 하나 됨만 존재한다. 하나님의 본질은 하나님의 속성이며, 하나님의 속성은 하나님의 본질이다. 아우구스티누스의 표현을 빌리자면, "하나님은 어떤 성질이라는 것을 갖지 않으시며 그분은 순수 본질pure essence이시다…속성들은 하나님의 본질과 다르지 않고 속성들끼리 서로 실체적으로 다르지도 않다."[2]

아우구스티누스만 그렇게 말하는 게 아니다. A팀(아우구스티누스, 안셀무스, 아퀴나스)의 지혜에서 우리는 한 가지 일치되는 의견을 볼 수 있다. 예를 들어 안셀무스를 생각해 보자. 어떤 것이 "여러 부분들로 구성"된다면 그것은 "전적으로 하나일 수 없다"고 그는 말한다. 여러 부분들로 구성된 것은 쉽게 분해될 수 있다. 하나님의 경우가 만약 그렇다면, 이 얼마나 큰 재앙인가! 이와 대조적으로, 하나님은 "참으로 단일한 존재"이시며, 자기 자신과 "일치되시며", "나뉠 수 없는" 분이시다.

"따라서 생명과 지혜, 그리고 그 외의 속성들은 주님을 이루는 각각의 부분들이 아니라, 이것들은 모두 하나이고, 이 속성들 하나하나가 온전히 '주님이 무엇인지 그리고 주님이 아닌 다른 모든 것들이 무엇인지'에 해당한다."[3]

또는 토마스 아퀴나스를 생각해 보라. 하나님에게는 (우리 같은) 몸이 없기에, 그분은 마치 "형상과 질료"로 구성되시기라도 한 양 "파생된 부분들로 이뤄지지 않는다." 하나님은 "자신의 본질"과 다른 그 무엇이 아니시다. 하나님의 본질과 하나님의 현존은 별개가 아니다. 또한 우리는 하나님이 제거되거나 중단될 수 있는 비필연적 요소나 특성을 지닌 분이라고 생각해서도 안 된다. "하나님은 절대 복합적이지 않다. 오히려 하나님은 전적으로 단순하다."[4]

아퀴나스는 "복합적"composite, "복합체"composition라는 표현을 써서 하나님이 어떤 분이 아니신지를 설명하는 반면, 교부 이레나이우스는 "합성물"compound이라는 말을 써서 하나님이 어떤 분이 아니신지를 설명한다. 어떤 것이 합성물이라면, 그것은 하나보다 더 많은 부분을 가지고 있으며 각 부분이 서로 구별된다는 뜻이다. 이와 대조적으로 하나님은 단순하셔서, 서로 다른 "구성요소"를 지니지 않는 "비합성적 존재"이시다. 하나님은 완전히 "자기 자신과 동일하시다." 그러므로 각 속성 앞에 "전체적으로·전적으로·온전히"wholly라는 말을 붙여서 바로 이 점을 강조하는 게 타당할 것이다. 이레나이우스는 말한다. "하나님은 인간과는 다르시다. 만물의 아버지께서는 인간들 사이에 작용하는 정감affection과 감정적 열정passion으로부터 대단히 멀리 떨어져 계시기 때문이다. 하나님은 단순하시며, 다양한 구성요소가 없는 비합성적 존재이시고, 자기 자신과 완전히 똑같고 동일하시니, 이는 하나님이 전체적으로 총명이시고, 전체적으로 영이시고, 전체적으로 생각이시며, 전체적으로 지식이시고, 전체적으로 이성이시고⋯전체적으로 빛이시고, 전체적으로 모든 선한 것의 근원이신 까닭이다."[5]

　단순성은 (하나님은 부분들이 없다는) 소극적 표현이기만 한 것이 아니라 적극적 표현이기도 하다고 결론 내리는 게 타당하다. 즉, 하나님은 그분의 본질적인 속성과 동일하시다.[6] A팀도 같은 의견이다. 가장 순수한 의미에서 하나님은 한 분이시다. 하나님은 둘도 없는 완전함이시다. 성경에 의하면, 인간이 만든 신들, 부분들로 구성된 신들에 대해서는 이렇게 말할 수 없다. 그러므로 하나님이 얼마나 독특하신지를 생각할 때, 하나님의 백성은 이스라엘이 그랬듯 한목소리로 "우리 하나님 여호와는 오직 유일한 여호와이시니"(신 6:4)라고 고백하는 것이 옳을 뿐이다.

구성요소가 없는 작곡자가 지은 교향곡

　그런데 단순성이 정말 그렇게 중요한 문제인가? "복합적" 하나님, 즉 각각 다른 부분을 지닌 하나님이라는 개념은 왜 그렇게 잘못된 개념인가?

　미국에서 매우 예술적이라고 손꼽히는 건물로 미주리주 캔사스시티의 카우프만 공연예술 센터가 있다. 이 건물은 양파 또는 아티초크 같은 겹겹의 층▮이 에워싼 두 개의 거대한 파도 모양이다. 이 두 파도의 하강 면에는 건물의 총 길이만큼 긴 전면 유리 소재의 출입구가 자리 잡고 있다. 고속도로로 차를 타고 가다 보면 이 걸작 건축물을 직접 볼 수 있다.

건물 내부도 외형만큼 인상적이다. 좌석은 교향악단석을 중심으로 커브형으로 배치되어 있고, 이들이 연주하는 음악은 머리 위쪽을 가로지르는 나무 기둥(우드 빔)^{wood beam}에 부딪혀 반향한다. 교향악단이 연주하는 음악을 들으면 "내 귀에 음악 소리"^{music to my ears}라는 말이 완전히 새로운 의미로 다가온다. 연주가 끝나면 관객은 첼로의 낮고 깊은 호통소리에 감명 받고 위풍당당한 존재감을 드러내는 더블베이스 소리에 설득 당한 상태다. 그런데 관객이 이 곡에 작곡자^{composer}가 있을까 궁금해하면서 연주장을 나선다면 얼마나 이상할까. 물론 작곡자는 있다. 바이올린, 프렌치 호른, 튜바 등 모든 악기가 교향악을 구성하는 각각 다른 파트를 연주하며, 이들 각 파트를 작곡자가 한데 모아 한 편의 음악으로 구성해 낸다. 각 파트가 얼마나 잘 연주되느냐에 따라 작곡자의 성패가 갈릴 수 있다. 작곡자는 한 곡의 음악을 구성하는 각 음악 파트만큼만 훌륭하다. 그런 이유로, 연주가 끝나고 기립 박수를 받기 위해서 작곡자는 각 파트에 의존한다.

하지만 하나님과 관련해 매우 독특한 점이 여기 있다. 하나님은 파트가 없는 분이시다. 파트가 없는 하나님으로서, 그분에게는 구성자^{composer}가 없다. 반면 세상에는 파트가 있고 그 파트들이 구성되어야^{composed} 한다. 세상은 자존하지도 않고 자충족적이지도 않다. 세상 자체에는 생명이 없다. 스스로 생명이신 분, 구성요소^{composition}가 없는 유일무이한 분에게는 세상의 구성자로 행동할 수 있는 능력이 있다. 간단히 말해, 하나님이 우리가 주변에서 보는 자연 교향곡의 작곡자이실 수 있음은, 하나님에게는 구성자가 없기 때문이다. 기적처럼 여겨지겠지만, 자연이라는 교향곡은 구성요소 없는 작곡자가 지은 유일한 교향곡이다.

자존성과 단순성이 완전하고 무한한 존재 안에서 결합하다

만약 하나님에게 구성자가 있다면 위험한 결과가 뒤따를 것이다. 우선, 하나님의 완전성과 지고성이 의문시될 것이다. "모든 구성요소는 참으로 어떤 구성자를 필요로 한다"[7]는 아퀴나스의 말이 맞다면, 복합적인 존재는 "참으로 지고하지 않다"는[8] 안셀무스의 말도 맞을 것이다.

이런 식으로 생각해 보자. 자신을 현재의 자신으로 만들기 위해 다른 어떤 사람이나 다른 어떤 것에 의존하는 하나님이 더 크신가, 아니면 다른 무엇으로도 구성되지 않고 그저 자기 자신인 하나님이 더 크신가?

답은 후자임이 확실하다. 전자가 맞다면, 하나님의 완전성이 의문시되지 않겠는가?[9] 하나님을 구성하는 한 부분이 다른 부분보다 더 진보하지 못하도록 무엇이 이를 막을 수 있겠는가? 이는 하나님에게 얼마나 기이한 상황이겠는가? 한 부분은 충분히 발전했는데 다른 부분은 그 잠재력이 만개할 때까지 아직 더 기다려야 한다면 하나님은 자기 자신과 불화하는 하나님이 될 것이다. 하지만 이것이 바로 어떤 존재든 각각 다른 부분들로 온전한 전체를 구성하는 존재의 특질이다. 하나님이 여러 부분들로 구성되는 분이라면 하나님에게도 이런 성질이 있다고 해야 할 것이다.[10] 이런 논리가 바로 하나님의 자존성 다음에 하나님의 단순성을 논해야 하는 설득력 있는 한 가지 이유다.[11] 하나님이 만약 여러 부분들로 구성되는 복합적 존재시라면, 하나님의 완전성과 지고성이 훼손될 뿐만 아니라 하나님의 자존성도 손상된다. 하나님이 그 자체로서 생명이신, 자존하시고 자충족적인 분이시라면, 그분은 다양한 부분들로 구성된 하나님이 아니어야 한다. 다양한 부분들로 구성된 분이라면 그 하나님은 그 부분들에 의존하는 분일 것이고, 이는 하나님의 자존성에 어긋나는 일이기 때문이다. 게다가, 이렇게 되면 하나님은 그 각각의 부분들에 의존할 뿐만 아니라 그 부분들이 하나님을 선행하는 셈이 되어 버린다. "복합적인 모든 존재는 그 구성 요소의 결과물이 그 구성요소에 의존한다"고 아퀴나스는 말한다. 부분들로 이뤄진 하나님은 "만물보다 먼저 계신 분"일 수 없다.[12]

단순성을 매우 탁월하게 정의한 글에서 스티븐 차녹은 바로 이 점을 강조한다. "하나님은 가장 단순한 존재이시다. 본질상 첫째인 분으로서 더 뛰어난 존재가 없는 이는 결코 합성적인 존재로 생각될 수 없다." 이어서 차녹은 그 이유를 이렇게 설명한다. "그게 무엇이든 복합적인 존재는 자기를 조성하는 부분들에 의존한다. 첫 존재는 그렇지 않다." 하나님의 존재는 "무한히 단순하고, 자신 안에 자신이 아닌 것은 전혀 없으며, 그러므로 그분 안에는 그 어떤 변화도 없을 것이고, 하나님은 하나님 자신의 본질과 현존"이라는 것을 기억하라.[13]

따라서 단순한 존재(하나님)와 복합적 존재(하나님 외의 다른 모든 것)의 차이는 자존성으로 귀결된다. 데이비드 벤틀리 하트는 말하기를, 물질세계에서는 "그 무엇도 그 실제성을 전적으로 자기 자신 안에서 갖지 못스티븐 차녹Stephen Charnock(1628-1680)은 J. I. 패커가 17세기의 "이름뿐인 기독교 국가 브리튼"이라고 부르는 곳에서 사역했다.[a] 차녹은 아일랜드에서의 설교 이력이 증명하다시피 강단 사역에 은사가 있었을 뿐만 아니라, 가장 복잡한 교리들을 명료하면서도 깊이 있게 전달하는 능력이 있었으며, 이는 그의 저작 《*The Cross of Christ*》에서 확연히 드러난다. 차녹은 조직신학적인 실천신학 책을 쓰려고 했으나 집필을 마치지 못하고 세상을 떠났다. 그럼에도 우리에게는 그 책의 서두 부분이 남아 있으니, 하나님의 존재와 속성에 관한 육십만 단어 분량의 글이 바로 그것이다. 차녹이 우리의 연구에 도움이 되는 이유는, 그가 하나님의 각 속성을 비할 데 없이 깊이 있게 설명할 뿐만 아니라 그런 속성들이 그리스도인의 삶에 어떤 관련성을 갖는지 시종일관 우리에게 보여 주고 싶어 하기 때문이다.

a. J. I. 패커, *Puritan Portraits*, 47.

하고, 어떤 확고부동한 현재 순간을 향유하지 못하며, 늘 그 자신을 자신보다 나은 어떤 존재로부터 받아야 하되, 그와 동시에 자기 자신을 잃음으로써만 자기 자신을 받을 수 있다. 우주 안의 그 무엇도 그 자신의 존재being의 기반을 내포하고 있지 않다"고 한다. 하나님이 그토록 놀랄 만하고 믿을 수 없을 만큼 독특하심은 바로 그 때문이다. 하나님은 자기 존재의 기반을 자기 자신 안에 스스로 내포하신다. 우리는 오늘은 이런 사람이다가 내일은 저런 사람이다가 하면서 "실존과 비실존 사이에서 요동한다."[14] 하지만 하나님에게는 요동함이 없다. 그 자신 안에 자신의 생명을 스스로 지니신 분으로서 하나님은 영원히 나뉘지 않으시며, 그러므로 항상 신뢰할 만하시다. 하나님은 "변함도 없으시고 회전하는 그림자도 없으"시다(약 1:17).

어두운 생각 : 소멸가능성, 부패가능성, 그리고 하나님의 뜻

단순성이 없는 하나님이라니 그것은 생각만 해도 두려운 일이다. 그런 하나님은, 직설적으로 말해 자기파괴적인 하나님이기 때문이다. 3장에서 살펴본 것처럼, 완전한 존재는 무한한 존재다. 더 큰 누군가를 생각할 수 없는 존재는 한계가 없어야 한다. 그런데 만약 하나님이 여러 부분들로 구성되어 있으시다면(복합적이고, 복잡하고, 합성적인 존재시라면), 그 부분들 때문에 하나님은 나뉠 수 있는divisible 분이 되며, 그 이유만으로도 하나님은 한계가 있는 존재가 된다.[15]

그리고 바로 이 지점에서 모든 것이 아주 음울해진다. **하나님이 나뉠 수 있는 분이라면, 그분은 소멸할 수 있는 분이기도 할 것이다.**[16] 이 우주에 있는 물질적인 것은 모두 복합적이고, 따라서 영속적이지 않고, 일시적이며, 축소될 수 있고, 변덕스럽고, 덧없고, 불완전하며, 그러므로 분해되어 없어질 수 있다는 것을 기억하라.[17] 게다가, 어떤 것이 나뉠 수 있다면, 마찬가지로 이는 **부패할 수도 있다.** 어떤 것이 물리적으로든 지적으로든 해체되고 분해될 수 있다면, 그 부분은 틀림없이 부패할 수 있다.[18] 신적인 일체성이 해체되면 그 이후로는 붕괴가 이어진다. 결국 단순성은 나뉨과 부패의 영향을 받지 않는 하나님에게 없어서는 안 될 속성이다.

그런 부패가능성은 여러 가지 형태로 발현될 수 있다. 그중 가장 놀라운 것으로는, 나뉠 수 있고 부패할 수 있는 하나님의 선한 뜻이 영향을 받는 방식이다. 중세 말의 가장 명민한 지성들이 품었던 다음의 질문을 여러분 스스로에게 해보라. 어떤 것이 선한 이유는 하나님이 그것을 선하게 하시기 때문인가, 아니면 어떤 것이 선하기 때문에 하나님이 그것을 하고자 하시는 것인가? 이 유명한 수수께끼는 하나님을 진퇴양난에 빠트리는 궁극적 퍼즐이다. 어떤 것이 선한 이유는 하나님이 그것을 선한 것이 되게 하시기 때문이라고 말한다면, 이는 하나님이 자기 마음대로 임의로 행하신다는 말로 들린다. 본래적으로 선한 것은 없고, 하나님이 그저 무엇을 선하다고 할지 결정하신다는 것이다. 반면, 어떤 것이 선하기 때문에 하나님이 그것을 하고자 하시는 것이라면, 그 선한 것이 무엇이든 하나님이 그것보다 덜 중요하다는 말 아닌가? 이는 선의 기준이 하나님의 외부에 존재한다는 말이 되고 만다.

이 역설은, 하나님의 단순성을 고려하면 문제성이 훨씬 덜하다. 어떻게 그렇냐고? 캐서린 로저스는 "하나님은 도덕 질서에 순종하지도 않으시고 그 질서를 창안하지도 않으신다…하나님은 선 자체이시고, 그 외 선한 것은 모두 하나님의 본성을 닮은 것이기에 선하다."고 말한다.[19] 하나님의 다른 속성에도 동일한 원리가 적용된다. 하나님이 어떤 것이 참이라고 말씀하시기 때문에 그것이 참인가, 아니면 어떤 것이 참이기 때문에 하나님이 그것을 참이라고 선언하시는 것인가? 이 질문은 하나님의 단순성에 위배된다. 하나님은 진리의 어떤 외적 기준에 절하시지도 않고, 무에서ex nihilo 진리를 창안하시지도 않는다. 하나님이 참됨 자체이시다. 모든 진리가 진리임은 이것이 하나님, 곧 진리 자체이신 분의 참 본성을 모방하기 때문이다.

위에서 설명한 예들은 어떤 형태든 창조주-피조물 구분이 반전되는 것을 저지한다. 하나님이 단순하신 하나님이라면, 그분 자체가 영원히 그분의 완벽함이 되신다. 어떤 종류든 창조 질서 안에 하나님의 속성의 징후가 있다면 이는 다 하나님 안에 그 기원을 갖는다. "절대 근원"으로서 "하나님은 그 자체적으로 실로 지혜와 의와 선이시며, 다른 것들은 신의 성품에 참여함을 통해 이런 특질들을 소유한다."[20]

단순성, 굴절 작용, 그리고 야구

단순성은 우리 머리로는 이해하기 어려운 개념일 수 있다. 아마 이렇게 이의를 제기하고 싶은 마음이 들지 모른다. "단순성을 인정하면 하나님의 모든 속성이 다 똑같은 것이 된다. 어느 게 어느 건지 구별할 수가 없다."

여행할 때 내가 제일 좋아하는 것은 오래된 교회당 구경이다. 수백 년 된 교회당 건물에는 보통 스테인드글라스가 있다. 수백 년 전에 그 교회들은 기술자를 고용해 성경에 나오는 장면들을 다채로운 유리로 표현하게 했을 것이다. 스테인드글라스에서 몇 발짝 떨어져서 보면 성경 이야기 전체가 묘사되어 있는 것을 볼 수 있다. 스테인드글라스의 아름다움은 햇살이 유리에 닿아 유리 안쪽에 노랑, 빨강, 파랑 등 다채로운 색깔을 표현할 때 가장 극대화된다. 그 형태가 어떤 면에서 단순성을 보여 주기도 한다. 하나님은 한 분이시고, 하나님의 속성은 서로 동일하다. 하지만 하나님의 나뉘지 않는 본질이 인간에게 계시될 때, 이 본질은 다양한 방식으로 빛난다. 그럼에도, 빛을 발하는 것은 여전히 단 하나의 광선이다. 청교도 조지 스위녹George Swinnock은 "하나님의 속성은 모두 동일하다. 햇살이 노란색 유리를 통과할 때는 노란색이고, 초록색 유리를 통과할 때는 초록색이고, 빨간색 유리를 통과할 때는 빨간색이지만, 처음부터 끝까지 햇살은 똑같은 것과 마찬가지이다"라고 말했다.[21] 스위녹보다 오래전에, 아우구스티누스는 이것을 가리켜 하나님의 "단순한 다수성", "다면적인 단순성"이라고 지칭했다.[22] 빛은 한 종류이지만, 그럼에도 빛을 받는 대상의 상이한 특질에 따라 다양하게 변하는 광채로 그 대상을 뒤덮는다.[23]

또는 빛이 분광기에 들어올 때 어떻게 작용하는지를 생각해 보라. "햇빛의 광선은 서로 결합해 무색無色으로 보이는 여러 파장波長으로 구성된다." 그 광선이 유리로 만든 분광기에 들어오면 어떤 일이 생기는가? "다양한 파장이 각각 다르게 굴절되어 무지개에서처럼 따로따로 펼쳐진다."[24] 물리학에서는 이를 굴절이라고 부른다. 이러한 예증이 불완전하기는 하지만, 굴절은 단순성을 잘 설명해 준다.[25]

또한 분광기는 하나님의 계시를 상징하되, 이때의 계시는 하나님의 본질이 아니라 하나님의 사역을 기준으로 한 계시라고 말할 수 있다. 단순하신 한 하나님이 인간들의 말과 그분이 행하신 능하신 일을 통해 피조물에게 계시될 때, 나뉘지 않는 그분의 한 본질이 다양한 방식으로 드러난다. 또는 제임스 돌절James Dolezal의 말처럼, "하나님의 의도에 따라, 하나님의 나뉘지 않는 완전한 본질은 피조물의 성질을 가지는 속성들로 아주 다양하게 나타난다. 따라서 하나님의 단순한 일체성은 피조물 같은 다양성의 형태로 인간에게 제시되어 알려진다."[26] 그런 굴절 때문에 피조물이 창조주를 알 수 있는 가능성이 없어지지는 않으며, 다만 무한한 단순성 가운데 계신 하나님을 알 수 있는 가능성은 사라진다. "하나님의 단순한 영광이 이렇게 유한한 완전함의 수많은 광선으로 굴절된다고 해서 가지각색의 광선이 하나님의 단순한 본질에 관해 그 어떤 진리도 말해 주지 않는다는 것은 아니다. 다만 불가해할 정도로 단순한 본성의 형태를 취하고 있는 그 진리는 말해 주지 못한다."[27]

3장에서 그 어떤 이름 하나로는 무한하신 하나님의 충만함을 다 설명할 수 없다고 말했다. 그 이유는, 하나님은 무한하시고 우리는 유한하기 때문이다. 유한한 지성을 가진 유한한 피조물로서 우리는 하나님의 무한한 엄위나 그분의 영광의 헤아릴 수 없는 광휘를 결코 파악할 수 없다. 우리가 하나님의 본질을, 측량할 수 없는 그 모든 완전한 상태 가운데 한꺼번에 파악할 수 있는 유일한 방법이 있다면, 우리 또한 그렇게 무한한 존재가 되는 것뿐이다. 그런데 현실이 그렇지 못하기에, 하나님을 설명하는 여러 가지 이름이 불가결하다.[28] 우리의 유한함을 감안해서 각 이름마다 독특한 목적에 이바지하여, 하나님의 나뉘지 않는 한 본질의 또 다른 측면을 이해할 수 있게 해준다. 하나님은 여러 가지 좋은 것들good things로 이뤄진 복합적 존재가 아니라, "여러 가지 이름으로 표시"되는 "한 가지 좋은 것"one good thing이라고 안셀무스는 말한다.[29] 성경이 하나님의 자비나 의로움을 가리키든, 하나님의 질투나 사랑을 가리키든, 그런 이름을 붙이는 것은 한 분이신 하나님, "분화되지 않은 단일한 신적 실재實在"이신 분을 설명하는 하나의 방식이다.[30]

이것을 내가 좋아하는 야구팀 경기를 볼 수 있는 정기 입장권에 비교해 보자. 외야석에 앉든 본루 뒤편에 앉든 나는 똑같은 야구 경기를 보고 똑같은 야구 경기장을 본다. 하지만 본루 뒤편에 앉은 사람이라면 누구나 말하다시피, 그 자리에 앉으면 경기를 전혀 다른 관점에서 보게 된다. 아퀴나스는 야구를 해본 적이 없었지만(12세기 중세 수도사들이 무슨 스포츠를 즐겼을지 나로서는 전혀 알지 못한다), 이것이 맞는 말임을 알고 있었다. "우리가 머릿속에 갖고 있는 상이하고 복잡한 개념들은, 이 개념들이 우리로 하여금 불완전하게나마 알 수 있게 해주는 아주 단순한 어떤 것에 상응한다. 그래서 우리가 하나님의 속성이라 말하는 것들을 일컫는 단어들은, 비록 하나one인 것을 나타내기는 해도 서로 동의어는 아니다. 이 단어들은 그 하나를 여러 다른 관점에서 표시하기 때문이다."[31]

오십 센트로 천 달러를 사려던 소년

미국 중서부 지역이나 동부 연안에 산다면 겨울철이 대단히 추울 수 있다. 날씨가 너무 추워 야외 활동을 할 수 없을 때 우리 가족은 실내에서 견학을 할 수 있는 곳을 찾아 시내를 돌아다니기를 좋아한다. 운 좋게도 우리 집 근처에는 전국에 열두 개밖에 안 되는 연방준비은행 중 한 곳이 있다. 그래서 기온이 영하로 떨어지면 우리는 밴을 타고 연방준비은행에 견학을 가서 하루 종일, 말 그대로 수십억 달러를 구경한다. 어느 날 그곳에서 한 아버지와 아들이 다음 같은 대화를 나누는 것을 어깨 너머로 듣는다고 생각해 보라.[32]

다섯 살 토미가 말한다. "아빠, 저기 유리 상자에 있는 금으로 만든 동전 사고 싶어요." 토미는 그렇게 말하면서 주머니 속에 든 동전을 탈 탈 털어 낸다. 아빠는 빙긋이 웃으며 말한다. "토미, 이 동전으로는 저걸 못 살 거 같구나." 당황한 토미가 대답한다. "왜 못 사요? 내 주머니에 동전이 열 개나 있어요. 열 개면 저거 한 개 사고도 남지 않나요?" 토미는 한 손 가득한 자신의 전 재산을 내려다보았다. 많기는 해도 그것은 겨우 오십 센트밖에 안 되고, 천 달러짜리 금화를 사기에는 턱없이 부족하다는 것을 토미는 깨닫지 못한다.

토미가 통화 가치에 대해 아빠에게 지루한 강의를 듣고 있을 때, 우리는 이 시나리오가 하나님의 단순성에 얼마나 안성맞춤으로 적용되는지 주목하지 않을 수 없다. 집으로 돌아와 서재의 따뜻한 난롯가에 앉으면 바빙크의 한 마디가 떠오른다. "어린아이가 어떤 동전이 얼마나 큰 값이 나가는지 그 가치를 상상하지 못하다가 그보다 값이 덜 나가는 동전 개수로 그 동전의 가치를 헤아려 보고서야 어렴풋이 깨닫는 것처럼, 하나님의 본질의 무한한 충만함이 지금은 이 관계, 다음엔 저 관계에서, 지금은 이 각도, 다음엔 저 각도에서 우리에게 나타나지 않는 한 우리는 그것이 어느 정도인지 능히 상상하지 못한다."[33]

분광기든, 야구든, 혹은 연방준비은행이든, 우리 위에 계시고 우리를 초월해서 계시는 분에 대해 말할 때마다 우리는 인간의 이런 언어가 어떻게 작용하는지를 늘 염두에 두어야 한다. 우리는 구성요소가 없는 한 분을 설명하려고 하는 중이다. 하지만 유한한 피조물인 우리가 불가해한 분을 어떻게든 표현하기 위해서는 물질세계의 복합적 물체를 활용하는 방법밖에 없다.[34]

단순성과 삼위일체 : 친구인가 적인가?

지금까지 하나님의 단순성에 관해 이야기했는데, 모두 알지만 모두 언급하기 꺼리는 문제가 아직 남아 있다. 하나님이 삼위일체시라면, 어떻게 부분들로 이뤄지지 않은, 구성요소가 없는 단순한 존재일 수 있는가? 하나님 안에는 성부, 성자, 성령 세 분이 계시지 않은가? 그리고 우리는 이 셋을 구별하지 않는가? 삼위일체는 단순성을 배격하는 것으로 보이고, 그래서 우리는 이 모순을 주체하지 못하는 듯하다.[35]

그러나 사실 단순성은 삼위일체와 양립할 수 있을 뿐만 아니라 삼위일체에 없어서는 안 될 부분으로서, 과거에 그리스도인들이 삼위일체와 관련해 특정 이단을 피할 수 있도록 도움을 주기까지 했다. 예를 들어, 비그리스도인(이를테면 무슬림 같은)에게 삼위일체를 제시하면 이들은 대개 이렇게 반론을 제기할 것이다. "하나님이 성부, 성자, 성령이라면, 그리스도인들은 한 신이 아니라 세 신을 섬긴다는 겁니까?" 삼신론tritheism은 심각한 반론 제기로서, 교회는 여러 가지 이유로 이를 부인해 왔다. 그중 한 이유는, 삼신론이 맞다면 세 신 사이에서 하나님의 신성이 나뉘어진다는 것이다.

역사적으로 단순성은 이 딜레마에 대한 답변이 되어, 삼신론은 기독교의 하나님에 대한 유지될 수 없는 주장이요 그릇된 관념이라고 그리스도인들을 안심시켜 왔다. 삼위일체는 성부, 성자, 성령이라는 세 부분으로 이뤄지는 게 아니다. 삼위일체는 세 위격이다. 각 위격은 마치 각 위격을 더해서 마지막에 하나님의 총체적 본질이 되기라도 하는 양 신성의 한 부분을(각각 1/3씩) 소유하지 않으며, 하나님의 일부를 이루지도 않는다. 그보다 각 위격은 하나의 나뉘지 않는 본질을 똑같이, 완전히 공유하며, 하나의 신적 본질이 세 위격에 각각 온전히 존재한 다.[36] 그리고 하나님의 본질과 속성은 동일하기에(하나님은 곧 하나님의 속 성이다), 각 위격은 모든 속성을 완전히 공유한다.[37]

상세히 설명하자면, 각 위격은 완전히, 전체적으로 하나님으로서, 부분적으로만 하나님인 것이 아니며, 이는 하나님이 그 본질 면에서 여전히 나뉠 수 없다는 뜻이다. 한 본질은 셋으로(삼신론) 분할되지 않 고, 구별가능하나 분리할 수 없는 세 위격에 전체적으로, 그리고 위격 적으로 존재한다.[38] 4장에서 보았듯이, 이 위격들은 교회의 신조와 신 앙고백이 수 세대에 걸쳐 '기원의 영원한 관계'eternal relations of origin 혹은 '위격적 존재 방식'personal modes of subsistence이라고 부르는 것에 의해 서로 구별가능하게 된다. 그것은 바로 성부 되심, 성자 되심, 성령 되심이다.

성부는 영원히 성자를 낳으시고(성부 되심과 성자 되심), 성령은 영원히 성부와 성자에게서 나온다(성령 되심). 이러한 기원의 관계 덕분에 교회 는 한 본질을 갖는 셋의 일체성이라는 개념을 버리지 않고도 셋을 구 별할 수 있었다.[39] "본질 면에서는 단순성, 위격 면에서는 삼위일체"라 고 프란시스 투레티누스가 말했다.[40]

삼위 하나님의 존재being 혹은 본질 면에서의 그런 일체성(내재적 삼 위일체)은 하나님이 세상을 향해 어떻게 행동하시는지(경륜적 삼위일체) 에서 더 드러난다.[41] 예를 들어, 삼위께서 우리의 구원을 성취하신다 고 말할 때, 삼위께서 서로 분리될 수 없게 그렇게 하신다는 말을 빠 뜨리지 않도록 늘 조심해야 한다. 이는 신학에서 "분리할 수 없는 사 역"inseparable operations이라고 불리며, 이 개념은 니사의 그레고리우스 같은 교부들에 의해 유명해졌다.[42] 삼위일체의 한 특정 위격이 특별한 역할 혹은 중심적 역할을 맡을 수 있다(이를테면, 성자께서 성육신하신다든가, 오순절에 성령께서 강림하신다든가 하는). 이는 신적 "전유"appropriations 교리라고 불리는데, 왜냐하면 특정 사역이나 행위가 삼위일체의 특정 위격 고유의 일로 돌려지기 때문이다.[43]

그럼에도, 삼위일체의 모든 외적 사역은 여전히 나뉘지 않는다opera Trinitatis ad extra sunt indivisa. 따라서 창조, 섭리, 구속과 관련된 어떤 일에서든 삼위께서 불가분하게 일하신다(나뉠 수 없는 사역).[44] 예를 들어, 성육신하여 십자가에서 죽으시는 것은 하나님의 아들이시다. 그렇지만 아들의 사명은 아버지에게서 받는 것이고(요 3:31-36; 5:19-23), 아들은 영원한 성령에 의해 십자가로 가신다(히 9:14). 모든 구속 활동에서 세 위격께서 나뉠 수 없게 일하신다.

나뉠 수 없는 사역은 단순성과 관계가 아주 깊다. 그렇다. 세 위격

삼위일체의 외적 사역

나뉠 수 없는 사역	삼위일체의 외적 사역은 나뉘지 않는다opera Trinitatis ad extra sunt indivisa. 따라서 창조, 섭리, 구속과 관련된 어떤 일에서든 삼위께서 불가분하게 일하신다. 세 위격의 사명의 이런 일체성은 신적 본질의 영원한 일체성(단순성)에서 비롯된다.
신적 전유	삼위일체의 한 위격이 삼위일체의 어떤 외적 사역에서 특별한 역할 혹은 중심적 역할을 맡는다(예 : 성자께서 성육신하신다. 오순절에 성령께서 강림하신다). 이런 전유는 세 위격의 영원한 구별(기원의 영원한 관계)을 반영한다.

이 계신다. 하지만 각 위격이 하나님의 일부가 아니라 온전한 하나님이기에, 하나님 안에는 오직 하나의 뜻과 지성만 있을 수 있다. 뜻과 지성은, 나뉘지 않고 공유된 하나의 신적 본질과(세 위격이 아니라) 동일시되어야 한다. 한 본질이란 하나님 안에 오직 하나의 선, 하나의 사랑, 하나의 능력이 있을 뿐이라는 의미인 것처럼, 이는 또한 하나의 뜻과 지성이 있다는 의미이기도 하다.[45] 하나님 안에 하나의 뜻과 지성이 아니라 세 뜻과 지성이 있다면, 단순성이 손상될 것이며, (각 위격이 다른 두 위격과 다른 뜻을 갖게 될 것이므로) 삼신론을 피하기가 훨씬 더 어려워질 것이다. 그런 견해를 가리켜 사회적 삼위일체론social trinitarianism이라고 하는데, 이는 삼위 하나님의 단순성을 보존하지 못하는 개념이다.

삼신론의 스펙트럼 반대편 끝에는 이단의 위험도 있다. 그것은 바로 양태론modalism으로, 사벨리우스주의Sabellianism 또는 양태론적 단일신론modalistic monarchianism이라고도 하며, 한 하나님이 별개의 세 위격이 아니라 그저 하나님의 현존 안에 세 가지 비위격적 양태 또는 양상이 있다고 하는 믿음이다. 한 하나님은 성부이시고, 이어서 성부께서 성자가 되기로 결정하시고, 또 다른 때에는 성령이 되기로 결정하신다는 것이다. 적당한 때에 하나님이 그저 각각 다른 가면을 쓸 뿐이며, 하나님은 세 위격이 아니라 세 가지 방식으로 나타나는 한 위격이라는 것이다.

단순성은 이런 삼위일체 관련 이단을 피하는 열쇠이기도 하다. 하나님의 본질이 하나님의 속성이요 하나님의 속성이 하나님의 본질일진대, 성부, 성자, 성령을 언급할 때 우리가 염두에 두는 것은 그저 세 개의 "비위격적 존재 방식"impersonal modes of subsisting이 아니라 "위격적 존재 방식"personal modes of subsisting이다.[46] 단순성은 세 위격이 하나로 뭉뚱그려진 비위격이 되지 않게 막아 준다. 실상은 한 신적 본질이 그저 우리가 성부, 성자, 성령이라고 부르는 서로 다른 세 가지 형태를 취하거나 서로 다른 가면을 쓰는 게 아니다. 나뉘지 않는 한 신적 본질(단순성)이 세 위격(성부, 성자, 성령) 안에 온전히 존재하며subsist, 각 위격은 기원의 영원한 관계(성부 되심, 성자 되심, 성령 되심) 때문에 서로 구별되는 것이다.

교부 아우구스티누스는 단순성과 삼위일체를 명확히 구별해 설명하면서도 양태론(사벨리우스주의) 같은 이단을 피해 간다는 점에서 모범을 보인다. 첫째, 아우구스티누스는 단순성이 왜 서로 구별되는 세 위격을 배제하지 않는지를 설명한다. "삼위일체는 한 하나님이다. 삼위일체라는 사실은 단순하지 않다는 의미가 아니다. 우리가 이분[하나님]은 본질상 단순하다고 말할 때, 이는 하나님이 오로지 성부로만, 혹은 오로지 성자로만, 혹은 오로지 성령으로만 이뤄진다거나, 혹은 존재하는subsistent 위격들 없이 오직 명목만의 삼위일체가 있다는 뜻이 아니다. 그것은 사벨리우스주의 이단의 개념이다." 하지만 그와 동시에 아우구스티누스는 하나의 단순한 신적 본질이 어떻게 세 위격 모두 안에 전체로 존재하는지를wholly subsist 논증한다. "'단순하다'는 것은, 각 위격이 서로 맺는다고 하는 관계는 별개로 하고, 그 존재가 그 속성과 동일하다는 뜻이다. 성부는 당연히 성자를 소유하시지만, 성부 자신이 성자는 아니다. 그리고 성자는 성부를 소유하시지만, 성자 자신이 성부는 아니다. 그러나 각 위격을(성부와 성자를) 서로에 관해서가 아니라 각각 그분 자체로 생각해 볼 때, 그분의 존재being는 그분의 속성과 동일하다. 그래서 각 위격을 살아 계신 분이라고 말하는 것은, 각 위격께서 생명을 소유하시기 때문이며, 그와 동시에 각 위격 자체가 생명이시기 때문이다."[47]

이렇게 단순성은 기독교를 양태론의 공격에서 보호하는 결정적인 역할을 하며, 또한 기독교가 삼신론에 맞서 일신론(한 분 하나님을 믿는 믿음)에 충실할 수 있게 보호하는 도구이기도 하다.[48] 본질은 마치 여러 부분들이 하나씩 하나씩 합쳐져서 삼위일체 안에 각 위격을 구성하기라도 하는 것처럼 여러 부분들로 구성되지 않는다. 다른 한편, 마치 각 위격께서 우리가 하나님이라고 부르는 신적 파이의 한 조각이기라도 한 양, 위격들께서 부분으로서 행동하시지도 않는다.[49]

단순성을 부인하는 것은 얼마나 심각한 문제인가?

단순성을 부인하는 것은 심각한 일이다. 얼마나 심각한 문제인지에 대해 데이비드 벤틀리 하트는 이것이 "무신론에 버금간다"고 말한다.[50] 매우 과격한 말로 들린다. 하지만 하트는 19세기까지는 대다수 사람들이 그 말에 동의했을 것이라고 우리에게 일깨워 준다. 3장에서 우리는 일다신론[혹은 유신론적 인격주의theistic personalism]으로 알려진 견해, 즉 한 분 하나님이 계시지만 그분은 신화 속 신들과 많이 닮아서 인간의 속성을 소유하시되 정도만 더 클 뿐이라는 믿음에 대해 논했다. 그러나 일다신론이 참이라면, 하나님은 다양한 부분들 또는 특성들로 구성될 뿐만 아니라 "논리적으로 하나님 자신과 그 외 존재들 모두를 포함하는 무언가 좀 더 포괄적인 실체에 의존"하는 분이 될 것이다.[51] 그리고 하나님이 다른 어떤 것이나 다른 어떤 존재에게 의존한다면, 하나님이 자신의 신성을 전부 포기하는 셈일 것이다. 무엇이든 하나님이 의존하는 대상이야말로 그보다 더 큰 것은 상상할 수 없을 정도로 큰 것(하나님 자신보다 더 포괄적인 것)일 테니 말이다.

그건 정말 심각한 일이다.

6

하나님은 변하시는가?

— 불변성

그는 변함도 없으시고 회전하는 그림자도 없으시니라.

약 1:7

완전히 불변하고 썩지 아니하는 하나님이 계시다는 것은 이성을 가진 모든 피조물의 본능적 생각이다.

아우구스티누스, 《*The Literal Meaning of Genesis*》

나뭇잎처럼 우리는 피어나고 무성해지고, 시들어 죽지만, 당신은[하나님은] 조금도 변하지 않으십니다.

월터 스미스, "불멸하며, 비가시적인"

만세 반석, 나를 위해 열리니

가장 기억에 남는 가족 휴가는 2주간의 웨일스 여행이었다. 그중에서도 하이라이트는 뜬금없이 기사도를 불어넣어 준 중세의 성곽, 하늘 높이 치솟은 초록색 풀밭 절벽 바로 아래 펼쳐진 모래밭, 모네의 "수

련" 그림의 실물 버전 위에 가로놓인 다리들이었다. 웨일스는 정말 하나님의 나라God's country다.

사람들의 통행이 많은 펨브루크셔의 보도步道에서 한참 떨어진 한 장소에 얽힌 즐거운 기억이 있다. 위압감을 주는 석회암 절벽 경사면 중간에, 양 옆의 거대한 바위 사이의 갈라진 틈에 예배당이 자리 잡고 있다. 예배당 이름은 이곳의 동굴에 살던 6세기 수사인 성 고반Saint Govan의 이름을 따서 성 고반 채플이라고 한다. 이 성인에게는 진위 여부를 판단하기 어려운 갖가지 전설이 얽혀 있다. 한 전설에 따르면, 이 수사가 해적을 피해 달아나던 중 파도가 그를 삼켜 해적이 지나갈 때까지 안전하게 보호해 주었다고 한다. 그 후 고반은 평생을 은자隱者로 그 절벽에 머물면서, 어느 날 해적이 다시 들이닥칠 때 근처에 사는 사람들에게 이를 즉시 알려 주는 일로 도움을 베풀며 살았다고 한다. 이 이야기가 진짜이든 아니든, 우리가 아는 것은 11세기에 한 예배당이 고반의 동굴 자리에 지어졌다는 것이며, 어떤 이들의 말에 따르면 예배당 제단 아래에 그의 뼈가 묻혔다고 한다.

양 옆에 치솟은 절벽 사이 52개의 계단을 통해 예배당으로 내려가면서 나는 그날 성 고반이 그 무서운 해적들을 피해 달아나는 심정이 어땠을지 상상해 보았다. 그가 목숨을 부지하려고 도망칠 때, 바위 사이의 이 틈은 안전한 요새 역할을 했다. 이 틈은 외부에 잘 보이지 않게 고반을 숨겨 주었을 뿐만 아니라, 바다 바람과 파도에서 그를 보호해 주었으며, 그 바람과 파도라면 그 어떤 해적선이 감히 해안으로 다가오려고 했든 다 뭉개 버렸을 것이다. 성 고반이 그렇게 두려우면서도 동시에 그렇게 안도감을 느낀 것은 난생 처음이었을 것이다. 그리고 수백 년이 지나 내가 여기 오자, 그때의 그 바위가 내 발걸음을 안전하게 지켜 주었다. 바위의 품에 포근히 안겨 거기 서 있노라니 어거스터스 토플레디의 찬송가 "만세 반석"이 귓가에 쟁쟁했다.

> 만세 반석, 나를 위해 열리니
> 주님 안에 나 숨게 하소서.

바위라는 비유적 표현에는 여러 의미가 담겨 있지만, 그중에서도 가장 생생한 것은 그 불변성이다. 전쟁이 일어났다 끝나고, 나라들이 흥하고 망하며, 세상 모든 것이 한 세기만 지나면 다른 세상이 된다. 그러나 바위는 그렇지 않다. 바위는 좌절하지도 않고, 흔들리지도 않는다. 어제나 오늘이나 영원히 똑같다.

사소한 면에서 그 바위는 하나님과 비슷하다. 하나님은 변하지 않으신다. 어떤 일이 닥치든 이 하나님은 여일如一하시다. 하나님은 견고하고 안전하며, 늘 거기 계시고, 절대 요동하지 않으시고, 패배할 수 없으시며, 환난 중에 있는 사람에게 요새처럼 영원히 변함없으시다.

우리 하나님 외에 누가 반석인가?

성 고반이 해적을 피해 도망치기 오래 전, 다윗도 사울 왕을 피해 도망쳤다. 질투심에 사로잡힌 사울은 마치 목표물을 제거하라는 지령을 받은 암살자처럼 집요하게 다윗을 추적했다. 목숨을 부지하려고 도망치는 다윗은 이따금 바위 중심부에 깊이 감춰져 있는 동굴들로 향하곤 했다. 그런 곳은 누구도 쉽게 찾아오지 못하리라고 생각했기 때문이다. 다윗이 한 번은 원수들에게서 자신을 구원하시는 것에 대해 여호와를 찬양한다. 사울도 그 원수 중 한 사람인데, 다윗은 이렇게 노래한다.

> 여호와는 나의 반석이시요 나의 요새시요
> 나를 위하여 나를 건지시는 자시요
> 내가 피할 나의 반석의 하나님이시요(삼하 22:2-3).

> 여호와 외에 누가 하나님이며
> 우리 하나님 외에 누가 반석이냐(22:32).[1]

시편에서 다윗은 하나님을 거듭 자신의 반석이라고 부르는데, 이는 그의 구원의 원천과 구원의 확신이 하나님께 있음을 확인하는 호칭이다.

> 오직 그만이 나의 반석이시요 나의 구원이시요
> 나의 요새이시니 내가 크게 흔들리지 아니하리로다(시 62:2).

> 나의 구원과 영광이 하나님께 있음이여
> 내 힘의 반석과 피난처도 하나님께 있도다(62:7).

"반석"은 하나님을 가리키는 정식 이름으로 쓰이기도 해서, 다윗은

"나의 반석이시요 나의 구속자이신 여호와여"(19:14)라는 외침으로 기도를 시작하고 끝맺는다.[2]

다윗은 하나님의 성품과 우리의 실생활 사이에 불가분의 관계가 있음을 알고 있다. 하나님의 불변의 실체 내지 본질은 육체의 구원과 영적 구원을 위해 다윗이 하나님을 믿고 의지하는 참 토대이다. 하나님이 반석처럼 언제나 변함없는 분이 아니라면, 혼란한 때에 다윗의 요새로서 행하시지 못할 것이다. 그러나 하나님이 변하지 않는 하나님이시라면, 다윗은 온 세상이 발아래로 꺼질 때도 하나님께 달려가 피할 수 있다고 완전히 확신할 수 있다.

"나 여호와는 변하지 아니하나니"

하나님의 불변하시는 본성과 그리스도인의 삶 사이의 관련성을 뚜렷이 보여 주는 사람은 다윗뿐만이 아니다. 말라기 선지자를 생각해 보라. 말라기에게는 힘든 임무가 주어진다. 말라기(이는 '메시지를 전하는 자'를 뜻하는 이름이다)를 통해 여호와께서는 자신의 백성을 준엄히 꾸짖으신다. 이스라엘이 이런 꾸짖음을 들어 마땅한 데에는 수많은 이유가 있다. 예를 들어, 제사장들은 손상된 제물을 여호와 앞에 가지고 와 예배를 모독한다. 이들은 하나님이 임재해 계신 곳으로 들어와 자기가 가진 것 중 가장 좋은 제물을 드리는 게 아니라 눈멀고, 병들고, 온전치 못한 짐승을 제물로 바친다. 이는 이들이 하나님에 대해 무슨 생각을 하는지에 관해 많은 것을 말해 준다.

이웃한 나라들 사이에서도 소문이 돌았다. 이 제사장들은 하나님의 이름을 진흙탕으로 끌고 다니면서 모두가 보게 했다. 하나님은 이런 악을 그냥 두고 보지 않으신다. "내 이름이 이방 민족 중에서 크게 될 것임이니라"(말 1:11). "보라 내가 너희의 자손을 꾸짖을 것이요 똥 곧 너희 절기의 희생의 똥을 너희 얼굴에 바를 것이라"(2:3). 자, 이게 바로 징벌이다!

말라기 전체를 통해 뚜렷이 드러나는 것은 하나님과 이스라엘 사이의 대조다. 이스라엘은 번번이 하나님께 불성실하고 언약에 무관심한 죄에 빠져드는 반면, 하나님은 시종 변함이 없고 절대 요동하지 않으신다. 이스라엘은 점점 스스로 만족하는 상태가 되어갔고, 그래서 말라기는 회개하고 하나님과의 언약을 새롭게 하고, 불신앙과 무관심과 윤리적 타협을 거부하고 언약의 약속을 다시 붙들라고 백성들에게 촉구하고 있다.

그런 죄를 고려할 때 이스라엘은 확실히 멸절되어 마땅하다. 이스라엘은 번번이 하나님을 신뢰하지 못했고, 언약에 충실하지 못했으며, 순종으로 하나님께 대한 사랑을 나타내 보이지 못했다. 이들에게는 아무런 소망도 남아 있지 않은 것 같다. 그러나 그때 하나님이 무언가 주목할 만한 말씀을 하신다. "나 여호와는 변하지 아니하나니 그러므로 야곱의 자손들아 너희가 소멸되지 아니하느니라"(3:6). 하나님의 성실함은 하나님의 본성에서 나온다. 하나님은 본질적으로 불변하시기 때문에 그분이 하시는 일도 불변하게 작용한다. 하나님은 자신이 어떤 분인지에(본질) 변화가 없으시다. 그러므로 하나님은 자신의 말과 행동(그분의 뜻)에도 변함이 없으시다. 하나님은 아브라함, 이삭, 야곱에게 하신 약속을 취소하지 않으실 것이다. 그렇다. 이스라엘은 언약에 불성실했지만, 여호와께서는 늘 성실하셨고 앞으로도 성실하실 것이다. 결국 하나님의 불변성은 자비라는 결과를 낳아, 자신에게 돌아오라고 백성들을 부르신다. 이 사실을 우리는 강조하지 않을 수 없다. 그리고 여호와께서는 자신에게 돌아오면, 다시 한 번 언약을 새롭게 하실 것이라고 약속하신다.

그림자가 없으신 하나님

하나님의 불변성은 예수님의 제자들에게도 낯설지 않은 개념이었다. 온갖 시련을 겪고 있는 그리스도인들에게 편지를 써 보낸 야고보를 생각해 보자. 야고보는 이들에게 다음과 같은 사실을 일깨운다. "이는 너희 믿음의 시련이 인내를 만들어 내는 줄 너희가 앎이라 인내를 온전히 이루라 이는 너희로 온전하고 구비하여 조금도 부족함이 없게 하려 함이라"(약 1:3-4). 또한 야고보는 고난당하는 그리스도인에게는 큰 상급이 기다리고 있으니 절대 포기하지 말라고도 일깨운다. "시험을 참는 자는 복이 있나니 이는 시련을 견디어 낸 자가 주께서 자기를 사랑하는 자들에게 약속하신 생명의 면류관을 얻을 것이기 때문이라"(1:12). 비록 고통스럽기는 하지만, 하나님은 야고보의 편지 수신인들이(그리고 우리가) 자기 아들의 형상을 더 닮아가도록 하시려고 이런 시련을 정하셨으며, 이것이 바로 야고보가 "너희가 여러 가지 시험을 당하거든 온전히 기쁘게 여기라"(1:2)고 담대히 말할 수 있는 이유다.

하지만, 하나님이 우리를 시험하여 죄를 짓게 하신다는 그릇된 결론으로 비약해서는 절대 안 된다. "하나님은 악에게 시험을 받지도 아니하시고 친히 아무도 시험하지 아니하시느니라"(1:13). 도리어 우리가 자신의 죄된 욕망의 부추김을 받는다. 하나님은 선하시고, 하나님이 주시는 은사도 선하다. "온갖 좋은 은사와 온전한 선물이 다 위로부터 빛들의 아버지께로부터 내려오나니"(1:17). 야고보가 하나님을 "빛들의 아버지"라 부르는 이유는, 창세기 1장과 시편 74편, 136편에 따를 때, 하나님이 하늘들(해, 달, 별)에 있는 빛의 창조자이시기 때문이다. 그런 빛들은 하나님이 자기 피조물에게 얼마나 선한 분인지를 보여 주는 진열장이다.

하지만 하나님이 언제까지나 선하시리라고 어떻게 확신할 수 있는가? 하나님이 변하신다면, 그런 변화와 더불어 더는 그렇게 선하게 행동하시지 않는다면, 어떻게 되는가? 답변은 야고보의 그 다음 말에서 찾을 수 있다. "빛들의 아버지…는 변함도 없으시고 회전하는 그림자도 없으시니라"(1:17). 해와 달에는 변화가 있다. 낮에는 햇볕이 들지만, 곧이어 밤이 되고, 밤과 함께 어둠이 찾아온다. 한낮에는 그림자가 아주 짧다. 햇빛이 바로 머리 위에서 내려오기 때문이다. 이어서 해가 지평선을 향해 이동하면 그림자가 점점 커진다. 높은 건물 옆에 서 있기라도 하면 내 그림자는 6미터 높이 건물만큼 길어 보일 수도 있다.

하지만 하나님에게는 그림자가 없다. 또한 하나님은 변하기 쉬운 그림자 같지도 않으시다. 하나님은 언제나 똑같으시다. 그런 토대 위에서 야고보는 이렇게 결론 내린다. 하나님이 언제까지나 선하시다고 믿을 수 있으며, 이 하나님이 언제나 나의 유익을 염두에 두시고 나를 위해 정하신 시련 한가운데서도 자신의 완전한 선하심을 반영하는 방식으로 행동하시리라고 믿을 수 있다고 말이다.

완전한 존재는 불변해야 한다

하나님이 만약 그림자처럼 변하는 분이라면 어떤 일이 일어날까? 하나님에게 변화가 있다는 것은 하나님의 완전함이 없어지는 결과를 낳을 것이다. 그리고 하나님보다 더 큰 존재는 상상할 수 없다는 말은 이제 하나님에게 해당되지 않을 것이다.

하나님이 더 나은 쪽으로 변하신다면, 이는 하나님이 그전에는 완전하지 않았다는 뜻이 된다. 하나님의 존재에 모종의 결함과 불완전함이 있었다는 것이다. 만약 더 나쁜 쪽으로 변하신다면, 이는 하나님이 전에는 완전하셨지만 이제는 완전하지 않다는 뜻이 된다. 하나님에게 불완전이 더해졌든지, 혹은 하나님에게 있는 완전함이 상실된 것이다. 하나님이 변하신다는 것은 더 좋은 상태에서 안 좋은 상태로의 변화든지, 혹은 나쁜 상태에서 좋은 상태로의 변화든지 둘 중 하나다. 어느 경우든 하나님은 이제 영원히 선한 분이 아니시다. 영원히 선하지 않은 하나님은 영원히 완전하지도 않다. 그리고 영원히 완전하지 않은 하나님은 결국 하나님일 수 없다. 그러므로 불변성은 완전하시고 지고하신 존재라는 하나님의 정체성에 본질적이고도 필연적이라고 결론 내리지 않을 수가 없다.[3]

게다가, 하나님이 선한 분에서 더 선한 분으로 변하신다면, 우리는 하나님에게 어떤 속성이 결여되어 있었는지 물어야 할 것이다.[4] 지혜가 부족했던 것인가? 능력이? 지식이? 사랑이? 또한 하나님이 그런 변화에 좌우되는 분인지, 또는 그런 변화가 자발적인 것인지도 물어야 할 것이다. 하나님이 그런 변화에 좌우된다면, 하나님은 무능하고 타자의 뜻에 취약한 분일 것이며, 더는 가장 주권적이지도 않고 더는 가장 지고한 분도 아닐 것이다.

한편, 그런 변화가 자발적인 변화라면, 하나님은 자기 자신과 불화하는 분일 것이다. 자신의 완전한 속성이 완전한 속성으로 유지되어야 하는 한 그 속성은 어떤 변화도 허용하지 않는데, 그럼에도 자신의 존재에 변화를 도모하는 것이기 때문이다. 달리 표현해, 하나님이 자신의 속성이 덜 완전해지기를 뜻하시는 셈인 것이다. 예를 들어, 하나님이 가장 전능한 존재이신데 이제 더는 가장 전능한 존재이려고 하시지 않는다면, 하나님은 자신의 능력뿐만 아니라 그 능력의 완전함마저 변화시키신 것이다. 이제 하나님의 능력은 더 이상 지고하지 않다. 그리고 신적 존재의 지고하지 않은 능력은 완전한 능력일 수 없다. 이제 타자의 능력과 뜻에 영향 받기 쉬운 상태이니 말이다.[5] 어떤 속성을 생각하든, 각 속성이 본래의 성질을 유지하려면, 더구나 완벽히 유지하려면, 불변성이라는 특징을 지녀야 한다.

3장에서 나는 완전한 존재는 한계가 없는 존재라고 말했다. 이를 긍정적으로 표현하자면, 완전한 존재는 무한한 존재다. 변화는 하나님 안에 무언가 새로운 것을 도입하는 것이므로(이는 어떤 완전함이 결핍되어 있다가 이제 그것을 획득했다는 의미다), 변화는 곧 한계임에 틀림없다.[6] "하지만 하나님은 무한하셔서 모든 존재의 그 모든 풍성한 완전성을 자기 안에 포괄하시기에, 그 어떤 새로운 것을 획득하실 수 없다"고 토마스 아퀴나스는 반격한다.[7] 무한하고 완전한 존재는 "어떤 새로운 완전함을 취득하는 자"일 수 없고 늘 "모든 완전함의 원천"이어야 한다.[8] 하나님이 만약 원천이 아니라 취득자시라면, 하나님은 자신의 완성과 충족을 위해 자기 외부의 무언가에 의존하는 분일 것이다.

순수 현실태(pure act) : 매우 이해하기 어렵지만 매우 큰 도움을 주는 표현

하나님이 무언가로 되어가는 분이 아니라 언제나 여일^{如一}하신 분이라면, 하나님은 잠재력을 지닌 분이 아니다. 잠재력이란, 단어의 정의상 어떤 사람이 아직 충족 상태에 이르지 못했음을 전제로 한다. 잠재력은 어떤 면에서 무언가가 결핍되어 있다는 의미다.[9] 하지만 하나님은 완전하게 될 필요를 지닌 존재가 아니다. 하나님은 완전하게 될 수 있는 분이 아니다. 그분은 영원히 그리고 불변하게 완전한 존재이시다. 그분은 무한히 완전한 존재이시다. 안셀무스를 통해 알게 되었듯이, 하나님은 존재의 충만함^{fullness of being}이시다. 영원히, 불변하게 무한하고 완전한 존재이시기 때문에 하나님은 잠재력을 지닌 존재가 아니다. 잠재력은 하나님의 완전함이 더 커질 필요가 있다는 뜻일 것이며, 이런 성장은 곧 하나님이 아직 완전하지 않고, 완전해지기를 바라신다는 의미를 함축한다. 하나님이 언젠가는 잠재력이 완전히 발현되는 상태에 이르기를 바라신다는 것이다. 그러나 이와 반대로 "하나님이 완전하심은 하나님이 자신의 모든 잠재력을 완전하게 구현하셨기 때문이 아니다…하나님은 완전함 그 자체이시다."[10]

하나님이 완전함이 아니라 잠재력을 지니셨다는 개념을 피하기 위해 아퀴나스 같은 과거 신학자들은 하나님을 "순수 현실태"(악투스 푸루스^{actus purus}), 또는 "순수 현실성"(푸루스 악투아^{purus actua})이라고 부르기를 좋아했다. 하나님은 "현실태" 또는 "순수 현실태"라고 이들은 말했다.[11] 이런 표현의 의도는 하나님을 어떤 유형의 "수동적 잠재력"으로 생각하는 것을 삼가려는 것이다.[12] 수동적 잠재력이란 하나님 안에 무언가 활성화되고 성취되어야 할 것이 있다는 의미다. 그러나 하나님은 이미 하나님이신데 그보다 더한 무언가가 되실 필요가 있기라도 한 양 하나님 안에서 활성화되어야 할 것은 아무것도 없다. 그렇다. 하나님은 하나님 자신 안에서 스스로 가장 절대적 의미에서 생명이신, 순수 현실태pure act 자체이시다.

하나님 안에 어떤 "수동적 잠재력"이 있음을 부인하는 것은 창조주와 피조물의 구별을 유지하는 아주 멋진 방법이기도 하다. 하나님은 마치 부분들의 잠재력이 아직 완성 상태에 도달하지 않기라도 한 양, 부분들이 활성화되어야 하는 분이 아니시다. 잠재력이란 불완전함을 암시할 뿐만 아니라 외부의 어떤 것에 그 능력이 영향을 받는다는 뜻이기도 하다.[13] 하나님의 경우, 이것은 그분이 피조물에게 영향을 받고, 피조물에 의해 변화되고, 심지어 상처까지 받는다는 의미다. 하지만 성경의 하나님은 우리가 불쌍히 여길 무력하고 취약한 하나님이 아니시며, 그것이 바로 하나님을 "순수 현실태"라고 부르는 게 지혜로운 이유이다. 이 표현은 하나님이 타자의 행동에 영향을 받는 분이 아니라 타자에게 영향을 주는 분이라는 의미를 전달하는 표현이다.[14]

하나님이 타자의 영향을 받아 행동하지 않는 분이라면, 아퀴나스처럼 하나님을 '유일한 부동의 시초적 시동자'the first and only unmoved mover라고 부르는 게 옳다.[15] 우리가 사는 세상에서는 모든 것이 변하기 쉬우며, 그래서 다른 무언가에 의해 움직인다. 자기 삶의 모든 행동과 사건을

순수 현실태	수동적 잠재력
창조주	피조물
하나님께서는 타자에게 변화를 일으킬 능력이 있다. 하나님은 타자를 움직여 이들이 자신의 잠재력과 완전함에 도달하게 하실 수 있다. 하지만 하나님 자신은 잠재력이 없고, 변화를 겪지 않으시며, 이미 영원히 어떠하신 상태보다 더 완전하게 되실 필요가 없다. 하나님은 순수 현실태이시다.	피조물은 변화하며 타자에 의해 움직인다. 피조물은 자신의 불완전함 때문에 잠재력이 있다. 수동적 잠재력은 피조물의 속성으로 돌려야 한다. 그것은 절대 하나님의 속성이 아니다.

최대한 추적해 들어가 보면, 단 한순간도 내가 나 아닌 다른 어떤 것이나 다른 어떤 사람에 의해 움직이지 않은 적이 없다는 것을 깨닫게 될 것이다. 요점을 말하자면, 늘 변화하고 있는 이 세상은 언제나 움직여지고 있는 운동자들로 가득하다는 것이다.

그런데 늘 움직여지고 있는 그 운동자들의 사슬은 어디에서 시작했는가? 좀 더 나은 질문은, 그것이 어떻게 시작했느냐는 것이다. 이 사슬은 무한할 수 없다. 왜냐하면 그것이 무한하다면 우리는 움직임을 아예 설명할 수가 없을 테니 말이다. "원인을 이렇게 역행해 가다보면 끝이 있어야 한다"고 아퀴나스는 말한다. "그렇지 않으면 변화의 첫 번째 원인이 없을 것이며, 그 결과 계속해서 일어나는 변화의 원인도 없을 것이다." 아퀴나스는 이렇게 결론 내린다. "그래서 우리는 그 자체는 어떤 것에 의해서도 변하지 않는, 변화의 제1원인에 도달하게 된다."[16] 주목하라. 시초적 시동자는 그 자신은 움직여지지 않아야 한다. 시초적 시동자는 반드시 불변해야 하며, 타자에 의해 움직이지 않는 존재여야 한다. 그런데 하나님이 만약 순수 현실태가 아니시라면, 하나님은 부동의 시초적 시동자일 수 없다. 그리고 하나님이 부동의 시초적 시동자가 아니시라면, 이 세상을 규정하는 움직임들을 최종적으로 설명할 길이 없다. 하나님은 "모든 움직임에 대한 충분한 인과적 이유"이셔야 한다.[17]

"순수 현실태"(또는 순수 현실성, 또는 순수 능동적 잠재력)라는 용어는 아마 지나치게 철학적^{über philosophical}으로 들릴 것이다. 맞다. 하지만 그런 표현을 두려워할 필요는 없다. 알고 보면 이는 매우 크게 도움이 되는^{über helpful} 표현이다. 아퀴나스는 이 표현이 하나님은 "그 어떤 새로운 것을 획득하실 수 없다"는 사실을 전달해 준다고 말한다.[18] 하나님의 완전함은 늘어나거나 줄어들지 않는다. 하나님은 지금의 하나님보다 더 완전해질 필요가 없으시다.[19] 하나님은 "(무언가로) 되어가지 않는 존재"^{being without becoming}이시다.[20] 순수 현실태이신 하나님은 그분 안에서 스스로 "존재^{being}의 완전함의 최고의 풍성함"이시다.[21]

모든 속성의 영광과 광택제

불변성은 완전하고 지고한 존재^{supreme being}를 올바로 이해하기 위해 반드시 필요하며, 뿐만 아니라 다른 모든 속성이 성립하기 위해서도 반드시 필요하다. 스티븐 차녹이 불변성을 "하나님의 모든 속성"에 당연히 있어야 하는 "영광"이라고 하는 이유는, 불변성을 "중심으로 모든 속성이 하나로 연합하기" 때문이다. 불변성을 "광택제"에도 비교할 수 있는 이유는, 불변성과 별개로는 나머지 속성들이 다 허사가 될 것이기 때문이다.[22] 왜 그런지 알기 위해 불변성이 내포하는 일곱 가지 의미를 생각해 보라.

1. 하나님이 자존성의 하나님이신 이유는 그분이 변하지 않으시기 때문이다. 하나님이 변하신다면 이는 하나님이 무언가를 필요로 하시며, 무언가에 의존하시며, 무언가를 자기 자신에게 더하신다는 의미일 것이며, 이는 모두 하나님의 자존성에 반하고 하나님이 전적으로 완전하시지 않다는 뜻을 함축하는 개념이다. 무언가가 결핍된 하나님은 불변하는 하나님이실 수 없으니, 그런 하나님은 완전해지기 위해 변하셔야하기 때문이다. 그런 하나님은 물질과 같다. 물질은 변하기도 하고 움직이기도 하지만, 그 자체적으로 스스로 존재being를 소유하지는 못한다. 물질은 불완전하다. 반면 하나님에게는 하나님 자체로, 스스로 존재할 수 있는 능력이 있다.[23]

하나님의 자존성을 언급하다 보면 창조주로서의 하나님의 정체성을 다시 이야기하게 된다. 참으로 독자적으로 존재한다는 것은 피조물이 아니라 창조주로 존재한다는 것이다. 그러나 이 창조주가 변할 수 있고 실제로 변한다면, 창조주로서의 그런 독자성이 손상된다. "(무언가로) 되어가는" 하나님은 자신의 "존재"being를 상실한 하나님이다. 헤르만 바빙크가 설명하는 것처럼, "피조물의 성질을 지닌 것은 모두 무언가가 되어가는 과정 중에 있다. 이런 것들은 안식과 만족을 추구하는 중에 변화하기 쉽고, 끊임없이 분투하며, (무언가로) 되어가는 일 없는 순수 존재pure being without becoming 안에서만 안식을 찾는다."[24] 하나님이 변하신다면, 그분은 이제 피조물 같은 한계에 종속되어, 자기 자신을 창조주 자격이 없는 분으로 만드는 것이다.

2. 하나님이 여전히 단순하신 이유는 그분이 변하지 않으시기 때문이

다. 하나님이 변하신다면, 하나님은 여러 부분들로 이뤄진 하나님일 것이다. 부분들은 본질상 변하며, 변화에는 부분들이 관여한다. 하나님이 변하신다면, 하나님의 한 부분이 하나님의 다른 부분에, 아니 더 심각한 경우로 하나님 외부의 어떤 것에게 적응하기 위해 조정되거나 변경되어야 할 것이다. 이것은 하나님의 참 본질이 나뉘는 것을 요건으로 한다. 반면, 변하지 않는 하나님은 참 본질이 완전히 하나로 연합된 united 하나님이시다. 이는 그분의 속성 하나하나가 모두 "그분의 본질과 일치"하는 까닭이다.[25]

게다가, 변화란 가감加減이 일어난다는 뜻이기도 하다. 하나님에게 일어나는 변화는 (a) "하나님에게서 무언가를 분리해" 내거나 (b) "하나님에게 무언가를 더하는" 결과를 낳을 것이다. 하나님에게서 무언가가 분리된다면, 하나님은 이제 합성적 존재이시며, 분리된 그것은 "하나님과 별개"이다. 그러나 하나님의 존재의 한 부분이 분리된다면, 하나님이 어떻게 자기 안에 있는 모든 것일 수 있으며, 하나님이 어떻게 자신의 모든 영광 중에 계신 분일 수 있는가? 그 하나님은 이제 더는 온전한 하나님이 아니며, 하나님의 일부가 하나님에게서 감減하여졌다. 하나님의 존재가 손실을 겪었다.[26] 감해진 것 대신 무언가가 하나님에게 더해진다 해도 상황은 전혀 나아지지 않는다. 이 역시 하나님이 합성적인 존재일 수 있다는 뜻이기 때문이며, 이 경우에는 양과 질이 더 커지시는 것이다. 이렇게 되면 우리는 하나님에게 더하여진 것이 하나님의 존재에 본질적인 것인지 아니면 그저 부수적인 것인지 궁금하지 않을 수 없다. 본질적인 것이라면, 하나님이 그전까지 어떻게 그것 없이 존재하셨는가?

여기 핵심 결론이 있다. 하나님이 단순하지 않다면, 하나님은 부분들로 구성되어 있으시다는 말인데, 그렇다면 그 부분들이 감하여지거나 혹은 새로운 부분들이 더하여짐으로써 나뉠 수 있다는 말이다. 어느 쪽이든 그 과정에서 하나님의 존재가 변한다. 불변성은 하나님의 단순성을 보존하는 열쇠다.

3. **하나님이 모든 것을 다 아시고 전적으로 지혜로우신 이유는 그분이 변하지 않으시기 때문이다.** 하나님의 지식에 변화가 있다면, 하나님이 모든 걸 다 아시지 못하는 때가 있다는 말이 된다. 하나님이 모든 걸 다 아시지 못하는 때가 있다면, 하나님의 지식이 결함 있고 부정확하였거나, 적어도 부분적이었던 때가 있었다는 말이 된다(비록 이제는 정확하고 완전하다 하더라도). 불변성은 전지성의 기초다. 불변성이 하나님의 지식의 결함을 허용하지 않는다면, 하나님의 지혜에 어떤 식으로든 변화가 생긴다는 개념도 배제되어야 할 것이다. 하나님은 무한히 지혜로우시기에, 그 무엇에 대해서도 무지하실 수 없고 자신이 참이라고 알고 있는 것을 결코 착각하실 수도 없다.[27] 어제 모르시던 것을 오늘 아신다면 이는 하나님의 지식이 향상되었다는 뜻일 뿐만 아니라 하나님의 지혜에 결손이 있었다는 뜻이기도 하다. 다시 말해, 무지는 지혜가 아직 그 완전한 성숙에 이르지 못했다는 뜻을 함축한다. 하나님이 어제 모르시던 무언가를 오늘 깨우치신다면, 하나님의 어제의 결정이 오늘의 결정만큼 선하시다고 생각할 이유가 거의 없다. 그런 하나님은 오류가 능하시며, 완전한 존재가 아니다.

4. **하나님이 시간과 공간의 제약을 받지 않으시는 이유는 그분이 변하지 않으시기 때문이다.** 육체를 지닌 유한한 피조물로서 여러분과 나

는 시간과 공간의 제한을 받는다. 우리의 창조주 하나님은 무한하시고 비물질적인(육체를 지니지 않은) 존재이시며, 따라서 시간과 공간의 한계에 제한받지 않으신다. 예를 들어 하나님은 시간의 제한을 받지 않고 영원하시다. 이 속성들에 대해서는 8장과 9장에서 깊이 생각해 보게 될 터이므로 여기서는 이 속성들이 불변성과 어떻게 연관되는지를 간단히 살펴보자.

첫째, 존재하게 된다는 것, 또는 시간의 제한에 속박된다는 것은 여러 가지 이유로 변화를 암시한다. 시간은 그 정의상 일련의 연속되는 순간들을 필요로 한다. 예를 들어, 지금 시간이 오후 1시 5분이라고 하자. 하지만 곧 오후 1시 6분이 될 것이다. 일단 1시 6분이 되면 1시 5분은 더는 존재하지 않는다. 시간이 흘러감에 따라 우리는 나이가 들고, 우리가 이에 관해 할 수 있는 일은 아무것도 없다. 한 순간, 한 순간을 경험함에 따라 우리는 시간과 함께 변하여 조금 전과는 다소간 다른 무언가가 되어간다. 핵심 원리는 다음과 같다. 순간들이 연속되는 데에는 늘 변화가 수반된다는 것이다.

하지만 하나님은 일시적 존재가 아니시다. 하나님에게는 시간이라는 것이 없다. 하나님에게는 시작도 없었고, 끝도 없을 것이다. 하나님은 그저 하나님으로 존재하신다. 하나님은 시간 개념을 완전히 초월하신다(시 102:26; 사 40:8).[28] 그러므로, 영원하시다는 것이 하나님이 불변하시는 분이라는 사실의 핵심 열쇠다. 하지만 불변하신다는 것이 하나님이 영원하신 분이라는 사실의 열쇠라고 말할 수도 있다. 하나님은 변화가 없는 분이시기 때문에, 순간들이 연속되는 것에 제약받으실 수 없다. 제약받는다면 이는 하나님이 어떤 분이신지에 변화가 생긴다는 뜻일 것이기 때문이다. 어느 한 순간에는 이런 분이었다가 다음 순간에는 좀 전의 하나님이 아닌 다른 어떤 존재가 되는 게 아니다. 또한 하나님의 불변성은 이 하나님이 우리처럼 공간의 제한을 받는 분이 아니라는 뜻이기도 하다. 우리처럼 한 번에 한 공간을 차지한다는 것은 우리가 그 공간의 제한을 받을 뿐만 아니라 다른 순간에 다른 공간을 차지하기 위해서는 우리가 변해야 한다는 것을 전제로 한다. 반면 하나님은 몸이 없으시기에 공간의 제한을 받지 않고 동시에 모든 곳에 계시면서 자신의 전 존재로 모든 장소를 충만하게 하신다. 하나님은 시간을 초월하듯 공간도 초월하시며, 그래서 하나님은 불변하게 모든 곳에 동시에 존재, 혹은 편재하신다.

5. **하나님이 전능하신 이유는 그분이 변하지 않으시기 때문이다.** 우리 하나님은 전능함을 성취하기 위해 힘을 키우기라도 해야 하는 양, 능력이 변하는 무능한 분이 아니시다. 또한 그분은 지금까지는 전능하셨으나 이제는 세상에 대한 통제권을 잃을 위험에 처한 하나님도 아니다. 하나님은 머리카락이 잘리는 순간 무력해지는 삼손 같은 분이 아니시다. 하나님에게는 아킬레스 건 같은 비밀이 없다. 우리 하나님은 영원히, 불변하게 강하셔서, 결코 더 강력해지시지 않는다. 하나님은 언제나 최대한 강력하시기 때문이다. 또한 하나님은 타자의 힘에 의해 능력이 줄어들지도 않으신다. "쇠약해서 활기를 잃는다면 그분의 능력은 얼마나 나약한가!"[29] 하나님의 지고성은 변함없이 일정하여, 원수들의 영향을 받지 않는다. 하나님은 "본질이 불변하시며, 그러므로 그분의 권능에 누구도 저항할 수 없다."[30]

6. **하나님이 늘 거룩하시고 공의로우신 이유는 그분이 변하지 않으시**

기 때문이다. 거룩함에 변화가 있는 하나님은 생각만 해도 두렵기 짝이 없다. 거룩함은 하나님과 마귀를 나누는 선이다. 거룩함이 하나님에게 있을 수도 있고 없을 수도 있다면, 우리는 우리가 예배하는 하나님이 옳은 일을 하실지 더는 확신할 수 없다.

예를 들어, 하나님의 공의로운 성품이 흔들린다면 얼마나 소름 끼칠지 생각해 보라. 공의에 변화가 있는 하나님은 자칫 기소당하기 쉽다. 인간의 사법 체계에서, 법에 따라 공정하게 판결하지 않는 판사는 부패했거나 태만한 사람으로 여겨진다. 부패한 판사든 태만한 판사든, 그런 판사는 결국 감옥에 갇히고 만다. 우리 인간, 그리고 오류가 있는 인간의 법 체계도 그러하다면, 하물며 하나님의 경우에는 얼마나 더하겠는가? 하나님의 공의에 변화가 있다면, 하나님 자신의 거룩함이 의심받을 것이다. 하나님이 하루는 악인을 벌하시고, 다음 날에는 그 악인의 범죄 행위를 눈 감아 주시고 그 악행을 보고 좋다고 하신다면 어떻게 되겠는지 상상해 보라. 이와 대조적으로 모세는 하나님이 우리의 "반석이시니 그가 하신 일이 완전하고 그의 모든 길이 정의롭고 진실하고 거짓이 없으신 하나님이시니 공의로우시고 바르시도다"(신 32:4)라고 노래한다.

주목할 만한 점은, 불변성과 공의가 무너지면 다른 속성들도 마찬가지로 무너진다는 것이다.[31] 하나님의 공의가 불변하면, 하나님의 지식도 불변한다. 불변하는 공의는 하나님께 악인의 죄를 절대 잊지 말 것을 요구하기 때문이다(호 7:2).[32] 마찬가지로, 불변하는 공의는 불변하는 선과 사랑을 요구한다. "선함"은 언제나 "하나님의 사랑의 대상"이며, 악은 언제나 "하나님의 증오의 대상"이라고 차눅은 말한다. 하나

님이 "악을 혐오하심"은 절대 변하거나 느슨해지지 않는다.[33]

7. 하나님이 사랑이신 이유는 그분이 변하지 않으시기 때문이다. 조나단 에드워즈는 하나님은 "모든 것이 충족한 존재"이신 것과 마찬가지로 "무한하신 존재"이기 때문에 "사랑의 무한한 근원"이심에 틀림없다고 말한다. 하지만 하나님이 "사랑의 영원한 샘"이심은 하나님이 변하지 않는 영원한 존재이시기 때문이기도 하다.[34]

하지만 하나님이 사랑의 영원한 샘이시지만, 그런 사랑은 하나님 자신에 대한 하나님의 사랑의 성격을 반영한다는 점을 분명히 하는 게 중요하다.[35] 우리를 향한 하나님의 사랑이 변하지 않는 사랑인 이유는 하나님이 자기 자신을 변함없이 사랑하시기 때문이다. 자기 자신에 대한 하나님의 사랑이 요동한다면, 우리를 향한 하나님의 사랑이 언제나 확고부동하리라는 확신을 가질 수 없을 것이다.

하나님의 사랑이 불변하지 않는다면 어떨지 상상할 수 있겠는가? 구원 교리는 이제 더 이상 유지될 수 없을 것이다. 하나님이 창세 전에 은혜롭고 자비롭게 우리를 택하셨다는 것(엡 1:4)에 대해 우리가 어떤 확신을 가질 수 있겠는가? 창세 전에 우리를 택하신 하나님이 우리로 새로운 피조물이 되게 하실 뿐만 아니라 악한 자에게서 우리를 지켜 언젠가 새로운 창조 세계를 누릴 수 있게 하실 거라고 확신하고 안심할 수 있는 이유는 오로지 하나님의 사랑이 불변하는 사랑이기 때문이다. 우리가 "여호와께 감사하라 그는 선하시며 그의 인자하심이 영원함이로다"(대상 16:34)라고, 시편 기자가 수없이 부른(예를 들어 시 107:1) 노래로 노래하는 이유는 하나님의 사랑이 영원히 불변하기 때문이다.

살다 보면 하나님의 사랑이 전처럼 크게 느껴지지 않아 그 사랑에 대한 경험이 요동하는 날이 틀림없이 있을 것이다. 감사하게도 우리의 확신은 우리의 감정에 근거를 두지 않는다. 우리의 확신은 절대 변하지 않는 사랑에 기초한다. 우리를 향한 아버지의 사랑은 그 아들 예수 그리스도를 향한 사랑 못지않게 변함이 없다.

요약하자면, 불변성은 하나님 안에 있는 모든 것의 광택제다. 바빙크는 이렇게 경고한다. "하나님의 본질에 관해서든, 하나님의 지식에 관해서든, 혹은 하나님의 뜻에 관해서든, 하나님의 어떤 변화를 단언하는 이들은, 하나님의 독자성, 단순성, 영원성, 전지성, 전능성 같은 그분의 모든 속성을 깎아내리는 것이다. 이 같은 주장은 하나님에게서 그분의 신성을 강탈하며, 신앙의 견고한 토대와 확실한 위로를 빼앗는다."[36]

하나님은 경직되게 부동不動하시는가?

지금까지 우리가 불변성을 옹호하는 주장을 해 왔음에도 이에 대해 두 가지의 일반적 반론이 있다. 첫째, 하나님이 불변하신다면 그분은 자력으로 활동하지 못하고, 정적靜的이고, 움직임이 없고, 죽은 분임에 틀림없다는 반론이다. 이런 가정은 20세기에 널리 인기를 얻게 되었다.[37]

하지만 이런 반론에는 뭔가 부족함이 있다. 먼저, 불변성과 관련해 오해가 발생해 하나님이 희화화되었다. 불변성을 옹호하는 이들은 하나님이 정적이라는 뜻으로 그런 주장을 하는 게 아니다. 절대 그렇지 않다. 이들은 바위 은유가 그저 앞에서 말한 것 정도까지만 전개될 수 있다는 것을 알고 있다. 더구나 불변성과 살아 있는 존재는 상충되는 개념이 아니다. "순수 현실태"라는 표현 기억하는가? 이 표현은 하나님이 지금의 하나님 아닌 무언가가 되어야 하는 양 하나님 안에 활성화되어야 할 것은 전혀 없다는 점을 강조한다. 그렇다고 해서 하나님이 생명 없는 분이라는 뜻은 아니다. 그보다, 하나님 안에서 무언가가 활성화될 필요가 있음을 부인하는 것은 곧 하나님 안에 어떤 변화가 일어나면 완전하게 능동적인 하나님의 생명이 훼손되리라고 고백하는 것이다. 하나님은 이미 더할 수 없이 충만하고 풍성한 생명이시다. 토마스 웨이넌디Thomas Weinandy는 바로 이 점을 포착한다. "하나님이 불변하심은 하나님이 바위처럼 자력으로 움직이지 못하거나 정적이기 때문이 아니라 바로 그 반대의 이유 때문이다. 하나님은 아주 역동적이고 아주 활동적이어서, 어떤 변화도 하나님을 더 활동적으로 만들 수 없다. 하나님은 순수하고 단순한 현실태이시다."[38]

생명력, 활력, 역동성, 이런 것들은 다 하나님의 특성이되, 하나님이 변하시지 않는 경우에만 하나님의 특성일 수 있다.[39] 직관에 반하는 것일 수도 있지만, 오직 불변하시는 하나님만이 지고하게 생생하고, 활동적이며, 활력이 넘칠 수 있다. 하나님이 변하신다면, 우리는 하나님의 생명력이 계속되리라고, 혹은 하나님의 활력이 순전하고 완전하게 유지되리라고 확신할 수 없을 것이다. 불변성이 "단조로운 일률성이나 경직된 부동성不動性과 혼동되어서는 안 된다."[40]

그런 혼동은 심지어 우리 인간의 경험에도 위배된다. 내가 도시의 소리와 냄새에 영감 받는 예술가라고 가정해 보자. 어느 날 나는 시끌벅적한 시장을 뚫어지게 응시한다. 시장의 활기에 매혹된 나는 시장에서 본 것을 포착하는 시를 쓴다. 그러나 다음 날 내 상상력은 시를 통해서 표현되지 않고 이번에는 파스텔화의 생생한 색감을 통해 표현된다(이렇게 재능이 다양한 예술가라니!). 그런데 시를 쓰는 나와 그림을 그리는 내가 동일한 사람이고 동일한 예술가로서 동일한 도시를 묘사하므로 나의 예술을 전달하거나 중계하는 방식이 정적이고 단조롭다고 한다면 이는 얼마나 어리석은 억측인가.[41] 요점을 말하자면, 불변성이 자동적으로 생명력과 활력을 배제하지 않는다는 것이다.

하나님은 생각을 바꾸시는가?

두 번째 반론은 성경이 하나님이 변하신다는 의미인 듯한 표현을 쓴다는 것이다. 인간의 부패가 땅에 가득해 하나님이 온 땅에 홍수를 일으키심으로써 이에 대응하실 때, 성경은 하나님이 인간을 만드신 것을 한탄(후회)하셨다고 말한다(창 6:6). 사울 왕이 자꾸 여호와께 불순종하자, 하나님은 사울을 왕으로 세운 것을 후회한다고 말씀하신다(삼상 15:11). 이 밖에도 성경에는 하나님이 어떤 일을 하겠다고 말씀하시고는 나중에 누그러지셔서 그 말씀하신 것을 철회하는 경우가 여러 번 기록되어 있다. 예를 들어, 이스라엘이 금송아지를 만들어 놓고 그 앞에 경배하자, 하나님은 이 백성을 진멸할 것이니 비켜 서 있으라고 모세에게 말씀하신다. 그러나 모세가 탄원하고 간청하자 하나님은 뜻을 돌이키셔서 백성들에게 내리겠다고 하신 재앙을 내리지 않으신다(출 32:10-14). 또한 (마지못해) 니느웨에 도착한 요나는 니느웨가 무너질 날까지 사십 일이 남았다고 선포한다. 그러나 니느웨 사람들이 회개하자

하나님은 이들을 불쌍히 여기사 그곳을 멸하지 않으신다(욘 3:4-10).[42]

성경의 이 구절들을 우리는 어떻게 이해해야 하는가? 대학 시절 첫 번째 성경해석학 수업이 기억난다(성경해석학은 성경 해석 방법을 연구하는 학문이다). 그 첫날, 교수님이 우리 머리에 주입시킨 것이 한 가지 있다. "문맥! 문맥! 문맥!" 성경의 단 한 구절이라도 더 넓은 문맥에서 읽는 법을 익히지 않으면 그 의미를 부주의하게 오해하게 되리라는 것을 교수님은 알고 있었던 것이다. 그것이 더할 수 없이 적실한 경우가 바로 위와 같은 구절들을 다룰 때이다.

하나님이 "뜻을 돌이킨다"는 표현을 대할 때, 우리는 각 구절의 문맥을 계속 염두에 두어야 한다. 그런 표현을 읽을 때, 마치 하나님이 마음을 바꾸신 것처럼 보인다 해도, 전체를 개관하는 시각이 있으면 하나님이 시종 자신이 약속하신 일, 또는 뜻하신 일을 하고 계시는 것을 볼 수 있다. 예를 들어, 그것이 바로 요나가 하나님께 그렇게 실망한 이유다. 본문은 니느웨 사람들이 회개해서 하나님이 "뜻을 돌이키"시자, 요나가 매우 성을 냈다고 말한다. 요나는 하나님을 향해 주먹을 흔들면서 "여호와여…주께서는 은혜로우시며 자비로우시며 노하기를 더디하시며 인애가 크시사 뜻을 돌이켜 재앙을 내리지 아니하시는 하나님이신 줄을 내가 알았음이니이다"(욘 4:2)라고 말한다. 재앙을 내리지 않는 것이 줄곧 하나님의 계획이었을 수 있지 않은가? 요나는 그렇게 생각하는 것이 확실하다. 하나님이 요나를 니느웨로 보내신 것은 이들의 악함 때문에 이들을 진멸하겠다고 위협하기 위해서였으며, 하나님의 의도는 이 위협 자체를 도구 삼아 이 백성이 하나님의 자비를 받아들이게 하려는 것이었다. 겉으로 보기에는 무조건적이고 절대적인 선언으로 보인 것이(욘 3:4, "사십 일이 지나면 니느웨가 무너지리라") 사실은 조건부의 위협이었으며, 이는 죄인이 회개하면 하나님이 자비를 베푸시리라고 성경 전체를 통해 하나님이 시종 선언하신 말씀과 일치했으나, 요나는 이를 알면서도 이에 분개한 것이 분명하다. 하나님은 마음을 바꾸신 게 아니라 영원에서부터 불변하게 뜻하신 일을 성취하셨다. 니느웨가 구원받게 하는 일 말이다! 모세가 이스라엘을 위해 중재한 후 하나님이 "뜻을 돌이켜" 이스라엘에게 내리겠다고 하신 재앙을 내리지 않으실 때도 아주 비슷한 일이 일어난다.

또는 사울 왕을 생각해 보자. 사무엘상 15장에서 사울은 하나님이 명하신 대로 아각 왕을 처형하고 가장 좋은 전리품을 다 진멸하지 못한다. 이것을 보고 하나님은 사무엘에게 "내가 사울을 왕으로 세운 것을 후회하노니 그가 돌이켜서 나를 따르지 아니하며 내 명령을 행하지 아니하였음이니라"(15:11)라고 말씀하신다. 언뜻 보기에 하나님은 지금 자신이 실수했음을 깨달으시는 것 같다. 사울이 왕이 될 만한 사람이라고 생각했는데, 이제 그가 얼마나 반역적인 사람일 수 있는지 아시고는 생각이 바뀌신 듯하다. 이런 해석은 하나님의 완전함을 손상시키고(이 하나님은 실수하는 하나님이시므로), 신뢰성과 지혜를 훼손하며(실수하시는 하나님을 신뢰할 수 있을까?), 불변성을 손상시킨다(하나님이 마음을 바꾸시므로). 뿐만 아니라 이 해석은 이 이야기의 문맥에도 들어맞지 않는다. 이 이야기의 문맥은 본문을 이런 식으로 읽는 것을 직접적으로 논박한다. 여호와께 불순종했음을 인정하지 않던 사울은 결국 자신이 범죄했음을 고백하지만, 사무엘이 여호와께서 "왕을 버려 왕이 되지 못하게 하셨나이다"(15:23)라고 알려준 후에야 그렇게 한다.

하지만 때가 너무 늦었다. 사울은 용서를 구하며 자신과 함께 돌아가 주기를 사무엘에게 청하지만, 사무엘은 여호와께서 사울을 거부하셔서 왕이 되지 못하게 하셨다고 되풀이해서 말하며 거절한다. 여호와의 축복이 자신에게서 떠나갔음을 알게 된 사울은 떠나려는 사무엘의 옷자락을 잡았고, 그 바람에 옷자락이 찢어지자 사무엘은 이렇게 말한다. "여호와께서 오늘 이스라엘 나라를 왕에게서 떼어 왕보다 나은 왕의 이웃에게 주셨나이다 이스라엘의 지존자는 거짓이나 변개함이 없으시니 그는 사람이 아니시므로 결코 변개하지 않으심이니이다"(15:28-29).[43] 이 말씀의 메시지는 크고도 분명하다. 하나님이 왕으로서의 사울을 거부하셨고 자신의 판단을 철회하지 않으시리라는 것이다. 왜냐하면 하나님은 인간이 아니어서 마음을 바꾸거나 자신의 행동을 후회하지 않으시기 때문이다. 바로 여기서 창조주와 피조물 간의 격차가 명백히, 그리고 조건 없이 진술된다. 인간은 살아가면서 변하고, 거짓말하고, 후회도 많이 한다. 하나님은 그렇지 않으시다. 하나님은 변하지 않으시고, 하나님은 거짓말하지 않으시고, 하나님에게는 후회가 없다. 본성 면에서나 관계 면에서나 하나님은 언제나 동일하시다.

그렇다면, 사울을 왕으로 세운 것을 "후회한다"는 하나님의 말씀은 무슨 뜻인가? 하나님은 자신이 사울의 행위의 죄 됨을 못마땅하게 여기신다는 사실을 전달하기 위해 인간이 공감할 수 있는 경험을 활용하고자 하신 것이다. 특히 사울은 거룩함으로 하나님의 백성을 이끌어야 할 사람이기에 하나님의 못마땅함은 더 크다. "후회"라는 표현은 문자 그대로의 의미가 아니라, 하나님이 사울을 심판하셨다는 것뿐만 아니라 처음부터 끝까지 하나님의 계획은 하나님 자신의 마음에 합하는 한 왕을 세우는 것이었음을 독자들에게 보여 주는 하나의 신호 역할을 한다. 자신의 "후회"를 선언하심으로써 하나님은 새로운 왕의 등장을 알리신다. "여호와께서 오늘 이스라엘 나라를 왕에게서 떼어…왕의 이웃에게 주셨나이다"(15:28). 다음 장에서 드러나는 것처럼, 그 이웃은 바로 이새의 아들 다윗이다. 우리는 하나님의 감정적 변화를 목격한다기보다, 하나님의 뜻이 피조물에게 미치는 영향을 목도한다.[44]

이 책 서두에서 말한 것처럼, 성경 기자들과 하나님 자신은 의도적으로 신인동형론적 용어와 표현을 써서 하나님에 관한 어떤 사실을 전달하되, 유한한 우리 인간 세계의 범주와 이미지, 그리고 우리 인간의 체험을 규정하는 감정들을 통해서 전달한다. "뜻을 돌이킨다"는 말과 "후회한다"는 말은 그 순간에 일어나는 변화를 우리의 관점에서 지켜보고 이를 우리 식으로 표현하는 말이다. 그러나 전체를 높은 곳에서 개관해 보면, 인간의 이해도에 맞게 적응시킨 그런 용어는(문맥에 맞게 해석되어야 함) 결코 하나님의 불변성을 훼손하려는 것이 아니라 불변하는 하나님의 뜻이 여러분과 나처럼 매우 변덕스럽고 유한한 피조물에게 어떻게 받아들여지는지를 강조하려는 것이다. 우리 하나님의 경이驚異는, 하나님 자신은 변하지 않으시지만 우리 안에 변화가 일어나길 뜻하실 수 있다는 것이다.[45] 또는 아우구스티누스의 말처럼, 우리 하나님은 "변할 수 있는 것들을 만들어 내시면서도 자기 자신은 그 어떤 변화도 없으시며 어떤 변화도 겪지 않으신다."[46]

그리스도 안에서 주어진 하나님의 약속의 불변성

주일 오후, 내가 무엇보다 좋아하는 일은 전기(傳記) 독서에 몰입하는 것이다. 내가 즐겨 읽는 전기는 복음이라는 큰 목적을 위해 많은 일을 겪은 그리스도인들의 전기인데, 이는 이들이 자신만만하게 승리를 뽐내는 사람들이기 때문이 아니라 오히려 정반대의 이유 때문이다. 이들은 거의 포기할 수밖에 없는 상황에서도 하나님께 절대적으로 의존했다. 전기 작가들은 이들이 포기하지 않게 하려고 하나님이 활용하신 사소한 일들(동료 교인들의 끈질긴 기도, 배우자의 말 없는 신실함, 실족을 막으려는 친한 친구의 경고 등)을 강조한다.

히브리서 기자는 이런 수단들이 그리스도인의 삶에서 인내를 이루는 열쇠임을 알고 있었으며, 그것이 바로 히브리서에 배교(背敎)에 대한 경고가 가득한 이유다. 히브리서는 경고만 하는 게 아니라, 시험 앞에서 확신을 가질 수 있도록 거룩하신 하나님의 불변하는 성품을 강조하면서 위로를 주기도 한다.

내가 어떤 약속을 하면서 그 약속의 진실성과 신빙성을 보증하고자 한다면, 내가 생각할 수 있는 가장 의미 있고 소중한 대상을 걸고 맹세하는 것이 한 방법이다. 이는 자기 어머니의 무덤을 걸고 맹세하는 사람들이 왜 그렇게 많은지를 설명해 준다. 인간은 거짓말을 하고 쉽게 변심하는 존재들로 알려져 있으며, 그래서 남에게 신뢰를 받으려면 다른 어떤 것이나 다른 어떤 사람의 성품을 걸고 맹세를 함으로써 약속을 지킬 것이라는 확신을 심어주어야 한다.

그러나 하나님은 그렇지 않으시다. 하나님에게는 하나님 자신보다 더 큰 맹세의 대상이 없다. 절대 변하지 않는 거룩함 가운데 계신 하나님은 온 우주에서 공의와 도덕의 참 기준이 되신다. 법정에서 우리는 흔히 성경에 한 손을 얹고 "진실을, 전체적인 진실을, 오직 진실만을 말할 것이니 하나님이여 나를 도우소서"라고 서약한다. 하지만 만약 하나님이 증인석에 오르신다면, 하나님은 다른 무엇도 아닌 그분 자신의 가슴에 손을 얹고 서약을 하셔야 할 것이다.

히브리서 기자는 편지 수신인들이 약속의 자손들임을(하나님이 아브라함에게 하신 약속) 그들에게 다시 확신시키기 위해 하나님의 본성과 성품으로 시선을 돌린다. "하나님이 아브라함에게 약속하실 때에 가리켜 맹세할 자가 자기보다 더 큰 이가 없으므로 자기를 가리켜 맹세하여 이르시되 내가 반드시 너에게 복 주고 복 주며 너를 번성하게 하고 번성하게 하리라 하셨더니…하나님은 약속을 기업으로 받는 자들에게 그 뜻이 변하지 아니함을 충분히 나타내시려고 그 일을 맹세로 보증하셨나니 이는 하나님이 거짓말을 하실 수 없는 이 두 가지 변하지 못할 사실로 말미암아 앞에 있는 소망을 얻으려고 피난처를 찾은 우리에게 큰 안위를 받게 하려 하심이라"(6:13-14, 17-18). 하나님의 맹세에 우리의 구원이 걸려 있는데, 그 맹세가 신뢰할 만한 맹세인지는 전적으로 하나님의 거룩한 성품의 불변성에 달려 있다. 모든 언약의 약속이 내 것이 될 것인지의 여부는 언약에 대한 하나님의 성실하심뿐만 아니라 하나님 자신의 변하지 않는 본성에 달려 있다.[47]

하나님이 불변하시는 거룩한 하나님이심을, 변하지 않으시며 따라서 거짓말하지 않으시는 하나님이심을 아는 것만으로도 그리스도인은 큰 시련의 때에 하나님께 달려가 피난처를 찾을 이유가 충분하다.

이 땅에서 살아가는 영혼의 "튼튼하고 견고한 닻"은 "어제나 오늘이나 영원토록 동일하"신(히 13:8) 예수 그리스도이시다.[48] 그분은 하나님의 실제 임재 안으로, 성전의 "휘장 안"으로(구약 시대의 이미지로 표현하자면, 6:19) 들어가, 우리의 영원한 대제사장으로서(6:20), 우리의 불변하시는 중보자로서(시 110:4) 우리 죄를 위해 영원한 제사를 드리신다.

이 장 서두에서, 웨일스 해안의 바위틈에 서 있을 때 그 유명한 찬송가 "만세 반석"이 어떻게 해서 내 귀에 쟁쟁하게 울렸는지 이야기했다. 서두에서는 첫 구절만 인용했는데, 히브리서 6장에 비춰서 생각해 보니 이 찬송이 왜 만세 반석이신 예수님 자체에게 우리의 관심을 돌리는지 이제 이해된다.

> 만세 반석, 나를 위해 열리니
> 주님 안에 나 숨게 하소서.
> 상하신 옆구리에서
> 물과 피가 흘러나와
> 죄를 갑절로 치유하게 하소서.
> 나를 진노에서 구하시고 정결하게 하소서.

7

하나님에게는 감정이 있는가?

— 고통불가성 혹은 무감성

이스라엘의 지존자는 거짓이나 변개함이 없으시니 그는 사람이 아니시
므로 결코 변개하지 않으심이니이다.

삼상 15:29

[주님은] 사랑하시되 불타오르지 않으시며, 질투하시되 불안해하지 않
으시며, "한탄"하시되(창 6:6) 후회로 괴로워하지 않으시며, 진노하시되
평온하십니다.

아우구스티누스,《고백록》

나 자신의 생각을 말하자면, 우리 때문에 고통당하시는 하나님, 우리가
있어야 완전하게 되는 하나님이라는 개념은 우리를 침울하게 만드는 신
神개념이라고 생각한다.

캐서린 로저스,《Perfect Being Theology》

나는 대도시가 좋다. 한동안 런던에 살았는데, 런던은 문화적 호기
심이 많은 사람을 위한 도시였다. 좁은 골목에 희귀한 책들을 취급하

는 서점이 숨어 있고, 모퉁이를 돌면 곧 중국 음식 냄새가 코를 자극하고, 거기서 한 블록만 더 가면 극장의 휘황한 불빛이 반겨 주고, 고요한 박물관에는 값을 따질 수 없는 예술품이 전시되어 있었다. 이 모든 곳을 튜브만 타면 다 돌아다닐 수 있었다(튜브는 지하철을 런던 식으로 부르는 이름이다).

가만히 집을 빠져나올 수 있을 때면 내가 어디로 향하는지 아마 짐작할 수 있을 것이다. 바로 내셔널 갤러리다. 이곳에는 세상에서 가장 유명한 화가들이 그린 훌륭한 그림들이 걸려 있다. 라파엘의 "성釋 모자", 카라바조의 "세례 요한의 머리", 렘브란트의 "에케 호모"(보라 이 사람이로다)가 내가 좋아하는 작품들이다. 아내가 좋아하는 작품들도 있다. 반 고흐의 "해바라기", 조지 스텁스의 "휘슬 재킷"이 그런 그림이다.

이런 그림들 앞으로는 사람들이 구름처럼 모여들지만, 나도 모르게 특히 마음이 끌리는 작품들, 늘 많은 사람들을 끌어모으지는 못하는 그림들이 있다. 이는 그리스 신들에 얽힌 전설, 예측할 수 없고 때로는 수치스러운 이야기들을 묘사하는 그림이다. 그리스 종교 전문가 로버트 파커는 그리스 신들은 "인간의 음식을 먹지 않으며", "나이 들지도 않고 죽지도 않는다"고 설명한다. 그럼에도 "이 신들은 인간의 형태를 지녔다. 이들은 몸을 가지고 태어났고, 성적 접촉을 가질 수도 있었다."[1]

오래전에 신들이 사람들 사이에서 살던 때가 있었다고 믿는 사람들이 많다. 심지어 어떤 신은 여자와 연애를 해서 자기를 닮은 자녀(작은 신들)를 생산하기까지 했다고 한다. 그런 시대는 끝났고, 신들은 이제

더는 인간과 어울려 살지 않는다.[2]

이 신들에게는 눈에 띄는 여러 가지 특징이 있다. 예를 들어 이들은 흔히 부도덕하게 행동한다. "시詩에서 보는 이들의 행실은 대개 망신스럽다"고 파커는 말한다. 한 고대 신화가 우리에게 이 점을 분명히 전달한다.

> 그대 볼 수 있을 것이니, 신들이 갖가지 모양으로 나타나
> 분별없는 소동, 근친상간, 강간을 저지르는 것을.[3]

예를 들어 파올로 베로네세가 그린 불온한 그림으로 "에우로페의 납치"The Rape of Europa라는 작품이 있다.[4] 이 그림은 로마 시인 오비디우스의 《변신 이야기》에 바탕을 둔 작품으로, 제목 자체가 그림이 무슨 이야기를 담고 있는지 암시한다. 이 그림은 제우스 신이 황소로 변신해서, 에우로페 공주를 자기 등에 올라타게 한 뒤 먼 곳으로 납치해 가서 자기 소유로 삼았다는 이야기를 묘사하고 있다. 베로네세가 해석한 이 이야기에서 에우로페는 무슨 일이 일어나고 있는 건지 모르겠다는 듯 아주 혼란스러운 표정을 하고 있다. 한편 황소는 벌써 에우로페의 발을 핥고 있고, 큐피드는 그런 황소의 뿔을 꽃으로 장식한다.

제우스의 비뚤어진 성정뿐만 아니라 그가 마음대로 모습을 바꾼다는 점에 주목하지 않을 수가 없다. 제우스처럼 신들은 정체가 이랬다저랬다 했다. 그런데 변하는 것은 이들의 외형만이 아니라 정서적 기질도 마찬가지였다. 이들은 한순간에는 자기 힘을 과시하다가(제우스는 하늘의 신으로서 적들 앞에서 천둥 번개를 일으킨다), 그다음 순간에는 무력하고 애

처롭게 좌절하며 고뇌하는 모습을 보인다. 그래서 가련히 여기지 않을 도리가 없다(호메로스의 《일리아드》에는 그런 이야기들이 가득하다). 게다가 이 신들은 신뢰할 수도 없다. 방금까지도 내 편이다가 바로 다음 순간 평정을 잃고는 자신들이 얼마나 변덕스러울 수 있는지를 드러낸다. 이 신들이 자기 감정을 제어할 수 있다는 아무런 보장도 없고, 그 어떤 징후도 없다. 오히려 이들은 우리 인간과 많이 닮았다. 때로 이들은 인간에게 의존하기까지 한다. 자신들의 행복을 완성하기 위해, 불만족을 해소하기 위해, 또는 자신의 정욕을 충족시키기 위해 우리 인간을 필요로 한다.

내셔널 갤러리에서 이런 그림을 볼 때마다 나는 내가 경배하는 하나님, 성경의 하나님은 이런 남신, 여신들과 완전히 다르다는 사실을 기억하게 된다. 기독교의 하나님을 이런 그리스 신들과 비교하면서 마이클 호튼은 이렇게 말한다. "그분의 참 본심이 우리가 행하는 것에 좌우된다면, 우리는 그분이 제우스처럼 우리 상태 때문에 무력하게 운다거나 발작적으로 화를 내며 우리를 쉽게 죽이거나 하지 않으리라고 확신할 수 없을 것이다."[5] 신학에는 이 남신과 여신들을 적절히 묘사하는 용어가 하나 있다. 바로 '고통가능한'passible이라는 용어다. 이 신들에게 고통가능성이 있다고 하는 이유는 이들이 쉽게 고통당하는 경향이 있어서, 격정에 마음이 움직이기도 하고 감정 때문에 마음이 변하기도 하기 때문이다. 달리 말해, 이 신들은 감정 변화에 좌지우지된다.

이런 그리스 신들과 대조적으로 하나님은 교회 역사 전체를 통해, 고통불가하신impassible 분으로 묘사되어 왔다(이 책에서 '고통불가한', '고통불가성' 등의 용어가 사용된다. 이는 'impassible', 'impassibility'를 번역한 것으로서, 단지 고통만 겪지 않는다는 뜻이 아니라 하나님이 어떤 식으로든 감정적 변화를 겪지 않으신다는 의미를 포함하므로 '무감한', '무감성'으로도 번역될 수 있다. 이 책에서는 '고통불가한', '고통불가성'의 용어를 채택하여 사용하고 몇몇 곳에서 '무감한', '무감성'을 병기하였다—편집주). 우리 하나님은 본래 고통당하실 수 없으며, 정서적 동요를 느끼지 않으신다. 우리가 예배하는 하나님은 자신이 어떤 분이고 어떤 행동을 하는지를 스스로 완전히 제어하시는 분이다. 하나님이 하시는 행동치고 하나님의 변하지 않는 성품과 조화되지 않는 행동은 절대 없다. 성경의 하나님은, 각각 다른 감정 상태에 의해 나뉘거나, 갑작스럽고 예기치 않은 일시적 기분이나 인간의 행동에 취약하고 인간의 행동에 의존하시는 분이 아니라, 무슨 일이 있어도 불안해하거나 외로워하거나 강박감에 사로잡히지 않는 하나님이시다.[6] 하나님은 자신의 완전한 속성이 상충되게 표현되는 것을 두고 의견이 나뉘어 자기 자신과 불화하시지 않는다. 그렇다. 이 하나님은 고통을 느끼실 수 없는 하나님이시다.

고통불가성(혹은 무감성)이 뜻하는 것과 뜻하지 않는 것

하나님이 외부의 자극에 고통불가하시다는 게 무슨 의미인지 이해하려면, 하나님이 고통가능하시다는 게 무슨 의미인지를 먼저 이해하는 게 최선이다. 신학자 토머스 웨이넌디가 말하는 다음 세 가지 특성을 생각해 보자.

1. 하나님이 고통가능하신 분이라면 이는 하나님이 외부의 어떤

영향을 받는다는 뜻이며, 그런 영향력이 하나님 안에 정서 상태의 변화를 일으킬 수 있다는 뜻이다.

2. 더 나아가, 하나님이 고통가능하신 분이라는 것은 하나님이 수시로 변하는 인간의 상태와 세상 질서에 응하여 이와 상호 작용하면서 하나님 내면의 감정 상태를 자유로이 바꾸실 수 있다는 뜻이다.

3. 마지막으로, 하나님이 고통가능하시다는 말은, 수시로 변하는 하나님의 정서 상태가 인간의 감정과 유사한 "감정"을 필연적으로 수반한다는 뜻이다…하나님이 하나님 안으로부터 자유롭게든 혹은 외부의 영향력에 의해서든, 편안함 또는 불편함 등의 내적 정서 상태의 변화를 겪으신다는 것이다.[7]

반대로, 하나님이 외부의 자극에 고통불가한 분이라는 것은 무슨 뜻인가? 하나님은 "인간 및 창조 질서와의 관계, 그리고 이들과의 상호 작용 때문에 정서 상태에 변화를 겪으실 수 없다는 의미에서, 고통불가하시다. 또는 이런 식으로 생각해 보자. "하나님은 요동하는 연속적 정서 상태를 겪지 않으신다는 점에서, 외부의 자극에 고통불가하시다. 또한 창조 질서는 하나님으로 하여금 어떤 변경이나 손실을 겪게 하는 방식으로 하나님을 개조할 수 없다."[8]

위의 문장에서 "손실"이라는 말을 강조해서 살펴볼 만하다. 하나님이 고통불가하시다고 말함으로써 하나님은 손실을 겪지 않으신다는 것을 확언하는 것이다. 단순성을 다룬 장(5장)에서 살펴보았다시피, 하나님의 본질은 부분들로 이뤄지지 않는다. 부분들은 획득되거나 상실

될 수 있고 가감될 수도 있기 때문이다. "하나님의 생명에는 부분들이 없으니, 하나님이 지금까지 살아오셨고 이제 기억으로만 다가갈 수 있는 부분이나, 아직 살지 못하셨고, 오직 예측으로만 다가갈 수 있는 부분 같은 것은 존재하지 않는다."[9]

반면, "불변하고 고통불가한 것은 본래 완전하다."[10] 그래서 하나님이 단순하시다면, 불변하실 뿐만 아니라 외부의 자극에 고통불가하시기도 하다. 본래 부분들로 이뤄진 하나님은 정서적 변화를 포함해서 변화에 취약하다. 그러나 본래 부분들로 이뤄지지 않은 하나님은 어떤 방식이나 어떤 형태로든 요동할 수 없는 하나님이시다. 명확히 표현하자면, 하나님이 고통불가하기로 그저 결정하시는 게 아니다. 하나님은 고통가능성이 있을 수가 없다. 외부의 영향에 고통가능하다는 것은 하나님의 변하지 않는 성질에 반하기 때문이다.[11]

고통불가성은 하나님이 "인간처럼 두려움, 불안, 공포, 탐욕, 정욕, 불의한 분노 같은 부정적이고 죄 된 감정의 피해자"가 아니라는 뜻이기도 하다. 하나님이 고통가능하지 않으시다는 말은 "하나님에게는 인간이 느끼는 모든 격한 감정이 없으며 그런 격한 감정의 결과 어떤 식으로든 하나님으로서의 그분이 약화되고 무력하게 되는 일이 없다"는 것이다.[12]

고통불가성은 불변성에 따르는 자연스럽고 논리적이고 필연적인 결과다. 이 점에 대해서는 곧 다시 이야기하게 될 것이다. 하나님의 본성이 변하지 않는다면, 하나님은 정서적 변화를 겪으실 수가 없다. 고통불가성은 하나님의 지고함, 완전함, 무한함에서 생겨나오는 것이기도 하다. 하나님이 어떤 식으로든 약해지거나 무력하게 된다면 이는 필연적으로 하나님이 이제 하나님보다 더 큰 것은 절대 상상할 수 없는 그런 분이 아니실 것이기 때문이다.

그렇다면, 하나님은 생기 없고, 스토아적이고, 냉담하신 분이라는 뜻인가? 전혀 그렇지 않다. 자존성을 다루는 부분에서 보았듯이 하나님은 존재의 충만함이시다. 하나님은 자신 안에서 스스로 절대 생명이신 분이다. 하나님은 "지고하게 복되신", 순수 현실태이시다.[13] 불변성과 마찬가지로, 고통불가성은 "부정" 개념으로서, 이 개념의 주목적은 하나님이 어떤 분이 아니신지를 설명하는 것이다. 2장에서 살펴보았듯이, "반대 진술 방식"을 쓰면, 생각하지 말아야 할 방식으로 하나님을 생각하는 것을 피하는 데 도움이 된다. 이 접근법을 소홀히 할 경우, 고통불가성이란 하나님에 관해 무언가 "적극적인" 말을 하는 것이라고 생각하게 될 수 있다. 하나님은 초연하고, 무관심하며, 활동이 없고, 무사태평하며, 정적이고, 활발하지 못하며, 냉담하신 분이라고 말이다.[14] 하지만 고통불가성은 그런 의미가 아니며, 고통불가성이란 말에 대한 유감스러운 오해다. 하지만 사람들은 고통불가성이란 개념을 그런 식으로 희화화한다.[15] 다시 말하지만, 하나님에게 고통불가성이라는 속성이 있다는 것은 하나님에게 무언가 적극적인 속성을 부여하는 게 아니라 하나님에게 손해가 되는 무언가를 부인하는 것, 즉 변화 및 변화에 따른 고통을 부인하는 것이다.

또한 고통불가성은 하나님에게 사랑과 긍휼이 없다는 뜻도 아니다.[16] 그보다 이는 하나님이 다른 어떤 사람이나 다른 어떤 것에 영향을 받아서 그런 덕목들이 하나님에게 적용되는 게 아니라는 뜻이다. 다른 무엇도, 그리고 다른 누구도 그런 덕목들이 하나님 안에 존재하게 만들 수 없다.[17] 또한 하나님은 그런 덕목들을 얻기 위해서나 그런 덕목들의 실현을 위해 다른 무언가나 다른 누구를 의지하지 않으신다. 하나님은 영원하고 불변하시기에, 하나님의 덕목은 누구에게도 영향을 받지 않고 충격을 받지 않는다. 격한 감정이 하나님의 덕목이라면, 하나님은 더는 순수 현실태가 아니실 것이다.[18] 직관에 반하는 일이기는 하지만, 고통불가성은 사실상 사랑 같은 다른 속성들을 보호한다. 고통불가성은 하나님의 사랑이 변하거나 요동하지 않을 것을 보장하기 때문이다. 교부들이 보기에 고통불가성은 원래 "하나님의 완전한 선함과 변할 수 없는 사랑을 확고히 하고 강조하기 위한" 것이었다.[19]

또한 고통불가성은, 하나님의 사랑은 활성화될 필요가 없고 어떤 잠재성을 필요로 하지 않는다는 점을 보장한다. 사실 하나님의 속성은 현재의 그 속성 이상의 무언가가 될 필요가 없다. 앞에서 살펴본 것처럼, 하나님은 순수 현실태이시며, 예를 들어 하나님의 사랑이 앞으로 실현될 필요 같은 것은 없다. 이 장에서 잠시 후 배우게 되겠지만, 하나님은 최대한도로 살아 계신다. 고통불가성은 하나님이 활기 없거나 정적인 분이라는 뜻이 아니다. 활기 없고 정적인 하나님은 사랑을 할 수 없는 하나님일 것이다. 오히려, 최고치의 하나님으로서 그분의 고통불가성은 그분이 지금 사랑하시는 것보다 더 많이 사랑하실 수는 없다는 점을 보증한다. 하나님은 한량없는 사랑이시다.

고통불가성을 단언한다고 해서 모순이 발생하지는 않는다. 하나님이 아무 감정이 없음에도 불구하고 우리를 불쌍히 여기시고, 호의를 베푸시고, 자비를 보이시고, 돌보신다는 개념은 고통불가성을 오해한 개념이다. 그런 관점은 하나님의 속성이 서로 불화하며 양립되지 않는다고 가정하는 것으로서, 하나님의 단일성과 단순성을 훼손한다. 오히려 하나님이 긍휼이 많으시고, 사랑이 많으시고, 자비로우시며, 다정하신 이유는 오로지 하나님이 고통불가하시기 때문이다.[20] 고통불가성은 하나님이 인격적이고, 열심 있고, 내재적인 방식으로 행동하실 수 있음을 보증하며, 이 때문에 하나님은 냉담해지실 수 없다. 간단히 말해, 하나님이 고통불가하시지 않는다면, 그분은 성경이 말하는 것처럼 인격적이고, 사랑 많고, 긍휼 많으신 분일 수 없다.

하나님이 교수대에 달려 계신다고?

고통불가성은 틀림없이 우리의 자연스러운 본능에 가장 반(反)하는, 모든 면에서 반직관적인 속성이다. 20세기의 가장 유명한 신학자 중 하나로 위르겐 몰트만Jürgen Moltmann이 있다. 2차 세계 대전 중에 나치 독일이 초래한 참사를 목도하면서, 몰트만은 지구 전역에서 고통당하는 사람들에게 희망을 주기 위해 펜을 들었다. 몰트만이 말하는 희망의 신학은 시기적절한 신학으로 입증되었고, 오늘날까지도 많은 사람이 신봉한다.

몰트만의 희망의 신학에는 악의 문제에 대한 그의 답변이 딸려 있었다. 유대인들이 집단수용소로 잡혀가 고문당하고, 굶주리고, 비인간적인 대우를 받다가 결국은 살육 당하자 이 희생자들은 물론, 이를 지켜보는 사람들이 다음과 같은 심층적 질문을 했다. 하나님은 어디 계시는가? 그리고 많은 이들이 몰트만의 다음 답변에 공감했다. 하나님은 거기서 당신과 함께 고통당하고 계신다. 하나님도 집단수용소에서 고통당하시며, 하나님도 가스실에서 고통당하시며, 하나님도 교수대에서 고통당하신다는 것이다. 몰트만은 엘리 위젤Elie Wiesel의 《나이트》에 실린 이야기가 모든 걸 말해 준다고 믿는다. "나치 친위대는 온 수용소 사람들이 보는 데서 유대인 남자 둘과 청년 하나를 목매달았다. 남자들은 곧 숨이 끊어졌지만 청년의 단말마의 고통은 삼십 분이나 계속되었다. '하나님은 어디 계시지? 그분은 어디 계신 거야?' 누군가가 내 뒤에서 물었다. 청년이 올가미에 매달린 채 긴 시간 고통스러워하고 있을 때 그 사람이 또 말하는 소리가 들렸다. '하나님은 지금 어디 계시는 거야?' 그리고 나는 나 자신이 대답하는 소리를 들었다. '그분이 어디 계시냐고요? 그분은 여기 계십니다. 하나님은 저기 교수대에 달려 계십니다.'"[21] 마음을 사로잡는 이 뭉클하고도 비극적인 이야기에 대한 반응으로, 몰트만은 하나님이 저기 교수대에 매달려 계신다는 대답을 되풀이한다. "다른 어떤 대답은 신성모독이 될 것이다…이 상황에서, 고통당할 수 없는 하나님에 대해 이야기한다면 그것은 하나님을 악마로 만드는 것이다."[22] 세상이 이 모든 고통 가운데서 일말의 희망이라도 가지려면 하나님은 고통당하는 하나님이시며 고통당하는 하나님이셔야 한다. "하나님은 아우슈비츠에 계시고 아우슈비츠는 십자가에 달린 하나님 안에 있다. 이것이 진짜 희망을 위한 토대다."[23]

몰트만이 생각하기에 하나님의 고통은 너무 깊어서 단지 우리와의 관계로만 스며드는 게 아니라 바로 하나님의 존재, 하나님의 본질, 하나님의 본성으로까지 퍼진다. 몰트만은 교부들의 하나님, 중세 교부학이 말하는 하나님, 즉 하나님은 "절대적인" 분 또는 "순수 현실태"로서 고통을 느끼실 수 없을 뿐만 아니라 이와 더불어 완전한 존재의 열쇠로서 신적 불변성, 자존성, 전능성, 무한성을 지니신다고 하는 주장과 정면으로 맞선다.[24] 그는 그런 입장은 하나님을 무관심하고, 냉담하고, 차가운 분으로 만든다고 말한다. 고전적 신앙 전통에서는, 하나님에게 어떤 감정이 있는 것처럼 표현하는 성경구절은 신인동형론적 표현이라고 해석하지만, 몰트만은 이를 문자 그대로 읽는다. 예를 들어, 구약성경에서 하나님의 진노에 관해 말할 때, 이는 "신의 정념"divine pathos이다. 다만 그런 진노는 "상처 입은 사랑"injured love이다. "상처 입은 사랑으로서 하나님의 진노는 고통을 겪는 무언가가 아니라 신적으로 악을 감내하는 것이다. 이는 하나님의 열린 마음이 겪어내는 슬픔이다."[25] 하나님의 사랑은 세상의 사랑처럼 그렇게 상처 입기에, 인간은 자신의 고통 가운데서 "하나님과 공감할" 뿐만 아니라 올바르게는 "하나님을 위해" 연민을 느끼기도 한다는 것이다.[26]

하나님과의 공감sympathy이 가장 민감하게 확인되는 지점은, 하나님은 인간을 구속救贖할 뿐만 아니라 하나님 자신도 구속해야 한다는 몰트만의 주장이다. 하나님에게도 구원이 필요하다는 것이다. 하나님이 인간과 함께 고통당한다는 것은 너무도 명료한 사실이기에(이스라엘의 포로 생활은 곧 하나님의 포로 생활이다), 하나님 백성의 구속은 하나님 자신의 구속이기도 해야 한다는 것이다. 백성이 고통당할 때 하나님도 고통당하기 때문이라는 것이다. "이스라엘의 거룩한 분은 이스라엘의 고통과 이스라엘의 구속을 공유하며, 이 점에서 하나님은 자기 백성과 더불어 자기 자신을 애굽에서 구해내셨다. 구속은 나를 위한 것이고 너희를 위한 것이라는 말이 맞다…이스라엘은 하나님이 자기 자신을 구속하실 때 구속된다."[27]

몰트만의 말에 따르면, 우리는 고통당하는 하나님을 십자가에서 가장 뚜렷이 볼 수 있다. 예수님이 십자가의 고통을 겪을 때 하나님 자신도 고통을 겪었다는 것이다. 몰트만은 예수님이 오직 인성으로만 고통을 겪었다는 대답을 거부했다. 그렇다. 예수님의 신성도 갈보리에서 고통을 겪었다는 것이다. 그리고 고통을 겪은 것은 성자뿐만이 아니라 삼위일체 신성 전체, 성부도 포함되었다는 것이다.[28]

하나님이 골고다에서 고통당하신다는 것은 하나님의 존재가 "상처 입을 수 있다고 이해해야" 한다는 뜻이다. "하나님의 존재와 하나님의 생명이 참 인간일 여지가 있으니" 말이다.[29] 몰트만은 일종의 만유내재신론, 즉 하나님이 세상과 동일(범신론)하지는 않지만 하나님과 세상 사이에 상호 의존성이 있고, 그래서 하나님이 세상 중에 계시고 세상이 하나님 안에 있다는 이론을 포용한다. "사랑하시기 때문에, 우리가 고통당하는 지점에서 하나님도 우리 안에서 고통당하신다."[30] "신의 페이소스pathos의 역사는 인간의 역사에 깊이 새겨져 있다."[31] 하나님이 "십자가에 달린 그리스도 안에서 자기를 비우셨다는 것"은 "하나님이 자신의 생명의 영역을 개방해 하나님 안에 있는 인간이 발현되게 해주는 것"이다.[32]

고통당하는 하나님이라는 몰트만의 개념에 그토록 많은 이들이 동조하는 한 가지 이유는, 이 하나님이야말로 고통당하는 사람들이 공감할 수 있는 하나님이기 때문이다. 참으로 고통당하는 하나님만이 우리가 이 타락한 세상에서 겪는 고통을 진정으로 이해할 수 있다는 것이다. 현대 문화를 사는 많은 사람의 말에 따르면, 하나님이 슬픔 같은 인간의 감정을 경험하면서 고통당하지 않는 한 그 하나님은 우리를 사

랑하고 우리를 돌보는 것은 차치하고 어떤 뜻 깊은 의미에서 우리와
공감하실 수 없을 거라고 한다.[33] 우리가 피해자라면 하나님도 우리와
함께 피해자여야 한다고 한다. 우리가 고통에 취약하면 하나님도 그러
해야 한다고 한다. 우리가 괴로움에 압도되면 하나님도 슬픔에 압도되
어야 한다고 한다. 우리는 사실 사랑한다는 것은 그런 감정이입 아니
냐고 말한다.

우리는 정말 고통당하는 하나님을 원하는가?
집은 불타고 있다

고통당하는 하나님이라는 개념에 사람들이 이렇게 문화적으로 몰
두하는 현상에 우리는 어떻게 대처해야 할까? 우리에게 도움이 되고
의미 있는 방식으로 우리와 관계를 맺으려면 하나님이 고통을 당하셔
야 한다는 게 사실인가?

몰트만의 주장이 언뜻 보기에는 설득력 있어 보이지만, 그의 주장
에는 그릇된 전제가 깔려 있다. 그리고 이 전제는 우리의 신론과 관련
해서 위험한 결론을 도출한다. 먼저, 이런 유형의 추론은 3장에서 경
고한 일다신론(또는 유신론적 인격주의)과 훨씬 더 일치한다. 이는 창조주와
피조물의 격차를 와해하여, 하나님을 우리의 속성을 닮고 우리 인간의
특성과 한계를 반영하고 우리의 형상을 지닌 분으로 만들어 버린다.

하지만 우리는 우주의 창조주를 인간화하여 창조주와 피조물의 격
차를 반전시키려는 시도가 있을 때마다 곧 이를 경계해야 한다. 하나
님의 형상으로 창조된 존재로서 어떤 면에서 우리가 하나님이 어떤 분

인지를 반영하기는 하지만, 하나님이 우리를 알기 위해서나 우리와 관계를 맺으시기 위해, 또는 우리를 돕기 위해서 우리를 닮으셔야 한다는 결론으로 비약해서는 안 된다.

얼마 전, 내 고향(샌프란시스코 바로 북쪽 소노마 카운티)이 근처 산지에서 발화한 산불로 화염에 휩싸인 적이 있다. 이 산불이 여느 산불보다 심각했던 이유는, 사람의 힘으로 어찌할 수 없는 강한 바람을 타고 번져 나갔기 때문이다. 고속도로 운전자들의 말에 따르면, 불길이 이 주(州)에서 저 주로 마치 점프라도 하듯 번져 나갔다고 한다. 개별 주택뿐만 아니라 지역 전체가 몇 시간 만에 불길에 다 삼켜졌다. 주택들뿐만 아니라 어떤 위험도 겪지 않을 것처럼 보였던 거대 사업체들도 한 순간에 잿더미로 변했다.

그날 밤 내 집에 불이 붙었다고 가정해 보자. 간신히 현관문을 빠져나오는 순간, 갑자기 속이 울렁거린다. 동생들이 아직 집안에 있는 것이다! 이웃 사람들이 모여들어 지켜보는데, 이들이 어떤 반응을 보일 거라고 생각하는가? 한 여자가 걷잡을 수 없이 비명을 지르면서, 심지어 자기 머리까지 쥐어뜯으면서 가슴 아파한다고 가정해 보자. 또는 어떤 남자가 집안에서 빠져나오지 못한 사람들의 아픔과 고통이 어느 정도인지 알고 싶은 나머지 자기 몸에 휘발유를 붓고 불을 붙인다고 가정해 보자. 그 사람들을 둘러보면서 나는 당혹스러울 것이다. 뿐만 아니라 그 사람들에게 화가 날 것이다. 당연하다.

방화복 차림의 한 남자가 눈길을 끌 때까지는 아마 그럴 것이다. 그 소방관은 침착하고도 집중력 있게 불타고 있는 집을 살핀다. 지금 이 상황이 얼마나 위험한지, 그리고 빠져나오지 못한 사람들이 얼마나 고통스럽고 혼란스러울지 너무도 잘 알고 있는 그는 감정이 격발해 요동하거나 공포에 압도당하기를 거부한다. 그보다 그는 내 동생들을 구하려고 집안으로 뛰어들어간다. 반면 구경꾼들은 어찌할 바를 모르고 비탄에 잠겨 있다.[34]

솔직해지자. 그 순간 우리가 원하는 것은 감정이 변하거나 감정 변화로 마음 아파하는 사람이 아니다. 그 순간 우리에게 간절히 필요한 것은 고통불가능한 사람이다. 그런 사람만이 그 불타는 집을 빠져나오지 못한 이들을 구할 수 있다. 자신이 지금 무슨 일을 해야 할지 정확히 알기 위해 소방관이 주변에 있는 모든 사람들의 고통을 직접 겪어볼 필요는 없다. 더 나아가 우리는 그 순간의 감정에 압도되지 않는 사람만 영웅적으로 행동할 수 있다고 말할 수 있다.

고통불가성이라는 속성에 반하여 행동하는 많은 이들은 그런 믿음이 동정심을 배제한다고 이의를 제기할 것이다. 하나님이 모종의 무심한 괴물이 된다고 말이다. 역설적인 점은, 우리가 인간의 경험에는 그같은 논리를 적용하지 않는다는 것이다. 그 소방관에게는 동정심이 없는가? 나중에 드러나다시피, 소방관은 거기 모인 사람들 중 가장 동정심 많은 사람이었다. 다른 사람들은 "동정심" 때문에 정서적 붕괴 상태에 이르고 돌연한 공포가 엄습해 비이성적인 행동을 하게 되었지만, 그 소방관의 동정심은 그로 하여금, 오직 그만 가장 영웅적으로 행동할 수 있게 해주었다. 소방관은 동정심을 발휘하기 위해 고통을 경험할 필요가 전혀 없었다.[35]

마찬가지로, 우리의 본능이 처음에 뭐라고 말하든, 우리에게는 고통당하시는 하나님이 사실상 필요하지 않다. 그런 하나님은 우리와 비숫할 수는 있어도, 우리를 이 세상의 악에서 구원하는 것은 고사하고 우리를 돕지도 못한다. 하나님이 "동정적인" 방식으로 행동하셔야 할 진대(잃어버린 죄인들을 구하려면), 우리에게는 "시종 고통불가능하신, 고통에 정복되지 않는" 하나님이 필요하다.[36] 아우구스티누스가 다음과 같이 기도하는 그런 유형의 하나님이 우리에게는 필요하다. "주 하나님, 영혼을 사랑하시는 이여, 당신은 우리에 비해 훨씬 순수하고 훨씬 대범한 복합적 동기에서 동정심을 보여 주시니, 어떤 고통도 주님을 다치게 하지 못하기 때문입니다."[37]

최대한의 활동 상태

화재가 난 집 비유에 담긴 위험성은, 만일 이 비유를 억지로 적용할 경우 고통불가성이 단지 하나의 선택일 뿐이라는 뜻을 전달할 수도 있다는 것이다. 소방관은 타인의 고통에 민감하면서도 집안에 있는 사람들을 구하기 위해서는 민감하지 않기로 선택할 수 있다. 하지만, 하나님을 가리켜 고통을 느끼지 않는 분이라고 할 때 우리의 의도는 이것이 선택의 문제라고 말하려는 것이 아니다. 마치 하나님이 상황을 고려해 자발적으로 고통을 느끼지 않기로 하신 양 말이다. 불변성과 마찬가지로 고통불가성은 단지 하나님의 선택이 아니라 하나님의 본질 혹은 본성에 들어맞는 하나의 속성, 하나의 완전함이다. 이런 상황 혹은 저런 상황에서 하나님이 고통불가하게 행동하신다고 말하는 것만으로는 충분하지 않다. 하나님은 본성적으로 고통불가하시다고 말해야 한다. 하나님은 그야말로 고통가능성을 지닐 수 없으시다.

신학에서, 불변성과 고통불가성은 양식 용어modal terms라고 하는데, 이는 이 용어들이 "단순히 무엇이 그렇거나 무엇이 안 그런지"를 가리키는 게 아니라 "무엇이 그럴 수 있고 그럴 수 없는지"를 가리킨다는 뜻이다. 하나님이 고통불가하시다는 말은 하나님이 "어떤 방식으로 (외부의) 영향을 받지 않으신다"는 말일 뿐 아니라 하나님이 "전혀 (외부의) 영향을 받으실 수 없다"는 말이기도 하다.[38] 앞 장에서 우리는 하나님이 자신의 존재에 변화를 일으키기로 선택하실 수 없다고 배웠으며, 이는 약점이 아니라 강점이라고 결론을 내렸다. 하지만 하나님이 변하실 수 없다면, 하나님은 외부의 영향을 받으실 수도 없다. 영향을 받는다는 것은(예를 들어 정서적으로 영향을 받는 것) 하나님의 속성이 어떤 면에서 더 좋게든 더 나쁘게든 바뀌거나 변할 수 있다는 의미일 것이다. 그러므로, 언제든 우리가 하나님이 불변하신다고 말할 때 이는 하나님이 고통불가하시다고, 단지 선택에 의해서가 아니라 본성에 의해 고통불가하시다고 말하는 것이기도 하다.[39] 고통불가성은 하나님이 어떤 경우에 그렇게 하기로 결정하시는 어떤 일이 아니라, 하나님이 본래적, 본질적으로 그러하신 것이다. 하나님은 변하실 수 없고, 외부의 영향을 받으실 수 없다.

하나님이 그분의 능하신 행동이나 우리 수준에 맞게 적용하여 들려주시는 말씀을 통해 우리와 관계를 맺으실 때, 우리는 그에 기반하여 하나님을 인식하게 된다. 확실히 이때는 하나님이 마치 감정에 변화를 일으키면서 우리에게 반응하시는 것처럼 보인다. 그러나 하나님에게 있어 고통불가성이 선택적인 게 아니라 본질적인 것이라면, 우리는 하나님의 뜻을 정서적 반응의 관점에서 생각해서는 안 된다. 5장에서 논의한 것처럼, 하나님의 뜻은 그분의 한 본성과 연결되는 것이지(하나님 안에는 한뜻이 있다) 세 위격과 연결되는 게 아니라면(이는 삼신론을 부추긴다), 우리는 하나님의 뜻을 "하나의 행위, 하나의 의지 작용, 혹은 일련의 의지 작용"으로 생각할 게 아니라 "모든 것을 밝히 아는 영원한 성향" 으로 생각해야 한다.

그래서 이 하나님이 "피조물의 어떤 행동에 대한 앎에 직면하실" 때면, "(하나님의 목적을 감안해서) 일정불변하게 그 행동에 대해 적절한 방식으로 대응하시며, 그래서 이것이 피조물에게는 자신에게 반응하시는 것으로 보인다."[40] 우리의 유한하고 인간적이고 세속적인 관점에서 볼 때, 하나님이 마치 감정의 변화를 겪고 계신 것처럼 보인다. 그러나 앞 장에서 알게 된 것처럼, 하나님이 하시는 일을 묘사할 때 우리가 동원할 수 있는 것은, 변덕스럽고 외부의 영향에 쉽게 감응하고 유한한 우리의 세상에서 나오는 언어밖에 없다.

그런 맥락에서, 우리는 하나님이 "순수 현실태"(악투스 푸루스)이시라면 고통불가성이 뒤따를 수밖에 없다고 결론 내려야 한다. 기억하라. 순수 현실태란 하나님 안에 있는 그 무엇도 활성화될 수 없다는 의미이다. 하나님 안에 있는 어떤 것이 잠재되어 있다가 마침내 발현하는 경우는 없다. 그렇다. 하나님은 늘 최대로 충만한 상태이시다.[41] 하나님은 한량없이, 그래서 영원히 하나님의 속성 자체이시다. 하나님은 이미 최대한 활발한 상태이시기에 더는 활발하실 수 없다. 그래서 고통불가성은, 예를 들어 사랑 같은 건 하실 수 없는 양 하나님이 생기 없거나 정적靜的이라는 의미가 아니다. 그보다 이는 하나님의 사랑이 그토록 최대한 생기 있고, 그토록 완전하고도 완벽하게 활동 상태에 있으며, 그래서 이미 영원히 사랑하고 계시므로 지금보다 더 사랑 많은 분이 되실 수는 없다는 뜻이다. 고통불가성은 하나님의 사랑을 훼손하기는커녕, 하나님의 사랑이 지금 완전하며 늘 완전하다는 것을 보증함으로써 사실상 그 사랑을 호위한다. 고통불가한(무감한) 사랑만이 우리 하나님은 지금의 하나님보다 더 사랑 많은 분이실 필요가 없다는 사실을 보장할 수 있다.

더할 수 없이 완전한 상태의 그런 고통불가한(무감한) 사랑을 확인하려면, 성부와 성자와 성령 간의 사랑을 생각해 보라. 삼위 간의 사랑은 변하지도 않고, 마치 성자를 향한 성부의 사랑이 더 강해져야 하기라도 하는 것처럼, 개선될 필요도 없다. 그 사랑은 어떤 식으로든 잠재력에 도달할 필요도 없다. "삼위일체께서 더 많이 사랑하는 것은 불가능하다"고 웨이넌디는 설명한다. "삼위일체의 위격들은 더 사랑하는 존재가 되기 위해 스스로 실현되어야 하는 잠재력을 소유하시지 않기 때문이다."[42] 삼위 간의 사랑은 최대한의 사랑이어서, 결코 더 커지거나 향상될 필요가 없다. "삼위일체는, 한 하나님으로서, 서로에 대해 완전하고도 완벽하게 실현된 사랑으로서, 서로에 대한 관계 속에 존재한다."[43] 만약 하나님이 외부의 영향에 따라 감정이 변하는 분이라면, 삼위 간의 사랑은 변할 것이며, 뿐만 아니라 최고의 잠재력에 이르기 위해 개선될 필요도 있을 것이다. 하지만 하나님이 고통불가하실진대, 하나님의 사랑은 최대한 충만한 상태다. 삼위 간의 사랑은 그 사랑스러움 면에서 더는 무한할 수 없다. 고통불가성은 우리 삼위 하나님의 사랑이 완전하다는 것을 보증한다.

고통불가성, 그리고 말하는 나귀

민수기의 핵심 부분을 보면, 이스라엘이 모압 평지에 진을 치고 있
다. 모압은 이스라엘과 싸우면 수적으로 열세라는 것을 알고 이스라엘
을 두려워한다. 모세가 이끄는 이스라엘은 방금 아모리 왕 시혼과 바
산 왕 옥을 물리치고 아모리 족속에게 연승을 거둔 참이었다. 하나님
은 원수들을 차례로 이스라엘의 손에 붙이심으로써, 아브라함에게 약
속하신 땅을 백성들에게 주겠다는 약속을 성취하고 계셨다.

이스라엘이 가까이 오고 있다는 소식을 듣고 모압 왕 발락은 무릎
이 떨리기 시작한다. 이에 발락은 비장의 무기 발람을 부른다. 발람은
선견자先見者로서, 전쟁 때 적을 저주하여 아군 편에 승리를 안겨 주는
사람으로 알려져 있다. 발락은 발람에게 말한다. "우리보다 강하니 청
하건대 와서 나를 위하여 이 백성[이스라엘]을 저주하라"(민 22:6). 하지
만 하나님께는 다른 계획이 있다. 하나님은 발람 같은 이교도를 통해
서도 말씀하심으로써 자신의 주권이 어느 정도인지를 나타내 보이신
다. 발락의 의도와 달리, 발람은 모압 족속을 저주한다.

하지만 하나님은 발람에게 진노하신다. 발람의 관심이 하나님의 메
시지에 있지 않고 발락에게서 받게 될 보화에 있기 때문이다. 그래서
여호와의 사자가 발람이 가는 길을 가로막는다. 단, 여호와의 사자는
눈에 보이지 않는다. 그는 누구의 눈에도 보이지 않고 발람의 나귀에
게만 보인다. 나귀는 "여호와의 사자가 칼을 빼어 손에 들고 길에 선
것을 보고"서 여느 나귀와 같이 고집을 부리며 앞으로 가려 하지 않는
다. 발람이 나귀에게 연거푸 채찍질을 하자, 하나님이 나귀의 입을 열

어 주시고, 이에 나귀가 말을 한다! 나귀는 "내가 당신에게 무엇을 하였기에 나를 이같이 세 번을 때리느냐"(22:28)라고 발람에게 말한다. 누가 하나님은 유머 감각이 없다고 했는가?

긴 이야기를 짧게 하자면, 하나님이 나귀의 눈을 열어 주신 것처럼 발람의 눈을 열어 주셨다. 그래서 발람도 사자를 보게 된다. 사자는 "내 앞에서 네 길이 사악하므로 내가 너를 막으려고 나왔"다고 한다(22:32). 사자는 또 발람에게 말하기를, 나귀가 길을 가기를 거부하지 않았다면 하나님이 발람을 죽이고 나귀는 살려 주셨을 거라고 한다. 잘못을 깨달은 발람은 자신이 죄를 지었다고 고백한다. 발람은 발락이 보낸 사람들과 함께 가되 하나님이 하시는 말씀만 예언하라는 지시를 받는다.

이어지는 이야기에서 발람은 발락의 요청에 따라 예언을 하지만, 그의 예언에서 모압이 아니라 이스라엘이 축복을 받는다. 한번은 발락이 발람을 데리고 멀리 이스라엘 사람들이 보이는 들판으로 가서, 저 원수들을 저주하라고 요구한다. 그러나 발람은 하나님이 자기 입에 넣어 주신 말을 한다.

> 발락이여 일어나 들을지어다
>> 십볼의 아들이여 내게 자세히 들으라
> 하나님은 사람이 아니시니 거짓말을 하지 않으시고
>> 인생이 아니시니 후회가 없으시도다
> 어찌 그 말씀하신 바를 행하지 않으시며
>> 하신 말씀을 실행하지 않으시랴...

여호와 그들의 하나님이 그들과 함께 계시니

　왕을 부르는 소리가 그 중에 있도다

하나님이 그들을 애굽에서 인도하여 내셨으니

　그의 힘이 들소와 같도다…

이 백성이 암사자 같이 일어나고

수사자 같이 일어나서 움킨 것을 먹으며

　죽인 피를 마시기 전에는 눕지 아니하리로다(민 23:18-19, 21b-22, 24).

　전체적으로, 발람은 네 가지 예언을 한다. 발락은 고집스럽게 발람을 자기편으로 만들려고 하지만 성공하지 못한다. 하지만 위에 인용된 두 번째 예언에서 하나님의 메시지는 크고 명료하게 전달되어야 했다. 발락은 그날, 자신이 섬기는 이방 신들과 달리 이스라엘의 하나님은 조종될 수 있는 하나님이 아니라는 것을 깨우친다. 바알과 달리 하나님은 감정적 변화를 겪는 분이 아니시다. 하나님은 말씀하신 일은 반드시 하실 것이다. 왜냐하면 본성적으로 하나님은 변하지 않으시는 분이기 때문이다. 하나님이 자신은 인간이 아니라고 구체적으로 말씀하심으로써 이 점을 분명히 하신다는 것을 주목하라. 인간과 달리 하나님은 거짓말도 하지 않으시고 마음이 변하지도 않으신다. 하나님은 창조주이시지 피조물이 아니다.

　이 후렴구는 성경 전체에서 되풀이된다. 예를 들어 에스겔에서 하나님은 이렇게 말씀하신다. "나 여호와가 말하였은즉 그 일이 이루어질지라 내가 돌이키지도 아니하고 아끼지도 아니하며 뉘우치지도 아니하고 행하리니 그들이 네 모든 행위대로 너를 재판하리라 주 여호와의 말씀이니라"(겔 24:14). 여기서의 정황은 발람의 경우와 여러 면에서 다르다. 여기서 이스라엘은 승자가 아니라 피해자다. 예루살렘은 바벨론 왕에게 포위 공격당하고 있고, 이 모든 일이 벌어진 것은 이스라엘이 여호와의 말씀을 경청하여 순종하기를 거부했기 때문이다. 그래서 여호와께서는 바벨론을 통해 자기 백성에게 재앙을 내리셔서 포로로 잡혀가게 하실 것이었다. 이스라엘은 여호와께서 반드시 그렇게 하실 것이며 진노를 누그러뜨리지 않으실 것이라 확신할 수 있다. 왜냐하면 그분은 변하지 않는 하나님이시니 말이다.

6장에서 우리는 비슷한 표현이 사울 왕의 비극적 이야기에서도 쓰인 것을 보았다. 하나님은 사울의 노골적 불순종 때문에 그를 왕으로 인정하기를 거부하시며, 사울의 간청에도 불구하고 마음을 바꾸지 않으실 것을 분명히 하신다. "이스라엘의 지존자는 거짓이나 변개함이 없으시니 그는 사람이 아니시므로 결코 변개하지 않으심이니이다"(삼상 15:29).

주의해서 보라. 각각의 이야기에서, 특히 사울 왕의 이야기에서 하나님의 변하지 않는 뜻은 하나님의 변하지 않는 본성과 연관되어 있으며, 그 본성은 인간의 본성과 달리 감정의 요동을 겪지 않는다. 인간과 달리 하나님에게는 몸이 없으며, 그래서 유한한 한계가 없는 하나님은 후회 가운데 비탄에 잠기는 등의 감정적 변화를 겪지 않는 하나님이시다.

성경의 표현들을 어떻게 생각해야 하는가?

위와 같이 말하면 흔히 이런 반론이 제기된다. 성경은 감정과 관련된 표현을 써서 하나님을 언급하지 않는가? 맞다. 분명 그렇다. 그리고 여기에는 그럴 만한 이유도 있다. 하나님은 우리 인간의 언어를 써서 자신을 우리에게 알리실 만큼 자기 자신을 우리에게 적응시키신다. 장 칼뱅이 즐겨 쓰는 표현처럼, 하나님은 어린아이의 부모나 보모가 아기들 말투로 아이에게 말하는 것처럼 혀짤배기 말로 우리에게 말씀하신다. "그런 발언 형식은 하나님이 어떤 분이신지를 명확히 표현하는 것이 아니다. 우리의 하찮은 역량에 맞게 눈높이를 맞춰서 하나님에 대한 지식을 주신다. 이를 위해 하나님은 그 높은 곳에서 심히 낮은 곳으로 내려오셔야 한다."[44]

청교도 제임스 어셔^{James Ussher}는 다음과 같이 비슷한 주장을 한다. "전능하신 하나님이 엉터리에다 불완전한 언어로 우리에게 다시 말씀하심은 연약한 우리의 이해를 돕기 위해서다." 이어서 어셔는 한 예를 든다. "보모가 아이에게 말할 때 말귀를 잘 알아들을 수 있는 사람에게 말하듯 완전한 언어로 말하면, 아이는 보모의 말을 이해하지 못한다." 이제 하나님이 만약 그렇게 하신다고 생각해 보라. "하나님이 우리에게 말씀하실 때 자신의 본성에 따라 말씀하실 수 있는 대로 말씀하신다면" 우리는 "그 말씀을 알아듣지 못하고 그 말씀의 뜻을 이해하지도 못할" 것이다.[45]

이렇게 성경 기자들이 하나님에 대해 쓰는 표현은 하나님에 관해 문자 그대로 옳은 어떤 내용을 전달해 주지만, 그렇다고 해서 그 표현이 문자 그대로 해석되어야 한다는 뜻은 아니다.[46] 만약 그랬다가는 하나님에게 손이나 발이 있다고 말하는 구절은 하나님에게 몸이 있다는 뜻이어야 할 것이며, 이는 하나님이 우리처럼 시간과 공간의 제약을 받을 뿐만 아니라, 우리처럼 변하기 쉽고, 우리처럼 자신의 계획을 실행하기에 무력한 분이 되고 마는 결과를 낳는다. 하지만 성경 기자들은 신인동형론적 표현(형태가 없는 하나님을 인간처럼 형태가 있는 분으로 묘사한 표현) 외에도, 신인동감론적^{anthropopathic} 표현(격한 감정이 없는 하나님에게 인간적 감정이 있는 것처럼 묘사한 표현)도 사용했다.

해석자들로서 우리는 그러한 표현을 옳게 이해하는 데 어려움을 겪는다. 우리는 성경의 한 구절을 가리키면서 "그래요. 물론 하나님에게는 문자 그대로의 손과 발은 없지요"(신인동형론)라고 말한다. 하지만 하나님이 후회하신다거나 슬퍼하신다고 말하는(신인동감론) 구절을 볼 때면 우리는 주저한다. 21세기 초입에 있었던 '열린 유신론'^{open theism} 논쟁에서 이러한 불일관성이 드러났다. 열린 유신론자들은 미래가 하나님께 열려 있다고 말하는 사람들이다. 앞으로 어떤 일이 일어날지 하나님도 모르신다는 것이다. 열린 유신론자들은 하나님이 "이제 아신다"거나 "뜻을 돌이키신다", 혹은 "후회하신다"고 말하는 본문을 가리키며, 하나님도 미래를 모르신다고 주장한다. 이들은 이 본문들이 최대한 문자 그대로의 의미로 읽혀야 한다고 역설한다. 즉, 하나님은 앞으로 무슨 일이 일어날지 알지 못하신다. 하나님은 생각이 변하신다. 하나님은 자신이 실수했다는 것을 깨달으신다. 그런데 편리하게도 이 해석자들은 하나님이 듣거나, 맛보거나, 만져보거나, 냄새 맡는다고 말하는 본문을 만나면, 갑자기 "그래. 이건 물론 은유적 표현이지. 이건 실제로 하나님께 해당되는 이야기는 아니야."라고 말한다. 하지만 다른 이들의 눈에는 이들의 해석이 주관적이라는 게 뚜렷이 보인다.

그렇다면, 성경에서 하나님은 왜 감정을 나타내는 표현을 써서 자기 자신을 설명하시는가? 속임수를 써서 자신에 대해 무언가 사실이 아닌 것을 믿게 만드시려는 것인가? 칼뱅은 이렇게 말했다. "하나님이 인간적인 격한 감정을 느끼지 않으시는 것은 확실하다. 하지만, 그분이 마치 인간이신 양 자신을 낮추고, 우리에게 선을 행하는 데서 기쁨을 느낀다고 말씀해 주시는 방법 외에는 우리를 향한 그분의 선함이나 사랑을 충분히 표현하실 수 없다."[47] 달리 말해, 하나님은 우리 수준에 맞게 적응accommodation하여 말씀해 주실 필요가 있다는 것을 잘 알고 계신다. 그렇다. 하나님은 고통불가하시다. 하지만 하나님은 그렇지 않은 세상과 의사소통하신다. 그 의사소통이 의미 있으려면, 하나님은 고통 가능한 매개체, 곧 본질상 감정을 나타내는 비유적 표현을 통해 진리를 전달하셔야 한다. 그렇지 않으면, 하나님에게서 인간으로 향하는 의사소통의 문이 닫히게 된다.[48] 2장에서 알게 된 것처럼, 성경 언어의 아름다움은 유추를 통해 말한다는 데 있다. 하나님에 관한 우리의 이야기가 유추 언어에 한정되는 이유는, 우리가 창조주가 아니라 피조물이고, 원형이 아니고 모형이고, 하나님이 아니고 하나님의 형상이기 때문이다. 그래서 자연히 성경 기자들은 다양한 은유(빛, 반석, 목자, 망루, 사자 등)를 활용한다. 하지만 성경 기자들이 이런 은유를 쓴다는 것이 하나님의 비가시적이고 불가해한 본질을 따라 하나님을 있는 그대로 포착한다는 뜻은 절대 아니다. 그보다 성경 기자들이 생각하기에 이 은유들은 창조질서와 관련해 하나님이 어떤 분인지를 그분의 능하신 행사와 말씀을 수단으로 해서 말해주고 있다. 예를 들어, "자기 자녀를 향한 [하나님의] 사랑은 자녀가 괴로워할 때 함께 괴로워하는 아버지의 사랑과 닮았으니, 마치 자녀의 괴로움이 자신의 괴로움인 양 자녀를 그 괴로움에서 구하시려 행동에 나선다는 점에서 그러하다."[49] 주의할 점은, 하나님이 말 그대로 괴로워하는 아버지시라고 결론 내려서는 안 된다는 것이다.

하지만 이 동전의 이면 또한 고려해야 한다. 하나님에게 감정이 있다는 것처럼 말할 때, 이것은 하나님보다는 우리에 대해 더 많은 것을 말해 준다. 하나님이 자비로우시다는 말씀을 읽을 때, 우리는 하나님이 변했다고 생각하기보다 하나님이 우리를 변화시키셨다고 생각해야 한다. 변혁을 겪은 것은 하나님의 신분이나 정체성이 아니라 우리의 신분과 우리의 정체성이다. "주께서 비참함 중에 있는 우리를 바라보실 때, 주님의 자비의 효과를 느끼는 자는 우리이며, 주님은 그런 감정을 겪지 않으십니다"라고 안셀무스는 말한다.[50]

마지막으로 한 가지 언급할 것이 있다. 때로 우리가 하나님에게 억지로 끌어다 붙이는 표현 때문에 오해가 생길 수 있다. '감정'emotion이란 말은 성경을 기록한 사람들에게 낯선 말일 뿐만 아니라, 이 말 자체가 아주 최근에 생겨난 말이기도 하다. 기독교 사상의 역사에서 '격렬한 감정'passions은 '애정'affections과 대조되는 말로서, 전자는 절대 하나님에게 적용해서는 안 되는 부정적 의미를 담고 있으며 만약 하나님께 적용했다가는 하나님과 피조물 간에 혼동을 일으킬 수 있다. 그런데 19세기 중반에 이 용어가 세속 심리학의 어휘로 대체되었다. 바로 '감정'emotions이라는 단어이다. 토머스 딕슨Thomas Dixon은 알렉산더 베인, 윌리엄 제임스, 찰스 다윈 같은 사람들의 저작을 가리키면서 어떻게 "이러한 새로운 패러다임이 생리학적, 진화론적, 비신학적이었는지" 관찰한다. "이 패러다임은 감정의 세부적 특색과 생리에 점점 더 관심을 보였으며, 하나님의 피조물로서 사람에 관한 옛 도덕-신학적 이야기들을 진화한 동물로서의 인간에 관한 자연-역사적 이야기들로 대체했다."[51] 이 새 어휘가 등장해, 사람들이 이제 피조물과 창조주를 알려는 탐구 작업에서 감정과 관련된 언어를 당연시함에 따라 신학 논의는 새로운 궤적을 보였다. 요컨대 인간의 '감정'이라는 틀 안에서 하나님에 관해 말하는 것은 성경의 언어로 돌아가는 것이라기보다 하나님에 관한 현대적 전제를 채택하는 것이다. 현대 그리스도인들은 이 점을 유념해야 한다.

하지만 예수님은 고통당하지 않으셨는가?

하나님이 고통불가한 분이라 해도, 예수님이 하나님의 아들이시라면, 예수님이 십자가에서 고통당하고 죽으실 때 어떻게 하나님이 여전히 고통불가하실 수 있는가? 몰트만을 따르는 이들은, 하나님이 고통불가하실 수 없다고 대답할 것이다. 예수님이 십자가에서 고통당하셨으니 말이다. 여기에는 예수님이 인성으로뿐만 아니라 신성으로도 고통당하셨다는 전제가 깔려 있다. 예수님의 인성과 관련해 무슨 일이 일어나든 그 일은 신성에도 해당되어야 한다는 것이다. 예수님의 인성의 속성들은 신성에 직접적으로 전달되어야 한다는 것이다. 이 입장에서 볼 때 하나님으로서의 하나님은 그리스도 안에서 고통당하신다.[52]

몰트만은 기독론에 대해 톱다운식으로 생각하지 않고, 바텀업식으로 생각해서 그리스도의 인성이라는 렌즈를 통해 신성을 해석해야 한다고 여긴다. "하나님의 존재는 그리스도의 십자가에서만 직접적으로 볼 수 있고 알 수 있다."[53] 몰트만은 "전통적 기독론"(역사 전체를 통해 대다수 교회가 가진 입장)이 "가현설docetism(그리스도께서 고통당한 것으로 보였을 뿐이라는 믿음)에 아주 가깝다"고 여기며 이를 비난한다. 교회가 "철학적 신개념"을 믿어서, "하나님의 존재가 썩지 않고, 변하지 않고, 나뉘지 않으며, 고통당할 수 없고, 불멸한다."고 믿은 결과, 하나님은 "냉담한 천국의 권세"가 되어 버렸고, 이와 대조적으로 우리에게 필요한 것은 "십자가에 달린 인자人子이신 인간 하나님human God"이라는 것이다.[54]

기독론의 그 모든 복잡한 내용을 여기서 다 탐구할 수는 없지만, 위와 같은 논리가 어디에서 길을 잃게 되었는지는 짤막하게 규명할 수 있다. 첫째, 이런 유형의 추론은 인성과 신성이 그리스도의 위격에서 어떻게 서로 연관되는지를 세심히 구별하지 못한 것이다. 갖가지 기독론 이단으로부터 교회를 수호한 교부들은 바로 그 점에 면밀히 신경을 썼다. 예를 들어, 칼케돈 신조(주후 451년)를 생각해 보자. 이 신조는 아마 이 주제에 관해 만들어진 가장 중요한 신조일 것이다.

칼케돈 신조는 한편으로 두 본성을 한데 합쳐서 으깨거나 분쇄하지도 않고 다른 한편으로는 두 본성을 서로 분리하지도 않고, 두 본성이 "혼합되지도, 변하지도, 나뉘지도, 분리되지도 않게"[55] 연관되어 있는 것으로 묘사하면서 성경적 균형을 위해 애쓴다. 이 네 단어(혼합, 변함, 나뉨, 분리)를 부인하느냐의 여부가 중요하다. 두 본성을 서로 나누고, 그럼으로써 그리스도의 한 위격을 분리하는 것에 대해 두려움을 가져야 하건만, 몰트만과 그 무리는 이에 반하는 오류에 몰두했다. 그리스도의 신성에 인간의 속성(고통을 느낄 수 있는 성질)이 있다고 봄으로써, 신성과 인성을 혼동하고 결과적으로 두 본성 모두 변할 수 있는 것으로 만들었다. 그런 변화가능성은 신이 인간화되는 결과를 낳았다.

또한 이는 신성 자체에도 변화가 생기는 결과를 낳는다. 신성이 이제 더는 순수한 신성이 아니다. 몰트만이 칼케돈 공의회의 확장인 니케아 공의회 같은 회의들을 논하면서, "하나님은 가변적이시지 않다"는 근거에서 이 회의들이 아리우스(그리스도의 신성을 부인한)를 논박한 것에 찬성하는 것은 그리 놀랍지 않다. 그러나 바로 뒤이어 몰트만은 "하지만 그 진술이 절대적이지는 않다"고 신속히 조건을 단다. 하나님이 "피조물이 변덕스러운 것처럼 가변적"이지 않을 수는 있지만, 그렇다고 해서 하나님이 "모든 면에서 변하시지 않는다"고 가정해서는 안 된다는 것이다. 공의회의 진술은 하나님이 "하나님께 속하지 않은 것으로부터 어떤 구속도 받지 않는다"는 의미일 뿐이라는 것이다.[56] 그럼에도, 하나님은 거리낌 없이 자기 안에서 변하실 수 있고 거리낌 없이 타자에 의해 변화되고자 하신다는 것이다. 몰트만은 "절대적이고 고유한 불변성"(아퀴나스의 입장)을 부인한다. 이를 인정하면 하나님이 "사랑을 할 수 없다"는 뜻일 거라고 한다. 그보다 하나님은 "타인에게 영향을 받을 수 있는 가능성을 향해 자발적으로 자기 자신을 개방한다"고 한다. 하나님은 본의 아니게 고통당하시지는 않지만, 기꺼이 고통당하신다는 것이다.[57]

이에 대한 응답으로 나는 몰트만이 니케아 같은 공의회들의 판단을 오해했을 뿐만 아니라(다수의 교부들이 고유의 불변성을 단언했다) 그가 불변성의 진정한 의미를 다 비워 없앴다는 점을 주장하고자 한다. 몰트만의 말에 따르면, 다음과 같은 의미에서만 불변성을 확언할 수 있다. 즉, 하나님은 강요당할 수 없다는 것이다. 하나님이 변하기로 자발적으로 선택하시는 한, 아무런 해도 입지 않으신다는 것이다. 주목해서 볼 것은, 몰트만이 한 가지(하나님은 강요당할 수 없다)만 빼고 모든 면에서 변할 수 있는 하나님을 변호하려고 '불변성'이라는 이름표를 활용한다는 점이다. 또한 몰트만은 그리스도의 위격의 연합^{hypostatic union}을 이용해 하나님의 신성의 가변성을 정당화한다.

성육신하신 신인^{神人} 안에 존재하는 연합을 강조하려는 것은 정당한 본능이다. 그럼에도, 칼케돈 공의회는 "두 본성의 구별"을 보존하도록 주의해야 한다고 경계시키며, 그 본성들이 "연합에 의해 제거되는 일이 절대 없다"고 한다. 한 본성의 속성을 또 한 본성의 속성과 혼동하고 싶은 마음을 물리치면 "각 본성의 속성"이 보존되어, 한 위격 한 존재^{one Person and one Subsistence} 개념에 합치한다(여기서의 '존재'는 subsistence를 의미함—편집주). 그 위격은 "두 인격으로 갈리거나 나뉘지 않고", "하나의 동일한 성자, 유일한 독생자, 말씀이신 하나님, 주 예수 그리스도"로 연속성 있게 존재한다.[58]

그러므로 여기에는 성육신 기간에 인성의 속성이 신성의 속성에 전달되거나 전이된다고 생각하는 것은 불합리하다는 뜻이 함축되어 있다. 그렇다. 교류는 있다. 이를 일컬어 '속성의 교류'^{communicatio idiomatum}라고 하며, 이는 고유의 특질 혹은 속성이 교류된다는 뜻이다. 하지만 이는 '본성'의 차원에서 있는 일이 아니라 '위격'의 차원에서 있는 일이다. 어느 한 본성의 속성이 다른 본성에 속한다고 단언해서는 안 되며, 대신 성자의 위격에 속한다고 단언해야 한다. 성자의 위격이 성육신하실 때, 성자는 "두 본성이 혼합되는 연합"^{compositional union of natures}을 겪지 않으신다. 본성이 혼합되면, 신적 단순성에 반하여 여러 부분들로 이뤄진 성자가 탄생한다. 그보다, 성자의 위격은 성육신하심으로써 "새로운 존재 방식 혹은 양식을 취하는 것이다."[59]

속성의 교류

루터교 입장	한 본성의 속성이 다른 본성에 근거를 둔다. 루터가 생각하기에 신적 속성(편재성 같은)은 인성에 전달될 수 있다. 몰트만은 인성의 속성(고통받을 수 있음)이 신성의 속성에 근거를 둘 수 있다고 본다.
개혁주의 입장	속성들은 본성의 차원이 아니라 위격의 차원에서 전달된다. 인성의 속성이든 신성의 속성이든 성자의 위격에 근거를 둔다. 이 입장이 니케아와 칼케돈의 입장과 가장 합치된다.

이는 "십자가에서 고통당하시는 이는 누구인가?"와 같은 질문을 통해 실제적으로 확인할 수 있다. 이 질문에 대한 답변은, 십자가에서 고통당하시는 이는 성자의 '위격'으로, 이분은 다름 아닌 하나님의 아들이시라는 것이다. 그러나 웨이넌디가 지적하는 것처럼, 질문을 약간 바꾸어 "그분은 인간이 겪는 고통의 전체 현실을 어떤 방식으로 경험하시는가?"라고 물으면, 우리의 답변은 이렇게 바뀐다. 성자께서 "인간으로서" 고통당하신다고 말이다! "포괄적인 인간의 삶을 사시는 분은 사실상 하나님의 아들이며, 그래서 인간으로서 고난과 죽음을 포함해 이 인간 삶의 모든 국면을 경험하시는 분은 성자이시다."[60] 이 세심하고 미묘한 뉘앙스 덕분에, 한편으로 우리는 그리스도는 참 하나님이신 분으로서는 고통불가하시지만, 참 인간이신 분으로서는 고통가능하시다고 말할 수 있다.[61] 혹은 나지안주스의 그레고리우스Gregory of Nazianzus의 말처럼, 그리스도는 "그분의 육신 안에서 고통가능하시고 그분의 신성 안에서는 고통불가하시다."[62] 이는 바울이 왜 에베소 장로들을 향해 "여러분은…삼가라…하나님이 자기 피로 사신 교회를 보살피게 하셨느니라"(행 20:28)라고 말할 수 있는지, 그리고 왜 고린도 교인들을 향해 "이 지혜는 이 세대의 통치자들이 한 사람도 알지 못하였나니 만일 알았더라면 영광의 주를 십자가에 못 박지 아니하였으리라"(고전 2:8)라고 말할 수 있는지 그 이유를 설명해 준다.[63]

하나님이 하나님으로서 십자가에서 고통당하셔야 한다고 말하는 입장에는 비극적 역설이 있다. 만약 그리스도께서 신성으로 십자가에서 고통당하신다면, 그리스도는 사실상 인간으로서 고통당하시는 게 아니다. 하지만 하나님이 고통당하실 수 있다고 주장하는 사람들이 추구하는 예수는 우리와 같아서 우리에게 공감하실 수 있는 예수 아닌가? 결국 밝혀지다시피, 우리와 공감하시는 하나님에게 참으로 인성을 부여할 수 있는 쪽은 하나님이 고통당하실 수 없다고 주장하는 사람들이다. 그리스도의 위격이 고통당하신다. 하지만 그 고통은 그분이 인간으로서 당하시는 고통이다. 이 주제와 관련해 가장 감동적이라고 손꼽히는 한 구절에서 웨이넌디는 이 역설이 얼마나 심해졌는지를 포착한다.

하나님의 아들이 신성으로 고통을 겪으셨다면, 그분은 진짜 진정한 인간적 방식으로 인간의 고통을 경험하신 게 아니라 신적 방식으로 "인간의 고통"을 겪으신 것일 터이며, 따라서 이는 진정한 인간적 방식도 아닐 것이다. 하나님의 아들이 신성으로 고통을 겪으셨다면, 이는 하나님이 한 인간 안에 계신 하나님으로서 고통당하신 것일 터이다. 그러나 성육신은 하나님의 아들이 그저 한 인간 안에 거하시는 게 아니라 실제로 인간으로 존재할 것을 요구하며, 마찬가지로 하나님의 아들이 단지 한 인간 안에서 고통당하시는 게 아니라 한 인간으로서 고통당하시는 것을 요구한다. 그래서 "고통불가한 분이 고통당한다"는 표현을 "고통가능한 분이 고통당한다"는 표현으로 바꾸면, 그 즉시 성육신에 담긴 모든 고난의 의미가 다 사라진다…인간이 간절히 필요로 하는 소식은 이것이다. 즉, 하나님이 죄악 가득하고 타락한 세상 한가운데서 신적 방식으로 우리의 괴로움과 고통을 경험하셨다는 것이 아니라, 죄악 가득하고 타락한 세상 안에서 우리 중 하나로서(인간으로서) 인간의 괴로움과 고통을 실제로 겪고 직접 경험하셨다는 소식이다.[64]

직관에 반하는 말로 여겨질 수도 있지만, 그리스도께서 십자가에서 신성으로 고통당하신다고 한다면, 혹은 그리스도께서 바라보실 때 성부께서 그리스도와 함께 고통당하신다고 한다면, 이는 우리를 위한 고난에서 사실상 성자를 배제시킨 것이다. "고통을 하나님의 신성에 가둬 버림으로써" 우리는 "하나님을 인간의 고통 밖에 가두었다."[65] 하나님의 아들이 고난받는 종으로서 우리를 위해 행동하시고자 할진대, 우리가 그분의 고통을 참 인간의 고통으로 높이 여기는 게 중요하다. 요컨대 그런 고통을 그분의 신성 안에 가두어 버린다면, 이는 성육신 안에서의 고통의 유효성을 완전히 제거하는 것이다.

약간의 보충 설명

결론을 내릴 즈음 우리가 깨달아야 할 교훈이 하나 있다. 우리는 하나님의 아들의 신성을 인간으로서의 그분의 경험, 성육신 경험에 제한하거나 한정하지 않아야 하며, 또한 그분의 인성이 그분의 신성에 삼켜 없어지게 하지 않도록 늘 주의를 기울여야 한다. 그분의 신성을 그분의 인성의 테두리 안에 가둔다면 이는 신성을 아예 상실하게 하는 것이다. 성육신하실 때 성자께서는 자신의 신적 속성(고통을 느낄 수 없다는 고통불가성을 포함해)이나 하나님으로서의 자신의 책무를 버리지 않으셨다. 성육신 중에도 성자의 위격은 자신의 능력의 말씀으로 세상을 계속 지탱하신다(히 1:3; 골 1:15-17).

교부들과 개혁자들은 이를 "밖에서"extra라고 일컬었다. 말씀이 육신이 되지만(요 1장), 그럼에도 성자의 위격은 그분의 인성에 품길 수 없다. 신성 때문에 그분은 여전히 자신의 육체 밖에, 혹은 육체를 초월해서도 존재하시며 역사하신다. 토마스 아퀴나스가 말한 것처럼, "위격의 연합 중에도 하나님의 말씀 혹은 신성은 인성에 완전히 포함되어 있지 않다. 신성이 성자의 위격 안에서 인성과 전적으로 연합되지만, 그럼에도 신성의 모든 능력은 제한되지 않는다고 말할 수 있다."[66] 그런 이유로, 성자의 위격은 신성으로는 여전히 고통당하실 수 없고, 그와 동시에 인성으로는 참으로 고통당하신다. 신비롭기는 하지만, 성자의 위격은 두 본성 안에, 그리고 두 본성을 통해 동시에 그리고 활발히 관여하신다.

칼뱅주의에서 말하는 '밖에서' *The Extra Calvinisticum*	"밖에서"는 장 칼뱅의 독창적 표현이 아니라 아타나시우스, 아우구스티누스, 알렉산드리아의 키릴루스, 토마스 아퀴나스를 비롯해 다른 많은 이들의 신학에서도 발견된다. 그럼에도 칼뱅의 이름이 여기 붙은 것은 칼뱅이 성찬 때 그리스도의 임재 문제를 두고 루터파와 논쟁할 때 "밖에서"라는 개념에 호소한 것으로 유명하기 때문이다. 칼뱅은 이렇게 말한다. "여기 무언가 놀라운 일이 있다. 하나님의 아들께서 하늘에서 내려오셨으되 하늘을 떠나지 않으면서, 동정녀의 태에서 태어나, 땅을 두루 다니시며, 십자가에 달리고자 하는 그런 방식으로 오셨다. 그러면서도 그분은 태초부터 그러셨던 것처럼 계속해서 세상을 충만히 채우셨다!"[a]

a. 칼뱅, *Institutes* 2.13.4.

고통불가성, 복음, 그리스도인의 삶

하나님이 고통가능한 분이시라면, 이 때문에 복음 및 그리스도인의 삶을 위한 복음의 약속이 달라질 수 있을까? 절대적으로 그렇다. 하나님이 감정의 변화를 겪으신다면, 그리고 피조물에 대한 반응으로 하나님의 속성이나 하나님의 본질 또는 하나님의 행동이 요동한다면, 하나님의 약속과 그 약속을 성취하기 위한 그리스도의 구원 사역, 그리고 현재와 장래에 그 약속이 적용된다는 게 과연 전적으로 신뢰할 만한 일인지 의문을 품는 게 타당하다. 하나님의 속성이 변한다면, 곧 하나님이 지금은 이런 감정이었다가 다음 순간에는 저런 감정으로 변한다면, 그분의 약속도 변할 것이다.

고통가능한 하나님이라면, 우리는 하나님의 존재와 말씀이 언제나 여일如一할지 확신하지 못해 불안한 상태가 될 것이다. 하나님의 진노는 공의롭지 못할 것이니, 하나님의 보응이 통제 불가능일 가능성이 있기 때문이다. 하나님의 사랑은 시편 기자가 거듭해서 말하는 것처럼 확고부동하지 못할 것이니, 외부의 영향에 민감한 사랑은 그 사랑의 대상에게 확실히 전념하리라는 것을 보증하지 못하기 때문이다. 따라서 고통불가성이야말로 하나님의 확고부동한 사랑과 공의가 세워지는 토대임을 인정해야 한다.[67]

하나님이 외부의 영향에 따라 고통가능하시다면, 우리는 하나님이 애처롭다고도 결론 내려야 할 것이다. "지금 고통당하고 있습니까? 하나님이 당신과 함께 고통당하십니다"라고 말해 주면 처음에는 위로가 될지 모른다. 하지만 그런 하나님은 우리와 똑같이 도움을 필요로 하는 하나님이라는 사실을 깨닫는 순간, 신속히 얻은 즉각적 위로는 흔적도 없이 사라진다. 고통당하는 하나님은 우리가 가여워해야 할 하나님이지, 우리가 도움을 구하거나 피난처로 삼는 하나님이 아니다. 우리에게 필요한 것은 고통당하지 않는 하나님, 우리의 반석과 요새이신 하나님이다(6장을 보라). 그런 하나님만이 고통당하는 이들을 도우실 수 있다. 그런 하나님만이 타자의 고통을 너그러이 덜어 주실 수 있다. "고통이 부재해야 하나님의 사랑이 완전히 이타적이고 유익할 수 있다."[68] 우리를 구할 수 있는 하나님의 권능뿐만 아니라 사랑으로 그렇게 할 수 있는 능력 또한 하나님의 고통불가성에 크게 의존한다.

십자가가 핵심 사례다. 하나님이 아들을 보내 우리를 위해 인간으로서 고난당하게 하실 수 있음은 바로 하나님이 고통당하지 않는 분이기 때문이다. 우리가 알게 되었다시피, 이는 그리스도의 신성이 고난당한다는 뜻이 아니다. 그리스도의 인성을 신성과 혼동해서 그분의 신성을 인간화하는 일이 없도록 주의해야 한다. 이는 성자의 위격이 십자가에서 인성의 충만함 가운데 고난당한다는 의미다. 그분이 이렇게 하실 수 있음은 먼저 고통이 그분을 고통의 피해자로 만들지 않기 때문이다. 하나님이 우리와 똑같이 고통의 피해자라면, 그분은 무력하고 무능하고 가망이 없어서 구원의 임무에 착수할 수 없다. 이는 복음서에서 우리가 보는 그림이 아니다. 복음서는 하나님의 아들께서 자신의 사명을 빈틈없이 제어하고 계신 모습을 그린다. 그분은 거듭거듭 갈보리 쪽으로 시선을 고정시키며, 자신의 구속적 고난을 알리시고, 심지어 예언하시면서 자신의 총체적 주권을 남김없이 드러내 보이신다(마 16:21-23).

고통불가성은 그리스도께서 죄인들을 구원할 수 있음을 보장할 뿐만 아니라, 하나님의 사랑과 은혜가 거저 주어질 것을 보장한다. 하나님이 외부의 영향에 따라 감정이 바뀌고 고통도 느낄 수 있는 분이라면, 하나님의 사랑은 피조물의 조건에 좌우될 것이다. 몰트만의 말에 따르면, 하나님의 사랑은 피조물에 의존하여 완성된다. 주는 만큼 받는 관계는 섣부른 사랑을 요구하며, 그런 사랑은 서로가 서로에게 의존하며 사랑의 대상에 의해 변하는 사랑이다. 하지만 그런 섣부른 사랑은 인간에게 전적으로 좌우된다. 이 경우, 은혜가 더는 공짜가 아니고, 자비도 더는 선물이 아니고, 사랑도 더는 무상無償이 아니다. 하나님은 자기 외부의 타자에게 사랑을 기대해야 한다.[69] 그러나 성경은 시종 하나님의 사랑이 무조건적이고, 값없고, 순전히 이타적이라고 가르친다(롬 9:16; 엡 2:4-5; 요일 4:10). 왜인가? 이 사랑이 고통불가한 사랑이기 때문이다. 이 사랑은 피조물에게 이 사랑의 효력을 기대하지 않는다. 이 사랑은 하나님의 불변의 본성에 뿌리를 두고 있다.

결국, 고통당하지 않는 하나님만이 고통당하는 인간을 위해 구속을 성취하실 수 있다. 고통을 느끼지 않는 분만이 고난당하는 종으로서 성육신하실 수 있다. 누구에게도 의존하지 않는 사랑을 지닌 분만이 대가 없는 은혜를 주실 수 있다.

우상숭배에서 안전한 지대

다른 어떤 속성보다도 고통불가성은 오늘날 그리스도인들이 보기에 가장 직관에 반하는 속성이다. 오늘날의 문화가 하나님에 관한 우리의 생각에 영향을 끼치는 방식이 있는데, 이 방식이 성경을 최대한 문자 그대로 읽으라고 하는 가르침과 짝을 이루면, 고통불가성 같은 완전한 속성은 우리에게 낯설 뿐만 아니라 기이하기까지 하다. 하지만 우리가 이 장에서 살펴본 것처럼, 고통불가성은 없어서는 안 될 본질적 속성이다. 이 속성 아니면, 우리는 아브라함과 이삭과 야곱의 하나님, "스스로 있는 자"이신 하나님과 제우스를 혼동할 위험이 있다. 간단히 말해, 하나님을 우리와 아주 흡사한 분으로 만들 위험이 있으며, 이것이 바로 우상숭배의 본질이다. 궁극적으로, 고통불가성이 그토록 중요한 이유는 이 속성이 우상숭배에서 안전한 지대를 만들어 내기 때문이다.

8

하나님은 시간 속에 존재하시는가?

─ 시간을 초월한 영원성

주께서 옛적에 땅의 기초를 놓으셨사오며...

천지는 없어지려니와 주는 영존하시겠고

그것들은 다 옷 같이 낡으리니 의복 같이 바꾸시면 바뀌려니와

주는 한결같으시고 주의 연대는 무궁하리이다

주의 종들의 자손은 항상 안전히 거주하고...

시 102:25-28

아브라함이 나기 전부터 내가 있느니라.

요 8:58

[하나님의 영원성은] 무한한 생명을 전체적이고, 동시적이고, 완전하게

소유하는 것이다.

보에티우스,《철학의 위안》

바보들을 위해 지옥을 예비하신다?
어려운 질문에 대한 아우구스티누스의 답변

아우구스티누스가 이런 질문을 받았다. "하나님은 천지를 만들기 전에는 무엇을 하고 계셨는가?"[1] 그런 질문을 하는 바보들을 위해 지옥을 예비하고 계셨다고 아우구스티누스가 익살맞게 대답했다고 생각하는 이들이 많다.[2] 아우구스티누스 시대에 많은 사람들이 그랬듯 오늘날 우리도 그런 대답에 웃음을 터뜨린다. 그러나 아우구스티누스는 이것을 절대 웃기다고 생각하지 않았다. 사실 아우구스티누스는 그런 대답을 하지 않았다. 《고백록》에서 그는 일부 사람들이 위의 질문에 그런 농담으로 대처하는 광경을 설명하지만, 그가 생각하기에 이 농담은 "질문의 기세를 교묘히 피하려는" 농담이다. "재미있어 하는 것과 쟁점을 정확히 파악하는 것은 별개의 일이며, 나는 이런 대답을 거부합니다." 그렇다면, 아우구스티누스는 위의 질문에 어떻게 대처했는가? 그는 이렇게 말한다. "깊이 있는 질문을 하는 사람을 조롱하고 그릇된 대답으로 사람들의 인정을 받으려는 사람보다는 '나는 내가 모르는 것에 대해서는 무지하다'고 답하는 사람 쪽을 택하겠습니다."[3] 이 의견이야말로 참으로 아우구스티누스답다. 그는 진지한 신학적 질문을 절대 간단히 처리해 버리지 않을 만큼 겸손하다.

정황상 위의 질문은 질문이라기보다 이의 제기에 가깝다. 이 질문을 한 사람들은 하나님의 영원성과 불변성에 대한 반론으로 이 질문을 던졌다. 하나님이 "한가하셨고", "아무 일도 하지 않으셨다"고 하면, 이들은 "하나님이 창조 전에 아무 일도 안 하신 것처럼 항상 동일하게 계시지 않는 이유가 무엇인가?"라고 물었다. "전에 한 번도 만들어본 적이 없는 피조물을 만드실 만큼 하나님 안에 어떤 새로운 진전과 어떤 새로운 의도가 발생한다면, 이것은 전에 없던 한 뜻이 생겨나는 것인데 어떻게 참 영원성이 있을 수 있는가?" 이들이 이의를 제기한 그 뜻은 하나님의 실체substance와 묶여 있다. 그래서 논리적으로, 만약 그 뜻에 따른 새로운 행위나 그 뜻의 변화가 있다면 이는 실체의 변화가 있다는 말이 되고, 실체에 어떤 변화가 있다면 하나님은 영원한 존재이실 수 없다는 것이다. 반대로 하나님이 영원하시다면, 그런 논리에 근거해 하나님의 피조물도 영원해야 한다는 것이다.[4]

아우구스티누스가 생각하기에 신학적 질문이나 이런 반론은 절대 마음heart의 문제와 분리될 수 없었다. "이들은 상황이 변하고 과거와 미래가 있는 영역에서 자신들의 마음이 여전히 출렁거리며 돌아다니 있을 때 영원을 맛보려고 하니, 이들의 마음은 여전히 '무익'합니다(5:10)."[5]

아우구스티누스는 그런 반론에 그만큼의 단호함으로 맞서는데, 오로지 이는 그렇게 시간에 대한 논의를 시작해, 시간에 제한받지 않으시고 오히려 시간을 초월하시며 시간 밖에 존재하시는 하나님, 시간에 제한받 않고 영원하신 하나님을 옹호하기 위해서다. 하나님은 마치 과거와 미래가 있는 양 변하는 분이 아니다. 하나님은 시간을 초월해 영원하시며 시간 속에 존재하는 데 따르는 변화에 영향받지 않으신 앞으로 살펴보겠지만, 이는 우리가 하나님의 뜻이나 하나님의 창조를 생각할 때 그분이 피조물의 방식으로 행하시는 것처럼 생각하면 안 되며 영원성이 충족되게 행동하시는 하나님께 적절한 방식으로 생각해야 한다는 뜻이다.

하나님의 영원성은 한마디로 하나님의 무한성이 지니는 한 가지 함축적 의미이며, 궁극적으로는 하나님이 지고하고 완전한 존재이신 데 따르는 한 결과다. 시간에는 한계가 내포된다. 시간 속에 존재한다는 것은 변화, 혼합, 의존성, 노쇠 등과 같은 시간의 모든 특성에 제약받는 것이다. 그러나 완전한 존재는, 완전하다는 말의 정의로 볼 때 본성상 무한하시기 때문에 그런 제한이 없다. 하나님은 모든 충만한 의미에서 그분의 속성(들)이시다. 즉, 절대적인 정도의 모든 본질적 속성 그 자체다.[6] 시간을 초월하는 영원성은 오직 신적 완전성과 무한성이라는 자랑스러운 부모의 자녀요 상속자이다. 이 부모는 서로 결혼해서 절대 분리될 수 없다.

영원에서 영원으로

성경은 하나님의 영원한 본성을 부단히 언급한다. 하나님에게는 시작이 없고, 끝도 없다. 하나님은 언제나 계신다. 여기 우리의 유한한 지성으로는 제대로 논할 수 없는 한 개념이 있다. 즉, 어떤 분이 존재하기는 하는데 그분은 결코 존재하게 된 적이 없는 분이라는 개념이다.

성경이 하나님의 영원성을 증명하는 방식들, 그 수많은 방식들을 생각해 보자.[7] 모세는 시편 90편에서 이렇게 기도한다.

> 주여 주는 대대에
> 우리의 거처가 되셨나이다

산이 생기기 전,

땅과 세계도 주께서 조성하시기 전

곧 영원부터 영원까지 주는 하나님이시니이다(90:1-2).

이어서 모세는 하나님의 영원한 존재를 백성의 운명과 비교한다.

주께서 사람을 티끌로 돌아가게 하시고

말씀하시기를 너희 인생들은 돌아가라 하셨사오니

주의 목전에는 천 년이

지나간 어제 같으며

밤의 한 순간 같을 뿐임이니이다

주께서 그들을 홍수처럼 쓸어가시나이다 그들은 잠깐 자는 것 같으며

아침에 돋는 풀 같으니이다

풀은 아침에 꽃이 피어 자라다가

저녁에는 시들어 마르나이다(90:3-6).

잠깐 자는 것이라고? 풀 같다고? 모세는 우리의 수명이 순간에 지나지 않는다고 말한다. 순식간에 홍수가 나고, 그러면 우리는 다시 흙이 된다. 우리는 풀처럼 아침에 돋아났다가 해 질 무렵이면 시들고 만다. 그러나 하나님은 그렇지 않으시다. 하나님은 영원하시다. 이사야 선지자의 말처럼 "영원하신 하나님 여호와, 땅 끝까지 창조하신 이"(사 40:28)시다. 그분의 이름은 "거룩"하실 뿐만 아니라 "높고 거룩한 곳에" 계신 거룩한 분으로서 하나님은 "영원히 거하"신다(사 57:15).[8]

신약성경의 여러 머리말과 축복의 말은 이 거룩하신 하나님의 영원성을 강조하기도 한다. 바울은 하나님을 일컬어 "썩어지지 아니하는"(롬 1:23) 분, "영원하신 하나님"(롬 16:26)이라고 하며, "유일하신 주권자이시며 만왕의 왕이시며 만주의 주시요 오직 그에게만 죽지 아니함이 있"다고(딤전 6:15-16) 말한다. 요한은 아시아의 일곱 교회들을 향해 말하기를 "이제도 계시고 전에도 계셨고 장차 오실 이...로 말미암아 은혜와 평강이 너희에게 있기를 원하노라"(계 1:4)라고 한다. 이어서 요한은 하나님 자신의 말씀으로 인사말을 마무리한다. "나는 알파와 오메가라 이제도 있고 전에도 있었고 장차 올 자요 전능한 자라"(1:8).

하나님은 영원하시기에, 하나님의 시간 감각은 우리의 시간 감각과 같지 않다. 우리는 한 순간이 지나고 다음 순간이 이어지는 것으로 보며, 그것이 바로 우리가 시간을 체험하는 방식이다. 시간을 초월하는 게 우리에게는 불가능하다. 우리는 시간 속에 존재하고, 시간에 매여 있으며, 시간에 의해 형성된다. 그러나 하나님에게는 시간이 달리 인식된다. 시간에 매이지 않고 시간의 셈에 제한받지 않는 분으로서, 하나님은 모든 시간을 단번에 보신다. 베드로는 예수님이 재림하지 않으실 것 같이 느껴져도 어떤 사람들처럼 시간이 더디 간다고 생각하지 말라고 자신의 편지 수신인들을 일깨운다. "주께는 하루가 천 년 같고 천 년이 하루 같다는 이 한 가지를 잊지 말라"(벧후 3:8).

연속적이지 않다면 측량할 수도 없다

신학 논쟁이 대개 그렇듯, 성경에 나오는 단어 하나 인용한다고 해서 반드시 논쟁이 가라앉지는 않는다. 과거에 신학자들은 "영원"everlasting이라는 말의 의미를 두고 논쟁을 벌였다. 이는 하나님이 시간 속에 존재하시되 시작과 끝은 없다는 의미인가? 그렇다면, 하나님은 엄밀하게 영원하신 게 아니라 적당히 영원하신 것이다. 아니면 이는 하나님이 아예 시간 밖에 존재하시면서 시간의 한계에 제한받지 않으신다는 의미인가? 그렇다면 하나님을 영원하신 하나님이라 부르는 것은 하나님이 시간을 초월해 영원하시다는 의미다. 오늘날에는 많은 이들이 첫 번째 입장에 관심을 갖는다. 하지만 하나님이 시간 속에 존재하신다는 말은 하나님을 시간의 모든 한계와 더불어 시간에 매어 두는 것이다. 그렇다면 시간의 한계란 무엇인가?

첫째, 시간 속에 존재한다는 것은 연속되는 순간들에 제약받는 것이다. 예를 들어, 당신은 오늘 아침 잠에서 깨어 7시에 아침 식사를 하고 7시 30분에 옷을 갈아입고 8시까지 출근을 했다. 일분일초가 지날 때마다 당신은 그 시간을 취했다. 지각하지 않을까 조마조마하면서 자동차에 몸을 싣고 있는 사람들은 그 순간 시간을 초월할 수 있으면 좋겠다고 생각한다. 그러나 그건 불가능한 일이고, 우리 모두 그걸 알고 있다. 우리의 바람에도 불구하고 시간은 빨라지거나 느려지지 않는다. 또한 우리는 시간의 지배를 우회해, 시간을 건너뛸 수도 없다. 그렇다. 일 분 또 일 분이 다가왔다가 흘러간다. 우리는 매초, 매분, 매시를 연속적으로 경험한다.

"연속적으로"라는 말이 핵심이다. 아우구스티누스는 우리가 하나님의 영원한 본질을 이해하기 힘든 이유는, 우리가 이 범주에서만 생각을 할 수 있기 때문이라고 말한다. 우리는 "영원을 일시적인 연속성과 비교하려 하지만, 일시적인 연속성에는 아무런 항구성이 없으며", "비교하는 것이 불가능하기" 때문에 그런 시도는 터무니없는 실수다. 출근길 차에 앉아 있는 시간이 마치 영원처럼 느껴지는 이유는, 그 시간이 "동시에 펼쳐질 수 없는 여러 연속적 움직임으로 구성"되기 때문이다.[9] 그러면 하나님과 시간에 대해서도 이런 방식으로 말해야 하는가? 만약 그렇다면, 이는 한계가 없다고(무한하다고) 여겨지는 분을 제한하는 방식임이 분명하다. 어떻게 제한하는가? 먼저, 이는 하나님에게 지금 잠재력이 있다는 뜻이 된다.[10] 우리 인간의 어휘로 볼 때, 잠재력이 있다는 것은 좋은 일이다. 어린이 야구단 소속인 내 아들이 홈런을 치면 나는 어깨가 으쓱해서 내 아이에게는 큰 잠재력이 있다고 말할 것이다. 잠재력은 무엇을 전제로 하는가? 잠재력은 우리가 안 좋은 상태에서 좋은 상태로, 좋은 상태에서 훌륭한 상태로 나아간다는 것을 전제로 한다. 유한하고 변하기 쉬운 피조물인 인간에 대해 말할 때는 이것이 더할 나위 없이 기분 좋은 개념이다.

그러나 이 개념을 하나님에게 적용하는 순간, 엄청난 문제가 발생한다. 하나님이 자신의 잠재력에 도달하셨다면, 이는 하나님이 그전에는 완전하지 않았다는 뜻이 된다. 하나님이 전과 다른 어떤 존재가 되어가고 있는 분이 되는 것이다. 토마스 아퀴나스는 "어떤 변화든 거기에는 연속성이 있고, 한 부분에 뒤이어 등장하는 또 다른 부분이 있다"고 말하며[11] 이 경우 하나님은 변하실 거라고 말한다. 자연히 우리는 이 하나님이 과연 우리가 믿고 의지할 수 있는 하나님이신지 의심하게 될 것이다. 결국, 이 하나님은 더 좋게든 더 안 좋게든 변하시니 말이다.

둘째, 하나님이 연속되는 순간들을 경험하실 경우, 하나님이 어떻게 측량가능한 분이 아니신지 확인하기 힘들다. 인간인 우리에게는 과거, 현재, 미래가 있다. 인간은 본질적으로 평가될 수 있고, 계산될 수 있고, 예측될 수 있는 존재다. "할머니는 여든다섯 살이십니다." "제 여동생은 이제 막 열여섯 살이 되었어요." "지난번 만났을 때보다 훨씬 나이 들어 보이시네요." 이런 말들은 우리가 늘 무언가가 되어가고 있고 어떤 변화의 과정 중에 있다는 사실을 보여 준다. 그렇기에 우리는 측량가능한 존재들이다. 이런 인식은 우리가 나누는 대화 속에도 내재되어 있다. "그 사람은 사실 우리 기준에 이르지 못했어요."

우리가 감히 하나님에 대해서도 그렇게 말할 수 있는가? 하나님은 측량가능한 존재이신가? 그렇지 않다. 하나님이 무한하신 분이라면, 무한하고 영원하신 하나님은 그 말의 정의상 측량될 수 없다. 그리고 하나님이 측량불가능한 분이라면, 하나님은 시간의 제약을 받는 존재가 아닐 것이다. 시간의 제약을 받는 존재는 늘 어떤 방식으로든 측량이 가능하기 때문이다. 왜인가? 한 순간, 그리고 이어서 또 한 순간을 연속적으로 경험한다는 것은 그 존재가 무언가가 되어가는 과정 중에 있다는 의미이기 때문이다. 하지만 "하나님은 무언가가 되어가는 과정이 아니라 영원한 존재이시다"라고 헤르만 바빙크는 말한다.[12] 아우구스티누스는 "영원에서는 그 무엇도 순간적이지 않으며, 전체가 다 현재에 존재한다"고 말한다.[13]

셋째, 한 순간에 이어서 또 한 순간을 경험한다는 것은 하나님이 여러 부분들로 이뤄지며 따라서 변하신다는 의미이기도 할 것이다. "하나님이 처음에는 어떤 일을 하시다가 그 다음에는 또 다른 일을 하신다면 그 하나님은 단순한 분이실 수 없다. 하나님의 본질은 시간이 지나도 늘 여일해야 하고, 그리하여 시간에 따라 변하는 부분이 아닌 어떤 것이어야 하기 때문이다." 시간에는 늘 "이동과 변화"가 수반되고 포함된다.[14] 이동이 문제가 되는 이유는 하나님에게는 이동될 수 있는 부분들이 없기 때문이다. 하나님은 단순하시다. 또한 이동은 그 존재가 순간순간 또는 한 동작 한 동작마다 자리를 바꾸거나 심지어 변화한다는 것을 전제로 한다. 그러나 하나님은 불변하시는 분이다.

하나님의 영구하고 영원한 본질은 시작과 끝이 없을 뿐만 아니라 그 어떤 연속되는 순간들도 배제한다고 이해하는 게 훨씬 좋다. 우리는 시작도 없고 끝도 없으며 연속되는 순간들도 없다는 것을 영원의 세 가지 지표라고 부른다.[15] 이 세 지표에 대해서는 안셀무스가 매우 훌륭하게 표현했다. 그는 하나님의 영원성의 단 한 부분도 "과거와 더불어 비존재non-existence 속으로 새어 나가거나, 거의 존재하지 않는 순간적인 현재처럼 날아서 지나가 버리거나, 혹은 아직 존재하지 않는 것 가운데서 미래와 더불어 미정未定 상태로 기다리지 않는다"고 말한다.[16] 위대하신 "스스로 있는 자"께서는 시간에서 자유롭고, 영원히 그러하시다. 이것은 영원에 해당되는 말이요, 하나님께 해당되는 말이다. 하나님은 "연속성이 없는 동시적 전체instantaneous whole"로서 존재하신다고 아퀴나스는 말한다.[17]

따라서 우리는 영원과 시간은 전혀 다르고 서로 정반대라고 결론 내려야 한다. "영원은 영구한 실존을 계수하고 시간은 변화를 계수한다." 바로 여기에 본질적 차이가 있다. 시간이 끝나지 않는다 하더라도, 이는 "즉각적인 전체"일 수 없을 것이다.[18] 그 범주는 오직 영원에만, 그리고 그와 더불어 영원하신 하나님께만 적용된다. 하나님이 즉각적 전체이시지 않다면 그것은 시간과 함께 오는 변화를 피할 수 없다는 의미이다.

영원한 현재?

지금까지 우리는 하나님이 어떤 분이 아니신지를 설명했다. 즉, 하나님은 시간 속에 존재하시지 않으며, 시간의 제약을 받는 분이 아니다. 안셀무스가 사용한 표현처럼, 하나님에게는 "일시적 현재"temporal present가 없다.[19] 하지만 하나님의 영원성을, 단지 하나님은 영원하시다고 고백하는 것 말고 다른 긍정적 표현으로 말할 수 있지 않을까? 솔직히 말해 이는 아주 어렵다. 아우구스티누스는 다음과 같은 유명한 발언으로 이 어려움을 설명한다. "그렇다면 시간이란 무엇인가? 아무도 내게 이 질문을 하지 않는다면, 나는 시간이 무엇인지 안다. 그러나 이를 질문한 사람에게 설명해야 한다면, 나는 시간이 무엇인지 알지 못한다."[20]

시간에 구속받는 피조물이 시간에서 자유로운 하나님을 묘사한다는 것은 어려운 일이기에, 어떤 이들은 하나님에게는 모든 시간이 다 영원한 현재 같다고 말했다.[21] "하나님은 존재being를 완벽히 소유하신다"고 캐서린 로저스는 설명한다. "왜냐하면 하나님 자신의 삶은 하나님에게 모두 현재이고, 모든 시간이 하나님에게는 그 즉시 현재이기 때문에 하나님은 만사를 늘 다 아시고 만사의 원인이 되신다."[22] 테르툴리아누스는 비슷한 개념을 염두에 두고 이렇게 말했다. "영원에는 시간이란 게 없다. 영원은 그 자체가 모든 시간이다."[23] 하지만 하나님의 영원성이란 하나님에게 그 즉시 현재인 시간이라고 설명해도 여기에는 부족한 점이 있다. 우리는 여전히 시간에 구속받는 범주(영원한 현재)를 이용해 시간의 제약을 받지 않으시는 분을 설명하고 있으며, 그래서 이는 오해의 위험을 무릅쓰는 설명이다.

예를 들어, 하나님에게 영원이란 그저 "길게 늘린" 시간일 뿐이라고 추측할 수도 있다.[24] 그러나 하나님에게 지속duration이 없다면, 끝이 없는 직선은 오해를 낳는 설명이다. 이 설명에서 우리가 한 일은 시간을 취하여 쭉 잡아당긴 다음 시작이나 끝이 보이지 않을 때까지 연장한 것뿐이다. 영원한 지속이라 해도 지속은 지속이요 순간이 계속되는 것일 뿐이다. 그러므로 "하나님은 모든 시간을 포괄하기 위해 시간 상으로 연장되실 필요가 없다"고[25] 확실히 해 두는 게 중요하다. 그보다 시간의 제약을 받지 않는 분으로서 "하나님은 만사를 연속적으로가 아니라 동시에 보신다"고 아퀴나스는 말한다.[26]

모든 완전함의 "광채와 영광"

하나님이 시간의 제약을 받지 않으시고 시간에서 자유로우시다는 게 무슨 의미인지 이해하는 더 좋은 방법은 아마 영원성이 하나님의 다른 모든 속성들과 어떻게 연관되는지 그 여러 가지 방식들을 알아보는 방법일 것이다.[27]

"영원성은 하나님의 최고 속성"이요 다른 모든 속성의 "광채와 영광"이라고 스티븐 차녹은 말한다. 그 이유는 모든 "완전함은, 늘 완전

하지 않다면 불완전할 것"이기 때문이다.[28]

　우리는 이 말에 관심을 가져야 한다. 이 책의 각 장에서 우리는 어느 한 속성이 다른 속성들과 어떻게 연결되는지를 탐구했다. 속성들은 한 가닥 한 가닥이 다 나머지 가닥과 연결되어 있는 거미줄과 같다는 것을 기억하라. 하지만 영원성은 그중에서도 특히 주목해 볼 만한 가닥이다. 영원성 없이는 다른 모든 속성들이 더는 존재할 수 없다. 영원성이 없으면 전지성, 불변성, 사랑 같은 속성을 비롯해 다른 수많은 속성들이 그 변함없는 광채를 잃는다. 이 속성들이 빛을 잃고 희미해지는 이유는 이 속성들이 하나님의 존재being에 영원히 해당되지는 않기 때문이다. 하나님의 사랑은 바람 앞의 불꽃처럼 꺼진다. 사랑하는 대상을 영원히 지킬 수 없기 때문이다. 하나님의 공의는 앞으로 나아가 모든 잘못된 일들을 바로잡지 못하고 오히려 하나님의 원수들이 최종 결정권을 갖게 만들 것이다. 또한 하나님의 본질 자체도 쉽게 변한다. 불변성이 더는 영원성과 연결되어 있지 않으니 말이다.

　영원성의 "광채와 영광"이 반짝이는 것을 보려면, 영원성이 다른 속성들과 결합되는 몇 가지 방식을 더 살펴보라.

강江인가 대양大洋인가?
불변하게 영원하시고, 영원히 단순하신 하나님

　앞에서 우리는 하나님이 연속되는 순간들에 제약받지 않으신다고 결론 내렸다. 시간의 연속은 하나님 안에 변화를 끌어들일 테지만, 하나님은 불변하시다. 차녹은 강과 대조되는 바다를 예로 든다. 강은 여기저기로 흐르면서 변화하며, 때로는 주변 환경에 따라(예를 들어 비가 많이 와서 홍수가 난다거나 하면) 위치나 목적지가 바뀌기도 한다. 강은 강 외부의 어떤 것에 아주 쉽게 영향을 받는다.

대양은 그렇지 않다. 대양은 마치 한 번도 변하지 않는 것 같다. 대양은 늘 같은 자리에 있다. 해가 바뀌어도 대양의 물은 늘 여일하다. 대양은 일정불변하고 안정되어 있다. 강이 대양과 경쟁을 벌이기라도 한다면, 경쟁 따위는 성립되지 않을 것이다. 대양이 강을 삼켜 버릴 것이다.[29] 바다는 수역이 엄청나게 광대해서 늘 일정한 모습을 유지한다.

하나님은 강보다는 대양과 더 비슷하다. 무한하신 분으로서 하나님은 "무한한 존재의 바다"이시다.[30] 그러나 하나님은 그냥 무한하신 게 아니라 영원하고도 불변하게 무한하시다. 시간이라는 강은 늘 변하고 바뀌지만, 하나님이라는 대양은 늘 일정하고, 안정되어 있고, 변하지 않는다. 하나님은 그 어떤 연속된 순간들에도 변하지 않으신다. 하나님에게는 연속된 순간이라는 게 없기 때문이다. 하나님에게는 시작이 없다. 하나님에게는 끝이 없다. 하나님은 그냥 존재하신다. 그래서 요동하지 않으신다. 하나님의 "불변하는 영원성이란 하나님이 조건 없이 존재하신다는 뜻이다"라고 안셀무스는 말한다. 그래서 "'과거에는 무엇이었다', 혹은 '앞으로는 무엇일 것이다'라는 식으로 변화에 대해 말할 수 없다. 불변하는 영원성은 가변적인 방식으로 존재하지 않는다. 이는 과거와 다른, 혹은 미래와 다를 무언가로 존재하지 않는다. 지금은 무엇이 아니지만 전에는 그것이었을 수가 없다. 혹은 앞으로 그것일 수가 없다. 이는 그저 지금 그러한 것처럼 과거에도 그러했고, 그와 동시에 끝없이 그러한 것이다."[31] 그런 이유로, 하나님의 영원성은 보호하는 역할을 하며, "온갖 가변성을 막아 주는 방패"이다.[32] 하나님이 영원하시고 시간에서 자유로우시지 않다면, 하나님의 본질은 온갖 변화에 취약하다.

하나님은 부분들이 없기 때문에 불변하게 영원하시다. 여러분과 나 같은 피조물이 시간에 따라 변하는 이유는 우리에게 시간에 따라 변하는 부분들이 있기 때문이다. 시간에 구속받는다는 것은 우리가 부분들로, 즉 한 상태에서 다음 상태로 변하는 부분들로 이루어져 있다는 의미다. 그런 부단한 변화는 "무언가를 획득한다" 혹은 "무언가를 상실한다"는 뜻이다.[33] 우리는 가감加減의 대상이다.

하지만 시간 밖에 있는 존재에게는 부분들이 있을 수 없다. 하나님이 만약 시간의 구속을 받는다면 하나님의 본질이 어떻게 영향을 받겠는지 잠깐 상상해 보라. 안셀무스는 이렇게 말한다. "지고한 본질이 시간의 구획과 함께 여러 부분들로 나뉠 것이다. 지고한 본질의 수명이 시간의 흐름에 따라 길어지면, 현재와 과거와 미래를 갖게 될 것이기 때문이다." 하나님은 한 순간에는 이런 분이었다가 다음 순간에는 다른 분이 될 것이다. 하나님은 "시간 여기저기에 흩어져 있는 부분들"을 갖게 될 것이다.[34]

그런 개념은 합성적인 존재와는 조화될 수 있으나, "지고하게 단순하시고 지고하게 일정불변하시는"[35] 하나님에게는 들어맞지 않는다. 시간 속에 존재하는 것은 "시작"이 있고, "점차" 자란다. 시간 속에서 이 존재는 "연속되는 부분들"이라는 특징을 갖기 때문이다. 영원한 존재는 그렇지 않다. "영원성은 시간에 반反하며, 그러므로 영구적이고 불변하는 상태다. 그 어떤 변화도 없이 생명을 완벽히 소유하는 것이다."[36] 차녹은 이렇게 결론 내린다. "시간의 본질이 순간들의 연속에 있는 것처럼, 영원의 본질은 무한히 불변하는 지속이다."[37] 부분들도 없고, 변화도 없고, 시간의 흐름도 없다. 이 세 가지는 불가분하게 연결된다. 하나님은 부분들이 없기 때문에 뭔가가 더해질 수도 없고 감減하여질 수도 없다. 하나님은 더 위대하거나 덜 위대한 분이 되지 않는다. 그것은 오로지 하나님이 영원하시고, 언제나 존재하시며, 언제나 지금 그대로의 완전하신 하나님으로, 즉 불변하게 영원하시고 영원히 단순하신 분으로 계시기 때문이다.[38] 그 결과, 하나님의 속성 또는 하나님의 완전함에 무언가가 더해질 수도 없고 그분의 본질에서 무언가가 감하여질 수도 없다. 하나님의 속성들이 곧 하나님의 본질이다. 또한 이 속성들은 시간이 흐름에 따라 더 커지거나 더 작아지지 않는다. 속성들은 영원히 한결같다. 시간에 구속받지 않으시는 우리 하나님은 언제나 그랬듯 늘 똑같고 앞으로도 그럴 분이시다. "오늘 하나님은 어제의 하나님이 입지 않았던 본질을 입고 계시거나, 혹은 지금 입고 있지 않은 본질을 내일이나 내년에 입지도 않으실 것이다. 하나님의 모든 속성들은 매 순간 하나님 안에서 가장 완전하다. 모든 세대 전에도, 모든 세대 후에도 그러하다."[39] 제한이 없고 무한하신 존재로 늘 계시는 한, 하나님이 시간과 공간에 구속받으신다고 말할 수 없다. 그분은 필연적으로 "모든 곳에 그리고 늘 존재하신다."[40]

누구에 의해서도 생겨나지 않았고 누구에게도 박탈당하지 않는 자존하시고, 영원하시며, 전능하시고, 무한하신 생명

신적 영원성이 그토록 중요한 한 가지 이유는, 이 영원성이 없다면 하나님은 타자에게 휘둘리는 분이 되실 것이기 때문이다. 한번 생각해 보라. 하나님이 만약 창조되신 분이라면, 어느 특정한 시간에 존재하게 되신 분이라면, 그 하나님은 타자에 의해 생겨난 분이실 것이다. 하나님을 창조한 이가 누구든 그가 하나님보다 더 권세 있는 이일 것이다. 그 창조자가 하나님에게 생명을 주었으므로 하나님에게서 생명을 취해갈 수도 있을 것이다. 간단히 말해, 하나님의 현존이 타자에게 좌우되므로 그 하나님은 더는 하나님이 아닐 것이다.

하나님이 영원하시다는 것은 정말 반가운 소식이다. 불멸한다는 것은 하나님이 자존하시며 자충족적인 분이라는 뜻이기도 하다. 바로 이 때문에 하나님은 다른 누구에게도, 다른 무엇에게도 의존하지 않으신다. 오히려 하나님은 "자신의 존재에 확고히 고정되어 계시다." 왜냐하면 "누구도 하나님께 생명을 주지 않았고" 그래서 "누구도 하나님에게서 생명을 박탈할 수 없기 때문이다."[41] 하나님으로 존재하기 위해, 적어도 독자적인 하나님으로 존재하기 위해 하나님은 필연적으로 영원하셔야 한다. 자존성과 영원성이라는 속성은 병행하며, 보에티우스는 왜 자존성을 포함하지 않고는 영원성을 정의하지 못하는지 그 이유를 설명해 준다. 하나님의 영원성은 "무한한 생명을 전체적이고, 동시적이고, 완전하게 소유하는 것"이다.[42]

다른 누구도 하나님에게 생명을 주지 않을진대, 우리 하나님은 자기 안에 자기 스스로 생명을 소유하신다. 하나님은 독자적으로 영원하시다. 하나님은 우리처럼 생명을 획득하시지도 않고, 우리처럼 생명을 부여받지도 않으시며, 그저 하나님 자신이 생명이시다. "스스로 있는 자"(출 3:14)라는 하나님의 이름은 이 점을 풍성히 암시하고 있는 게 확실하며, 이것이 바로 과거 여러 세대에 걸쳐 많은 이들이 하나님에게 "순수 현실태"라는 호칭을 붙인 이유다. "모든 생명이 그 합당한 좌소로서 하나님 안에, 가장 완전한 순수 안에 자리 잡고 있다. 하나님이 생명이시다. 생명은 원래, 근본적으로, 그러므로 영원히 하나님 안에 있다. 하나님은 순수 현실태요, 생기生氣와 행위이시다. 다른 존재들은 하나님에게서 부여받은 생명을 하나님은 본래부터 갖고 계신다."[43] 따라서 당연히 우리는 "영원하신 왕 곧 썩지 아니하고 보이지 아니하고 홀로 하나이신 하나님께 존귀와 영광을 영원무궁하도록" 돌려야 한다(딤전 1:17). 우리가 하나님께 드리는 경배는 절대 끝나지 않을 것이니, 우리가 경배하는 하나님은 절대 끝나지 않는, 하나님 자신 안에 언제나 영원히 스스로 있는 생명이시기 때문이다.

마지막으로 한 가지 요점이 있다. 하나님이 하나님 자신 안에서 하나님 스스로 생명이시라면(실로 하나님은 생명이시다), 하나님은 피조물과 달리 자신의 생명을 순간순간이 아니라 한꺼번에 경험하신다는 사실이 뒤따라야 한다. 하나님을 피조물과 비교해 보라. 하나님은 "자신의 무한한 생명을 '동시에 소유'하시지만", 피조물은 "현재의 매 순간에 자기 삶의 다른 모든 순간에 거의 다가가지 못하거나 그 순간에 대해 아무런 힘을 가질 수 없는 '두려울 만큼 단절된' 삶"을 영위한다.[44] 하나님은 자존하시고 영원하신 하나님이실 뿐 아니라 전능한 생명 자체이시다. 우리는 생명을 한 번에 한 순간씩만 경험하도록 제한받지만 하나님은 자신의 모든 생명에 대해 동시에 권세를 지니신다. 우리는 하나님이 동시에 권세를 지니는 이 생명이 무한한 생명이라는 것을 잊어서는 안 된다. 이 생명은 무한정하고 무제한한 생명이다. 그러니 우리 하나님은 자존하시고, 영원하시고, 전능하시며, 무한하신 생명이라는 것 말고 우리가 달리 무슨 결론을 내릴 수 있겠는가?

하나님의 권세를 하나님의 불변성과 떼어놓을 수 없는 것처럼, 하나님의 불변성은 하나님의 영원성과 단절되어서는 안 된다. 폴 헬름의 말처럼 "특별히 강한 의미에서 불변하시는 하나님만이 성경에서 하나님이 행하신다고 하는 모든 일을 (논리적으로) 행하실 수 있으며, 시간의 제약 없이 존재하시는 경우에만 하나님은 이 강한 의미에서 불변하실 수 있다."[45]

영원한 작정과 창조

이해가 가는 일이지만, 이 부분에서 한 가지 이의가 제기될 수도 있다. 이는 천지를 창조하시기 전 하나님은 무얼 하고 계셨느냐는 질문이 있었을 때 아우구스티누스에게 제기되었던 것과 같은 종류의 반론이다. 하나님이 시간의 제약 없이 영원하신 분이라면, 그분은 어떻게 행동하시는가? 예를 들어 하나님은 세상을 어떻게 창조하시는가? 어떤 행동을 한다거나 하려는 의지를 갖는다는 것은 연속되는 시간 속에서 이뤄지는 일임을 뜻하는 것 같다. 특히 하나님의 뜻에서 비롯되는 일련의 행동이 있을 때는 더욱 그렇다. 그래서 창조는 하나님이 영원하실 수 없음을 입증한다는 식으로 논의가 흘러간다. 이는 하나님의 작정에는 순서가 있다는 역사적 견해에 기생^{寄生}하는 반론으로, 이 견해는 하나의 작정이 다른 작정에 뒤이어 발생한다는 뜻으로 보인다.

이 질문에 대답을 하려면 신학적으로 정밀할 필요가 있다. 하나님의 작정에 대해 말할 때 우리가 언급하는 것은 영원한 실재^{實在}이다. 앞에서 말한 순서는 시간의 흐름에 따른 순서일 수 없으며, 다만 논리적 순서다. 이렇게 구별하면 현학적인 말로 들리기도 하지만, 이는 우리의 일상생활에서 흔한 일이다. 방에 들어가 전등을 켰을 때 무슨 일이 먼저 발생하는가? 스위치를 켠 게 먼저인가, 아니면 전등불이 방을 환하게 하는 게 먼저인가? 시간 속에서는 두 가지가 동시에 일어나는 것으로 보인다. 하지만 논리적으로는 순서가 분명하다. 스위치를 켜는 게 먼저다. 방 안의 빛이 있어야 전등 스위치를 켜는 게 아니라 전등 스위치가 켜져야 전등불이 방을 밝힌다. 전기가 발견된 덕분에 말이다. 논리적으로, 하나가 먼저 있고 그 뒤에 다른 하나가 이어진다. 비록 시간 속에서는 두 가지가 동시에 일어나는 것처럼 보이지만 말이다.

마찬가지로, 하나님의 작정을 언급하면서 어느 것이 먼저인지를 알고자 할 때, 우리는 이것이 시간상의 순서가 아니라 논리적 순서라는 것을 기억할 필요가 있다. 그 작정은 영원한 작정으로, 시간의 제약 없이 영원하신 하나님이 내리시는 작정이기 때문이다. 하나님이 불변하고도 영원하게 무언가를 하고자 하심은, 하고자 하시는 하나님이 불변하고 영원하시기 때문이다. 5장에서 논의한 것처럼, 하나님의 의지는 하나님의 본질과 동일하다.⁴⁶⁾ 그러므로 하나님의 의지에 따른 행위에다 변화를(그리고 변화와 함께 시간 개념을) 슬쩍 끼워 넣으려 해봤자 소용

없다. 하나님의 의지와 본질은 서로 나뉠 수 없으니 말이다. 세상을 창조하고자 뜻하시는 것 안에서도 하나님은 여전히 변하지 않으시고, 시간의 제약 없이 영원하시다. 그렇지 않으시다면 창조는 어떤 식으로든 하나님 안의 실현되지 못한 잠재력을 충족시키게 될 터였다. 그런 하나님은 더는 순수 현실태가 아니실 것이다. 하지만 순수 현실태로서 하나님은 "세상이 생겨나도록 하기 위해, 존재하시는^{be} 것 외에 어떤 일도 '할^{do}' 필요가 없다."[47]

이는 구원 역사에서 하나님의 작정이 실행될 때 피조물이 경험하는 것 같은 시간상 순서와 시간적 연속이 있음을 부인하려는 것이 아니다. 하지만 그 연속은, 예를 들어 우리 인간이 불경건 상태에서 하나님과 화해한 상태로 전환될 때 우리 안에 일어나는 변화를 설명하는 것처럼 하나님 안에 일어나는 변화를 설명하는 개념이 아니다. 은혜로 부름받고 중생한 죄인은 시간의 연속을 경험한다. 그런 사람은, 먼저 의롭다 여김 받고 이어서 영화롭게 된다. 그리고 그 두 가지 일 사이에 평생의 견인堅忍 과정이 있다. 그렇지만 칭의·견인·영화는 시간 속에 사는 피조물이 시간상으로 경험하긴 해도, 하나님이 영원히 작정하신 것이며 시간을 초월한 영원 안에서 하나님의 마음속에서 확정된 것이다.[48]

한마디로 말해, 하나님을 설명할 때 창조질서를 존재하게 하신 분으로 말할 수는 있지만, 그렇다고 해서 하나님이 자신이 창조하신 시간에 구속받으신다고 생각해서는 안 된다. 그보다, 창조 사역은 영원하신 하나님의 영원한 작정에서 비롯되는 일이다. 이는 아우구스티누스의 말처럼 "시간의 흐름 없이 영원하신" 하나님은 "자기 자신 안에는 아무런 변화 없이" 창조질서를 변화시키실 수 있다는 뜻이다.[49] 하나님은 만물을 창조하시고, 돌보시고, 변화시키시되, 그렇게 하시는 동안 하나님 자신은 시종 동일하고 시간의 제약 없이 영원하시다.[50]

하나님의 작정이 이 작정을 내리시는 하나님과 아주 흡사하게 영원한 성질을 지닌다는 것은 약하고 변덕스러운 우리 그리스도인들에게 반가운 소식이다. 이는 하나님이 어떤 한 가지 일을 작정하시고는 나중에 그 작정을 바꾸어 다른 일을 하고자 하시지 않는다는 뜻이다. 그보다 영원 속에서 하나님이 작정하신 일은 여전히 확고하며, 적정한 때가 되면 실현된다. 하나님은 약속을 하시면 그 약속을 실행하신다. 이렇게 말했으므로 이제 영원하신 하나님이라는 말이 실제적인 면에서 어떤 의미를 지니는지 확인할 준비가 된 셈이다.

영원한 심판자, 영원한 심판

하나님의 영원성은 세상에서 최악의 소식이기도 하고 세상에서 최고의 소식이기도 하다. 영원하신 하나님이 다가올 영생을 보장하시기에 이 사실은 신자에게 위로가 되지만, 하나님의 영원성은 다가올 심판을 부단히 상기시키므로 불신자에게는 고통을 준다. 나쁜 소식으로 먼저 시작해 보자.

불신자에게 하나님의 영원성은 엄청난 불편함의 근원이다. 그리스도인은 요한복음 3장 16절을 즐겨 인용하는데, 이 구절은 믿는 사람들을 위한 영생의 근원으로 영원하신 하나님을 의지한다. 인기가 훨씬 덜하기는 하지만 요한복음 3장 18절도 16절 못지않게 진리다. "그를 믿는 자는 심판을 받지 아니하는 것이요 믿지 아니하는 자는 하나님의 독생자의 이름을 믿지 아니하므로 벌써 심판을 받은 것이니라." 흔히들 말하기를, 예수님은 지옥의 영원성에 대해 다른 어떤 성경 기자들보다 자주 말씀하셨다고 한다. 복음서를 대략 훑어보기만 해도 이 주장이 맞다는 것을 알 수 있다. 난처해하거나 민망해하는 기색 없이, 예수님은 다가올 영원한 진노에 대해 거침없이 경고하신다(마 18:8; 25:41).

성경에서 말하는 영원한 정죄 개념은 정치적으로 올바르지 않고 신경에 거슬릴 만큼 비관적인 개념으로 여겨져 21세기의 많은(어쩌면 대다수) 이들에게 경시된다. 하지만, 지난 세대에서는 영원한 형벌에 대한 묵상이 전 교회와 도시들을 감동시켜 회개하고 그리스도를 믿게 만듦으로써, 진정한 갱신과 부흥에 없어서는 안 될 요소로 입증되었다. 대학교 강의실에서 영어 교수가 조나단 에드워즈Jonathan Edwards(1703-1758)의 위협적인 설교, 곧 "진노하신 하나님의 손에 붙들린 죄인"에 등장하는 원색적 수사修辭를 비웃는 너무도 흔한 광경에 여러분도 공감할는지 모르겠다. 에드워즈가 어떤 상황에서 그 설교를 했는지에 주목하는 교수는 거의 없다. 에드워즈가 노샘프턴에서 수많은 이들이 기적처럼 돌연 회심하는 광경을 볼 수 있었던 것은 오로지 그가 예수님이 하신 대로 청중에게 경고했기 때문이다. 즉, 에드워즈는 청중에게 하나님의 은혜로운 품으로 달려가지 않는 한 다가올 진노를 피할 수 없고, 그 품안에서만 영생을 찾을 수 있다고 경고했다.

에드워즈는 여러 가지 면에서 청교도의 긴 계보系譜를 잇는 마지막 주자였다. 그보다 한 세기 전, 스티븐 차녹도 그런 공포스러운 말로 가득한 설교를 했다. "영원하신 하나님의 일격 아래 쓰러져 있다는 것은 얼마나 두려운 일인가! 하나님의 영원하심이 그분을 사랑하는 자에게 위로가 되는 만큼 그분을 미워하는 자에게는 크나큰 공포가 된다. 그분은 '살아 계신 하나님이시요 영원한 왕이시라. 그 진노하심에 땅이 진동하며 그 분노하심을 이방이 능히 당하지 못하'기 때문이다(렘 10:10)." 차녹은 계속해서 말한다. "비록 하나님은 그들의 생각 속에서 별 가치가 없고 세상에서는 무시되지만, 하나님의 영원성에 대한 생각은, 그분께서 세상을 심판하러 오실 때 그분을 멸시하던 자들을 떨게 만들 것이다." 하나님은 악인을 벌하시는 심판자시다. 그런데 이 심판자는 영원히 사시는 분이니, 이는 "형벌의 고통 중에 있는 자에게는 더할 수 없는 아픔이요, 그 고통에 상상할 수 없는 무게를 더한다."[51]

하나님의 영원성은 불신자에게 하나님의 권능보다도 더 큰 두려움의 근원이다. 정확히 왜 그러한가? 영원성이 아니면 하나님의 권능은 지속되지 못하고, 악인은 결국 벌을 면할 것이기 때문이다. 하지만 권능이 영원성과 짝을 이룰 때, 하나님이 내리시는 징벌에는 끝이 있을 수 없다. "하나님의 권능보다도 하나님의 영원성 때문에 징벌이 더 무시무시해진다." 왜냐하면 "하나님의 권능 때문에 징벌이 매서워지기는" 해도, 징벌을 "영원하게 만드는" 것은 하나님의 영원성이기 때문이다. 징벌이 영원히 지속되기에, 이는 "채찍 끝마다 달린 가시"와 같다.[52]

가시가 얼마나 날카로운지, 특히 자신의 죄가 얼마나 깊은지에 대해 정직한 사람이라면, 내게 과연 무슨 소망이 있을까 하는 생각을 하게 될지 모른다. 어떤 의미에서는 아무 소망이 없다. 자신의 공로와 자신의 조건으로 하나님의 영원한 심판을 피하기를 기대하는 한에서는 말이다. 그러나 포기하고 자기 자신 밖으로 시선을 돌려 영원하신 하나님을 바라보면, 우리를 영원히 정죄하실 만큼 공의로우신 바로 그 하나님이 우리에게 영생을 주는 데 앞장서셨다는 것을 알게 된다. 어떻게 그렇게 되는가?

영원한 언약, 영원한 제사장

위의 질문에 대한 답변은 멜기세덱이라는 인물에게서 찾을 수 있다. 멜기세덱은 창세기에 등장하는 신비로 가득한 사람이다. 첫째로, 멜기세덱은 왕이자 제사장이다. 창세기 14장에서 우리는 멜기세덱과 아브라함의 우연한 만남을 목격한다. 이때의 정황을 유념하라. 아브라함은 조카 롯과 그의 가족, 그의 소유를 몇몇 왕들에게서 방금 구해낸 참이었다. 아브라함은 전투에서 승리를 거두고 돌아오다가 멜기세덱을 만나는데, 그는 살렘의 왕일 뿐만 아니라 "지극히 높으신 하나님의 제사장"이었다(창 14:18). 제사장으로서 멜기세덱은 아브라함에게 축복을 하면서, 아브라함이 원수들에게 승리를 거둔 것을 하나님의 손이 한 일로 돌린다. 이에 아브라함은 답례로 멜기세덱에게 십일조를 바치고 그의 축복을 받는다.[53]

멜기세덱이라는 이름이 의미심장한데, 왜냐하면 이 이름은 "의의 왕"이라는 뜻으로, 아브라함을 적대한 악한 왕과 대조되기 때문이다. "의의 왕"으로서 멜기세덱은 앞으로 오실 왕이요 제사장이신 분, 즉 메시아를 예표한다. 시편 110편에 암시되었다시피, 멜기세덱 계열의 제사장으로서 메시아는 영원한 제사장직에 속하며, 이 제사장 직분은

죄를 결정적으로 대속할 수 있는 의에 기반을 두고 있다.[54]

이는 히브리서 기자가 두려움 없이 주장하는 내용이다. "멜기세덱은 아버지도 없고 어머니도 없고 족보도 없고 시작한 날도 없고 생명의 끝도 없어 하나님의 아들과 닮아서 항상 제사장으로 있느니라"(히 7:3). 히브리서 기자의 말이 멜기세덱은 죽지 않았다거나 혹은 육신의 부모가 없다는 뜻인지는 확실치 않다. 그보다 히브리서 기자는 창세기에 기술된 내용에서 멜기세덱이 아무런 설명도 없이 불쑥 나타나서는 아무런 예고도 없이 이야기에서 사라진다는 사실을 단순히 관측하고 있다. 멜기세덱에게는 족보가 없다. 성경은 그가 언제 태어났고 언제 죽었는지 기록하지 않는다. 마치 그의 제사장직이 끝이 없었던 것처럼 말이다.

영원히 제사장으로 있기에(히 7:3), 멜기세덱은 앞으로 오실 메시아의 모형이다. "제사장 된 그들의 수효가 많은 것은 죽음으로 말미암아 항상 있지 못함이로되 예수는 영원히 계시므로 그 제사장 직분도 갈리지 아니하느니라 그러므로 자기를 힘입어 하나님께 나아가는 자들을 온전히 구원하실 수 있으니 이는 그가 항상 살아 계셔서 그들을 위하여 간구하심이라"(7:23-25).

더 좋은 제사장, 하나님께 임명받은 제사장으로서(7:20-21), 그리스도께서는 더 좋은 언약이 있게 하실 수 있었다. 그리스도는 멜기세덱의 반차에 따른 제사장이시며, 멜기세덱의 이름은 "의의 왕"이라는 뜻임을 기억하라. 과거의 제사장들, 곧 자기 자신도 죄인이어서 백성의 죄뿐만 아니라 자신의 죄를 위해서도 희생제사를 드려야 했던 옛 제사장들과 달리, 그리스도는 "거룩하고 악이 없고 더러움이 없"는 제사장이시고 완전한 제사장이시다. 따라서 그리스도께서는 죄 사함을 위한 완전하고 무죄한 제물로서 자기 자신을 바치실 수 있었다(히 7:26-27; 참조 10:11-14).

우리의 죄 없는 중보자의 영원한 제사장직이 아니었다면, 우리에게는 우리 죄에 합당한 영원한 형벌을 처리해 줄 수 있는 제사가 없다. 영원하신 하나님의 아들만이 그 조건을 충족시키신다(히 7:3; 참조 요 17:5; 골 1:16-17). 차녹은 이렇게 말한다. "영원하신 하나님께 지은 죄의 대가를 치를 수 있는 영원한 신성이 그분에게 없었다면, 우리 죄가 완벽히 속하여질 수 있었을까? 그분의 인격의 영원성과 무한성이 그분께서 당하신 수난에 값어치를 더해 주지 않았다면, 잠시 당하는 고통은 별 효력이 없었을 것이다."[55] 전에 자기 죄의 결과로 멸망할 운명이었던 사람들도 이제 기뻐하면서 큰 확신을 가지고 이렇게 말할 수 있다. "이러한 대제사장이 우리에게 있다는 것이라 그는 하늘에서 지극히 크신 이의 보좌 우편에 앉으셨으니"(히 8:1).

빈민가에서의 진흙 파이 또는 해변에서의 휴가

무한하시고 영원하신 하나님과 관련하여 참으로 놀라운 점은 그 하나님이, 그리고 오직 그 하나님만이 영원한 생명을 주실 수 있다는 것이다. 사도 바울은 디도에게 보내는 편지에서, 자신이 편지를 쓰는 것은 "하나님의 택하신 자들의 믿음과 경건함에 속한 진리의 지식과 영생의 소망을 인함이라 이 영생은 거짓이 없으신 하나님이 영원 전부터 약속하신 것인데 자기 때에 자기의 말씀을 전도로 나타내셨으니 이 전도는 우리 구주 하나님의 명대로 내게 맡기신 것이라"라고 말한다(딛 1:1-3). 그리스도인이 영원한 생명에 대한 풍성한 확신을 소유하는 것은 그 자신이 영원하신 하나님이 거짓말하시지 않는, 실로 거짓말하실 수 없는 하나님이시기 때문이다(히 6:18). 하나님의 작정이 변하지 않는 것은 하나님 자신이 변하지 않으시기 때문인 것처럼, 그리스도를 믿는 죄인이 영원한 생명에 대한 풍성한 확신을 갖는 것은 그 생명을 주시는 분이 바로 생명이시며, 그것도 영원히 그러하시기 때문이다.[56]

영생은 신자에게 어떤 종류의 기쁨을 안겨 주는가? 절대 끝나지 않는 기쁨, 끝없이 충족감을 주는 기쁨이다. 그래서 다윗은 다음과 같이 기뻐했다.

> 주께서 생명의 길로 내게 보이시리니
> 주의 앞에는 기쁨이 충만하고
> 주의 오른쪽에는 영원한 즐거움이 있나이다(시 16:11).

이는 세상 사람들이 하나님을 제외한 모든 것에서 찾으려고 애쓰는 그런 유형의 기쁨 아닌가? 그리스도 밖에 있는 사람들은 정치, 돈, 명성, 성, 소유, 관계 등 모든 곳에서 오래 지속되는 행복을 추구한다. 궁극적 행복을 추구할 때마다 사람은 결국 불만족하고 좌절하고 몹시 지치기만 할 뿐이다. 그리스도인은 그런 단명短命하고 열등한 행복을 추구하게 되어 있지 않다. 왜인가? 신자는 끝나지 않는 기쁨의 참 근원이시며 유일한 근원이신 하나님을 알고 영원히 즐거워하는 존재로 지음 받았기 때문이다. 하나님이 우리에게 녹슬지도 쇠하지도 않는 기쁨을 주실 수 있는 이유는, 하나님 자신이 우리의 기쁨이 되시기 때문이다. 기독교는 하나님이 자신보다 더 좋은 어떤 것이나 어떤 사람, 우리를 궁극적으로 행복하게 해줄 다른 어떤 것으로 우리를 데리고 가실 수 있도록 하나님께 나아가는 것에 관한 것이 아니다. 우리는 하나님 안에서 우리의 모든 기쁨, 즐거움, 행복을 찾을 수 있다. 무한한 행복, 세상 모든 사람들이 더듬거리며 찾는 그 행복을 누릴 존재로 우리가 지음 받았다면, 그 행복을 찾을 수 있는 유일한 곳은 무한하신 분, 오직 그분 안에서다. 아우구스티누스가 기도하는 것처럼, "주님은 사람의 마음을 움직여 주님을 찬양하는 데서 즐거움을 누리게 하십니다. 이는 주께서 우리를 주님 자신을 위해 만드셨고, 우리 마음은 주님 안에서 안식하기까지 평안할 수 없기 때문입니다."[57]

존 파이퍼는 평생에 걸쳐 이 진리를 선포했다. "하나님은 우리가 하나님 안에서 만족할 때 가장 크게 영광받으신다."[58] 위에 인용한 아우구스티누스의 기도에서도 보듯, 파이퍼의 주장은 새로운 주장이 아니다. 청교도 시대의 산물인 웨스트민스터 소요리문답도 서두의 질문에서 비슷한 말을 한다. "사람의 제일 되는 가장 고귀한 목적은 무엇인가? 사람의 제일 되는 가장 고귀한 목적은 하나님을 영화롭게 하는 것, 그리고 영원히 그분을 온전히 즐거워하는 것입니다Man's chief and highest end is to glorify God, and fully to enjoy him for ever." 파이퍼는 자신이라면 그 문장을 살짝 비틀어, "그리고"and 이하를 "~함으로써"by로 바꾸겠다고 했다. "사람의 제일 되는 목적은 하나님을 영원히 즐거워함으로써 하나님을 영화롭게 하는 것입니다."[59] 요리문답 작성자들의 생각도 다르지 않을 것이다. 살짝 비튼 문장이 바로 이들이 말하려는 것이니 말이다. 우리는 하나님을 영화롭게 하려고 창조되었다. 하나님은 가장 영화롭고 무한한 존재이시고(3장을 보라), 우리가 하나님을 가장 영화롭게 하는 방법은 하나님을 있는 그대로 즐거워하는 것이다. 하나님은 세상에 존재하는 가장 무한하고 영화로운 분이시기 때문이다.

이 땅에서 우리는 이런 식으로 살기를 힘겨워 한다. 우리는 영적 근시안이다. 이 세상이 주는 쾌락에 미혹되어, 즉각적 만족감 너머에 있는 무한하신 분 안에서만 찾을 수 있는 영원한 즐거움을 보지 못한다. C. S. 루이스는 "상급에 대한 염치없는 약속, 복음서에 약속된 상급의 믿기 어려운 특질"을 고려할 때, 우리 "주님께서는 우리의 욕구가 너무 강한 게 아니라 오히려 너무 약하다고 생각하신다"고 애석해 한다. 어째서 그런가? "우리는 무한한 기쁨이 주어지는데도 술과 섹스와 야망에 시간을 허비하면서 마지못해 살아가는 피조물이다. 해변에서 휴가를 보내자는 제안이 무슨 의미인지 몰라 빈민가에서 진흙 파이나 만들고 싶어 하는 세상 물정 모르는 어린아이 같다. 우리는 너무 쉽게 만족한다."[60]

우리가 이 세상에서 누리는 모든 것은 두 가지 이유에서 우리를 만족시키지 못한다. (1) 세상에서 누리는 즐거움은 오래 지속되지 못한다. (2) 즐거움의 대상 자체가 궁극적으로 만족스러운 것으로 입증되지 못하고 어떤 측면에서든 결핍이 있다. 하나님에게는 이런 부족함이 허용되지 않는다. 하나님은 영원하신 분이기에, 하나님에게서 누리는 즐거움은 절대 끝나지 않는다. 하나님은 무한히 아름답고, 위엄 있고, 영광스러운 분이시기에, 하나님에게서 누리는 즐거움은 우리가 이제까지 경험할 수 있었던 모든 즐거움 그 이상임이 입증될 것이다. 하나님의 존재를 이 세상에 있는 대상들하고만 비교해서 생각하면, 이 두 가지 진리가 어떻게 참일 수 있는지 이해하기 어려울 것이다. "어떻게 영원히 하나님을 즐거워할 수 있지요? 즐거움이 점점 퇴색해 가지 않나요?" 아니다. 절대 그럴 일이 없다. 왜인가? 하나님의 각 속성은 무한하기 때문이다. 하나님의 사랑은 무한한 사랑이고, 하나님의 은혜는 무한한 은혜이며, 하나님의 거룩함은 무한한 거룩함이고, 하나님의 권능은 무한한 권능이다. 하나님을 즐거워하는 데에는 영원이 필요할 것이다. 하나님은 무한히 장엄한 분이기 때문이다. "하나님이 살아 계시는 한 행복은 사라질 수 없다"고 차녹은 말한다. "하나님은 처음이자 마지막이시다. 하나님은 모든 기쁨의 처음으로서 어떤 기쁨도 하나님보다 앞설 수 없고, 하나님은 모든 즐거움의 마지막으로서 어떤 즐거움도 하나님을 넘어설 수 없다." 하지만 이 하나님 안에서 우리가 누리는 기쁨은 점점 시시해지지 않을까? "하나님을 누리는 즐거움은 여러 세대 후에도 처음처럼 유쾌할 것이다. 하나님은 영원하시고, 영원은 변화를 모른다. 그러므로 즐거움의 대상 안에 그 어떤 쇠퇴함도 없이 온전히 그 즐거움에 사로잡힐 것이다."[61]

하나님의 불변성은 우리가 영원을 어떻게 인식해야 하는지 그 방법을 알려 준다. 하나님이 변하지 않으신다면, 우리가 영원에서 누리는 기쁨·행복·충족감은 절대 위태로워지는 일이 없을 것이다. 우리의 행복이 영원한 것은 정확히 우리가 영원히 행복을 느끼는 대상이 변하지 않고, 실로 변할 수 없기 때문이다. 이런 경험은 이 세상에서 우리의 욕구가 작용하는 방식과 얼마나 엄청나게 다른가.[62]

오래된 사진첩을 들춰 보며 추억을 즐기듯이, 우리 마음은 이제 더는 존재하지 않는 경험을 다시 한 번 갈망한다. 한편, 냉장고 문에 붙은 달력을 흘긋 보다가 어떤 특별한 사람과의 만남 약속이 떠오르기도 하고, 어쩌면 그토록 가고 싶었던 휴가 계획이 생각나기도 한다. 앞으로 있을 일을 생각하면 행복하지만, 행복은 본래 수월하게 찾아오는 게 아니어서 우리는 그 행복이 오는 길을 그 무엇도 가로막지 않기를 기도한다.

우리가 하나님을 영원히 즐거워하는 것은 이와는 전혀 다르다. 우리는 그런 기쁨이 한 번 스쳐 지나간 뒤 다시는 없을 것을 염려하지 않고 하나님을 즐거워할 것이다. 우리는 하나님을 바라는 우리의 소망이 절대 이뤄지지 않을 수도 있다는 두려움 없이 하나님을 바랄 수 있다. 영원에서 누리는 행복은 언제나 현재 순간에 누리는 것 같은 즐거움일 것이다. 우리가 즐거워하는 하나님이 변하지 않는 하나님이시고, 우리에게 베풀어지는 하나님의 영광은 절대 쇠퇴하지 않기 때문이다. "시간 세계는 유동적이지만, 영원은 안정적이다. 많은 세대가 지나도 기쁨은 우리가 갈급한 갈망으로 처음 맛본 그 순간에 그대로 머문 듯 향기롭고 흡족할 것이다."[63] 하나님에게는 우리의 "기쁨을 영원히 지속시키는 영원성"뿐만 아니라 그 기쁨을 "증폭시키는 다양성"도 있다. 하나님은 수조水槽보다는 샘을 더 많이 닮으셨다. 수조는 많은 물을 담아 두기만 할 뿐이지만, 샘에서는 물이 끊임없이 솟구친다.[64] 하나님은 영원한 기쁨의 샘이시다.

우리는 더할 수 없이 큰 즐거움, 지고한 기쁨을 누려야 할 존재로 지음 받았다. 그 즐거움과 기쁨이 그리스도를 통해 우리에게 주어질 뿐만 아니라 영원히 지속되는데, 잠시 만족을 주는 덧없는 것에서 기뽐을 누리려 한다면 이 얼마나 어리석은 일인가. 오래가지 못하는 어떤 것, 잠시 우리를 충족시킬 뿐인 것이 영원히 우리를 만족시키시는 하나님보다 더 좋다고 생각한다면 하나님의 영원성을 생각하면서 질책 받아야 한다.[65] 하나님은 사라져 버리는 이 땅의 즐거움과 달리 영원하시다. 뿐만 아니라 우리 하나님은 비교할 수 없을 만큼 더 좋으신, 그보다 더 큰 존재는 상상할 수 없는 분이시다. 이 같은 사실로 다윗은 다음과 같이 격한 갈망을 품었다.

> 내가 여호와께 바라는 한 가지 일
>   그것을 구하리니
> 곧 내가 내 평생에 여호와의 집에 살면서
>   여호와의 아름다움을 바라보…는 그것이라(시 27:4).

9

하나님은 공간의 제한을 받으시는가?

— 편재성

내가…해를 두려워하지 않을 것은 주께서 나와 함께 하심이라.

시 23:4

보라 처녀가 잉태하여 아들을 낳을 것이요

그의 이름은 임마누엘이라 하리라 하셨으니

이를 번역한즉 하나님이 우리와 함께 계시다 함이라.

마 1:23

완전하고도 복된 진리시여, 저는 당신에게 이토록 가까이 있는데 당신은 그런 제게서 얼마나 멀리 계신지요. 저는 당신의 시야 안에 있는데 당신은 저의 시야로부터 얼마나 멀리 계신지요! 당신은 모든 곳에 온전히 계시건만 저는 당신을 보지 못합니다. 당신 안에서 저는 기동하고 당신 안에서 저는 존재하건만 저는 당신께 가까이 가지 못합니다. 당신은 제 안에 계시고 제 주변에 계시건만 저는 당신을 전혀 체험하지 못합니다.

안셀무스, 《프로슬로기온》

하늘들의 하늘이라도 주를 용납하지 못하겠거든

솔로몬은 자신을 자랑스러워할 만한 이유가 차고도 넘쳤다. 성전 건축은 이스라엘 역사상 가장 위대한 성취로 손꼽혔다. 이 성전은 하나님이 자기 백성과 함께하시는 참 거처가 될 터였다. 기물 하나하나가 꼼꼼한 세부 양식에 따라 제작되어, 각 기물마다 상징적 의미가 깊이 새겨졌다. 우선, 언약궤 자체가 "성전의 내소인 지성소 그룹들의 날개 아래"(왕상 8:6) 자리 잡았다. "제사장이 성소에서 나올 때에 구름이 여호와의 성전에 가득하매 제사장이 그 구름으로 말미암아 능히 서서 섬기지 못하였으니 이는 여호와의 영광이 여호와의 성전에 가득함이었더라"(8:10-11).

그런데 솔로몬은 애초에 이 성전을 왜 지었을까? 솔로몬 스스로 이렇게 설명한다. "여호와께서 캄캄한 데 계시겠다 말씀하셨사오나 내가 참으로 주를 위하여 계실 성전을 건축하였사오니 주께서 영원히 계실 처소로소이다"(8:12-13). 그리고 나서 솔로몬은 이스라엘 온 백성과 함께 제단 앞에 서서 하늘을 향해 두 손을 높이 들고 하나님 같은 신은 없다고 외친다. "위로 하늘과 아래로 땅에 주와 같은 신이 없나이다 주께서는 온 마음으로 주의 앞에서 행하는 종들에게 언약을 지키시고 은혜를 베푸시나이다"(8:23). 솔로몬은 여호와께서 자신의 아버지 다윗과 맺은 언약을 지키신 것을 찬양하고, 자신에게도 계속 이렇게 흔들림 없이 언약의 의무를 다해주시기를 요청한다. 상상해 보라. 솔로몬이 하나님을 위해 집을 지었다! 여기 하나님이 자기 백성 중에 거하실 집이 있다. 솔로몬이 자기 자신을 대단하게 여겨도 될 만한 시점이 있었다면, 바로 이때가 그 시점이었을 것이다. 하지만 여호와께 성전을 지어드린 일은 정반대 효과를 낳는다. 솔로몬은 자신의 하나님이 어떤 공간에 수용될 수 있는 분이 아니라는 사실을 생각하며 침착을 잃지 않는다. 솔로몬은 "하나님이 참으로 땅에 거하시리이까"라고 묻는다. 이어서 신학적으로 밀도 있는 말로 스스로 대답한다. "하늘과 하늘들의 하늘이라도 주를 용납하지 못하겠거든 하물며 내가 건축한 이 성전이오리이까"(8:27). 솔로몬의 논리에 주목하라. 하늘 자체도 하나님을 품을 수 없는데, 하물며 인간의 손으로 지은 이 집이 어떻게 하나님을 품을 수 있겠느냐는 것이다.

역대하 2장 6절에서 이와 병행하는 구절을 읽어 보면 솔로몬이 자신을 얼마나 부족하게 여겼는지 그 무게를 느낄 수 있다. "누가 능히 하나님을 위하여 성전을 건축하리요 하늘과 하늘들의 하늘이라도 주를 용납하지 못하겠거든 내가 누구이기에 어찌 능히 그를 위하여 성전을 건축하리요 그 앞에 분향하려 할 따름이니이다." 하나님은 어떤 특별한 방식으로 자신의 임재를 자신의 언약 백성에게 알리실 수 있다(이에 대해서는 곧 상세히 살펴보게 될 것이다). 하지만 하나님이 어떤 한 장소에서 어떤 한 사람에게 자신의 임재를 나타내신다고 해서 하나님의 존재를 그 장소가 다 품는 거라고 생각한다면 이는 신중하지 못한 생각이다. 하나님은 공간의 한계를 전혀 허용하지 않으신다. 유한한 피조물과 달리 창조주는 "어떤 장소"에 제한당하지 않으신다.[1] 스티븐 차녹은 이렇게 말한다. "하나님은 무한하시기에 모든 것에 충만하시지만, 그렇다고 해서 그 모든 것에 품기시지는 않는다. 하나님은 하늘들의 하늘에서부터 깊은 바닥에 이르기까지, 세상 구석구석에, 온 세상에 계시지만, 거기 제한되지는 않으시고 오히려 그것을 초월해 계신다."[21] 그이유는 간단하다. 하나님에게는 몸이 없기 때문이다.

몸이 없는 하나님 : 공간에 존재하지 않는 편재

"비물질적인"incorporeal이라는 말은 시대에 뒤떨어진 표현으로, 오늘날에는 잘 쓰지 않는다. 이 말을 하나님께 적용하면, 하나님은 몸이 없이 존재하신다는 뜻이 된다. 하나님은 부분들로 이뤄지지 않은 분일뿐만 아니라(하나님의 단순성), 물질적인 부분들이 없는(비물질적인) 분이시다. 하나님의 존재는 물질로 규정될 수 없다.

물질로 구성되지 않았다는 사실 때문에 기독교의 하나님은 다른 많은 종교의 신들과 구별된다. 이스라엘의 여정 초반에 모세는 우상숭배에 대해 백성들을 계속 경계시킨다. 이에 대한 모세의 설명은 하나부터 열까지 하나님의 비물질적 본질과 관계되어 있다. "여호와께서 호렙 산 불길 중에서 너희에게 말씀하시던 날에 너희가 어떤 형상도 보지 못하였은즉 너희는 깊이 삼가라 그리하여 스스로 부패하여 자기를 위해 어떤 형상대로든지 우상을 새겨 만들지 말라"(신 4:15-16). 한 분이신 참 하나님과 눈으로 볼 수 있는 신들을 가지고 이스라엘을 유혹했던 주변 나라의 신들 간의 근본적 차이점이 바로 여기에 있다.

이스라엘이 빈번히 깨닫지 못하는 것은, 몸을 가진 신들은 모든 면에서 제한을 받는다는 점이다. 그 신들은 눈에 보이기는 하지만 말도 못하고 듣지도 못하며, 어디든 자신들을 만든 인간의 손이 자신들을 놓아둔 공간의 제한을 무시하지 못한다. 물질로 만든 신들은 물질에 제한 받는다. 그러나 이스라엘의 하나님은 그렇지 않다. 하나님에게는 몸이 없다. 하나님은 부분들로 이뤄지지 않은 분이다. 하나님이 물질적 부분들로 구성되지 않는다면, 이 하나님은 공간의 제한을 받는 분이 아니시다. 하나님은 시간의 영향을 받지 않는(atemporal, 초시간적인) 분이신 것처럼 공간의 영향도 받지 않는(aspatial, 공간을 차지하지 않는) 분이시다. "공간에 존재하는"spatial이라는 단어 앞에 붙은 철자 하나('a')가 하나님은 공간에 존재하지 않는 분이고 공간의 차원이 없는 분이라는 사실을 나타낸다.

피조물인 우리는 물질적인 존재로서, 공간의 제한을 심하게 받는다. 우리의 현존은 일정한 장소를 차지하며, 한 번에 한 장소에만 있을 수 있다. 그러나 이런 공간적 제한이 창조주에게는 해당되지 않는다. 공간은 물질적 형상이 없는 분을 제한하거나 가두거나 구속할 수 없다. 하나님은 영이시기에 우리 눈에 보이지 않고, 누군가의 손에 닿을 수도 없다(출 33:20, 23; 요 1:18; 6:46; 롬 1:20; 골 1:15; 딤전 1:17; 6:16; 요일 4:12, 20).

하지만 이는 하나님이 시간과 공간 속에 존재하는 이들에게 관여하지 않는다는 뜻이 아니다. 하나님은 비공간적인 존재이시기에 자신의 존재 전체로서 모든 곳에 동시에 계실 수 있다. 앞으로 살펴보겠지만, 하나님은 어디에나 계시되 어느 곳에 제한 받을 수 없는 분이시다.[3] 우리는 이것을 가리켜 "공간에 갇혀 있지 않고 동시에 도처에 존재하심"nonspatial ubiquity이라고 지칭할 수 있는데, 동시에 도처에 존재하신다는 것은 하나님이 모든 곳에 계신다는 뜻이다.[4]

"어딘가" 한곳에만 계시는 분이 아님 : 무한한 본질, 무한한 임재

다른 많은 속성과 마찬가지로, 하나님이 공간의 범주를 허용하지 않으심은 하나님의 무한한 본질에서 유래한다. 우리 유한한 인간은 늘 어떤 한곳에 존재한다. 몸을 가진 사람이라면 늘 어딘가 한곳에 존재한다. 그 사실이 우리가 어떤 존재이며 어떤 일을 할 수 있는지(또한 할 수 없는지)를 본래적으로 규정한다. 우리의 생애는 시간으로 측정할 수 있으며, 우리가 있는 위치는 공간으로 가늠될 수 있다. 나는 키 190센티미터에 몸무게 86킬로그램(물론 순전히 근육 무게)이며, 대개 집필용 책상 앞에 앉아 있거나, 가죽 안락의자에 앉아 LA 레이커스의 경기를 보며 환호하거나, 아니면 식탁에 앉아 가족들과 저녁 식사를 즐기거나 하면서 각각 다른 몇몇 공간을 차지한다. 나는 그 세 공간을 다 좋아하지만, 한 번에 한 공간에만 있을 수 있다. 물론 저녁을 먹으면서 레이커스의 경기를 보기로 가족들하고 뜻을 모을 때는 예외다. 하지만 그럴 때조차 여전히 나는 "어딘가" 한곳에만 존재하며, 그래서 그 어딘가는 쉽게 예측가능하다.

헤르만 바빙크는 이 점을 좀 더 과학적으로 주장한다. "무엇이든 유한한 것은 공간 속에 존재한다. 유한한 것의 제한적 특성은 '어딘가에 존재한다'는 개념을 동반한다. 유한한 것은 늘 어딘가에 존재하며, 동시에 다른 곳에 존재하지 못한다. 다른 대상과의 모든 측정 가능한 거리([그 자체에서 떨어져 있는] 외재적 장소성)와 상관없이, 내재적 위치([그 자체가 차지하고 있는] 내재적 장소성)는 모든 피조물의 특성으로서, 영적인 존재도 예외가 아니다." 바빙크는 "증기와 전기"가 우리의 공간 이해를 확장했을지 모르지만(2019년에는 "인터넷과 스마트폰"이 그 역할을 했다고 말할 수 있을 것이다), "그럼에도 제한적인 장소적 현존은 언제까지나 모든 피조물의 특징일 것"이라고 말한다.[5]

창조주이신 하나님은 이러한 피조물의 한계에서 벗어나 계시며, 무한하신 하나님은 그런 식으로 제한되실 수도 없다. "무한한 본질"을 지닌 하나님은 "무한한 임재"도 지니셔야 한다. 무한한 임재는 무한한 본질에서 나오니, 하나님이 본질상 무한하시다면 어떤 유한한 공간으로 제한되시거나 유한한 공간 안에 들어가시는 게 불가능하기 때문이다. 여러분과 나 같은 유한한 피조물은 공간으로 경계가 정해지지만, 무한한 존재에 대해서는 그렇게 말할 수 없다.[6]

그렇다면 이는 이신론의 주장처럼 하나님이 이 세상에 부재하신다는 뜻인가? 아니다. 전혀 그렇지 않다. 하나님은 공간을 초월하시며, 하나님은 모든 곳에 온전히 존재하실 수 있다(편재). 하나님은 본질상 공간의 제한을 받는 물질적 존재가 아니시기 때문이다. "온전히"wholly 라는 말이 중요하다. 빛과 공기는(이 이미지에 대해서는 잠시 후 다시 살펴보겠다) 다른 공간들에 동시에 퍼져나가는 게 가능하다.[7] 하지만 몸이 없는 하나님에게는 그런 제약이 없다.

발산이나, 분할이나, 혼합이 아닌 단순한 편재

하나님의 편재에 관해 말할 때 피해야 할 오류가 몇 가지 있다.

첫째, 편재란 하나님이 자기 자신을 잡아 늘인다는 뜻이 아니다. 그건 마치 하나님이 측량 가능한 존재처럼 늘어나거나 줄어들기라도 하는 양, 모종의 유한성을 뜻하는 말이 될 것이다. 공기와 빛은 확산된다.[8] 하지만 하나님에게는 본질의 확산이 없다. 그보다 하나님은 자신의 존재 전체로 모든 곳에 동시에 계신다.[9] 어느 곳에도 하나님의 일부만 있지 않다. 하나님은 단순하시며 부분들로 이뤄지지 않았다는 것을 기억하라. 그래서 하나님은 공간에 따라 나뉘지 않으신다.[10] 또한 어느 한 장소가 하나님 전체를 품지도 않는다. 하나님은 공간이 품을 수 있는 분이 아니다. 따라서 하나님이 자신을 잡아 늘이신다거나, 수많은 공간을 넘나들며 확산된다거나, 또는 하나님의 존재가 분할되어 다양한 공간으로 나뉜다는 생각을 경계해야 한다. 각각의 생각에 어떤 위험이 있는지 생각해 보자.

하나님이 확산의 방식으로 편재하신다면, 하나님은 몸을 가진 여느 존재처럼 한 장소를 "채우실" 것이다. "몸은 자신이 있는 공간에서 다른 몸을 배제함으로써 그 공간을 채운다"고 토마스 아퀴나스는 설명한다. 하나님은 그렇지 않으시다. "하나님이 어느 한 장소에 임재하신다고 해서 다른 것들의 존재가 그 장소에서 배제되지는 않는다. 오히려 하나님은 어느 공간이든 그 공간을 차지하고 있는 모든 것들에게 현존을 부여하심으로써 모든 공간을 채우신다."[11]

하나님이 자신의 본질을 분할하는 방식으로 편재하신다면, 하나님은 증식되는 분일 것이다.[12] 편재를 잘못 정의해서 적용하면 하나님의 단순성이 파괴된다. "하나님의 일부는 모든 시간과 공간에 있고 다른 일부는 그렇지 않다"고 한다면, 하나님은 "부분들로 구성된 분이 되며, 이는 오류다." 하나님은 "모든 시간과 공간에 부분적으로 존재"하지 않으신다.[13]

오히려 하나님은 나뉘지 않고 단순하게 모든 곳에 계시며, 늘 자신의 존재 전체로 계신다. 차녹은 "하나님의 일부는 여기에 계시고 하나님의 또 다른 일부는 저기에 계신다"고 생각해서는 안 된다고 경계시킨다. 그보다 이 하나님은 "위로 하늘에 계시듯이 아래로 땅에도 계신다(신 4:39 참고). 하나님은 자신의 본질의 조각과 단편으로 계시지 않고 모든 장소에 전체로 계신다."[14] 하나님의 편재에 대한 올바른 이해와 하나님의 단순성은 함께 간다. 과거 세대 그리스도인들은 하나님이 무한하시다고 말하고 나서 곧바로 하나님은 광대하시다고 말함으로써 이 점을 강조했다. 하나님이 광대하시고, 공간의 제약을 받지 않으시고, 모든 공간을 초월해 자신의 존재 전체로 모든 장소에 동시에 계실 수 있음은 하나님이 한계가 없이 무한하시기 때문이다.[15] "어떤 곳도 하나님이 안 계신 곳은 있을 수 없는 것처럼, 세상 어느 곳도 하나님을 에워싸서 품을 수 없다."[16]

무한하신 하나님과 관련해서 본 시간과 공간

영원	광대함
하나님의 본질은 지속 기간이 없다. 끝이 없고, 무한하다.	하나님의 본질은 확산되지 않는다. 경계가 없다.
하나님은 시간으로 측량되지 않으며 처음도 끝도 없이 영원하시다.	하나님은 장소나 공간에 한정되거나 품기지 않고 공간을 초월해 계신다.
하나님은 늘 계시며 늘 그러하시다(영원하시다).	하나님은 모든 곳에 계신다(편재, 동시에 도처에 존재하심).

주 : 이 도표의 일부 표현은 Stephen Charnock, *Existence and Attributes of God*, 1:281에서 인용했다.

둘째, 편재란 하나님과 하나님의 피조물 사이에 어떤 식으로든 혼합이 존재한다는 뜻이 아니다. 범신론은 하나님이 우주이고 우주가 하나님이라는 관점이다. 하나님과 우주는 동일하다는 것이다. 범신론 옹호자들은 그런 동의성同意性이 있어야만 하나님이 참으로 존재할 수 있다고 믿는다. 그러나 하나님을 피조물과 혼합함으로써 그들은 사실 하나님을 아예 잃고 만다. 하나님이 피조물과 다를 바가 없으니 말이다. 역설적이게도, 창조주가 피조물에게 삼켜질 때마다 하나님의 임재는 상실된다. 문제의 근원은 하나님의 단순성을 등한시하는 것이다. 하나님을 무언가와 혼합한다는 것은 하나님에게 뒤섞을 만한 부분들이 있음을 전제로 한다.

그러나 하나님은 "지극히 단순하시다." 하나님의 본질은 "그 무엇과도 섞이지 않는다." 그렇다. 하나님은 모든 곳에 존재하시지만, 그렇다고 해서 그 과정에서 하나님이 모든 것이 되신다고 생각하는 데까지 나아가서는 안 된다. 그렇게 되면, 하나님의 존재가 나뉘어, 하나님이 피조물과 뒤엉키고 피조물에게 흡수되어 창조주-피조물 구별이 와해되는 재앙을 낳을 것이다. 하나님이 세상에 임재해 계실 수는 있지만, 세상과 하나가 되시지는 않는다.[17] "유한한 것과 무한한 것은 결합될 수 없다."[18] 태양이 어떻게 빛을 만들어 내는지 생각해 보라. 빛은 방 안을 환하게 해주지만, 이는 빛이 공기가 된다는 뜻이 아니다.[19] 빛과 공기는 시종 구별된다. 창조주와 피조물도 마찬가지다.

하나님의 편재가 하나님의 무한한 본성에서 비롯된다고 결론 내리는 것은 곧 하나님의 편재가 완전한 존재의 필연적 산물이라고 결론 내리는 것이기도 하다. 차녹이 일깨워 주는 것처럼 "하나님에게는 그 어떤 완전함도 부족하지 않다. 무한한 본질은 곧 완전함이고, 제한된 본질은 불완전함이다." 자신의 존재 전체^{whole being}로 모든 곳에 계실 수 있는 능력으로 인해 하나님은 어느 한 장소에 제한되는 존재보다 우월하시다. "모든 곳에 있는 존재는 좁은 범위 안에 한정된 존재보다 완전하다…무엇이든 한계가 있는 곳에는 결함이 있다. 그러므로 하나님이 만약 어떤 장소에 제한되는 분이라면, 그분은 무한성에 관해서 아무것도 아닌 분과 다름없을 것이다."[20] 하나님이 하나님보다 더 큰 존재는 상상할 수 없는 분이실진대, 그분은 공간적으로 제한되실 수 없다.

언제나 그리고 모든 곳에서 왕이신 하나님의 편재하는 권능, 전능한 임재

하나님의 편재는 하나님의 무한한 본질에 당연히 함축되는 의미이며, 뿐만 아니라 이는 하나님의 전능한 본질과 불가분의 관계가 있다. 우리의 무한하신 하나님이 편재하신다면, 하나님의 권능은 광범위하고, 하나님 나라의 다스림이 미치지 않는 곳은 없으며, 하나님의 주권은 포괄적이다.

하나님이 편재하시지 않는다면 어떤 일이 생길지 생각해 보라. 하나님의 임재가 어느 한 장소에 매여서 제약받고 속박된다면, 하나님의 권능 또한 무력해지고 방해를 받아 한 번에 한 장소에서만 행사될 것이다. "온 세상을 채우지 않는 하나님은 어떤 장소에만 한정되시고 다른 장소에서는 배제되실 것이다. 그래서 하나님의 실체에도 경계와 한계가 생길 것이며, 따라서 하나님보다 더 큰 어떤 존재를 상상할 수 있게 된다."[21] 그래서 여기서도 하나님의 완전한 존재perfect being가 걸려 있다. 하나님의 임재에 한계를 둔다는 것은 하나님의 권능에 수갑을 채우는 것이며, 이렇게 되면 하나님은 완전에 미치지 못하는 분이 된다. 하나님은 이제 더는 가장 크신 분이 아니다. 이제 하나님에게는 약점이 있어서, 자신의 권능으로써 모든 곳에 계실 수 없다.

하지만 차녹은 "하나님은 자신의 권능으로 일하시는 곳에 자신의 본질로 임재하신다. 하나님의 권능과 하나님의 본질은 분리될 수 없다…하나님의 본질은 하나님의 권능에서 떨어질 수 없고, 하나님의 권능은 하나님의 본질에서 떨어질 수 없다"는 것이 성경의 가르침이라고 말한다. "하나님의 권능이 모든 곳에 있는 것처럼, 하나님의 본질 또한 그러하다." 우리가 만약 "하나님을 어느 한 장소에 제한"하면, 이것은 결국 "그분의 본질을 측정"하고 "그분의 행동을 제한"하는 것이자 그분의 권능을 제한하는 것이다.[22]

하나님의 권능은 하나님의 본질보다 "덜 무한하지 않으며", 하나님의 본질은 하나님의 권능보다 덜 무한하지 않으니, 이 둘은 하나이며 동일한 까닭이다(단순성).[23] 하나님이 계신 곳에는 하나님의 권능 또한 있다. 하나님의 권능은 편재하는 권능이며, 하나님의 임재는 전능한 임재다. 이 둘은 분리될 수 없고, 분리되어서도 안 된다. "하나님의 권능이 있는 곳에 하나님의 본질이 있으니, 왜냐하면 하나님의 권능과 본질은 분리될 수 없기 때문이다. 이렇게 이 편재는 하나님의 본질의 단순성에서 생겨나니, 어떤 것이 광대하면 광대할수록 어떤 장소에 제한되지 않는다."[24]

우리 만왕의 왕께서는 어디에서든 행사할 수 있는 권능을 지니시며, 성경을 통해 우리는 하나님의 다스림과 통치가 금지되는 곳은 어디에도 없다는 것을 알게 된다. 하나님의 "영원성이 하나님으로 언제나 왕이시게 한다면, 하나님의 광대함은 하나님으로 모든 곳에서 왕이시게 한다."[25]

모터보트가 있는 섬 : 불변하는 편재

하나님의 권능 외의 다른 속성들도 편재의 속성과 깊이 연관된다. 예를 들어, 불변성(하나님은 변하지 않으신다는)도 편재와 상호 연관된다. 이는 좋은 일이다. 왜냐하면 만약 변화에 취약하다면 전능한 편재는 큰 의미가 없을 것이기 때문이다(게다가 이는 무서운 일일 수도 있다).

이 논리대로 생각해 보라. 만약 하나님이 한 번에 한 장소에만 계실 수 있다면, 하나님은 한 장소에서 다른 장소로 이동해 다니셔야 할 것이며, 이는 하나님이 그 본질 전체로서 모든 곳에 동시에 계신다는 것과 대립된다. 그리고 하나님이 이동해 다니신다면(물질적이고 유한한 존재인 우리가 그러는 것처럼) 하나님은 변하는 하나님, 변하기 쉬운 하나님이실 것이다. 하나님은 조금 전에는 계시지 않았던 새로운 곳으로 이동하실 것이다. "하나님이 하늘과 땅을 동시에 충만히 채우시는 게 아니라 순차적으로 채우시게 될 것이다."[26] 그 하나님은 이동할 때 변하고 변할 때 이동하는 우리 유한한 존재보다 더 나을 게 없는 분이실 것이다. 한 번에 한 장소에만 있을 수 있는 우리는 다른 장소를 점유하기 위해서는 변해야 한다. 이 원리를 하나님께 적용하면, 하나님은 이동하실 때마다 변해야 한다는 뜻이 될 것이다.

하지만 성경은 하나님을 한 장소에서 다른 장소로 옮겨 다니는 분으로 묘사하지 않는가? 솔로몬은 하나님이 성전으로 강림해 주시기를 소원하지 않는가? 하나님이 하늘에 계신다는 것은 기독교의 기본 진리 아닌가? 다 맞는 말이다. 하지만 성경이 묘사하는 광경 그 어디에서도 성경 기자나 신적 저자(성령님을 의미함—편집주)가 하나님의 임재가 어느 한 장소에 한정된다고 말하는 것을 볼 수 없다. 하늘은 "하나님의 엄위로운 임재의 궁정이지, 하나님의 본질을 가두는 감옥이 아니다."[27] 잠시 후에 살펴보겠지만, 편재하시는 하나님이 일정한 장소에 그분의 특정한 백성들과 함께 계신다고 하는 데에는 독특한 의미가 있다. 하나님은 모든 백성 곁에 임재하시지만, 자기 백성 곁에는 언약적으로 임재하셔서 이들을 구원하시고, 구속하시며, 의롭다 여기시고, 성화시키신다.[28] 천국에서는 하나님의 임재가 더 없는 복이지만, 하나님이 지옥에서 복을 내려 주시지 않는다는 이유만으로 지옥에 하나님이 임재하시지 않는다고 말할 수는 없다. 하나님은 모든 곳에 똑같이 계신다. 설령 그곳이 무언가 독특한 곳일지라도 말이다. 하나님은 본질의 광대함 때문에, 비록 양상은 다를지라도 두 곳에 똑같이 계실 수 있다.[29]

명료하게 말하자면, 하나님의 본질은 모든 곳에 계시지만, 하나님의 행동의 효과는 우리에게 다르게 체감된다. 하나님은 다양한 방식으로 일하시지만 언제나 동일한 본질로서 일하신다.[30] 그래서 하나님은 "가까이" 계시다고도 말할 수 있고 "멀리" 계시다고도 말할 수 있다. 그러나 이는 오로지 하나님의 임재의 방식과 효과를 말하려는 것이지 하나님의 본질 자체를 말하려는 것이 아니다. 하나님이 "멀리" 계시다는 말은, 성경 기자가 하나님이 분노를 발하고 계시며 악인을 벌하고 계시며 심판자로 행동하고 계시고 자신의 공의를 시행하고 계시다는 뜻을 전하려는 것일 수 있지 않은가? "하나님이 징벌하러 오신다고 할 때 이는 하나님의 본질이 다가온다는 말이 아니라 하나님의 공의가 한 바탕 시행된다는 말이다." 반대로 하나님이 "가까이" 계신다는 표현은 하나님의 복이 주어졌다는 뜻을 전달하는 말일 수 있지 않은가? "하나님이 우리를 이롭게 하려고 오신다고 할 때 이는 하나님의 본질이 새롭게 다가옴으로써가 아니라 하나님의 은혜가 흘러넘치는 방식으로써 오시는 것이다." 차녹은 다음과 같이 핵심을 찔러서 요약해 준다. "하나님은 찡그린 얼굴로 우리를 자신의 공의에 맡기실 때 우리를 떠나시며, 자비의 품으로 우리를 감싸 안으실 때 우리에게 오신다. 그러나 공의를 베푸실 때나 자비를 베푸실 때나 본질 면에서 똑같이 우리 곁에 임재하신다."[31]

보트를 타고 뭍으로 다가갈 때 어떻게 하는지 생각해 보라.[32] 섬에서 모터보트를 타고 나갔는데 100미터도 못 가서 모터가 고장 났다고 가정해 보자. 섬 사람들은 착한 사람들이라 보트에 밧줄을 묶어 섬으로 다시 끌어당겨 주고, 나는 그 배에 탄 채 끌려간다. 뻔한 질문을 하는 걸 이해해 주기 바라며 하나 묻겠다. 이 상황에서 이동하고 있는 것은 무엇인가? 보트의 시점에서 보면 해안이 이동하는 것으로 보인다. 시간이 지날수록 해안이 조금씩 더 가까워진다. 하지만 해안은 보트가 떠날 때도 돌아올 때도 움직이지 않는다. 물 위에 뜬 채 해안으로 이동하는 것은 보트다. 하나님의 경우에도 마찬가지다. 하나님은 처음부터 끝까지 그 섬으로, 불변하는 반석으로 계신다. 그 반석이 배를 단단히 고정시켜 주며, 그래서 배는 폭풍 한가운데서도 안전한 반석까지 끌려 올 수 있다. "하나님이 우리와 가까워지는 것은 하나님이 우리에게 오시는 것이라기보다 하나님이 우리를 자신에게로 끌어당기시는 것이다."[33]

신적 임재의 두 가지 유형

앞에서 암시한 것처럼, 편재는 신적 섭리와 밀접한 관계가 있다. 하나님은 우주의 창조주요 우주를 지탱하고 다스리는 분으로서 모든 곳에 임재하신다. 차녹은 하나님의 임재가 다음과 같은 다른 속성들을 통해 섭리적으로 나타나는 것을 알아볼 수 있게 도와준다.

> 권세(Authority) : "하나님은 자신의 권세로 임재하시며, 이는 만물이 하나님께 복종하기 때문이다."
>
> 능력(Power) : 하나님은 "자신의 능력으로 임재하시며, 이는 만물이 하나님에 의해 지탱되기 때문이다."
>
> 지식(Knowledge) : 하나님은 "자신의 지식으로 임재하시며, 이는 만물이 하나님 앞에서 있는 그대로 드러나기 때문이다."[34]

권세, 능력, 지식 이 세 가지는 저마다 중요하다. 하나님은 "왕이 자기 왕국의 모든 지역에 왕으로 임재하는 것처럼 세상에 임재하신다. 하나님의 돌봄은 미미하기 그지없는 피조물에게까지 미치므로, 하나님은 세상 만물에 섭리적으로 임재하신다. 하나님의 능력은 만사에 미치며, 하나님의 지식도 만사를 꿰뚫는다."[35] 달리 말해, 하나님 나라의 다스림과 통치가 만물 위에 임하기 때문에(권세) 하나님은 만물 위에 왕으로서 임재하신다. 이 왕은 의심할 여지없이 강하시니, 이 왕은 자신이 다스리는 것을 또한 지탱하기도 하신다. 하나님의 지식도 잊어서는 안 된다. 이 왕은 만물을 지탱하고 다스리기 위해 임재하실 뿐만 아니라 만물을 아시는 분으로서 그렇게 하신다. 이 왕의 신민(臣民) 중 낯선 이는 하나도 없다. 왕은 그들을 이름으로 아시기 때문이다. 모든 것이 "그분 앞에서 벌거벗은" 것처럼 드러난다.

편재는 섭리와 묶여서 기독교의 하나님을 이신론적 하나님과 구별한다. 이신론은 계몽주의 시대(17-18세기)에 인기를 끌었고, 오늘날까지도 대중 가운데 계속 영향력을 행사한다.[36] 이신론은 하나님이 세상을 창조해 놓고 한 걸음 뒤로 물러나신 후, 그때부터 세상사에 섭리적으로 관여하기를 의도적으로 피하신다고 가르친다. 간단히 말해, 이신론의 하나님은 부재(不在)하는 하나님이다. 이신론에서 섭리는 불필요한 교리이며, 혹은 섭리를 제한적으로 인정하더라도, 초자연적 간섭은 불가능하다.[37]

그러나 기독교의 하나님, 성경의 하나님은 세상을 창조하실 뿐만 아니라 자신의 목적과 계획에 따라 세상을 보존하고 다스리시며 세상 일에 적극적으로 관여하신다. 그렇게 섭리적으로 관여하려면 하나님의 임재가 요구된다. 바울은 아덴의 한 시인의 말을 인용해 아레오바고의 철학자들에게 이렇게 말했다. 하나님은 "우리 각 사람에게서 멀리 계시지 아니하도다 우리가 그를 힘입어 살며 기동하며 존재"한다(행 17:27-28).[38]

하나님의 임재는 단순히 섭리적인 일인가? 아니면 이 왕께서는 독특하고 특별하고 은혜롭고 본질상 초자연적인 방식으로 자기 백성과 함께 하시기도 하는가? 만약 그렇다면, 하나님은 각각 다른 백성에게 각각 다른 방식으로 임재하시는가? 하나님이 의인에게는 악인에게 임재하실 때와 다른 방식으로 임재하시는가? 하나님이 자신의 언약 백성과 함께하신다는 데에는 언약 백성이 아닌 사람들에게는 해당되지 않는 특별한 의미가 있는가?

이 질문들에 대한 답변은 '그렇다'이다. 한 교부가 말한 것처럼, "하나님은 대체적으로 자신의 임재, 능력, 실체로 모든 것 가운데 계시지만, 어떤 것 가운데에는 은혜로 좀 더 친밀하게 계신다고 말할 수 있다."[39] 하나님의 본질적 임재와 하나님의 은혜로운 임재는 구별하는 게 적절하다. 하나님의 "본질적 임재는 우리 존재를 지탱한다"고 차녹은 말한다. "그러나 하나님의 은혜로운 임재는 (우리에게) 행복을 주고 지속시킨다."[40] 하나님의 본질적 임재는 피조물을 지탱하고 보존하고 다스리며, 하나님의 은혜로운 임재는 자신이 선택한 백성을 중생시키고 의롭다 여기고 성화시킨다. 그렇다면 하나님이 자기 백성과 함께하는 은혜로운 임재는 어떤 모습일까?

언약적 임재

하나님의 은혜로운 언약적 임재는 창조 때부터 존재한다. 최초의 부부는 그 날 바람이 불 때 여호와와 함께 동산을 거닐었다고 한다(창 3:8). 동산은 하나님의 임재를 위한 성전이고, 아담은 이 성전을 지키는 자요 하나님을 대신해 지배권을 행사하는 제사장 역할을 위임받는다. 그러나 슬프게도 아담은 기만적인 침입자 뱀에게서 하나님의 성전을 지키지 못하고, 뱀은 아담을 지으신 분의 신빙성과 권세에 의문을 제기한다. 아담의 죄의 결과는 죽음만이 아니었다. 하나님에게서 분리되는 것도 그의 죄의 결과다. 아담과 하와는 동산에서 쫓겨나고, 그룹이 화염검을 들고 이들이 생명나무에 접근하지 못하게 막는다. 그럼에도 하나님은 은혜를 베푸셔서, 하와의 후손이 언젠가 뱀의 머리를 짓뭉갤 것이라고 약속하신다(3:15).

하나님이 약속하신 후손께서 이 사람 아브라함을 통해 세상에 오실 것이다. 그 약속의 열매는 하나님이 아브라함과 언약을 맺으실 때 무르익는다. 약속을 확실히 하기 위해 짐승을 반으로 쪼갠 뒤 (타는 횃불로 상징된) 하나님이 피 흘리는 그 짐승의 사체 사이로 지나가신다(창 15장). 짐승의 사체 사이로 지나가심으로써 하나님은 만약 자신이 이 언약을 어기면 이렇게 쪼개진 짐승처럼 될 것이라고 아브라함에게 선언하신다.

아브라함이 체험하는 언약적 임재는 훗날 요셉에 의해서도 알려진다. 아브라함의 후손의 미래가 기근의 위협으로 위기에 빠진 듯하자 하나님이 요셉을 일으켜 아브라함의 혈통을 구하신다. 요셉의 생애를 살펴보면 모든 것을 다 잃은 것처럼 보이는 때가 헤아릴 수 없이 많다. 요셉은 종으로 팔렸다가 감옥에서 몇 년을 보낸다. 하지만 하나님이 요셉과 함께하시고, 결국 하나님의 임재가 요셉과 그의 가족뿐만 아니라 온 애굽까지 구속하는 것을 우리는 성경에서 거듭 읽게 된다. 요셉이 하는 모든 일에서 하나님이 그와 함께하시며 복 주시는 것을 누구나 확인할 수 있다(창 39:2-3).

하나님의 구속救贖적 임재는 이스라엘의 출애굽에서 가장 기억할 만하게 체감된다. 애굽 사람을 죽인 뒤 목숨을 보전하려고 도망친 모세는 불붙은 떨기나무에서 하나님의 임재의 거룩함을 대면한다. 이때 하나님은 자신의 이름과 아브라함 자손을 위한 계획을 알리신다. 모세는 하나님이 맡기시는 일을 두려워하며 당혹스러워하지만, 하나님은 모세와 함께 가서서 이스라엘을 종살이에서 해방시키고 아브라함에게 약속하신 땅으로 자신의 백성을 데리고 오겠다고 약속하신다(출 3장). 이스라엘이 하나님의 임재를 참으로 감동적으로 목도한 때는 하나님이 애굽에 재앙을 거듭 내리시고 자신의 백성을 낮에는 구름 기둥으로, 밤에는 불기둥으로 인도하면서 애굽에서 이끌어 내실 때이다(13:21).

그런데 이 구름 기둥은 큰 진노를 나타내는 것일 수도 있다. 모세는 시내 산에서 언약의 율법을 받으려고 하나님과 대면하여 이야기한다. 이때 "시내 산은 연기가 자욱하니 여호와께서 불 가운데서 거기 강림하심"이었다(19:18). 연기는 심히 짙고, 우레 소리는 심히 크며, 번개는 심히 밝아서 산이 크게 진동한다(19:18). 여호와께서 "온 백성의 목전에서 시내 산에 강림"하시지만(19:11), 이스라엘은 죽지 않으려고 산에 오르지 않는다. 그런 경험은 백성의 마음에 두려움을 불러일으켰을 거라고 생각할 수 있다. 그러나 그렇지 않다. 모세가 하나님과 이야기하고 있을 때 이스라엘은 우상숭배를 저질러서 하나님의 진노를 사며, 모세가 중재하지 않았다면 이 진노로 인해 백성들은 진멸했을 것이다(출 33장). 이스라엘은 하나님의 자비 덕분에 완전한 진멸의 위기를 간신히 넘기지만, 하나님은 약속의 땅으로 이스라엘과 함께 가지 않겠다고 선언하신다. 하지만 모세는 하나님이 백성과 함께 계시지 않으면 이 민족은 그들이 하나님의 은총을 입었음을 알지 못하리라는 것을 알고 있다(33:16). 이에 여호와께서는 모세에게 이렇게 응답하신다. "내가 친히 가리라 내가 너를 쉬게 하리라"(33:14).

안타깝게도 이스라엘이 하나님의 거룩한 임재 앞에서 건방지게 행동한 것은 시내 산 사건이 마지막이 아니다. 모세의 오른팔인 아론은 온 이스라엘 앞에서 두 아들 나답과 아비후와 함께 회막(성막) 입구에서 여호와에 의해 성별된다. 피 흘리는 수소 제물을 통해 아론과 두 아들은 죄를 속함 받고(레 8:34) 제사장 직분을 이행할 자격을 갖추게 된다. 죄인인 백성을 위해 속죄를 중재하고 그리하여 백성이 거룩하신 하나님과의 언약 관계 안에 계속 머물 수 있게 하는 것도 제사장이 할 일이다(레 9:7). 속죄가 이뤄지면, 여호와의 영광이 백성에게 나타나고 여호와 앞에서 불이 나와 번제물을 다 태워 버리며, 그때마다 하나님이 백성을 용납하셨다는 사실이 이들에게 전해진다(9:23-24).

그런데 나답과 아비후가 "여호와께서 명령하시지 아니하신 다른 불을 담아 여호와 앞에 분향"하는 바람에 모든 것이 끔찍하게 어그러진다(레 10:1). 여호와에게서 그 즉시 불이 내려와 이들을 태워 버린다. 아론의 아들들은 이때 술 취해 있었을 것이고, 그것도 모자라 감히 지성소에 들어갔을 것이라고 믿는 데에는 그럴 만한 이유가 있다(16:1-2를 보라). 성소와 지성소 사이에는 휘장이 있고, 지성소는 하나님의 임재가 거하는 곳이다. 나답과 아비후가 지성소에 들어갔을지 누가 알겠는가. 이들은 휘장에 몸이 닿는 순간 그 자리에서 죽임 당했을 것이다! 하지만 하나님의 메시지는 크고도 분명하다. "나는 나를 가까이 하는 자 중에서 내 거룩함을 나타내겠고 온 백성 앞에서 내 영광을 나타내리라"(10:3).

이 사형선고에 뒤이어, 레위기 16장은 음울한 어조로 대속죄일을 소개하는 말로 시작된다. 이날, 여호와께서 속죄소 바로 위 구름 가운데 나타나실 것이다. 이때 아론이 지성소로 들어가 몇 가지 제사를 드려야 하는데, 그중에는 수소의 피를 속죄소에 뿌리는 것도 있다. 이 제물을 비롯해 다른 제물들의 피는 아론이 백성을 위해 속죄를 이루는 수단이다. 이들은 정결치 못한 백성으로, 자신들의 범죄 때문에 하나님의 임재로 들어가지 못하거나 혹은 아론의 아들들과 똑같은 운명이 될 터였다. 하지만 대제사장이 대속죄일에 하나님의 임재로 들어가 백성을 위해 제사를 드리면, 이들의 죄에 대한 하나님의 진노가 가라앉고 풀릴 것이다. 이어서 이들은 언약의 주님과 더불어 화평을 누리게 될 것이다. 여호와는 거룩하시니 그분의 백성 또한 거룩해야만 그분과 더불어 거할 수 있다. 그런데 이런 제사들은 꼭 필요한 것이기는 해도 임시 대책이요, 다가올 최종적 제사의 그림자이고 모형이다. 필요한 것은 죄를 단번에 영원히 처리해 주고 그리하여 인간과 하나님과의 교제가 영원히 치유되게 하는 것이다. 그때에야 에덴이 회복될 것이다. 대체적으로 말해, 구약성경에서 하나님의 임재는 한계가 있을 뿐만 아니라(앞에서 본 것처럼 성막에만 임재하심), 산발적이기도 하다. 하나님의 영이 특별한 때에 특정 지도자들에게 임하지 모든 이스라엘에게 반드시 늘 임하지는 않는다고 했다. 민수기 11장을 보면 이스라엘의 장로들이 회막에서 여호와 앞에 모이자 여호와께서 구름 가운데 강림하셔서 모세에게 임한 "영을" 이들에게도 임하게 하신다(민 11:17). 영을 받은 이 장로들은 예언을 한다. 뜻밖에도 "장막에 나아가지 아니"한 다른 두 사람에게도 "영이 임하였"다. 이들은 "진영에 머물"렀음에도 이들 또한 예언을 한다(11:26). 이를 지켜본 사람들은 걱정이 되어 모세에게 이 소식을 전한다. 이들은 모세가 화를 낼 것으로 예상했지만, 모세는 "여호와께서 그의 영을 그의 모든 백성에게 주사 다 선지자가 되게 하시기를 원하노라"(11:29)라고 대답한다! 모세는 자신이 보지 못한 한 날을 갈망한다. 그날이 되면 여호와의 영이 모든 언약 백성에게 영원히 임할 것이다.

에스겔과 요엘 같은 선지자도 모세와 마찬가지로 이날을 고대한다. 여호와께서는 언젠가 백성에게 새로운 마음을 주시겠다고 선지자 에스겔을 통해 약속하신다. "새 영을 너희 속에 두고"(겔 36:26). "내 영을 너희 속에 두어 너희로 내 율례를 행하게 하리니 너희가 내 규례를 지켜 행할지라"(36:27). 또한 여호와께서는 선지자 요엘을 통해 약속하시기를, "내가 내 영을 만민에게 부어 주리니 너희 자녀들이 장래 일을 말할 것"이라고 하신다(욜 2:28).

임마누엘, 우리 곁에 계시는 하나님

신약성경은 임마누엘의 위대한 예언적 소망으로 시작한다. 신약성경의 출발과 관련해 놀라운 점은, 하나님이 성전을 통해서나 혹은 모세처럼 특별히 선택받은 지도자에게 자신의 임재를 나타내는 방식이 아니라 그분의 예언적 약속에 기초하여 이 땅에 오신다는 것이다. 하나님이 친히 하늘에서 내려오실 것이다. 우리가 알기로 하나님에게는 몸이 없고 시간이나 공간에 존재하시지도 않는데 어떻게 이것이 가능할까? 이에 대해서는 주목할 만한 답변이 주어진다. 아버지께서 자기 아들을 보내어 성육신하게 하신다는 것이다.

요한은 자신이 기록한 복음서 첫머리에서 예수님을 말씀the Word이라 부르면서 이 말씀이 영원하며, 아버지와 함께 영원히 계실 뿐만 아니라 하나님이라 불리기에 합당한 분이라고 말한다(요 1:1-2를 보라). 여기 성육신의 본질이 그 모든 신비에 감싸여 있다. 즉, 영원하신 말씀이 "육신이 되어 우리 가운데 거하시매 우리가 그의 영광을 보니 아버지의 독생자의 영광이요 은혜와 진리가 충만"하다는 것이다(1:14). 앞에서 우리는 모세도 하나님의 영광을 볼 수 없었다는 것을 살펴보았다. 그런데 요한은 그 영광을 보았다고 말한다.

이 책에서 지금까지 이어진 이야기를 감안할 때, 요한의 그 말에 우리는 어안이 벙벙해질 수도 있다. 신이 인간과 함께 거한다고? 믿을 수 없다. 하나님이 성육신하실 만큼 자신을 낮추시고, 심지어 죄인인 사람들 가운데 거하시기까지 하다니, 여기에는 아마도 그렇게 하실 만한 엄청나게 중요한 이유가 있는 게 분명하다. 실제로 하나님에게는 그렇게 하실 이유가 있다. 그 이유는 14절에 나와 있다. 아버지에게서 오신 이 아들은 "은혜와 진리가 충만"하시다. "우리가 다 그의 충만한 데서 받으니 은혜 위에 은혜러라"(요 1:16). 모세는 우리에게 율법을 주었지만, 예수 곧 그리스도, 메시아께서는 "육신이 되어 우리 가운데 거하"셨다. 여기, 아담, 아브라함, 모세, 다윗이 그토록 간절히 보고 싶어 했으나 보지 못한 구속이 그리스도 안에 있다. 그런데 이제 말씀이 우리에게 오셨고, 우리가 그분을 보았고, 그분을 통해 구원의 은혜를 받았다고 요한은 말한다. "본래 하나님을 본 사람이 없으되 아버지 품 속에 있는 독생하신 하나님이 나타내셨느니라"(1:18). 성자께서 친히 우리와 함께 거하시는 것만큼 하나님의 임재가 크게, 혹은 친밀하게 나타나는 일이 있겠는가?

마태도 마태복음 서두에서 이와 비슷한 주장을 한다. 예수님의 탄생을 기록하면서 마태는 천사가 요셉에게 나타난 것을 강조한다. 요셉은 마리아를 아내로 삼기를 두려워할 필요가 없으니, "그에게 잉태된 자는 성령으로 된 것"이기 때문이다(1:20). 천사는 아기의 이름을 예수라고 지으라 하면서 "그가 자기 백성을 그들의 죄에서 구원할 자"라고 말한다(1:21). 이어서 마태는 이사야 7장 14절을 인용한다.

> 보라 처녀가 잉태하여 아들을 낳을 것이요
>> 그의 이름은 임마누엘이라 하리라(마 1:23a).

이 이름은 무슨 뜻인가? 이는 "하나님이 우리와 함께 계시다"는 것을 뜻한다(마 1:23b).

여기에 복음의 본질이 있다. 여기 기독교 신앙의 핵심이 있다. 이것은 하나님의 임재와 모든 면에서 관련된다. 우리의 죄는 하나님의 아들께서 친히 성육신해서 우리 가운데 거하시고 우리 손에 죽음을 당하셔야만(마태의 이야기가 이어서 보여 주는 것처럼) 단번에 영원히 제거될 것이다. 대속죄일의 의미가 마침내 성취되었다.

성령의 전

"잠깐만요." 여기서 이의를 제기하는 이들이 있을지 모른다. "제가 기억하기로 성경에는 예수님이 죽음에서 일어났을 뿐만 아니라 하늘로 올라가셨다고 기록되어 있어요. 그러니 예수님은 자기 백성 곁에 머물지 않았지요. 백성을 떠나가셨다고요. 그런데 어떻게 하나님의 임재가 여전히 우리 곁에 있을 수 있습니까?"

이는 중대한 의문이고, 제자들 또한 이 점을 걱정했다. 제자들은 예수님이 자신들을 떠나시리라는 생각에 겁이 나서 죽을 지경이었다. 그때 그들은 마음에 근심하지 말라는 예수님의 말씀을 듣고 위로를 받는다(요 14장). 그렇다. 예수님은 떠나실 것이다. 하지만 예수님이 떠나시는 것은 아버지의 집에 이들이 있을 곳을 마련하기 위해서다. 그때까지는 예수님이 "아버지께 구하"실 것이고, 아버지께서는 성령을 보내주실 것이다. "또 다른 보혜사를 너희에게 주사 영원토록 너희와 함께 있게 하리니"(14:16). 세상은 이 영을 받을 수 없으니, 왜냐하면 세상은 "그를 보지도 못하고 알지도 못"하기 때문이다. 신자들은 그렇지 않다. "너희는 그를 아나니 그는 너희와 함께 거하심이요 또 너희 속에 계시겠음이라"(14:17). 예수님은 신자들을 고아로 남겨 두지 않으셨다. 성령께서 오신 것은 우리를 새로 태어나게 하기 위해서일 뿐만 아니라 새 생명 가운데 행하도록 하기 위해서이기도 하다(롬 6:4).

예수님의 약속은 사도행전 2장에 기록된 오순절 때 성취된다. 하늘로 올라가시기 전에 예수님은 성령님이 오시기를 기다리라고 제자들에게 말씀하셨다. 전례 없는 능력으로 성령께서 불의 혀처럼 이들에게 내려오시고, 그러자 이들은 각 나라의 방언으로 말하기 시작하면서 십자가에서 죽었다가 부활하신 메시아를 증언한다. 이를 지켜보던 사람들이 이것이 무슨 일인지 궁금해하자 베드로가 요엘 2장을 인용해서 설명해 주는 것은 놀라운 일도 아니다. 구속의 완성과 더불어 성령께서는 이제 그리스도께서 값 주고 사신 것을 신자들에게 적용하러 오신다.

이 일은 오늘날 믿는 사람들에게 여러 가지 파급 효과를 끼친다. 성령의 사역을 생각하면서 바울은 그리스도인이 "성령의 전"이라고 말한다(고전 6:19). 이 사실을 진지하게 받아들여 영광스럽게 여겨야 하는데 그렇지 못한 그리스도인을 향해 바울은 이렇게 경고한다. "누구든지 하나님의 성전을 더럽히면 하나님이 그 사람을 멸하시리라 하나님의 성전은 거룩하니 너희도 그러하니라"(고전 3:17; 참고 6:19). 구약성경에서 이스라엘 백성은 지성소에 들어가지 못한다. 그곳은 성막과 성전의 내밀한 성소였다. 이스라엘과 그 내밀한 성소 사이에는 거대한 휘장이 가로막고 있다. 그러나 하나님의 참 성전이신 예수님이(요 2:19-22) 십자가에 달리셨을 때, 성전 휘장이 위에서 아래까지 둘로 갈라졌다(마 27:50-51). 구약성경에서 이 휘장을 통과할 수 있는 사람은 오직 한 사람 곧 대제사장뿐이고, 대제사장도 오직 대속죄일에만 그렇게 할 수 있다(레 16장). 하지만 이제 우리의 위대한 대제사장 예수 그리스도께서 우리 대신 자기를 희생하심으로써 우리를 위해 중보하셨으니(히 9장), 휘장을 하나님이 친히 찢으셨고, 그래서 이제 큰 무리가 지성소로 들어간다. 실로 이들은 지존하신 분의 성전이 된다.

성령께서 내주하시는 사람들로서(롬 8:9), 우리는 성령에 의해 그리스도의 형상으로 변화되고 있다. 바울은 로마 교인들에게 말하기를,

바로 이 목적을 위해 하나님이 그리스도인들을 미리 정하셨다고 한다 (롬 8:26-29). 바울은 고린도 교인들에게 보내는 편지에서도 신자란 "그와 같은 형상으로 변화하여 영광에서 영광에 이"르는 사람들이라고 비슷한 말을 한다. 누가 이런 변화의 일을 하시는가? 이 일은 "곧 주의 영으로 말미암음"이다(고후 3:18).

내주하시는 성령님과 그리스도인의 삶

성령님은 우리에게 내주하실 뿐만 아니라 우리를 점점 더 새롭게 하셔서 우리 구주의 형상을 닮게 하시니, 우리 구주는 하나님의 참 형상이시다(고후 4:4). 창세기 3장의 사건에서 죄 때문에 하나님의 형상이 심히 훼손되는 결과가 생겼다. 성령님의 중생(다시 태어나게 함. 요 3장) 사역으로 그 형상은 원래의 목적을 되찾게 되었다. 하지만 이 땅에서, 그 형상은 일련의 과정을 거쳐 점진적으로 회복된다. 언젠가 성령의 새롭게 하시는 사역이 완결될 것이고, 그러면 "우리가 그와 같을 줄을 아는 것은 그의 참모습 그대로 볼 것이기 때문"이다(요일 3:2). J. I. 패커는 성령님의 내주가 "개인의 성품이 예수님의 형상으로 변화"되게 하고 "예수님과 인격적 교제"를 나누게 하며, 뿐만 아니라 우리가 "사랑받고 구속받으며 그리스도를 통해 성부의 집안으로 입양되었다는 확신을 성령께서 주시는"(참고 롬 8:17) 결과를 낳는다고 말한다.[41] 성령님의 임재로 우리는 그리스도의 보혈로 값 주고 산 성부의 자녀로 구별된다. 뿐만 아니라 성령님의 임재는 우리가 하나님의 집안으로 입양된 하나님의 자녀이며, 언젠가 우리 구주를 대면하여 만날 때까지 우리가 그분의 손안에서 안전하다는 확신을 준다.

그날까지, 우리에게 주어진 명령은 성령으로 충만하라는 것이다. 바울은 에베소 교인들에게 "술 취하지 말"고, 대신 "성령으로 충만함을 받으라"고 명령한다(엡 5:18). 성령으로 충만한 사람들로서 우리는 죄 된 육체를 따라서 행하지 않고 성령을 좇아 행한다(롬 8:4). 우리는 성령을 따라 행하는 사람들이다(갈 5:16, 25). 한 걸음 한 걸음 성령님의 도우심으로, 그리고 우리를 거룩하게 하시는 성령님의 은혜로 우리는 죄를 죽이고(죄 죽임mortification), 성령의 열매를 입는다(소생vivification, 참고 골 3:5-17; 엡 4:17-32). 언젠가 썩지도 않고 죄로 얼룩지지도 않은 모습으로 거룩하신 분의 임재를 체험하게 될 것을 알고서 말이다. 요한은 곧 다가올 이날, 영원히 지속될 이날에 대해 이렇게 말한다. "보라 하나님의 장막이 사람들과 함께 있으매 하나님이 그들과 함께 계시리니 그들은 하나님의 백성이 되고 하나님은 친히 그들과 함께 계셔서"(계 21:3). 그날이 오면 다윗의 소원은 새로운 차원으로 들어설 것이다. "내가 여호와께 바라는 한 가지 일 그것을 구하리니 곧 내가 내 평생에 여호와의 집에 살면서 여호와의 아름다움을 바라보며 그의 성전에서 사모하는 그것이라"(시 27:4; 참고 23:6).

우리는 큰 기대를 가지고 그날을 기다리지만, 지금 여기서 그 날을 한 번도 맛보지 못한 사람들로서 그날을 기대하지는 않는다. 잔치는 아직 열리지 않았지만, 우리는 이미 그 첫 열매를 맛보았다. 우리는 새 하늘과 새 땅을 고대하지만, 이 땅에서, 영광의 이쪽 면에서 성령께서 우리와 함께하시고 우리 안에 계신다. 장차 임할 그날에 대한 모든 보증은 우리가 그리스도인으로서 하루하루 살아가는 삶 속에 성령께서 지속적으로, 끊임없이, 꾸준히 임재하시는 것으로써 확신할 수 있다. 내재하는 죄와 싸워서 거두는 사소한 승리, 그리스도께서 우리를 사랑하셨듯이 타인을 사랑하고자 하는 우리의 작은 소원 등 이 모든 것이 다 성령께서 우리 안에서 일하시면서 그 마지막 날을 위해 우리를 준비시키시는 징표다. 성령님은 참으로 하나의 선물로서, 이 선물을 통해 우리는 성령의 작은 전殿으로서 우리의 삼위일체 하나님과 교제를 누린다(마 12:28; 28:19-20; 막 13:11; 눅 11:13; 12:12; 24:49; 요 3:5-8; 14:26; 20:22).[42]

모든 그릇된 곳에서 하나님께 가까이 다가감

유감스럽게도 오늘날에는 이 사실을 알지 못하는 이들이 참으로 많다. 마르틴 루터가 16세기에 이미 경험한 것처럼, 어떤 이들은 로마로 순례를 가서 어떻게든 하나님을 찾아 화평을 이루려고 한다. 그러나 바빙크가 말하다시피 "하나님께 가서 하나님의 얼굴을 구한다는 것은 순례를 하는 데 있지 않고 자기를 낮추고 회개하는 데 있다." 죄인이 하나님과 거리가 멀어진 것은 죄 때문이지만, 이 거리는 "위치적인 거리가 아니라 영적인 거리다(사 59:2)." "가인이 그런 것처럼 하나님을 버리고 하나님에게서 도망치는 것은 위치상으로 하나님과 분리되는 문제가 아니라 영적 불화의 문제다."[43] 아우구스티누스의 말처럼, "한 사람이 하나님에게서 멀어지는 것은 위치 때문이 아니라 (하나님과의) 부조화 때문이다."[44]

한편, "하나님을 구하는" 죄인은 "하나님을 찾되 멀리서가 아니라 바로 자기가 있는 곳에서 찾는다. 우리는 그분 안에서 살고 기동하며 존재하기 때문이다."[45] 아우구스티누스의 말을 빌리자면, "하나님께 가까이 다가간다는 것은 하나님을 닮게 되는 것이다. 하나님에게서 멀어진다는 것은 하나님과 다르게 되는 것이다."[46] 위대한 은혜의 의원 great doctor of grace이라 불리는 아우구스티누스는 시편 강해에서 이렇게 말한다. "그대가 어디로 도망치든, 그분은 거기 계신다. 그대 자신으로부터 도망치겠는가? 도망치는 곳마다 그대가 그대 자신을 따라가지 않겠는가? 그러나 그대 자신보다 더 깊이 그대 안으로 향하는 한 분이 계시니, 진노가 가라앉은 하나님께로 가는 것 말고는 진노하신 하나님을 피할 길이 없다. 그대가 도망칠 곳은 정말로 그 어디에도 없다. 그분에게서 도망치려고 하는가? 그보다는 그분에게로 도망치라."[47] 아우구스티누스의 말이 맞다. "그분에게서 도망치지" 말고 "그분에게로 도망치라." 그때에야 하나님의 편재하는 전능함이 우리에게 큰 위로가 될 것이다. 그분이 임재하시되 이제 우리를 심판하고 정죄하기 위해서가 아니라, 우리를 의롭다 하고 거룩하게 하시며, 우리에게 복을 주시고, 자기 아들과 연합시키기 위해서 임재하시기 때문이다. 오직 그리스도 안에서만 하나님의 광대함이 우리로 구원에 이르게 하는 은혜의 선물이 될 것이고 하나님의 편재가 언약의 축복이 될 것이다.[48]

10

하나님은 전능하시고, 모든 것을 다 아시며, 완전히 지혜로우신가?

— 전능, 전지, 전현(全賢)

영원하신 하나님 여호와...

피곤하지 않으시며 곤비하지 않으시며...

피곤한 자에게는 능력을 주시며

무능한 자에게는 힘을 더하시나니.

사 40:28-29

슬프도소이다 주 여호와여 주께서 큰 능력과 펴신 팔로 천지를 지으셨사
오니 주에게는 할 수 없는 일이 없으시니이다.

렘 32:17

하나님은 능력이시니, 약한 것들로 만들어지지 않으셨다.

푸아티에의 힐라리우스, 《*On the Trinity*》

그대가 생각하는 하나님은 너무 인간적이다.

마르틴 루터가 데시데리우스 에라스무스에게

풀을 먹은 왕

세상의 역사는 애굽의 바로에서부터 로마의 가이사, 프랑스의 나폴레옹에 이르기까지 왕들과 나라들의 흥망성쇠에 관한 이야기다. 이들은 당대의 가장 강력한 통치자들로서, 당대의 가장 강력한 영토를 다스렸다.

사자 굴에 던져졌던 위대한 하나님의 사람 다니엘이 살던 시대에, 세상에서 가장 큰 권력을 가진 사람은 바벨론 왕 느부갓네살이었다. 느부갓네살과 그의 바벨론 군대는 예루살렘을 포위하고 다니엘 같은 히브리 사람들을 포로로 잡아갔다.

느부갓네살은 경쟁자가 없는 통치자로서 자기 마음대로 백성을 다스렸다. 그가 손가락 한 번만 튕겨도 말 그대로 사람들의 목이 날아갔다. 느부갓네살은 명령만 내렸고, 그의 군대는 그가 어느 나라를 갖고 싶어 하든, 가서 그 나라를 빼앗았다. 어느 날 느부갓네살을 영원히 변화시킬 일이 일어나기까지 그는 그의 나라에서 신이나 다름없었다.

바벨론 왕궁의 지붕 위를 거닐면서 자기 왕국의 권력과 아름다움과 광대함에 감탄하던 느부갓네살은 왕국을 굽어보면서 노골적으로 자신만만하게 말한다. "이 큰 바벨론은 내가 능력과 권세로 건설하여 나의 도성으로 삼고 이것으로 내 위엄의 영광을 나타낸 것이 아니냐"(단 4:30). 그 순간, 느부갓네살의 입에서 그 말이 채 떨어지기도 전에 하늘에서 한 음성이 들린다. "느부갓네살 왕아 네게 말하노니 나라의 왕위가 네게서 떠났느니라 네가 사람에게서 쫓겨나서 들짐승과 함께 살면서 소처럼 풀을 먹을 것이요 이와 같이 일곱 때를 지내서 지극히 높으신 이가 사람의 나라를 다스리시며 자기의 뜻대로 그것을 누구에게든 지 주시는 줄을 알기까지 이르리라"(4:31-32).

곧이어 소름 끼치는 장면이 등장한다. 지상에서 그 누구와도 비교할 수 없는 권력을 지닌 이 왕이 왕궁의 연회장에서 산해진미를 먹는 게 아니라 짐승처럼 들판을 기어 다니며 풀을 먹는다. 이제 더는 왕의 의복을 입지 않으며, 밤새 한뎃잠을 자며 아침 이슬에 몸이 젖는다. 전에는 몸단장을 했지만, 이제는 머리가 너무 길어 독수리 털로 착각될 정도다. 느부갓네살이 전에는 바벨론의 유행을 따라 최고의 손발톱 관리를 받았을 것이라 짐작할 수 있지만, 이제는 손발톱이 너무 길게 자라 마치 새 발톱처럼 보일 정도다. 한번 상상해 보라. 황금잔에 담긴 포도주를 홀짝이고 있던 느부갓네살이 바로 그 다음 순간 숲속의 들짐승으로 사냥당할 수도 있는 처지가 된다. 누가 보더라도 그는 제정신이 아니었다. 무슨 일이 벌어진 걸까?

느부갓네살이 균형 잡힌 시각을 잃고 여호와가 누구신지 망각하는 일이 벌어졌다. 그는 자신의 권력과 풍요를 오직 인간의 눈으로만 바라보았다. 인간의 눈으로 보니 자신이 이 땅에서 가장 강력한 나라를 세운 사람인 것처럼 보였다. 그가 자신의 왕국을 하나님의 시점으로 보았더라면, 자랑은 꿈도 꾸지 못했을 것이다. 느부갓네살은 자신이 바벨론을 세웠다고 주장함으로써 실질적으로 하나님을 보좌에서 끌어내리고 자신이 거기에 대신 앉았다. 느부갓네살의 몰락 이야기는, 우리가 고의로 하나님을 보좌에서 끌어내리려 하지 않아도, 하나님이 진실로 이 세상의 왕이라는 것을 알고 인정하기를 소홀히 하는 것만으로도 실질적으로 하나님의 보좌를 찬탈하는 죄를 범하는 것임을 알려

준다.

우리의 왕은 모든 것을 할 능력이 있으시고(전능하시고) 모든 것을 다 아시며(전지하시며) 전적으로 지혜로우시다(전현하시다)는 것을 느부갓네살은 힘들게 깨우친다. 이 세 가지 속성을 이제부터 중점적으로 살펴보기로 하자. 각 속성이 무엇을 의미하는지 정의해 보고, 각 속성이 서로 어떻게 연관되며, 하나님의 다른 많은 속성들과는 어떻게 연관되는지 알아 보자.

하나님이 웃으시다

시편 33편은 우리에게 하나님의 시점을 알려 준다. 시편 기자는 "세상의 모든 거민들"을 불러 "여호와를…경외"하라고 하면서 하나님이 그저 "말씀하시매 이루어졌"다고 말한다(33:8-9). 하나님의 말씀으로 "하늘이 지음이 되었으며" 대양은 자리를 잡았다(33:6-7). 그렇다면, 하나님의 손에 들린 나라는 무엇인가? 이 땅에서 가장 강한 나라일지라도 전능자의 손안에서는 조약돌과 같다. 세상 나라들이 하나님 앞에서 날뛰면 "하늘에 계신 이가 웃으"신다(시 2:4). 하나님이 웃으신다! 하나님은 주권자, 곧 "나라들의 계획을 폐하시며 민족들의 사상을 무효하게 하시"는 분이다(33:10). 이사야 선지자는 우리에게 올바른 시각을 제시해 준다.

> 보라 그에게는 열방이 통의 한 방울 물과 같고
> 저울의 작은 티끌 같으며

섬들은 떠오르는 먼지 같으리니(사 40:15).

그의 앞에는 모든 열방이 아무것도 아니라

그는 그들을 없는 것 같이, 빈 것 같이 여기시느니라(40:17).

느부갓네살은 하나님의 물통에 담긴 물 한 방울이요, 영원이라는 눈금자에 얹힌 먼지 한 점일 뿐이다. 느부갓네살은 자신이 이 왕국을 세웠다고 생각하지만, 이는 처음부터 끝까지 하나님이 하신 일이며, 그것이 바로 느부갓네살의 오만이 실제 왕이신 분의 귀에 그렇게 무엄하게 들린 이유다. 누가 궁극적인 권세를 가지고 있는지 분명히 하기 위해 하나님은 그저 한마디 말씀을 하신다. 그리고 이에 느부갓네살은 왕궁의 지붕에서 거름밭의 풀을 먹는 신세로 급전직하한다.

하지만 하나님은 느부갓네살에게 자비를 베푸신다. "그 기한이 차매"(이는 하나님이 이 일을 주관하시며 느부갓네살의 운명을 결정짓는 분이라는 표현이다) 이 바벨론 왕은 눈을 들어 하늘을 보고, 이성을 되찾는다. 하나님이 그에게 온전한 정신을 돌려주신다. 이제 느부갓네살은 누가 참 왕인지를 인식한다.

내가 지극히 높으신 이에게 감사하며

영생하시는 이를 찬양하고 경배하였나니

그 권세는 영원한 권세요

그 나라는 대대에 이르리로다

땅의 모든 사람들을 없는 것 같이 여기시며

하늘의 군대에게든지 땅의 사람에게든지

그는 자기 뜻대로 행하시나니

그의 손을 금하든지

혹시 이르기를 네가 무엇을 하느냐고 할 자가 아무도 없도다(단 4:34-35).

마지막 두 줄을 읽으면 정신이 번쩍 든다. 하나님의 뜻은 막을 수 없다. 하나님의 권능은 무적無敵이어서 세상에서 가장 위대한 왕이나 나라도 "그의 손을 금"할 수 없다. 절대적으로 그 누구도, 하나님께 "네가 무엇을 하느냐"고 물으면서 이의를 제기할 권리가 없다. 하나님은 자신이 원하는 대로 하신다. 하나님은 자기 자신 외에는 누구에게도 대답할 의무가 없으시다. 느부갓네살 이야기는 다음과 같은 솔로몬의 말로 요약할 수 있다. "왕의 마음이 여호와의 손에 있음이 마치 봇물과 같아서 그가 임의로 인도하시느니라"(잠 21:1).

나 자신의 신학 여정에서 느부갓네살 이야기는 하나의 전환점이었다. 내가 어떤 결론에 이르든, 그중 어느 것도 이 한 가지 성경적 사실을 거스를 수 없었다. 바로 하나님이 절대적으로 주권자시라는 것이다. '주'라는 칭호는 이제 새로운 의미를 입게 되었다. 그분의 주권은 미치지 않는 영역이 없을 만큼 보편적이고 모든 일을 하나도 빼놓지 않고 세심하게 다스리기에, 예수님이 십자가에 달려 죽으신 엄청난 일(행 2:23; 4:27-28)은 물론 요나 이야기에 등장하는 제비뽑기처럼 무작위나 우연으로 보이는 사소한 일도(욘 1:7) 그분의 주권 아래 일어난다. "제비는 사람이 뽑으나 모든 일을 작정하기는 여호와께 있느니라"(잠 16:33). 그런 주권은 내가 경배하는 하나님이 그저 권능 있으신 게 아니라 완전한 권능을 갖고 계시다는 의미일 수밖에 없다. 하나님은 전능하시다.

하나님의 권능의 특별한 점 : 독립적 권능의 단순성

하나님의 권능에 뭐 그렇게 특별한 게 있느냐고 묻는다면, 좀 이상해 보일 수도 있다. 그냥 평이하고 단순한 권능 아닌가? 실제로는 전혀 그렇지 않다. 창조주 특유의 권능은 유형 면에서 피조물의 권능과는 완전히 다르다.

그 이유를 이해하려면 하나님의 단순성 교리를 먼저 기억해야 한다. 하나님은 단순히 권능을 소유하거나 지니시는 것이 아니다. 하나님은 권능 그 자체이시다. 하나님의 권능과 하나님의 본질은 하나이며 동일하다는 의미이다. 따라서 "단순한 권능"simple power이란 말이 하나님에게는 해당되지만, 피조물인 우리에게는 해당될 수 없다.

미국 역사상 가장 위대한 군사 지도자로 손꼽히는 사람 중 남북전쟁 시대가 배출한 인물들이 있다. 율리시즈 S. 그랜트는 북부의 사자lion로 불린 장군으로, 북부 연합을 마침내 승리로 이끌었다. 하지만 그 전에 거의 난공불락이던 로버트 E. 리와 스톤월 잭슨 같은 남부 연방 장군들을 이겨내야 했다. 남부 편이든 북부 편이든, 이 장군들에게는 한 가지 공통점이 있었다. 이들의 전투 능력이 휘하의 군인들에게 달려 있다는 것이다. 이 장군들이 지극히 훌륭한 공격 작전을 세우고 최신 무기들을 조달할 수 있었을지는 모른다. 하지만 각각의 부대가 전장에 임해 발휘한 독특한 능력이 아니었다면 그 장군들은 아무런 힘이 없었다. 달리 말해 그 장군들은 전쟁 때 타인에게 의지해서야 자신의 능력을 발휘할 수 있었다.

이에 반해 하나님의 권능은 누구에게도 의존하지 않는다. 바로 이

지점에서 전능성과 자존성이 만난다. 하나님은 자충족적인 분이시기에 하나님의 권능도 자충족적이어야 한다. 하지만 단순성의 견지에서, 하나님의 권능은 그냥 독립적인 것이 아니라 하나님이 하나님 자신의 권능이기 때문에 독립적이다. 즉, 하나님은 자신의 권능을 다른 어디에서 이끌어 와야 하는 게 아니다. 하나님은 자기 자신 안에서, 자기 스스로 권능 자체이시다. 좀 더 전문적으로 표현하자면, 권능은 "원래부터 그리고 필수적으로 하나님의 본질 안에 있으며, 하나님의 본질과 구별되지 않는다."[1]

"너무 서둘러 결론 내지 마세요"라고 말할지도 모르겠다. "하나님은 자신의 권능을 행사하실 때 다른 존재를 통해 행동하시지 않습니까?" 맞는 말이다. 하지만 하나님이 반드시 그러실 필요는 없다. 다만 그렇게 하기로 선택하실 뿐이다. 그래서 하나님은 일정한 수단들을 써서 자신의 뜻을 이루시기도 한다. 예를 들어, 하나님은 인간의 선포를 통해 구원의 좋은 소식을 퍼뜨리기도 하신다. 그리고 교회의 규례와 선포된 말씀을 수단으로 삼아 성도를 성화시키기로 결정하신다. 하나님은 때로 하나님의 존재를 부인하는 사람들을 통해 시시콜콜한 우리네 일상에서 섭리적으로 일하신다. 그렇지만, 하나님은 자신이 원하신다면 그런 수단들 아예 없이 일하실 수도 있다. 하나님의 권능은 다른 존재를 통해 일할 수도 있지만, 이 권능은 본디 누구에게도 의존하지 않고 하나님 자신에게 내재되어 있다. 하나님은 그 정도로 권능 있으시다. 실로 하나님의 본질이 하나님의 권능이다.[2]

놓칠 수 없는 구별 : 절대적 권능과 질서적 권능

"악마는 디테일에 있다"는 말을 들어본 적이 있을 것이다. 맞는 말이다. 하지만 "하나님은 디테일에 있다"는 말도 맞는 말이다. "악마는 디테일에 있다"는 말만큼 현혹적이지는 않지만, 중요성은 비슷하다. 신학에서도 디테일은 어떤 사람이 이단인지 아니면 성경을 믿는 그리스도인인지를 결정할 만큼 중요하다. 그것이 바로 우리가 신학 개념들을 구별하는 일에 온통 몰두하는 이유다.

너무 중요하고 너무 강력해서 놓칠 수 없는 한 가지 구별은 하나님의 절대적 권능과 질서적 권능의 구별이다. 절대적 권능이란 모든 일을 다 하실 수 있는 하나님의 권능을 말하며, 하나님이 하실 수 있으나여러 다양한 이유로 하지 않기로 선택하시는 일들도 여기 포함된다. 중세 시대에 둔스 스코투스^{Duns Scotus} 같은 신학자는 하나님의 절대적권능을 오용했다. 스코투스는 하나님의 뜻을 지나치게 높이 치켜 올려서, 무언가를 행하는 하나님의 능력이란 그분이 심지어 죄도 지을 수있다는 의미라고 했다! 그의 말대로라면, 하나님의 권능이 제멋대로의 권능이 되어 버린다. 그리고 하나님의 뜻이 "절대적 무관심"이 되어 버린다.[3] 한편 그런 식의 주장이 지나친 해석임을 올바로 알아차린사람들이 있었다. 이들은 하나님의 뜻은 하나님의 도덕적 본질과 분리될 수 없다고 주장했다(이 책 1장에서 강조한 사항).[4] 즉, 하나님은 단순하시기에 하나님의 뜻과 본질은 하나이고, 하나님의 본질은 하나님의 모든속성과 동일하기에(거룩함을 포함해서) 하나님의 뜻은 어떤 식으로도 그분의 어떤 속성을 거스를 수 없다는 것이다.[5]

한편, 하나님의 질서적 권능이란 하나님이 정하시고, 작정하시고, 뜻하시는 일들을 가리킨다. 하나님의 질서적 권능은 하나님 안에 있는 또 다른 권능이 아니라 하나님의 절대적 권능의 일부이다.[6] 하나님은 자신이 작정하고 뜻하는 어떠한 일이라도 할 수 있는 권능을 갖고 계시기 때문이다.

베드로가 예수님을 잡아가려는 대제사장의 종의 귀를 베어 버린 이야기를 기억하는가? 예수님은 유다에게 배신 당하셨고 이제 곧 붙잡힐 순간이었는데, 베드로가 불쑥 나타나 옳아 보이는 행동을 한다. 예수님을 지키려고 칼을 빼어든 것이다. 지금 우리가 하고 있는 이야기의 맥락에서 매혹적인 부분은 베드로가 베어낸 유혈 낭자한 귀가 아니라 예수님의 반응이다. "네 칼을 도로 칼집에 꽂으라 칼을 가지는 자는 다 칼로 망하느니라 너는 내가 내 아버지께 구하여 지금 열두 군단 더 되는 천사를 보내시게 할 수 없는 줄로 아느냐 내가 만일 그렇게 하면 이런 일이 있으리라 한 성경이 어떻게 이루어지겠느냐"(마 26:52-54). 바로 이 구절에서 하나님의 절대적 권능과 질서적 권능이 단 두 문장으로 설명된다.

하나님의 아들로서 예수님은 전적으로 능력 있으시다. 말씀만 하면 천사 군단을 불러서 대적들이 도망가게 만들 수 있었다. 그러나 하나님은 더 큰 목적을 염두에 두고 계셨다. 그것은 구약성경에서 선지자들을 통해 약속하신 것, 즉 죄 사함을 위해 하나님의 아들께서 십자가에서 속죄의 죽음을 죽으시는 것이다. 그러므로, 예수님이 그런 권능을 행사하실 수 있는 것은 사실이지만, 그렇게 되면 자기 백성을 구속하시려는 아버지의 계획을 포기해야 할 터였다. 하늘의 군대를 부르면 절대적 권능을 과시할 수 있었을 테지만, 그 순간 필요한 것은 하나님의 질서적 권능이었다. 역설적으로, 그런 전능함은 왕이신 예수님이 십자가에 달려 죽으신 일에서 강력히 드러난다.

하나님은 자신이 들어 올릴 수 없을 만큼 큰 바위를 만드실 수 있는가? 무한한 전능성

베드로가 종의 귀를 베는 광경과 곧이어 예수님이 그 귀를 집어 들어 다시 붙여 주셔서 마치 아무 일도 없었던 것처럼 되는 광경을 현장에서 지켜보았다면 정말 엄청난 일이었을 것이다. 이는 정말 놀랄 만한 일이었다. 예수님이 베드로에게 보이신 반응, 즉 열두 군단 더 되는 천사를 부르실 수도 있다고 하는 말씀은, 예수님의 사역을 둘러싼 사건들의 이면에 하나님의 전능이 자리 잡고 있다는 사실을 기억하게 해주는 하나의 비망록이다.

이 신적 전능성은 하나님의 무한하고 영원한 본질 안에 자리 잡고 있다. 하나님의 권능은 무한하며, 하나님은 한량없는 권능이심을 생각해보라. 게다가 하나님의 무한한 권능은 영원하기까지 하며, 이는 이 권능이 쇠약해지는 일은 절대 없다는 뜻이다. 하나님은 전능한 분으로 존재하기를 멈추실 수 없으며, 지금까지도 그러했고 앞으로도 그러하실 것이다. 간단히 표현하자면, 하나님이 전능하시다는 말은 하나님의 존재에 한계가 없다는 뜻이다. 전능성은 우리 하나님이 무한하시다는 말을 달리 표현한 것이다.

"잠깐만요. 한계가 없다고 했나요? 그런데 하나님이 하실 수 없는 일이 분명 있지 않습니까?" 하나님은 자신이 들어 올릴 수 없을 만큼 큰 바위를 만드실 수 있나요? 전능하신 하나님은 거짓말을 하실 수 있나요? 하나님은 자신과 똑같이 한계 없는 권능을 지닌 다른 존재를 창조하실 수 있나요? 권능 자체이신 하나님은 창조되지 않은 사람을 창조하실 수 있나요?[7] 영원하고 무한하신 하나님이 죽으실 수 있나요? 이런 질문들의 의도는, 하나님도 할 수 없는 일이 있으며 따라서 하나님이 전적으로 능력이 있을 수 없다는 사실을 드러내고, 하나님의 권능의 무한한 속성을 의심하게 만들려는 것이다.

그러나 유감스럽게도 우리는 그림을 거꾸로 보고 있다. 위와 같이 물을 게 아니라 정반대로 질문해야 한다. 하나님이 이런 일들을 하실 수 있다면, 그것은 전능함보다는 무능함을 보여 주는 것 아닐까? 안셀무스는 다음과 같이 우리의 그릇된 생각을 바로잡아 준다. "이런 일들을 할 수 있는 자는 자신에게 유익하지 않은 일과 해서는 안 되는 일을 할 수 있는 것이다. 이런 일들을 많이 하면 할수록 그만큼 이 능력과 관련해 역경도 많이 만나고 이 능력이 뒤틀리는 경우도 많을 것이며, 그가 이 역경과 뒤틀림에 관해 할 수 있는 일은 줄어들 것이다. 그러므로 이런 일들을 할 수 있는 자는 능력으로 이 일들을 하는 게 아니라 무능함으로 하는 것이다."[8] 우리는 위와 같은 질문들을 하면서 자신의 명민함에 감동 받고 기특해 하느라 자신의 말이 얼마나 자가당착이 되어 가는지 깨닫지 못한다. 하나님이 자신의 다른 속성에 어긋나는 어떤 일을 하신다면 이는 하나님의 권능을 보완하는 게 아니라 오히려 파괴한다.

일을 한다는 것(모든 일을 다 한다는 것)이 권위의 상징이 되는 세상에서, 우리는 어떤 일을 하지 않는 상황이 오히려 권능을 더 크게 표시하는 것임을 이해하는 데 애를 먹는다. 요셉은 보디발의 아내를 상대로 간음을 저지르지 않는다. 예수님은 돌이 떡이 되게 명령하지 않으신다. 이런 비행위non-acts야말로 최고 수준의 권능을 보여 준다. 요셉이 간음을 저질렀거나 예수님이 돌을 떡으로 변하게 했다면 이는 능력 있는 행동이 아니라 연약한 행위, 심지어 죄 된 행위였을 것이다. 자제self-control는 약함의 표가 아니라, 강함의 표이다.

하나님의 경우가 그렇다. 하나님의 권능은 하나님이 하실 수 있는 일만큼이나 하실 수 없는 일에서도 강력하게 드러난다.

하나님은 자신이 알지 못하는 비밀을 은밀히 말씀하실 수 있는가? 전능한 전지성

하지만 대답하기 좀 더 까다로운 수수께끼가 또 하나 있다. 하나님은 하나님 자신도 알지 못할 비밀을 간직할 수 있는 사람을 창조하실 수 있는가?[9] 불가능하다고 할 경우, "그렇다면 하나님이 어떻게 전적으로 능력 있는 분일 수 있는가?"라는 질문이 나올 것이다. 그리고 가능하다고 할 경우, "그렇다면 하나님이 어떻게 모든 것을 다 아는 분이실 수 있는가?"라고 할 것이다.

여기서 하나님의 단순성 교리가 다시 한 번 우리를 구하러 오지 않는가? 단순성은 하나님의 속성들을 서로 갈라놓기는커녕 오히려 속성들의 일치를 요구한다. 하나님의 지식은 전능한 지식이고, 하나님의 권능은 전지한 권능이다. 이 진리를 위의 수수께끼에 적용해 보면, 이는 지식이냐 권능이냐 둘 중 하나를 선택할 수 있는 문제가 아니라는 뜻이다.

권능과 지식의 관계가 문제 해결의 열쇠다. 하나님의 사고 활동은 우리의 사고 활동과 같지 않다. 앞에서 다룬 것처럼, 나는 생각만으로 물건을 공중에 띄우지 못하고 건물을 옮기지도 못한다. 하지만 하나님의 지식은 하나님의 전능과 직접적으로 연결된다. 좀 더 정확히 말하자면, 하나님의 지식은 하나님의 권능이고, 하나님의 권능은 하나님의 지식이다(단순성). 하나님은 전지적으로 전능하시고, 전능하게 전지하시다. 그래서 하나님이 "생각하시면" 일들이 일어난다. 하나님의 지식은 원인이 되는causal 지식이지, 우리의 지식처럼 사색적 지식이 아니다. 하나님은 구경꾼이 아니고, 창조자, 곧 만사를 결정하시는 분이다. 하나님의 지식은 피조물처럼 관찰함으로써 아는 귀납적 지식이 아니다. 하나님의 지식은, 이미 알고 계시며 영원 전에 작정하신 것을 지켜보시는 선험적 지식이다.[10]

창조주의 지식	피조물의 지식
선험적	귀납적
영원하고 타자와 관계없는(스스로 있는) 지식	관찰로 획득하는 지식, 타자에 의존하는 지식

이는 하나님의 창조와 섭리적 돌봄과 관련해 중요한 함축적 의미를 지닌다. 첫째, 창조 행위에서 창조주의 지식은 선험적이다. 이는 하나님이 어떤 것을 창조하실 때까지는 그것에 대해 무지하셨다고 결코 말

할 수 없다는 뜻이다. 아우구스티누스는 이렇게 말한다. "영적인 피조물이든 유형의 피조물이든 모든 피조물에 다 해당되는 사실은, 이 피조물이 존재하기 때문에 하나님이 이들을 아시는 게 아니라 하나님이 이들을 아시기 때문에 이들이 존재한다는 것이다. 하나님은 자신이 창조하려는 것에 대해 무지하지 않으셨다."[11] 하나님의 전능한 지식이 피조물을 무로부터*ex nihilo* 존재하게 했다. 다마스쿠스의 요한은 "하나님은 생각하심으로 창조하신다. 성취하시는 말씀과 완전케 하시는 성령의 역사로, 하나님의 생각의 대상은 존재한다*subsist*"고 말한다.[12] 다마스쿠스의 요한은 여기서 창조의 삼위일체적 성격 또한 강조한다. 생각함으로써 창조하시는 분, 성부의 명령을 이루시는 말씀, 아들이신 말씀을 통해 아버지께서 말씀하신 것을 완전케 하시는 성령은 삼위일체 하나님이시다.

둘째, 하나님의 전능한 지식은 피조물을 존재하게 할 뿐 아니라 피조물을 지탱한다. 캐서린 로저스는 이렇게 말한다. "하나님의 전능성은, 하나님 외에 어떤 식으로든 존재하는 모든 것이 순간순간 하나님의 원인적 권능에 의해 존재를 유지하는 결과를 낳는다. 하나님의 권능은 하나님의 지식이기에, 무엇이든 세상에 존재하는 것은 하나님이 지금 그것을 생각하고 계시기 때문에 존재한다." 이어서 로저스는 이렇게 경고한다. "하나님의 생각이 직접적 원인이 되지 않고 존재하는 것이 있다고 가정한다면, 이는 하나님의 전능성을 부인하는 것이다."[13] 다음 논리에 주목하라.

1. 하나님은 전능하시며, 따라서 모든 것은 하나님의 원인적 권능에 의

해 존재한다.

2. 하나님은 단순하시다. 하나님의 권능은 하나님의 지식이고, 하나님의 지식은 하나님의 권능이다.

3. 그러므로 존재하는 모든 것은 오로지 하나님이 그것을 아시기 때문에 존재한다.

하나님이 자신도 알 수 없는 비밀을 창조하실 수 있느냐는 수수께끼 같은 질문은 애초부터 결함이 있다. 하나님의 사고 활동이 하나님의 권능과 관계없다고 전제하기 때문이다. 하나님의 사고 활동은 하나님의 권능과 관계없지 않다. 하나님의 지식은 아는 것을 단지 수용만 하는 수동적 지식이 아니다. 그보다 하나님의 지식은 전적으로 진취적이다. 아우구스티누스는 이렇게 말했다. "피조물들이 존재하기 때문에…하나님이 이 피조물들을 다 아시는 게 아니라, 하나님이 피조물들을 다 아시기 때문에 이 피조물들이 존재한다."[14]

그런 이유로, 누군가가 인간이라는 피조물의 행동이나 생각에 관한 하나님의 지식을 제한하거나 조건을 붙이려고 하면, 그때마다 우리는 우리의 신학적 안테나를 높이 세워야 한다.[15] 성경이 확언하는 것처럼 (시 139:17-18; 사 41-48) 하나님은 과거와 현재와 미래의 모든 일을 다 아실 뿐만 아니라, 하나님의 지식은 우리의 지식에 의존하지도 않고, 우리의 존재에는 말할 것도 없고 우리의 행동에도 의존하지 않는다.[16] 하나님은 미래의 일들을 포함해 모든 일을 다 아시니, 이는 하나님이 모든 일을 결정하시기 때문이다.[17] "하나님이 모든 것을 아는 수단은 세상이 아니라 (하나님의) 작정이다."[18] 하나님의 지식은 무조건적인 지식으로, 누구에게도 의존하지 않는다. 하나님은 스스로 아시는 분이어서, 하나님의 전능한 전지성은 그분의 자존성에 뿌리를 두고 있다. "하나님은 자기 안에서, 그리고 자기 스스로 모든 것을 아신다."[19]

하나님의 지식은 자라거나 늘어나지 않는다. 하나님은 일이 진행되면서 배우시지 않는다. 하나님의 지식은 무엇이 되어 가거나 진화하는 지식이 아니다. 무엇으로 되어 가거나 진화한다면 하나님의 지식의 무한하고 영원한 본질이 훼손될 것이다. 8장에서 살펴보았듯이, 영원하다는 것은 하나님이 연속되는 순간을 겪지 않으신다는 의미인 동시에 하나님은 연속되는 지식을 경험하지 않으신다는 의미이기도 하다. "시간 속에서 일어나는 일을 보는 하나님의 시각vision은 시간의 제약을 받지 않는다"고 아우구스티누스는 말한다.[20] 하나님은 지금 아시는 일을 항상 알고 계셨고, 그것도 완전히 아셨다. 하나님의 지식은 시간이 흐르면서 발전하지 않는다. 하나님의 지식이 시간의 흐름에 따라 발전한다면 어떻게 되겠는가? 일단, 하나님의 결정을 어떻게 신뢰할 수 있겠는가? 하나님이 오늘 내리신 결정이 어쩌면 내일이면 더 발전할 수도 있는 지식에 근거해서 내리신 것일 수 있지 않겠는가? 감사하게도, 영원히 전지하신 하나님에게 그런 일은 없다. 하나님은 하나의 영원한 행위로써 만사를 아신다.[21] 하나님에게는 모든 일이 다 현재 같으며, 심지어 우리의 경험에서 아직 일어나지 않은 일도 그러하다. 왜냐하면 하나님은 지식이 자라는 분이 아니어서, 전에 몰랐던 일을 지금 알지 않으시기 때문이다. 정확히 말하자면, 하나님에게는 '전'前과 '후'後가 없다. 하나님은 모든 것을 시간을 초월해서, 영원히 아신다.

달리 말해 하나님의 지식은 근원적 지식으로, 우리가 누구이며 우리가 무엇을 아는지를 늘 앞서 간다. 무언가가 존재하거나 행동한다면, 그것은 결국 하나님으로 말미암아 존재하고 행동하는 것이다(행 17:28). 간단히 말해 하나님의 지식은 창조적이고 원인적이다. 어떤 사물이나 사람이 하나님의 생각에서 벗어나 있다면, 그것은 애초에 존재하지도 않을 것이다.[22] 그 무엇도 하나님의 지식으로부터 독립해서 존재하지 않는다. 하나님의 지식에서 권능을 제거할 수는 없다.

간단히 말해 우리는 하나님의 단순성이 얼마나 중요한지를 다시 한번 기억하게 된다. 우리는 하나님의 권능과 지식을 구별할 수는 있지만, 이 둘을 분리할 수는 없다.

하나님의 권능은 언제나 있고 모든 곳에 있다

하나님의 단순성은 하나님의 권능과 지식이 서로 분리될 수 없다는 의미다. 그렇다면 이는 하나님의 권능이 하나님의 영원성 및 편재성과도 분리될 수 없다는 뜻이기도 하다.

첫째, 하나님은 단지 어느 한 순간에 능력이 있으시다가 조금 후 또다른 순간에 능력이 있으시다는 의미에서 능력이 있으신 게 아니다. 시간을 초월하는 영원하신 분으로서, 하나님은 영원히 강하시다. 하나님의 권능은 왔다가 사라지거나, 흥했다가 망할 수 없다. 하나님은 오늘 강하신 만큼 어제도 강하셨다. 하나님은 내일 오늘보다 더 강하시지 않을 것이다. 하나님의 권능은 하나님처럼 오래 지속된다. 왜냐하면 하나님 자신이 권능이시기 때문이다. 하나님의 권능은 하나님의 본질만큼 영구하다.

둘째, 하나님의 권능은 모든 곳에 있다. 하나님의 권능은 편재한다. 하나님의 원수들은 어디에 숨든 이 권능에서 벗어나지 못하며, 하나님의 벗들은 가장 어두운 골짜기에서도 이 권능이 방패 되어 주는 것을 기뻐한다(시 23편). 전능하게 편재하는 하나님의 권능은 모든 장소에 동시에, 완전하게 존재한다.

하나님의 권능이 영원하고도 편재한다면, 이 권능은 하나님이 어떤 분이시고 어떤 일을 하시는가에 우연히 부수되는 것일 수가 없다. 오히려 이는 실체적이고 본질적인 권능이다. 안셀무스는 이 차이를 이렇게 설명한다. 하나님의 "권능은 실로 우연한 것이 아니다." 하나님은 "권능 없이는 존재"하실 수 없기 때문이다. 하나님의 권능은 "실체적"이어야 한다. "이것(하나님의 권능)은 하나님의 본질의 일부이거나 하나님의 전 본질 바로 그것"이기 때문이다. 하지만 하나님의 본질은 "부분들로 나뉘지" 않기에 이 권능은 "하나님의 본질의 일부"일 수 없다고 안셀무스는 단서를 단다. 권능은 "하나님의 전 본질whole essence 바로 그것"임에 틀림없다. 그리고 권능이 하나님의 전 본질이라면, 이 권능은 "늘 모든 곳에 있다. 하나님이 어떤 분인가 하는 하나님의 본질은 모든 곳에 늘 있기 때문이다."[23]

하나님의 권능은 얼마나 강한가?

하나님의 권능이 무한하고, 모든 곳에 늘 있다면, 인류 역사에서 하나님의 주권을 벗어난 사건은 하나도 없다. 교회 역사에서 어떤 이들은 하나님이 전적으로 능력 있으시기는 하지만 그 권능을 포기하기로 선택하심으로써, 세상에서 만사를 주관하는 분으로서 행동하기를 자발적으로 삼가셨다고 주장한다. 하지만 성경은 하나님에 대해 전혀 다른 사실을 말해 준다. 느부갓네살 이야기에서 본 것처럼, 성경의 하나님은 전체적이고 광범위한 역사 계획뿐만 아니라 작디작은 디테일에서도 적극적으로 전능하시다. 큰일이든 작은 일이든 하나님이 관여하지 않으시는 영역은 없다.

구원을 생각해 보라. 에베소서 서두에서 바울은 하나님이 "창세 전에 그리스도 안에서 우리를 택하사 우리로 사랑 안에서 그 앞에 거룩하고 흠이 없게 하시려" 했다고 설명한다(1:4). 사랑으로 하나님은 "그 기쁘신 뜻대로 우리를 예정하사…그의 은혜의 영광을 찬송하게" 하셨다(1:5-6). 택하셨고, 예정하셨다는 말에 주목하라. 우리 구원의 이면에서 모든 걸 계획하고 실행하신 주된 건축자가 누구인지 더할 수 없이 명확하게 드러난다.

"내가 이런 큰 기업을 받을 것이라고 무엇이 보장해 줍니까?"라고 반론을 제기하는 사람이 있을지 모르겠다. 대답은 11-12절에서 찾을 수 있다. "모든 일을 그의 뜻의 의논에 따라 역사하시는 이의 작정을 따라 우리가 예정을 입어 그 안에서 기업이 되었으니 이는 우리가 그리스도 안에서 전부터 바라던 그의 영광의 찬송이 되게 하려 하심이라"(이 구절은 원어의 의미에 충실하게 재번역했다—역자주). 여기서 한 가지 표현을 간과해서는 안 된다. 바로 "모든 일"이다. 어떤 일이 아니라 모든 일이다. 하나님은 "모든 일을 그의 뜻의 의논에 따라" 역사하신다. 내가 하나님의 자녀라면 바울은 나를 향해 이렇게 말할 것이다. 하나님이 창세 전에 계획하지 않은 일은 그 어떤 일도 내 삶에 일어나지 않는다고 말이다. 하나님은 우리 삶의 모든 국면 하나하나마다 자신의 영원하고, 변하지 않고, 전능하고, 은혜로운 뜻을 이루기 위해 일하신다. 바울이 말하는 것처럼, "*우리가 알거니와 하나님을 사랑하는 자 곧 그의 뜻대로 부르심을 입은 자들에게는* ***모든 것****이 합력하여 선을 이*"*룬다*(롬 8:28).[24]

"그래요. 하나님이 구원을 주관하시지요. 하지만 이 세상의 그 모든 악은 어떻게 이해할까요? 그건 하나님의 관할 밖의 일인가요?" 성경이 하나님은 주主라고 말할 때, 이는 하나님이 특히 악에 대해서도 주主가 되신다는 의미다. 하나님이 전능하시면 악이 이기지 못한다. 하지만 내 말 대신에 하나님이 친히 하시는 말씀을 들어보라.

모세는 자기 삶을, 특히 하나님이 홍해에 명하사 당시 지상에서 가장 강력한 통치자인 바로의 군대를 집어 삼키게 하셔서 이스라엘을 바로의 손에서 구원해 내신 일을 회상하면서 하나님의 말씀을 하나하나 열거한다.

> 이제는 나 곧 내가 그인 줄 알라
> 　나 외에는 신이 없도다
> 나는 죽이기도 하며 살리기도 하며
> 　상하게도 하며 낫게도 하나니
> 　내 손에서 능히 빼앗을 자가 없도다(신 32:39).

하나님이 살리기도 하고 낫게도 하는 분이라는 데에는 모두가 고개를 끄덕인다. 하지만 하나님이 죽이기도 하고 상하게도 하신다고? 그렇다. 이스라엘의 출애굽 이야기에서 입증되다시피, 하나님은 죽이기도 하고 상하게도 하신다.

모세만 이런 이야기를 하는 게 아니다. 아이를 낳지 못하는 여인이었던 한나는 하나님이 자신의 기도에 응답하셔서 아들을 주시자 그 아들 사무엘을 여호와 섬기는 일에 바치고 나서 모세의 말과 비슷한 말을 한다.

> 여호와는 죽이기도 하시고 살리기도 하시며
> 스올에 내리게도 하시고 거기에서 올리기도 하시는도다
> 여호와는 가난하게도 하시고 부하게도 하시며
> 낮추기도 하시고 높이기도 하시는도다(삼상 2:6-7).

여호와께서 살리기도 하고, 올리기도 하고, 부하게도 하고, 높이기도 하시는 건 확실하다. 하지만 죽이고, 가난하게 하고, 낮추신다고? 그렇다. 하나님은 죽이기도 하고, 가난하게도 하고, 낮추기도 하신다. 이 사실을 한나만큼 잘 아는 사람도 없다. 한나는 하나님의 손이 실제로 자신을 낮추시는 것을 경험했다. 한나가 아이를 낳지 못한 것은 우연이 아니었다. "여호와께서 그에게 임신하지 못하게 하시므로"(삼상 1:6). 이것이 바로 한나가 여호와께 직접 나아가 자신의 태를 열어 달라고 청한 이유다. 한나는 앗아 가시는 바로 그 여호와가 주시기도 하는 여호와이심을 알고 있으니, 이는 그분이 두 가지 모두를 주관하시는 까닭이다.

욥도 하나님의 비밀한 섭리의 고통을 아는 사람이다. 욥이 당하는

고통의 이면에 어떤 뒷이야기가 있는지 우리가 엿보는 사이, 욥은 하나님에 의해 어둠 속에 남겨졌다. 욥은 혹독한 시험을 당하고 있다. 욥은 하루아침에 가족과 재산을 다 잃는다. 이어서 건강까지 잃고 죽음의 문턱까지 간다. 그런데 이 어둡고 불행한 시간을 마주했을 때 욥이 뭐라고 말하는가? "주신 이도 여호와시요 거두신 이도 여호와시오니 여호와의 이름이 찬송을 받으실지니이다"(욥 1:21).

독자로서 우리는 VIP 출입증을 받고 하나님의 섭리의 휘장 뒤를 구경할 수 있다. 땅을 배회하며 혼란을 일으킬 기회를 엿보던 사탄이 하나님 앞에 나타난다. 충격적인 것은, 자신의 종 욥, 참으로 하나님을 경외하는 사람인 욥을 주의하여 보았느냐고 물은 쪽이 사탄이 아니라 하나님이라는 것이다(1:8). 사탄은 욥이 하나님을 경외하는 것은 하나님이 그에게 복을 주셨기 때문일 뿐이라고 주장하면서 그 복을 다 거둬가 보시라고 감히 도전을 던진다. 그러자 하나님은 욥의 가족과 가축, 재물을 죽이고 빼앗아도 좋다고 허락하시고, 사탄은 그대로 한다. 그러나 하나님의 말씀이 있기 전에는 사탄이 아무것도 건드릴 수 없다는 점에 주목하라.

사탄은 욥이 모든 걸 다 잃은 후에도 하나님을 저주하지 않는 것을 보고 다시 한 번 하나님 앞에 나타난다. 그리고 욥을 주의해서 보았느냐고 묻는 쪽은 이번에도 하나님이시다(2:3). 사탄은 욥의 건강을 빼앗아 고통을 주면 그가 하나님을 저주할 것이라고 주장한다. 그러나 이번에도 사탄은 하나님이 허락하시지 않는 한 욥을 건드리지 못한다(1:12). 욥의 말이 옳다. 사탄이 욥 자신과 욥이 가진 것을 다 망가뜨리기는 했지만, 먼저 그것을 욥에게 주신 분은 여호와시고, 이제 모든 것을 다 가져가신 분도 여호와시다(1:21). 하나님이 사탄 자체를 포함해 악을 절대적으로 통제하신다는 것을 알 수 있는 이야기로 욥 이야기만 한 것은 없다. 사탄은 하나님의 허락 없이는 손가락 하나도 들어 올리지 못한다.

그런데 이사야 45장만큼 충격적인 본문도 없을 것이다. 고레스 왕을 기억하는가? 고레스는 이스라엘을 포로 생활에서 구원하려고 하나님이 세우신 바사의 왕이다. 이사야 45장과 관련해 놀라운 점은, 이 말씀이 고레스가 태어나기 훨씬 전에 기록되었다는 것이다. 그런데 하나님은 고레스를 이름으로 부르시면서(45:4-5), 고레스를 구원의 도구로 세울 것이라고 사전에 선언하신다. 하나님이 그렇게 하실 때, 하나님 "밖에 다른 이가 없는 줄을" 모두가 알게 될 것이다(45:6). 이어서 하나님은 뜻밖의 놀라운 말씀을 친히 하신다.

나는 빛도 짓고 어둠도 창조하며
나는 평안도 짓고 환난도 창조하나니
나는 여호와라 이 모든 일들을 행하는 자니라(사 45:7).

여기서 하나님의 주권이 매우 철저하고 세심하고 광범위하고 포괄적으로 드러나고 있다. 하나님의 주권에는 한계가 없다! 그분은 하나님이시다. 하나님이 악을 포함한 만사를 주관하신다. 하나님은 빛을 창조한다고 말씀하실 뿐만 아니라 어둠도 창조한다고 말씀하시며, 평안과 마찬가지로 환난도 창조한다고 말씀하신다.

여기서 "창조하다"로 번역된 히브리어 바라*bārā'*는 구약성경에서 하나님을 주어主語로 해서 쓰이는 단어다.[25] 예를 들어 창세기 1장 1절("태초에 하나님이 천지를 창조하시니라")에서도 바라$^{bārā'}$가 쓰였다. 이 단어가 이사야 45장에서 하나님이 어둠(악)을 창조하신다고 말하는 데도 쓰인다는 것이 왜 그렇게 놀라운 일인지 이해하겠는가? 비슷한 예로 "환난"$^{ra'}$이라고 번역된 단어를 생각해 보자. 구약성경의 다른 구절에서는 사실상이 단어를 "악", "나쁜", "해로운", "불의한"이라고 번역한다. 히브리어에는 끔찍하고 사악하고 비열하다는 뜻을 아주 강력하게 전하는 단어들이 그다지 많지 않다.[26] 그러므로 창세기 1장 1절에서 쓰인 단어가 이사야 45장에서 하나님이 악을 주관하신다는 뜻으로 쓰이는 게 얼마나 뜻밖의 일인지 이제 이해가 될 것이다.

하나님의 목적은 만사를 주관하는 분이 바로 자신임을 분명히 하시려는 것이다. 하나님의 나라를 상대로 한 가장 위협적인 행위, 하나님의 원수들의 악한 행동도 하나님의 통제 밖에 있지 않다. 이사야 45장의 경우, 하나님이 이런 충격적인 말씀을 하시는 것은 오직 자신만이 하나님임을 백성들이 한 점 의심 없이 알기를 바라시기 때문이다. "나는 여호와라 이 모든 일들을 행하는 자니라."[27]

전능하신 하나님은 여전히 선하신가?

이와 같은 구절을 비롯해 헤아릴 수 없이 많은 성경 구절들이 하나님은 자신의 능력을 매우 위협할지도 모르는 악 자체에 대해서도 모든 능력을 행사하는 분이라는 것을 드러낸다. 하지만 하나님의 통제권이 그 정도로 광범위하다면, 하나님은 그래도 선하신 하나님인가? 하나님이 악을 통제하신다면, 하나님 자신도 악하신가?

욥에게 해를 끼쳐도 좋다고 하나님이 사탄에게 허락하실 때, 욥은 거두신 이가 여호와라고 말한다(욥 1:21). 뿐만 아니라 해설자는 "이 모든 일에 욥이 범죄하지 아니하고 하나님을 향하여 원망하지 아니하니라"(욥 1:22)라는 말로 욥기의 이 시작 장면을 마무리한다. 욥은 하나님과 사탄 사이에 어떤 일이 벌어지고 있는지 전혀 모르는 와중에도, 자신과 자신의 집안에 닥친 이 끔찍한 악을 총제적으로 주관하고 계신 바로 그 하나님이 선하시며 언제까지나 선한 하나님으로 계신다는 것을 알고 있다. 불가사의할 수도 있겠지만, 하나님의 거룩함, 하나님의 윤리적 정결함과 무흠함은 하나님 자신이 정하신 악을 철저하고도 세심하게 주관하시는 중에도 결코 훼손되지 않는다. 모순처럼 보이는 이 사실을 우리는 어떻게 이해해야 할까?

첫째, 하나님은 악과 선을 똑같이 주관하시지만, 우리는 하나님이 악과 선에 동일한 방식으로 연관되신다고 생각해서는 안 된다. 하나님은 선은 자신의 손으로 직접적이고 정확하게 베푸시는 반면, 악은 미리 정해 놓으시고 그것이 간접적으로 발생하도록, 악의 시발점인 다른 누군가를 통해 매개되도록 하신다. 하나님이 선과 악을 주관하는 방식은 비대칭적이다. "악도 하나님의 주관 아래 있기는 하지만, 선과 똑같은 의미에서, 똑같은 방식으로 하나님의 뜻의 대상일 수는 없다."[28]

욥을 다시 한 번 생각해 보자. 욥에게 불행이 닥칠 때, 욥이 가진 모든 것을 "거두신" 이는 결국 하나님이지만, 이런 결정에 담긴 하나님의 의도는 선하다(욥기 결말에서 드러나는 것처럼). 사탄의 의도는 그렇지 않다. 사탄은 욥을 파멸시키려 하며, 그래서 악한 스바 사람과 갈대아 사람을 이용해 욥의 가족과 가축을 죽인다(1:15, 17). 그러므로 하나님이 이 악을 미리 정하신 것은 맞다. 하지만 악 자체는 사탄에게서 발생하고 스바 사람과 갈대아 사람의 악한 동기에서 유래한다.

이스라엘이 앗수르에서 포로 생활을 한 이야기도 욥 이야기 못지않게 주목할 만하다. 앗수르 사람들은 악한 이교도라는 것을 염두에 두라. 이들은 더할 수 없이 불경한 민족이었다. 이들이 이스라엘을 향해 품은 속셈은 시종 사악했다. 그런데 앗수르를 보내 자기 백성의 우상 숭배를 벌하시는 이는 하나님이시다. 물론 앗수르는 그것을 알지 못하며 오로지 사악한 목적밖에 없다.

> 앗수르 사람은 화 있을진저 그는 내 진노의 막대기요
> > 그 손의 몽둥이는 내 분노라
> 내가 그를 보내어 경건하지 아니한 나라를 치게 하며
> > 내가 그에게 명령하여 나를 노하게 한 백성을 쳐서...
> 그의 뜻은 이같지 아니하며
> > 그의 마음의 생각도 이같지 아니하고
> 다만 그의 마음은 허다한 나라를 파괴하며 멸절하려 하는도다(사 10:5-7).

앗수르는 자신이 하나님을 섬기고 있다고 생각하지 않는다. 앗수르의 행동 동기는 전적으로 부도덕하다. 앗수르는 심지어 자신의 비열한 업적을 뽐내기까지 한다. "나는 내 손의 힘과 내 지혜로 이 일을 행하였나니 나는 총명한 자라"(10:13). 그럼에도, 하나님이 친히 말씀하시다시피 앗수르는 그저 하나님의 손에 들린 "진노의 막대기", 곧 자기 백

성을 벌하기 위해 하나님이 휘두르시는 무기일 뿐이다(10:5).

> 도끼가 어찌 찍는 자에게 스스로 자랑하겠으며
> 톱이 어찌 켜는 자에게 스스로 큰 체하겠느냐(사 10:15).

하나님은 이어서 앗수르에게도 그 사악함에 대해 벌을 내릴 것이라고 말씀하신다 (사 10:16-19). 그런데 앗수르는 하나님이 자기 백성을 벌하는 데 사용하시는 도구 아닌가? 그렇다. 하지만 악한 이는 하나님이 아니라 앗수르다. 그래서 앗수르는 책임을 지게 될 것이다. 욥기에서 그랬던 것처럼 여기서도 우리는 하나님의 비대칭적 통제를 보게 된다. 하나님이 악을 허용하실 수는 있지만, 이는 아무 조건 없는 허용이 아니다. 하나님은 사탄과 앗수르를 완전히 통제하고 계신다.[29] 그럼에도 하나님의 통제는 간접적이다. 하나님은 매개물을 사용하신다. 그리고 그 매개물에게는 오직 악한 목적밖에 없지만, 하나님의 의도는 선하다 (이스라엘이 우상숭배를 버리고 회개하게 하시려는 것이다).

역사상 어떤 사건도 십자가 사건만큼 이 비대칭적 통제의 훌륭한 사례가 되어 주지 못한다. 불의하고 악한 사람들이 십자가에서 그리스도를 죽였다. 헤롯, 유대인, 로마인의 의도는 순전히 부당하고 악의적이었다. 그런데도 사도행전에서 우리는 십자가가 하나님이 미리 정하신 계획이라는 말을 두 번이나 읽게 된다. 그 말이 한 번은 베드로의 입에서 나왔고, 또 한 번은 교회 전체에게서 나왔다(2:23; 4:28). 한편으로는 하나님의 도덕적이고 교훈적이고 계시된 뜻이 십자가에서 악을 정죄한다. 그리고 다른 한편으로 십자가는 하나님의 주권적이고 작정적이고 은밀한 뜻의 성취이니, 이 뜻은 영원 전에 생겨나 역사에서 점진적으로 계시되다가 그리스도 당시에 명시적으로 공표되었다.[30] 하나님의 주권적이고 작정적인 뜻은 하나님만큼 "영원하고, 불변하고, 독립적이고, 유효하다."[31]

하나님의 한뜻의 두 가지 측면

하나님의 도덕적이고 교훈적이고 계시된 뜻	하나님의 주권적이고 작정적이고 은밀한 뜻
옳고 그름, 선과 악에 관해 인간에게 계시된 하나님의 도덕적 명령	만사에 관한 영원 전부터의 하나님의 불변하고 독립적이고 유효한 작정, 하나님의 의논에 속한 비밀

하나님은 자신이 정죄하시는 일을 작정하실 때 일구이언하는 분이 아니다. 다음의 예를 생각해 보라. "아버지가 아이에게는 날카로운 칼을 못 쓰게 하지만 자기 자신은 아무 탈 없이 사용한다. 마찬가지로 하나님은 죄를 자신의 이름을 영화롭게 하는 수단으로 친히 사용하실 수 있고 사용하시기도 하지만, 이성을 지닌 피조물인 우리가 죄를 저지르는 것은 금하신다."[32]

둘째, 하나님이 악을 작정하시는 이유가 무엇인지 우리에게 늘 이야기해 주시지는 않지만(욥도 그 이유를 끝까지 듣지 못했다), 우리는 하나님이 그렇게 하시는 것이 우리의 유익과 하나님 자신의 영광을 위해서라는 것을 성경에서 알 수 있다(롬 8:28).[33] 십자가가 궁극적인 증거다. 그 암울한 날 우리가 십자가 발치에 서 있었더라면, 마치 악이 최종적으로 승리한 것처럼 보였을 것이다. 이 땅에서 폭풍우 한가운데 있을 때면 하나님의 섭리가 그런 식으로 보인다. 하지만 무덤으로 달려간 제자들이 텅 빈 무덤을 발견하던 순간 우리가 그 자리에 있었다면, 하나님이 시종 우리의 유익을 염두에 두고 계셨음을 실감했을 것이다. 윌리엄 카우퍼^{William Cowper}(1731-1800)는 그가 지은 찬송 "주 하나님 크신 능력"^{God Moves in a Mysterious Way}에서 이렇게 말한다.

> 두려워하는 너희 성도여 다시 용기를 내라
>> 너희가 그토록 두려워하는 구름은
>> 자비와 함께 와
> 너희 머리 위에 복을 내리리라
>> 변변찮은 감각으로 주님을 판단치 말고
> 그분의 은혜를 위해 그분을 신뢰하라
>> 언짢은 섭리 뒤에
>> 그분은 미소 짓는 얼굴을 감추고 계신다.

하나님이 미리 정하신 계획, 흔히 인간의 악한 행동을 통해 성취되는 그 계획은, 하나님의 권능과 주권에는 늘 하나님의 다함없는 선함과 무한한 지혜가 동반된다는 것을 입증하며, 이 선함과 지혜 덕분에 우리는 다음 단계로 나갈 수 있다.

아버지이신 왕 : 전능의 지혜

세상을 위협하는 무서운 일 중 하나는 어떤 통치자가 세상의 권력은 다 가졌으면서 그 권력으로 무엇을 해야 하는지 깨달을 만한 지혜가 없는 경우다. 아돌프 히틀러, 요제프 스탈린, 사담 후세인, 이 세 사람은 말 한 마디면 모든 게 다 되는 권력을 가졌으나 그 권력을 휘둘러 거대한 악을 저질렀다. 권력에 굶주린 냉혈한으로, 사람의 목숨 따위는 안중에도 없던 이 통치자들은 권력에 지혜가 동반되지 않을 때 어떤 일이 벌어지는지를 보여 주는 몇 가지 사례일 뿐이다. 역사가 존 달버그 액튼John Dalberg-Acton이 남긴 유명한 말처럼 "권력은 부패하기 마련이고, 절대 권력은 절대 부패한다. 위대한 사람은 거의 언제나 악인이다."[34]

참으로 맞는 말이다. 이는 모든 사람에게 해당되는 진리이지만, 하나님은 예외다. 하나님이 어떤 분이신지를 생각하면 그 이유를 알 수 있다. 하나님은 사람이 아니시다. 그분은 하나님이시다. 그분은 하나님이시기 때문에, 그분의 절대 권력은 부패하지 않으며, 오히려 하나님의 본질을 정의하는 지혜와 의로움의 안내를 받는다. "하나님의 주권은 무한한 권능이지만, 지혜와 은혜의 권능이기도 하다. 그분은 왕이신 동시에 아버지시다."[35]

하나님의 지혜는 우리 세상에 속속들이 스며들어 있다. 구약성경 어디를 보든 성경 기자들은 구속에 나타난 하나님의 지혜를 찬양한다. 그런데 그렇게 할 때 이들은 창조에 나타난 하나님의 지혜에 이끌리지 않을 수가 없다(신 4:6-8; 욥 9:4; 12:13, 17; 37:24; 시 19:7; 104:24; 사 40:28; 렘 10:12). 이들은 우주를 창조한 바로 그 지혜가 하나님의 형상으로 창조된 이들을 구원하는 일에도 작용하고 있음을 알고 있다. 그 지혜가 그리스도 안에서, 그리고 그리스도를 통해 그 최종적 모습을 나타내자, 바울 같은 신약성경 기자들은 다음과 같은 송영으로 자신의 편지를 마무리하지 않을 수가 없다. "지혜로우신 하나님께 예수 그리스도로 말미암아 영광이 세세무궁하도록 있을지어다 아멘"(롬 16:27; 참고 딤전 1:17; 유 25절; 계 5:12).[36]

물론 하나님의 전능한 계획에 담긴 지혜는 우리의 지혜와 매우 다르다. 앞에서 언급한 것처럼, 우리가 그날 십자가 발치에 서 있었다면 하나님의 권능과 지혜가 승리했다고 결론 내리지 못했을 것은 물론이고 하나님의 권능과 지혜가 그 자리에 있기는 한 건지 의심했을 것이다. 왕께서 십자가에 달리셨고, 악이 최후의 승리를 거둔 것처럼 보였다.

그런데 정말 그랬는가?

사도 바울은 고린도 교회에게 "하나님의 어리석음이 사람보다 지혜롭고 하나님의 약하심이 사람보다 강하니라"(고전 1:25)라고 말한다. 바울의 이 말은 실제로 하나님이 어리석거나 약하다는 뜻이 아니다. 그보다, 십자가에서 하나님이 어리석고 약하신 것처럼 보이는 것은, 불신자가 보기에 십자가의 수치와 그에 따른 죽음보다 더 확실한 무능함의 징후는 없기 때문이다. 죽은 예수가 어떻게 그의 십자가에 달린 명패처럼 "유대인의 왕"일 수 있는가? 바울은 "유대인은 표적을 구하"지만 "우리는 십자가에 못 박힌 그리스도를 전하니 유대인에게는 거리끼는 것이요 이방인에게는 미련한 것이로되 오직 부르심을 받은 자들에게는 유대인이나 헬라인이나 그리스도는 하나님의 능력이요 하나님의 지혜"라고 말한다(고전 1:22-24).

역사의 그 시점까지 약함의 가장 큰 상징이었던 십자가가 이제는 죄와 죽음을 다스리는 하나님의 권능의 가장 큰 증표가 되었다. 십자가에서 아들께서 죽으심으로, 여러분과 나 같은 죄인들을 위해 하나님의 진노가 충족되었다(롬 3:25-26). 예수님이 "다 이루었다"고 하셨을 때 (요 19:30), 우리의 빚이 청산되었고 우리는 사함 받았으니, 이는 그 십자가에서 예수님이 우리의 모든 범죄 하나하나에 대한 형벌을 감당하신 까닭이다. 아들이 우리의 죗값을 치르신 것에 아버지가 만족하셨다는 사실은 예수님이 죽음에서 부활하심으로써 공개적으로 선포되었다(롬 4:25). 십자가와 빈 무덤은 전능하시고 전지하신 우리 하나님의 지혜에 대해 알려 주는 가장 훌륭한 초상으로 우리에게 남아 있을 것이다.

하나님은 너무 크신 분이라 사소한 일에 신경 쓰실 수 없는가?

하나님의 전능성을 이야기하다 보니 혹 "그래요. 하나님은 크신 분입니다. 하지만 너무 크신 분이라서 나 같이 보잘것없는 사람한테 신경이나 쓰실 수 있을까요?"라고 하면서 가버리는 사람이 있지 않을까 하는 생각이 든다.

프랜시스 쉐퍼는 아주 크신 하나님을 염두에 두고서 세상에 "보잘것없는 사람은 없다"는 유명한 말을 했다.[37] 쉐퍼의 말이 맞다. 그렇게 생각하기가 민망할 수도 있지만, 세상에 하찮은 사람이 없는 이유가 바로 하나님이 그 정도로 크신 분이기 때문이다. 하나님은 전능하시고 전지하시고 전적으로 지혜로우시기 때문에 우리 같은 사람에게도 지극히 관심을 가지실 수 있다. 하지만 그렇게 관심을 가지시는 이유가 뭘까? 하나님은 너무 크신 분이라서 나 같은 사람에게 관심을 가질 수 없다고 생각한다면 이는 한계가 없는 하나님에게 한계를 지우는 것이다. 하나님이 정말로 무한하시다면, 능력과 지식과 지혜에 한계가 없는 분이시라면, 나와 상관없이 멀리 떨어져 존재하는 분이라고 제한을 두어봤자 소용이 없을 것이다. "하나님은 너무 초월적이고 너무 무한하셔서 여기 지구의 우리 같은 사람들은 알지도 못하고 관심도 없으시다고 생각한다면, 이는 하나님을 제한하는 것이다. 전지하신 하나님은 우리의 머리카락 숫자까지 헤아리시는 분임이 틀림없다!"[38]

하나님의 전능한 돌보심의 지혜를 믿기 힘든가? 사실 그런 사람이 한둘이 아니다. 우리는 모두 아브라함의 주목할 만한 믿음을 기억한다. 하지만 아브라함의 아내 사라도 믿음에 어려움을 겪는다. 믿음이 없다는 말이 아니라, 아브라함의 믿음이 때로 그러했던 것처럼 사라의 믿음에는 어설픔이 있다. 하나님이 후사後嗣를 약속하신 이후 많은 세월이 흘렀다. 두 부부는 아이를 낳을 수 있는 나이가 지난 지 오래였다. 한마디로 임신은 불가능하다. 사라의 울음소리가 들리는가? 사라의 의심이 느껴지는가? 그때, 마므레의 상수리나무 근처에서 하나님이 세 사람의 모습으로 아브라함에게 나타나신다(창 18장). 사라는 얼른 달려가 식사를 준비한다. 맛있는 케이크 반죽을 휘저으면서 사라는 남편과 손님들의 대화를 어깨 너머로 듣는다. 일 년 후에 사라가 아들을 낳을 것이라고 한다. 사라는 속으로 웃으며 혼잣말을 한다. "내가 노쇠하였고 내 주인도 늙었으니 내게 무슨 즐거움이 있으리요"(창 18:12). 이는 자기 몸을 잘 아는 여인의 웃음이요 또한 전능하신 분의 보살핌을 잘 알지 못하는 여인의 웃음이기도 하다. 일 년 후, 하나님이 약속하신 대로 사라는 아들을 낳는다. 아이의 이름은 이삭이고, 이 아이가 씨가 되어 장차 한 나라가 이뤄질 터였다.

수백 년 후, 아이를 낳지 못하는 또 한 여인이 사라처럼 괴로움을 겪는다. 그 여인의 이름은 한나다. 아이를 낳지 못하는 고통이 극심해 여인이 기도로 여호와 앞에 그 괴로운 마음을 토로하자 당시 이스라엘의 제사장이었던 엘리는 여인이 술 취했다고 꾸짖는다. 한나는 술 취한 게 아니라 괴로워서 그런 거라고 설명하면서 "원통함과 격분됨"을 표현한다(삼상 1:16). 한나는 경건한 여인이다. 한나는 여호와께서 만약 아들을 낳게 해주시면 그 아들을 여호와께 바쳐 평생 여호와를 섬기게 하겠다고 약속한다. 여기 하나님의 권능을 믿는 한 여인이 있다. 그 믿음이 얼마나 깊은지, 전능자 하나님은 자신의 간구를 귀 기울여 듣고도 남을 만큼 자신을 염려해 주시는 분이라고 생각한다. 여인의 믿음이 옳다. 하나님은 귀 기울여 들으시고, 하나님은 염려해 주시며, 하나님은 인간의 힘으로는 불가능한 일을 해주심으로써 여인의 약속을 귀히 여기신다. 한나에게 아들이라는 복을 주신 것이다.

이 아들이 누구인가? 그의 이름은 사무엘이다. 사무엘은 이스라엘의 다음 번 제사장이자 선지자가 될 것이니, 바로 다윗 왕에게 기름을 부을 그 사람이다. 하나님은 사라를 돌보신 것처럼 한나를 돌보신다. 하나님은 자신의 전능한 손을 들어 움직이심으로써 그 돌봄을 보여 주신다. 하나님의 전능한 손은 하나님의 큰 계획과도 연관되니, 그 계획은 바로 자기 백성을 구속하려는 계획이다. 세상 사람들이 보기에 사라와 한나 같은 여인들은 아이를 낳지 못하는 저주 받은 여인들에 불과했지만, 이들은 하나님이 쓰시는 구원의 도구였다. 이들을 통해 창세기 3장 15절에서 말하는 씨가 임하여 뱀의 머리를 짓뭉갤 터였다. 요점을 말하자면, 하나님의 권능의 지혜는 우리의 약함을 통해 드러난다. 하나님의 지혜로운 전능함은 우리의 가장 암울한 시간에 밝게 빛난다.

사라는 전능함과 돌보심이 병행한다는 것을 더디 깨달았지만, 한나는 이를 바로 깨닫고 찬양을 쏟아 낸다.

> 여호와와 같이 거룩하신 이가 없으시니
>> 이는 주 밖에 다른 이가 없고
>> 우리 하나님 같은 반석도 없으심이니이다...
> 여호와는 지식의 하나님이시라
>> 행동을 달아 보시느니라
> 용사의 활은 꺾이고
>> 넘어진 자는 힘으로 띠를 띠도다...
> 여호와는 죽이기도 하시고 살리기도 하시며
>> 스올에 내리게도 하시고 거기에서 올리기도 하시는도다
> 여호와는 가난하게도 하시고 부하게도 하시며
>> 낮추기도 하시고 높이기도 하시는도다…
> 땅의 기둥들은 여호와의 것이라
>> 여호와께서 세계를 그것들 위에 세우셨도다(삼상 2:2, 3b, 4, 6-7, 8b).

수백 년 후, 마리아라는 처녀도 이와 같은 전능한 돌보심을 경험하게 된다. 마리아도 아들을 낳게 될 것이며, 이는 사라의 아들 이삭의 계보에 속한 아들이다. 하지만 이 아들은 앞서 여느 아들과 다르니, 이 아들은 성령으로 잉태된다. 처음 이 소식을 들었을 때 마리아는 도저

히 믿지를 못한다. "나는 남자를 알지 못하니 어찌 이 일이 있으리이까"(눅 1:34). 사라와 한나는 가브리엘 천사가 마리아에게 대답하는 말을 듣고 고개를 끄덕였을 것이다. "대저 하나님의 모든 말씀은 능하지 못하심이 없느니라"(1:37).

여관에 빈방이 없어 왕께서는 구유에서 태어나셨다. 하나님의 권능이 이보다 더 현실적일 수는 없다. 처녀가 아이를 낳았으니, 이 불가능한 잉태는 곧 영원하신 하나님의 아들, 만왕의 왕이요 만주의 주이신 분의 강림이다. 하지만 그런 전능함이 배내옷에 둘둘 말려 가축의 여물통에 눕혀졌다. 왕궁도 없고, 보좌도 없고, 왕의 홀笏도 없다. 전능 그 자체이신 분이 짚 더미 위에 눕혀졌다. 왜인가? 하나님이 돌보시기 때문이다. 하나님은 자기 아들을 보내 인간으로 태어나게 하시고 고난당하고 죽게 하심으로써 여러분과 나 같은 죄인이 죄 사함 받고 하나님과 화해할 수 있게 하실 만큼 우리를 지극히 돌보신다.

전능하신 하나님만이 그렇게 하실 수 있다. 그리고 하나님은 여러분과 나를 위해 그렇게 해주셨다.

11

하나님은 거룩하신 동시에 자애로우실 수 있는가?

— 의로움, 선함, 사랑

여호와께서 공의로운 일을 행하시며

억압 당하는 모든 자를 위하여 심판하시는도다…

여호와는 긍휼이 많으시고 은혜로우시며

노하기를 더디 하시고 인자하심이 풍부하시도다…

우리의 죄를 따라 우리를 처벌하지는 아니하시며

우리의 죄악을 따라 우리에게 그대로 갚지는 아니하셨으니.

시 103:6, 8, 10

그러므로, 주님은 의로우시기에 참으로 자비로우십니다.

안셀무스, 《프로슬로기온》

천국의 화평과 완전한 공의가

죄 많은 세상에서 사랑으로 입맞추었도다.

윌리엄 리스, "여기 사랑이 있으니, 대양처럼 광대하도다"

하나님과 대화를 나눈 살인자

그는 냉혹한 살인자다. 그는 왕궁에서, 정확히 말하면 바로의 왕궁에서 애굽이 줄 수 있는 온갖 즐거움을 다 누리며 자랐다. 하지만 지금 그는 사람을 죽였고, 이제 그 모든 즐거움은 다 옛일이 되었다.

이 모든 일은 모세가 애굽 사람이 히브리인 노예를 학대하는 광경을 목격한 순간 벌어진다. 모세는 바로의 왕궁에서 자랐을지라도 태생은 히브리인이다. 자기 동족이 애굽 사람에게 잔혹하게 두들겨 맞는 것은 차마 눈 뜨고 보기 힘든 광경이었다. 모세는 히브리인 형제자매가 애굽의 종으로 살면서 고생하는 것을 날마다 지켜보았다.

모세는 더는 견디지 못한다. 어느 날 애굽 사람이 히브리인 노예를 때리는 것을 지켜보던 그는 더는 참을 수 없는 지경에 이른다. 모세는 좌우를 살핀다. 아무도 보는 사람이 없다. 분노가 머리끝까지 치민 모세는 그 애굽 사람을 쳐 죽인 뒤 모래 속에 묻어 버린다. 모든 게 감쪽같은 이야기는 아니다. 모세는 완전범죄자는 못 되었다. 그가 이 애굽 사람을 몰래 죽인 것이 다른 히브리인들에게 알려진다. 다음 날 그 두 사람이 싸우는 것을 보고 모세가 말리려 하자 그 중 한 사람이 모세에게 큰소리를 친다. "누가 너를 우리를 다스리는 자와 재판관으로 삼았느냐 네가 애굽 사람을 죽인 것처럼 나도 죽이려느냐"(출 2:14). 말했다시피, 모세는 숙련된 암살자가 아니다. 모세의 비밀이 새어나간다면 바로는 이 중범죄에 대해 모세의 목을 벨 것이었다.

모세가 할 수 있는 일은 한 가지뿐이다. 그는 광야로 도망친다. 그곳에서는 누구도 그를 찾거나 추적하지 못할 터였다.

아니, 그럴 것이라고 그는 생각한다.

"나는 스스로 있는 자이니라"

어느 날 모세는 "하나님의 산"인 호렙 산에 이른다(출 3:1-15). 나중에 시내 산으로 알려지게 될 이 산에서, 아무 예고도 없이 모세는 매우 기이한 광경에 시선을 빼앗긴다. 모세 앞에 불붙은 떨기나무가 있는데, 이상하게도 나무가 불에 타지 않는다. 호기심이 생긴 모세가 나무를 좀 더 자세히 보려고 가까이 다가가자, 갑자기 어디에선가 한 목소리가 들린다.

"모세야, 모세야!" 하나님이 친히 모세에게 말씀하신다.

틀림없이 깜짝 놀랐을 모세가 대답한다. "내가 여기 있나이다."

"이리로 가까이 오지 말라 네가 선 곳은 거룩한 땅이니 네 발에서 신을 벗으라."

모세는 그 자리에서 돌처럼 굳어 버린다. 이 불이 그를 삼킬 것인가? 하나님은 그가 살인자요 도망자라는 것을 아신 것일까? 한낱 인간인 그가 어떻게 거룩하신 분의 임재 앞에 설 수 있을까? 도대체 왜 하나님은 그와 이야기하시려는 것일까? 질문할 시간은 없다. 그는 신을 벗어야 한다.

그때 하나님이 모세에게 말씀하신다. "나는 네 조상의 하나님이니 아브라함의 하나님, 이삭의 하나님, 야곱의 하나님이니라."

조금 전에 온몸이 돌처럼 굳었다면 이제 모세는 완전히 두려움에 사로잡혔다. 이분은 그의 조상들을 인도하신 바로 그 하나님이시다.

비천한 히브리인 범법자, 도망 중에 광야에 은신 중인 자신이, 아브라함과 언약을 맺으신 하나님께 어떻게 관심사가 될 수 있단 말인가? 모세는 자신의 신학을 잘 알고 있다. 죽을 인간, 특히 죄인인 인간은 하나님을 볼 수 없다. 그래서 모세는 얼굴을 가린다. 하나님을 보는 게 두렵기 때문이다.

모세가 얼굴을 가리자 하나님은 자신이 택한 백성이 속박 중에 울부짖고 신음하는 소리를 들었다고 말씀하신다. 모세가 이제 하나님의 백성을 애굽에서 이끌어 내어, 하나님이 아브라함에게 하신 언약의 약속을 한 걸음 성취할 사람이 될 터였다.

예상했겠지만, 모세는 완전히 충격에 빠진다. 그는 이런 일을 전혀 예상하지 못했다. "내가 이스라엘 자손에게 가서 이르기를 너희의 조상의 하나님이 나를 너희에게 보내셨다 하면 그들이 내게 묻기를 그의 이름이 무엇이냐 하리니 내가 무엇이라고 그들에게 말하리이까."

모세의 이 질문에 이어 하나님이 하시는 말씀은 구약성경에서 가장 위대한 한 마디다. "나는 스스로 있는 자이니라."

이스라엘 백성이 물으면 모세는 이렇게 대답해야 한다. "스스로 있는 자가 나를 너희에게 보내셨다."

하지만 "스스로 있는 자"가 누구인가?

"너는 이스라엘 자손에게 이같이 이르기를 너희 조상의 하나님 여호와 곧 아브라함의 하나님, 이삭의 하나님, 야곱의 하나님이 나를 너희에게 보내셨다 하라 이는 나의 영원한 이름이요 대대로 기억할 나의 칭호니라."

"나는 스스로 있는 자이니라." 하나님의 이 이름은 무엇을 의미하는가?

언약의 여호와 : 자존성과 언약의 임재

"스스로 있는 자"라는 이 이름에는 신비감이 있지만, 이 이름은 하나님의 본질의 두 가지 중요한 측면을 드러낸다. 첫째, 이 이름은 하나님이 구별되신다는 뜻이다. 애굽의 신들, 특정 대상이나 장소(해, 달, 강 등)와 동일시되는 신들과 달리, 하나님은 피조물 위에 계신다. 예를 들어, 하나님은 애굽의 신들인 "아문Amun이나 프타Ptah와는 다르시다." "하나님은 여러 신들 중 하나로 우주 가운데 한 장소 또는 한 정체성으로 설정될 수 없다."[1] 하나님은 신들의 긴 목록 속에 있는 또 하나의 신이 아니시다. 하나님은 창조 질서와 구별되는 유일무이한 분이시다. 하나님은 "무엇을 조건으로 하는 부수적 존재"가 아니시며, 하나님의 "정체성은 그 어떤 유물, 제식祭式, 일족, 호칭과도 연결되지 않는다." 오히려 하나님은 "만물에 의존하지 않고 존재하시며, 실존existence이 자신의 본질essence의 일부가 되는 유일한 존재being시다." 간단히 말해, "다른 모든 것들이 그분을 조건으로 존재한다…그분은 유일하고, 영원하고, 전적으로 능력 있으신 창조주 하나님이시다…'스스로 있는 자'는 시간에서든 우연한 가능성에서든 한계가 없는 절대적 존재라는 뜻이다. 그분은 그 무엇을 조건으로 존재하지 않으며…모든 것이 그분을 조건으로 존재한다."[2] "스스로 있는 자"라는 칭호는 하나님의 절대적 독자성을 말해 준다. 하나님만이 홀로 자존하시고 자충족적인 창조주시다. 하나님만이 홀로 자신 안에서, 자기 스스로 생명이시다.

둘째, 이 신적 이름은 하나님의 언약적 임재를 말해 주기도 한다. 정황이 열쇠다. 모세는 이스라엘에게 "스스로 있는 자가 나를 너희에게 보내셨다"고 말해야 할 뿐 아니라(출 3:14), 이 "스스로 있는 자"는 "너희 조상의 하나님 여호와"시라고도 말해야 한다(3:15). 앞에서 하나님이 모세에게 자신의 이름을 밝히시기 직전, 모세가 하나님 보기를 두려워하고 있을 때, 여호와께서는 "내가 애굽에 있는 내 백성의 고통을 분명히 보고…그들의…부르짖음을" 들었다고 말씀하신다(3:7). 하나님은 모세에게 바로를 찾아가라고 명하시면서 "내가 반드시 너와 함께 있으리라"고 약속하신다(3:12). 여기에는 "존재론보다 더한 것이 걸려 있다."[3] 정확히 말해, 하나님의 존재론(하나님의 절대적 자존성)은 하나님이 거리낌 없이 몸을 낮추셔서 자기 백성과 언약을 맺으시고 어떤 일이 있어도 함께 하겠다고 약속하실 수 있는 토대다. "스스로 있는 자"는 "나는 존재하는 자"라는 의미일 뿐만 아니라 "나는…너희와 함께 존재하는 자"라는 뜻이기도 하다. 그리고 그것이 바로 모세가 바로를 만날 준비를 하면서 간절히 듣고 싶어 하는 메시지다. 그렇다. "스스로 있는 자"는 초월적 하나님이시지만, "스스로 있는 자"는 자신이 택한 언약 백성과 함께 하시며, 그분의 임재는 이 백성의 구원에 대한 보증이다.

모세는 이 사실을 직접적으로 알고 있다. 이 책 서두에서 우리는 바위틈에 감춰진 모세의 모습을 그렸다(출 33장). 모세가 "주의 영광을 내게 보이소서"(33:18)라고 감히 상상조차 할 수 없는 요구를 했다는 것을 기억하라. 이는 가능하지 않은 요구였다. 하나님은 "네가 내 얼굴을 보고는 살 수가 없다"고 말씀하신다(33:20). 하나님은 우리가 이해할 수 없을 만큼 초월적인 영광 중에 계신다. 그럼에도 하나님은 모세를 바위틈에 숨기신 뒤, 자신의 손으로 모세를 덮으시고 모세가 자신의 등을 볼 수 있게 하신다. 그렇게 하시면서 하나님은 자신의 이름 "여호와"를 밝히시고, 자신의 선함이 지나가게 하시면서, 자신의 은혜와 긍휼을 선포하신다. 이 하나님은 높이 계시고 높이 들린 분이지만, 그럼에도 자기 백성을 위해 자기를 낮추고 내재^{內在}하기로^{immanent} 하셨다. 하나님은 자신을 언약의 주로 계시하실 뿐만 아니라 자기 백성의 언약의 주로도 계시하신다.[4] 바로 그 이유로 애굽의 신들은 하나님의 상대가 안 된다.

더 거룩한 이는 상상할 수 없는 존재 : 스스로 탁월하심

모세가 시내 산에서 하나님을 만난 일은, 하나님의 거룩함이란 무엇보다도 하나님이 구별되는 분이라는 의미를 확증한다. 하나님의 자존성 때문에 하나님은 다른 모든 신들과 구별된다. 성경은 하나님을 가리켜 거룩하신 분이라고 수없이 말하는데, 그때마다 성경은 바로 이 근본적 의미를 염두에 두고 그렇게 말하는 것이다. 그럼에도 이것이 신적 거룩함의 모든 의미를 남김없이 말해 주지는 않는다. 그런 자존성에는 하나님의 도덕적 성품과 관련된 의미도 있다. 자충족적이고 자존하는 분으로서, 하나님은 스스로 탁월하신^{self-excellent} 하나님임에도 틀림없다. 하나님의 자존성은 하나님의 현존에만 적용되는 게 아니라 하나님의 도덕적 정결함에도 적용된다. 이 점은 이 책 4장에서 강조했다.

다시 모세 이야기로 돌아가 보자. 모세에게 자신의 이름을 알리신 후 하나님은 자기 백성을 바로에게서 해방시키신다. 이후 이스라엘이 애굽에서 빠져나와 하나님이 아브라함에게 약속하신 땅을 향해 가는 여정에서 첫 번째 기착지는 하나님이 모세에게 약속하신 대로 시내 산이다(출 3:12). 이 산에서 하나님은 조건부 약속을 하신다. "너희가 내 말을 잘 듣고 내 언약을 지키면 너희는 모든 민족 중에서 내 소유가 되겠고 너희가 내게 대하여 제사장 나라가 되며 거룩한 백성이 되리라"(19:5-6). 빽빽한 구름 가운데 연기와 불과 함께 강림하셔서 온 산을 진동케 하신 하나님은 돌판 위에 자신의 법을 기록하신다. 여기 이스라엘을 위한 헌법이 있으니, 이스라엘은 이 하나님의 율법에 따라 살아 언약을 지키며 거룩한 민족으로 구별될 수 있을 터였다.

이 십계명은 하나님의 도덕적 완전함을 반영하기에, 하나님의 백성은 그분의 도덕적 탁월함을 반영하는 형상으로서 모든 면에서 구별되어야 할 뿐만 아니라 그분에게 성별되어야 한다. 예배를 통해서든("너를 위하여 새긴 우상을 만들지 말고"-출 20:4), 가정을 통해서든("네 부모를 공경하라"-출 20:12), 소유를 통해서든("네 이웃의 집을…네 이웃의 아내…를 탐내지 말라"-출 20:17), 하나님이 택하신 백성은 하나님이 어떤 분이신지를 주변 나라들에 드러내야 한다.

이스라엘의 하나님은 창조 질서에 제한을 받지 않고 누구에게 의존하여 존재하지 않는 만물의 주님이실 뿐만 아니라, 하나님의 도덕적 탁월함은 해보다도 밝게 빛을 발한다. 이스라엘의 하나님은 완전함 자체이실 뿐만 아니라 도덕의 진정한 기준이 되시며, 성화와 거룩함의 참 근원이 되신다. 옳고 그름은 그 자신이 진리이신 하나님을 바라봄으로써 판단된다. 우리는 하나님을 지고선*summum bonum*, 즉 우리가 상상할 수 있는 가장 고귀하고 가장 위대한 선이라고 일컬을 수 있다.[5] 모든 선은 하나님을 기준으로 측량되니, 이는 하나님이 가장 위대한 선이신 까닭이다. 하나님은 하나님보다 더 큰 분은 상상할 수 없을 만큼 크신 분이라는 안셀무스의 말이 맞다면, 하나님은 하나님보다 더 거룩한 분은 상상할 수 없을 만큼 거룩하신 분이라는 말도 틀림없이 맞는 말이다.

거룩해지기 위해 하나님께 의존하는 이스라엘과 달리(거룩한 민족으로서 이스라엘이라는 민족의 발생조차 하나님이 하신 일이다), 하나님은 자신의 도덕적 탁월함을 위해 그 누구에게도 의존하지 않으신다. 단순성 교리를 한 번 더 적용해서, 하나님이 독자적으로 거룩하시다면(스스로 탁월하시다면), 이 하나님은 거룩하시다고 말하는 게 합당하다. 거룩함은 누군가가 하나님께 드리는 것도 아니고, 시간이 흐르면서 하나님이 획득하는 자질도 아니다(만약 그렇다면 하나님의 불변성이 훼손될 것이다). 하나님은 자기 안에서, 자기 스스로 거룩하시다. 하나님의 본질은 그 정의상 거룩하다. 지금까지 늘 그러했고, 앞으로도 그러할 것이다. 우리 하나님은 영원히, 불변하게 거룩하시다.

신적 거룩함이 어느 정도의 거룩함인지 좀 더 깊이 이해하려면, 도피 중인 범죄자였던 모세로부터 시작해 결코 잊을 수 없는 실수를 저지른 열여섯 살 먹은 왕에 이르기까지의 시대를 따라가 봐야 한다.

분향, 한 왕, 그리고 이마에 나병이 생긴 자

교만은 패망의 선봉이라는 말을 들어보았을 것이다. 웃시야의 경우보다 이 말이 더 잘 들어맞는 경우도 없을 것이다. 웃시야가 누구냐고? 웃시야는 유다의 왕이다. 여러분이 열여섯 살 때 무얼 했는지 모르지만, 열여섯 살 때 나는 고등학생이었고, 농구에 열중했었다. 웃시야는 그렇지 않다. 열여섯 살 때의 웃시야는 왕으로서 한 나라를 다스리고 있다.

겨우 열여섯 살의 웃시야는 의외로 정말 좋은 왕이었다. 그는 세상 물정은 모를지 몰라도 하나님을 두려워한다. 그런데 웃시야에게만 그 공로를 돌려서는 안 된다. 그가 처음에 올바른 발걸음을 내디딜 수 있었던 것은 올바른 선지자가 그의 옆에 있었기 때문이다. 그 올바른 선지자는 스가랴다. 웃시야는 "하나님의 묵시를 밝히 아는 스가랴가 사는 날에 하나님을 찾았고 그가 여호와를 찾을 동안에는 하나님이 형통하게 하셨"다(대하 26:5). 제다이(Jedi : 영화 "스타워즈"에 등장하는 가상의 조직. 악을 멀리하고 선을 따르는 포스 이용자들이다—역자주)에게는 마스터master가 있어야 하듯, 웃시야에게는 스가랴가 바로 그 마스터다.

하지만 위 구절을 꼼꼼히 읽어보면, 웃시야가 여호와를 찾는 한 하나님이 그를 형통하게 하셨다는 것을 알 수 있다. "찾을 동안에는"as long as이라는 표현이 좀 거슬리지 않는가? 아마 그럴 것이다. 자녀를 키우는 사람이라면 그런 표현을 자주 쓸 것이다. "숙제를 다 하기만 하면 놀러 나가도 좋아." "저녁밥을 잘 먹기만 하면 텔레비전 봐도 돼." 이는 어떤 일에 조건이 있음을 말하는 표현이다. 웃시야에게도 그런 조건이 주어지는데, 이는 이스라엘의 다른 모든 왕과 사사의 경우에도 마찬가지다. 이야기가 여기서 끝났다면 웃시야는 하나님을 찾고 하나님의 선지자의 조언을 경청하는 왕으로 끝까지 기억되었을 것이다.

안타깝게도 그것이 웃시야 이야기의 결말이 아니다. "그가 강성하여지매 그의 마음이 교만하여 악을 행하여 그의 하나님 여호와께 범죄하되 곧 여호와의 성전에 들어가서 향단에 분향하려 한지라"(대하 26:16). 교만이 패망의 선봉이라고 말하지 않았던가? 성경은 웃시야가 "범죄하되"unfaithful라고 말한다. "범죄하다"라고 번역된 단어^{ma'al}는 "하나님의 거룩함을 모욕한다", "하나님이 마땅히 받으셔야 할 예배를 드리지 못한다"는 뜻을 담고 있다.[6]

성전에 들어가 제단에 향을 피우는 게 어째서 그렇게 무례한 일인가? 이 책 9장에서 나답과 아비후가 여호와께서 명령하시지 아니하신 다른 불을 담아 여호와 앞에 분향한 뒤(레 10:1) 하늘에서 내려온 불이 그 자리에서 이들을 삼켜 버렸다고 한 것을 기억할 것이다. 하나님의 지침을 무시한 채, 자신의 거처에 계신 살아계신 하나님의 임재에 다가가는 행동은 하나님의 진노를 불러들인다. 왕도 예외가 아니다.

웃시야는 자신의 성공적 치세, 자신이 얻은 힘과 능력을 생각하며 우쭐해했다. 심지어 그는 자신이 위와 같은 규칙에서 예외일 것이라고 생각했다. 감히 그렇게 여겼다. 사실 웃시야는 왕이다. 왕보다 더 큰 이는 없다. 웃시야는 머리가 커진 나머지 누가 자신에게 이 나라를 주었는지는 물론 그분이 어떤 분인지도 잊고 만다. 그렇다. 웃시야는 왕이다. 하지만 왕도 여전히 죄인으로서, 제사장의 중보가 있어야 죄를 속함 받을 수 있다. 왕인만큼 특히 이에 대해 더 잘 알고 있어야 한다. 하나님은 자신이 정한 규례에 따라 자신에게 나아와 예배드려야 한다고 지시하셨으니 말이다. 웃시야는 그런 규정쯤은 무시하고 어떤 방식이든 자신이 보기에 합당한 대로 하나님께 예배를 드릴 수 있다고 생각한다. 그는 이제 제사장을 필요로 하지 않으며 제사장을 아예 무시한 채 하나님의 집에서 자신에게 궁극적인 영적 권한이 있다고 주장한다.[7]

제사장 아사랴는 왕을 만류하려고 한다. 그는 제사장 팔십 명을 데리고 왕의 뒤를 따라 들어가서 왕과 대면한다. "웃시야여 여호와께 분향하는 일은 왕이 할 바가 아니요 오직 분향하기 위하여 구별함을 받은 아론의 자손 제사장들이 할 바니 성소에서 나가소서 왕이 범죄하였으니 하나님 여호와에게서 영광을 얻지 못하리이다"(대하 26:18). 왕은 아사랴의 말을 듣지 않고 오히려 화를 낼 뿐 아니라, 왕인 자신이 제사장 역할을 하려는 것을 아사랴가 거부하려 한다며 격노했다.

아사랴가 만류할 때 잘못을 뉘우칠 수도 있었건만, 웃시야는 오히려 벌컥 화를 냈다. 이에 하나님은 즉각 웃시야를 나병으로 치신다. 그곳에서 그렇게 제사장과 왕이 대치하고 있을 때, 당장에 나병이 웃시야의 이마를 뒤덮는다! 그 당시 나병은 사형선고나 다름없었다. 게다가 왕이 나병에 걸린다는 것은 그의 통치가 사실상 끝났다는 의미였다. 나머지 이야기는 비극적으로 전개된다. 웃시야는 "죽는 날까지 나병환자가 되었고 나병환자가 되매 여호와의 전에서 끊어져 별궁에 살았"다(대하 26:21). 그리고 아들 요담이 웃시야를 대신해 백성을 다스렸다.

삼성송^{三聖誦}

웃시야 왕은 나병환자로 죽는다. 그의 죽음으로 백성은 염려했을 것이다. 비극적 종말에도 불구하고, 웃시야는 나라에 안정과 평화를 가져온 왕이었다. 이제 이스라엘은 어디에서 왕을 찾아야 할까? 왕이 죽은 지금 어디에서 소망을 찾을 수 있을까?[8]

　같은 해, 선지자 이사야는 한 왕의 환상을 본다(사 6장). "웃시야 왕이 죽던 해에 내가 본즉 주께서 높이 들린 보좌에 앉으셨는데 그의 옷자락은 성전에 가득하였고 스랍들이 모시고 섰는데 각기 여섯 날개가 있어 그 둘로는 자기의 얼굴을 가리었고 그 둘로는 자기의 발을 가리었고 그 둘로는 날며"(6:1-2). 모세가 불타는 떨기나무에서 하나님의 음성을 들었을 때 자기 얼굴을 가렸다는 것을 앞에서 살펴보았다. 그때는 떨기나무였을 뿐이지만 여기서 이사야는 실제로 하늘 보좌로 나아가 하나님이 그 모든 주권과 지고함으로, 그 모든 무한한 아름다움과 탁월함 가운데 보좌에 앉아 계신 것을 본다. 이사야는 "자신이 지금 인간이 감히 다가갈 수 없는 곳에 있다는 사실에 생생한 공포를" 느낀다.[9]

　배경은 어전御前이다. 여호와께서 "높이 들린"(이는 하나님의 주권을 강조하는 표현이다) 보좌에 앉아 계시고, 그분의 옷자락이 성전에 가득하다고 한다. 끝없이 길어 보이는 옷자락은 하나의 상징이다. 이것은 지고하게 전능하시고, 광대하게 편재하시며, 능가할 수 없는 영광 가운데 계신 왕을 상징한다. 왕의 다스림과 통치는 그 이름의 영광과 마찬가지로 그 끝없는 옷자락에까지 미친다.

　그분 위로는 스랍들이 날고 있다. 스랍은 어떤 종류의 피조물인가? 스랍의 완전한 모습이 우리에게 보인 적은 없지만, 성경 다른 곳에서 스랍이란 말이 어떻게 쓰이고 있는지를 근거로 일부 사람들이 추측하기를 스랍은 뱀이나 용을 닮았을 것이라고 한다. 또 어떤 이들은 스랍이라는 단어 자체가 불 같은fiery 피조물이라는 뜻을 담고 있다고 한다.[10] 어느 쪽이든 우리는 이들에게 여섯 날개가 있다는 사실을 알고 있다. 거룩한 보좌 위를 맴돌 때 스랍들의 날개는 핵심 역할을 한다. 두 날개로는 거룩하신 분을 직접 보지 않기 위해 눈을 가린다. 이들은 천상적 존재들이기는 하지만 우리와 마찬가지로 창조된, 유한한 피조물로서 무한하시고 영원하신 분을 바라볼 자격이 없다. 그분의 순전한 영광이 너무 밝아 이들은 곧 눈이 멀고 말 것이다. 또, 두 날개로는 자신들의 발을 가린다. 이는 좀 기이하다. 그렇지 않은가? 그러나 고대 세계에서 발은 더러움이나 상스러움과 연관된 신체부위였다. 왕의 왕이신 분은 말할 것도 없고 여느 왕 앞에서도 발을 드러낸다는 것은 무례와 모욕의 표시일 터였고, 거룩하신 분의 임재에 불결함을 초래하는 행동이었다.

나머지 한 쌍의 날개는 나는 데 쓰이며, 스랍들은 "거룩하다 거룩하다 거룩하다 만군의 여호와여 그의 영광이 온 땅에 충만하도다"(6:3)라고 외치면서 난다. "거룩하다"는 말을 왜 세 번이나 했을까? 이 표현은 흔히 '삼성송'Trisagion이라고 불린다. 히브리어 학자 존 오스왈트는 이것이 "히브리어에서 가장 강한 형태의 최상급" 표현으로서, "이스라엘의 하나님은 모든 신 중에서 가장 '신다우시다'라는 뜻을 가리킨다"고 한다.[11] 이는 누구도 여호와처럼 거룩하지 않음을 가능한 한 가장 단호하게 역설하려는 표현이다. 자신의 거룩함 때문에 하나님은 누구의 도움도 필요 없는 영역에 홀로 계신다.[12]

유의하라. 하나님의 영광에는 한계가 없다. 하나님의 영광은 온 땅에 가득하며, 이는 하나님의 영광의 편재와 그 무한함뿐만 아니라 하나님의 주권의 범위를 입증하는 표현이다. 하나님의 권능, 다스림, 권한이 미치지 않는 땅이나 장소는 없다. 온 땅은 하나님의 권능의 임재를, 그분의 위엄이 함께 하는 그 임재를 알고 있다.

그런데 그때 무언가 간담이 서늘해지는 일이 일어난다. 이사야가 이 스랍들이 하는 말을 귀 기울여 듣고 있을 때, 온 방이 연기로 가득해지고 "문지방의 터"가 격렬히 흔들리기 시작한다. 캘리포니아 만灣 지역에서 자란 나는 지진이 낯설지 않다. 매 학년 우리는 "큰 지진"을 대비해 대피 훈련을 했다. 책상 밑이나 출입구 아래 몸을 웅크리고 있노라면 '이게 정말 필요할까?'라는 생각이 들면서 늘 우스꽝스러운 느낌이 들었다. 그런데 1989년 10월 어느 날, 어느 모로 보나 평범하기 그지없던 날, 리히터 규모 6.9의 강진이 닥쳤다. 나는 그날을 영원히 잊지 못할 것이다. 그때 나는 우리 집 거실에 있었는데, 거실에는 아주 커다란 수족관이 있었다. 마치 거인이 내려와서 커다란 손으로 수족관 물을 크게 한 움큼 퍼내는 것 같았다.

식구들이 모두 문설주 아래 웅크리고 앉아 있다 보니 마침내 지진이 멈췄다. 지진을 겪어본 적이 있는지 모르겠지만, 이는 마치 영화의 슬로모션 장면 속에 들어가 있는 것 같다. 지진이 멈추기까지는 마치 영원의 시간 같다. 나중에 뉴스를 틀었더니 온통 무너진 건물에 깔려 사망한 사람들 소식만 들려 왔다. 880번 프리웨이는 넓은 바다에서 연이어 몰아치는 파도처럼 보였다. 베이 브리지 꼭대기 부분이 다리 바닥의 차량들 위로 무너져 내린 광경을 많이들 기억할 것이다. 자동차들은 말 그대로 다리에서 낙하를 했다. 그날, 샌프란시스코는 무릎을 꿇었다.

이사야가 하나님의 임재 앞에 서 있을 때(스랍들은 보좌 위로 날고 연기가 대기를 가득 채운다) 스랍들이 외치는 소리에 이사야 발 밑의 땅과 주변 벽이 격렬히 흔들리고, 이사야는 무릎을 꿇는다. 그의 온몸이 얼마나 경직되었을지 상상할 수 있겠는가? 이사야는 자신이 곧 통째로 그 진동에 삼켜질 것이라 생각했을 것이다. 그 순간, 이사야는 자신의 생애가 주마등처럼 눈앞을 스쳐 가는 것을 본다. 자기 존재의 유한함과 자기 영혼의 죄성이 이렇게 훤히 드러난 적은 한 번도 없었다. 그것이 바로 거룩하신 분의 임재 앞에 서 있을 때 나타나는 효과다.

"화로다 나여!"

이때 이사야가 할 수 있는 일은 단 한가지뿐이다. 그는 절망에 빠져 외친다. "화로다 나여 망하게 되었도다 나는 입술이 부정한 사람이요 나는 입술이 부정한 백성 중에 거주하면서 만군의 여호와이신 왕을 뵈었음이로다"(사 6:5). 이사야의 태도는 많은 것을 말해 준다. "거룩하고 거룩하고 거룩하신" 분의 임재 앞에 서면, 하나님의 총체적이고 완전한 타자성에 직면하게 될 뿐만 아니라 그분의 절대적 정결함과도 대면하게 된다. 그리고 그것은 이사야에게 엄청난 난제다. 그는 죄인이며, 지금 거룩하신 분 앞에 서 있다. 빠져나갈 길은 없고, 오직 자신의 죄책과 오염 상태를 직시할 뿐이다. 이사야는 정죄 받은 상태로 서 있고, 그 자신도 이것을 알고 느끼고 있다.

이사야는 자신이 곤경에 처했으며("화로다 나여 망하게 되었도다"), 자신뿐만 아니라 백성도 곤경에 처했음을 본다. "나는 입술이 부정한 백성 중에 거주하면서." 입술은 마음을 표현한다. 입술은 진짜 우리 마음속에 있는 것을, 가장 깊은 곳에 있는 가장 암울한 생각까지 표현한다. 야고보는 혀가 "곧 불이요 불의의 세계"라고 말한다. 혀는 "온 몸을 더럽히고 삶의 수레바퀴를 불사르나니 그 사르는 것이 지옥 불에서 나느니라"(약 3:6). 야고보는 혀가 "쉬지 아니하는 악이요 죽이는 독이 가득한 것이라"고 한탄하고 경계한다(3:8). "이것으로 우리가 주 아버지를 찬송하고 또 이것으로 하나님의 형상대로 지음을 받은 사람을 저주하나니"(3:9). 야고보다 훨씬 오래전 사람임에도 이사야는 이 말이 자기 자신은 물론 자기 백성에게 그대로 들어맞는 말이라는 것을 알고 있다. 거룩하신 분의 임재 앞에서 그런 입을 가지고 어떻게 살아남을 수 있겠는가? 살아남지 못한다.

네 악이 제하여졌고 : 거룩한 사랑

21세기에 '사랑'이란 사실상 더는 아무런 의미도 없는 단어다. 우리는 아무 데나 사랑이란 말을 가져다 쓴다. 그래서 사랑은 아무것도 가리키지 않는다. 교회와, 피자 먹으며 미식축구 경기 보는 것과, 긴 낮잠을 '사랑'한다. 요점은, 우리가 이 말을 너무 자주 쓰고 너무 아무 데나 써서 단어 자체가 의미를 잃었다는 것이다. 우리는 "사랑한다"는 말 대신 "좋아한다"는 말을 쓰고(자동차를 좋아한다, 영화를 좋아한다, 바비큐를 좋아한다 등), 가장 소중한 것(가족이나 하나님)에만 "사랑한다"는 말을 쓰기도 한다. 그러나 달라질 것은 없다. 우리는 모든 것을 사랑하고 아무거나 사랑한다.

하지만 하나님의 사랑은 그렇게 피상적이지 않다. 하나님이 사랑을 표현하시거나 누군가를 사랑하겠다고 선포하실 때, 여기에는 무언가 특별한 의미가 있다. 성경에서 신적 사랑은 다채롭다 할 만큼 풍성하며, 각 색채가 모여 마지막에 장엄한 모자이크를 이룬다. D. A. 카슨은 성경에 나타난 하나님의 사랑을 다음과 같이 다섯 가지 각각 다른 색조로 간략히 설명한다.

1. "성자에 대한 성부 고유의 사랑, 성부에 대한 성자 고유의 사랑"(요 3:35; 5:20; 14:31)

2. "자신이 창조한 모든 것에 대한 하나님의 섭리적 사랑"(마 6장)

3. "타락한 세상을 향해 기꺼이 구원하고자 하시는 자세를 보이심"(요 3:16; 15:19; 요일 2:2)

4. "자신이 택한 자들을 향한 하나님의 특별하고, 효과적이고, 선별하는 사랑"(신 4:27; 7:7-8; 10:14-15; 말 1:2-3; 엡 5:25)

5. "잠정적 혹은 조건적 방식으로, 즉 순종을 조건으로 자기 백성을 향해 보이시는⋯하나님의 사랑"(출 20:6; 시 103:8; 요 15:9-10; 유 21절)[13]

위의 내용은 앞 장들에서 이미 접해 보았다. 하지만 이사야 6장에서 매우 두드러진 것은 하나님의 효과적인 사랑을 중심부로 안내하는 방식이다. 가능한 한 가장 인격적인 방식으로, 이사야가 결코 잊지 못할 방식으로, 하나님은 자신의 구속적 사랑을 이사야에게 보이신다.

외부의 무언가가 하나님의 마음을 움직여, 구원을 베푸는 방식으로 이사야를 사랑하시게 만드는가? 아니다. 적어도 하나님 자신의 외부에 있는 그 무엇도 하나님의 마음을 움직이지 못한다. 이는 충격적인 답변일 수도 있다. 사실 우리는 자기 자신을 높이 평가한다. "나는 사랑 받을 만한 사람임이 확실해!"라고 우리는 항변한다. 하지만 그렇게 뻔뻔스러운 태도는 우리의 타락성이 우리 삶에 얼마나 속속들이 스며 있고 그것이 얼마나 더러우며 얼마나 가증스러운지 우리가 깨닫지 못한다는 사실을 드러낼 뿐이다. 우리가 (거룩하신 하나님 보좌 앞의 죄인들로) 하늘 법정에 설 때, 우리 죄책의 얼룩이 저절로 모습을 드러낸다. 우리가 행한 최선의 일도 완전히 거룩하신 분 앞에서는 더러운 옷에 지나지 않으며, 이 점을 이사야는 스스럼없이 밝힌다(사 64:6).

하지만 우리가 지극히 무가치하다는 사실 때문에 하나님의 사랑은 훨씬 더 훌륭해진다. 하나님은 죄인인 우리를 선택하여 구원에 이르게 하실 만큼 사랑하시며, 이 사랑은 우리가 본래부터 지닌 가치나 우리가 행한 선행을 조건으로 하지 않는다. 만약 그런 것을 조건으로 한다면 우리에게는 아무 소망이 없을 것이다. 우리도 이사야처럼 "화로다 나여!"라고 외칠 수밖에 없을 것이다. 사실을 말하자면, 하나님은 우리가 사랑스럽지 못할 때 우리를 사랑하신다(요일 4:10; 롬 5:8). "화로다"라는 말이 아직 이사야의 혀끝에서 떨어지지도 않았는데 스랍 하나가 제단에서 불타는 숯 하나를 들고 그에게로 날아온다. 이 숯은 너무 뜨거워서 불같은 피조물인 스랍조차도 감히 만지지 못하고, 부젓가락으로 집어야 했다. 스랍은 그 숯을 이사야의 입에 대면서 이렇게 말한다. "보라 이것이 네 입에 닿았으니 네 악이 제하여졌고 네 죄가 사하여졌느니라"(6:7).

열기는 힘이 세다. 화염은 어떤 물건을 실제로 정련시킬 만큼 뜨거울 수 있다. 시편 12장 6절은 "여호와의 말씀은 순결함이여 흙 도가

니에 일곱 번 단련한 은 같도다"라고 말씀한다. 하나님의 말씀이 정결하다는 것을 뜨거운 도가니가 증명한다. 도가니는 심히 뜨거워서 어떤 불결함이든 다 녹여 버리며, 반면에 순결한 것은 있는 그대로 드러나게 한다. 하나님의 말씀은 심히 정결해서 불길에 일곱 번 들어갔다 나온 은銀에 비교할 수 있으며, 일곱은 완전수다. 마찬가지로, 제단에서 가져온 숯도 정결하게 한다. 가장 근본적 이유는 이 숯이 그 자신이 "소멸하는 불"이신(신 4:24; 사 33:14; 히 12:29; 참고 살후 1:8) 하나님으로부터 생겨난 것이기 때문이다.

이사야는 자신의 죄책으로 정죄 받은 상태로 서 있지만, 하나님은 그 죄책을 완전히 없애 주셔서, 이사야의 죄에 대해 속죄를 이루신다. 그런 속죄, 그런 죄 사함을 그림처럼 생생히 보여 주는 것이 바로 이사야의 입술, 곧 그가 안고 있는 죄책의 중심에 닿은 뜨거운 숯불이다. 이사야는 이제 깨끗한 입술과 깨끗한 마음을 지닌 새 사람이다. 죄 사함 받고 속죄 받은 이사야는 하나님의 거룩한 사랑을 절대 잊지 못할 것이다.

자기도 의로우시며 또한 믿는 자를 의롭다 하시는 분 : 부성애적 사랑과 보응하는 공의

이사야가 죄책을 속죄 받는 광경은 예수 그리스도의 희생에서 더 큰 속죄를 찾을 수 있음을 가리킨다. 이사야가 하나님의 사랑을 하나님의 거룩함과 별개로 경험한 게 아니라 그 거룩함을 통해서, 그리고 그 거룩함 때문에 경험했다는 점을 분명히 하는 게 중요하다. 신적 거룩함의 조건을 유지할 뿐만 아니라 그 조건을 성취하는 것이 하나님의 사랑이며, 이는 죄 사함에 필요한 속죄를 제공하는 사랑이다.

오늘날에는 이와 반대의 확신을 가진 이들이 많다. 이들은 진노로써 공의를 시행하는 거룩함은 사랑이신 하나님, 사랑을 주시는 하나님과 아무 상관이 없다고 생각한다. 이런 관점에서 볼 때 십자가는 하나님의 사랑을 말해 줄 뿐이지 하나님의 거룩함, 공의, 심판과는 아무 관련이 없다. 이런 구도에서 십자가는 사람이 어떻게 타인을 사랑할 수 있는지를 보여 주는 하나의 모범이 될 뿐, 죄에 대한 속죄는 아니라는 것이다. 죄는 악행을 뜻하고, 악행이란 하나님의 법을 어기는 것이며, 하나님의 법을 어긴 데에는 반드시 하나님의 진노와 심판이 필요할 뿐 사랑은 심판과는 그 어떤 관계도 있을 수 없다는 것이다.

사랑이 심판과 관련 있을 수 있을까?

나는 탐정 영화를 정말 좋아한다. 탐정 영화에 심취하게 된 것은 애거사 크리스티의 추리 소설에 등장하는 탐정 에르퀼 푸아로 때문인데, 벨기에 출신의 이 천재 탐정은(PBS 시리즈에서 데이비드 수셰이가 연기한) 정말 수수께끼 같은 사건을 해결하는 데 꼭 필요한 중요 단서들을 단 하나도 놓치지 않는 것 같다. 내 친구들은 셜록 홈즈와 그의 동료 왓슨 박사를 더 좋아한다. 여러분이 푸아로 팬이든 홈즈 팬이든, 탐정물은 전형적으로 결말이 똑같다. 길거리를 활보하며 무고한 사람을 죽이는 악한은 체포되어 재판 받고 유죄 판결을 받는다. 그런데 악한이 체포되어 재판을 거쳐 유죄 판결을 받았는데 재판관이 그 악한을 그냥 풀어 준다고 생각해 보라.

영화 이야기는 그렇다 치고, 이런 일이 실생활에서 일어난다고 가정해 보라. 아동 성추행범, 강간범, 연쇄 살인마, 테러리스트 등을 다 그냥 풀어 준다고 생각해 보라. 범죄 피해자와 그 가족들이 어떤 반응을 보일 것 같은가? 격분할 것이다. 응당 그래야 한다. 왜인가? 공의(정의)의 요구가 충족되지 않았기 때문이다. 보상이 있는 공의(선을 행하는 사람에게 상을 주는 공의)만 있을 뿐 보응하는 공의(악인에게 그 악행에 합당한 벌로 되갚아 주는 공의)를 시행하지 않는 사회는 악인이 날뛰며 무고한 사람을 짓밟을 수 있는 사회다. 우리 시대 문화가 보응하는 공의의 하나님에게 저항하는 문화이기는 하지만, 우리는 보응하는 공의가 없는 사회를 감히 상상할 수 없다.

하나님이 베푸시는 공의의 두 가지 핵심 요소

보상이 있는 공의	보응하는 공의
하나님은 자신의 거룩한 율법에 순종하면 상급을 베푸신다(보상하신다).	하나님은 자신의 거룩한 율법을 범하면 징벌을 베푸신다(보응하신다, 벌하신다).
이는 하나님의 언약적 사랑과 은혜에서 유래한다.	이는 하나님의 거룩함, 의로움, 그리고 신적 진노의 형태로 나타나는 공의에서 유래한다.
신 7:9-13; 대하 6:15; 시 58:11; 미 7:20; 마 25:21, 34; 눅 17:10; 롬 2:7; 고전 4:7; 히 11:26	욥 41:11; 마 5:22, 28-30; 10:28; 눅 17:10; 롬 1:32; 2:9; 12:19; 고전 4:7; 살후 1:8

주 : 이 구별에 대해 좀 더 알기 원하면 벌코프의 *Systematic Theology*, 75를 보라.

그런데 몇 가지 이유로 우리는 완벽하게 거룩하신 하나님 앞에서 우리의 죄가 형벌을 면한다고 생각한다. 마치 하나님이 불의를 용납하셔서 우리 죄를 외면하셔도 하나님의 의로움이 오염되지 않는 양 말이다. 우리가 거룩한 재판관, 곧 "눈이 정결하시므로 악을 차마 보지 못하시"는(합 1:13) 재판관 앞에 서서 심판을 받는다는 것을 잊었는가? "원수 갚는 것이 내게 있으니 내가 갚으리라고 주께서 말씀하시니라"(롬 12:19). 공의는 단지 하나님의 결정이나 하나님의 뜻의 결과가 아니다. 공의는 하나님 자신의 본질적 속성이다(시 5:4). 하나님이 본래부터 절대적으로 거룩한 분으로서 본질적으로 의로우시고 죄를 미워하신다면, 그분은 마땅히 불의를 징벌하셔야 한다.[14]

이사야가 그랬듯, 거룩하신 하나님 앞에서 우리 자신의 죄책과 정면으로 씨름하다 보면 갈보리에서 일어난 일이 무슨 의미인지 철저히 인식할 수 있다. 이사야는 그 암울한 날에 대해 다음과 같이 말한다.

> 그는 멸시를 받아 사람들에게 버림 받았으며
> 간고를 많이 겪었으며 질고를 아는 자라…
>
> 그는 실로 우리의 질고를 지고
> 우리의 슬픔을 당하였거늘
> 우리는 생각하기를 그는 징벌을 받아
> 하나님께 맞으며 고난을 당한다 하였노라
> 그가 찔림은 우리의 허물 때문이요
> 그가 상함은 우리의 죄악 때문이라…
> 우리는 다 양 같아서 그릇 행하여
> 각기 제 길로 갔거늘
> 여호와께서는 우리 모두의 죄악을

그에게 담당시키셨도다...

여호와께서 그에게 상함을 받게 하시기를 원하사

질고를 당하게 하셨은즉

그의 영혼을 속건제물로 드리기에 이르면

그가 씨를 보게 되며 그의 날은 길 것이요(사 53:3a, 4-5a, 6, 10).

여기 이사야가 말하는 복음이 있다. 우리 죄인들은 각기 제 갈 길로, 죄악의 길로 갔다. 거룩하신 하나님 앞에 우리는 죄책을 지고 서 있으니, 하나님의 영원한 정죄를 받아 마땅하다. 그러나 하나님은 고난받는 종을 보내서서 우리 대신 그 정죄를 감당하게 하셨다. 우리의 죄악을 그분이 대신 짊어지셨다. 우리를 대신하시는 이 종은 우리의 허물 때문에 찔리셨고 우리의 죄악 때문에 상하셨다. 우리 죄에 대한 징벌, 곧 우리가 받아야 할 진노가 우리 대신 그분에게 임했고, 그분은 우리 대신 그 진노를 감당하셨다. 그분의 영혼은 그날 우리의 죄책에 대한 제물이 되었다. 거룩함에 따른 공의의 심판 없이 하나님이 그냥 지나치지 않으신다는 것을 주의하라. 오히려 율법의 형벌이 충족된다. 공의가 시행된다.

신약성경 기자들이 이를 가리키는 단어가 있다. 바로 '화목제물'propitiation이다. 그리스도께서 화목제물로 드려졌으며, 이는 우리가 받아 마땅한 하나님의 진노를 그분이 십자가에서 감당하심으로써 우리 죄에 대한 형벌을 충족시키셨다는 의미다. 우리의 죄와 우리의 화목제물 되신 그리스도를 바울만큼 아름답게 묘사한 사람은 없다. "모든 사람이 죄를 범하였으매 하나님의 영광에 이르지 못하더니 그리스도 예수 안에 있는 속량으로 말미암아 하나님의 은혜로 값 없이 의롭다 하심을 얻은 자 되었느니라 이 예수를 하나님이 그의 피로써 믿음으로 말미암는 화목제물로 세우셨으니 이는 하나님이 길이 참으시는 중에 전에 지은 죄를 간과하심으로 자기의 의로우심을 나타내려 하심이니 곧 이 때에 자기의 의로우심을 나타내사 자기도 의로우시며 또한 예수 믿는 자를 의롭다 하려 하심이라"(롬 3:23-26; 참고 히 2:17; 요일 2:2; 4:10). 바울의 말에 따르면, 하나님에게 문제가 하나 있는 것으로 보였다. 하나님이 "전에 지은 죄를 간과"하셨다. 거룩하시고 공의로우시며 의로우신 하나님이 어떻게 그러실 수 있는가? 마치 유죄 판결 받은 범죄자를 보고 그냥 풀어 주는 판사 같지 않은가? 죄인들이 자기 죄에 대해 마땅히 받아야 할 형벌을 받지 않았는데, 거룩하시고 공의로우시며 의로우신 하나님이 어떻게 그 죄인들을 의롭다 하실 수 있는가? 범죄자를 풀어 주는 것과 마찬가지로 문제가 있지 않은가? 하나님이 계속 거룩하시고 공의로우시며 의로우셔야 할진대 이는 불가능한 일이다.

그런데 바울은 왜 그렇게 뛸 듯이 기뻐하는가? 공의로우신 하나님이 죄를 간과함으로써 자신의 거룩한 성품을 타협하지 않으시고, 그분의 아들을 화목제물로 제공하셨기 때문이다. 하나님이 자신의 의로움을 희생하면서까지 은혜를 주신 게 아니라, 의로움 자체가 은혜를 낳았다.[15] 그리스도는 완전한 희생제물이요 거룩한 대속물로서, 그리스도께서 흘리신 피는 하나님의 공의 자체를 충족시킨다. 십자가는 하나님이 여전히 의로움을 유지하면서도 여러분과 나처럼 죄책 있는 죄인들을 적법하게 의롭다 여기실 수 있는 유일한 길이다. 십자가에서 공의와 자비가 입을 맞춘다. 하나님이 "자기도 의로우시며 또한 예수 믿는 자를 의롭다 하"는 분이신 까닭이다. 진노, 심판, 징벌, 이런 말을 들으면 그다지 사랑이 느껴지지 않는다고 어떤 이들은 말한다. 미안하지만 내 생각은 다르다. 이는 일찍이 없을 만큼 가장 사랑 넘치는 행위다.

야구는 미국인들의 오락거리다. 고등학생들이 미국 역사 수업을 그렇게 지루해하는 데에는 이유가 있다. 대다수 교사가 외야석의 시각에서 미국사를 들려주지 못하기 때문이다. 대공황에서 제2차 세계 대전을 거쳐 공민권 운동에 이르기까지, 미국을 관통한 것은 야구였다. 지금도 여전히 그렇다. 한 주 동안의 긴 노동을 마친 뒤 아이들 손을 잡고 야구장에 가서 핫도그 하나와 차가운 탄산음료 한 잔을 사들고 외야석에 자리를 잡고 앉아서, 내가 제일 좋아하는 빅 리그 타자가 홈런을 치고 그 홈런 볼은 내가 줍길 바라는 상상을 할 때 그 기분을 무엇에 비할까. 땅콩 냄새가 나고 팝콘 튀기는 소리가 들리면…자, 이제 7회 경기가 시작되었다는 것을 저절로 알게 된다(7회 초와 7회 말 사이에 스트레칭 시간이 있다. 관중은 일어나서 팔다리 운동도 하고 간식과 음료를 사먹기도 한다—역자주). 그런데 어떤 경기를 보러 가든, 카메라를 향해 표지판을 들고 있는 젊은 남자나 여자가 하나쯤은 꼭 있는 것 같다. 그 표지판에는 "요한복음 3:16"이라고 적혀 있다. 운이 좋다면, 이들이 이 표지판을 흔들며 내야를 가로지르다가 보안요원에게 제지당하는 광경도 볼 수 있다.

요한복음 3장 16절은 누구나 다 알지만, 이 구절이 어떻게 시작하는지 아는 사람은 거의 없다. "하나님이 세상을 이처럼 사랑하사 독생자를 주셨으니…" 그것은 바로 하나님의 사랑이다. 요한은 그리스도의 희생(요한도 이 희생을 화목제물이라고 부른다-요일 2:2)을 신적 사랑에 대립되는 것으로 생각하지 않은 게 분명하다. 오히려 그 반대로, 애초에 십자가 사건을 일으킨 것이 하나님의 사랑이다. 하나님이 사랑하지 않으셨다면 아들을 보내서 우리를 위해 십자가를 감당하게 하지 않으셨을 것이다. 요한이 그토록 힘주어 말하는 것처럼 "사랑은 여기 있으니 우리가 하나님을 사랑한 것이 아니요 하나님이 우리를 사랑하사 우리 죄를 속하기 위하여 화목 제물로 그 아들을 보내셨음"이다(요일 4:10). 갈보리는 우리가 보게 될 하나님의 거룩한 사랑의 가장 위대한 표현이다.

온 세상의 심판자는 옳은 일을 행하실 것이다

"맞습니다. 요한복음 3장 16절은 위대한 말씀이지요. 하지만 제 말 좀 들어보세요. 저는 세상에서 여전히 많은 악을 봅니다. 하나님의 거룩한 사랑이 이 땅에도 존재합니까?" 자, 좋은 질문이다.

우리가 사는 세상은 저마다 하나님을 향해 총구 겨누기를 좋아하는 것 같다. 큰 재해災害라도 닥치면 모든 사람이 하나님을 샌드백처럼 두드려 댄다. 그리스도인도 그런 유혹에 넘어간다. 악인이 이 세상에서 잘되는 것처럼 보이면 우리는 모든 희망을 잃는다. "아, 하나님, 당신은 어디 계십니까?"라고 탄식하든지, 아니면 분노에 차서 이렇게 부르짖는다. "당신이 정말로 하나님이라면 왜 이 악을 가로막지 않는 겁니까?"

악에 흠뻑 물든 백성이 있었다면, 소돔과 고모라 사람들이 바로 그런 사람들이었다. 하나님이 아브라함과 사라에게 나타나셔서, 그들에게 후사를 주실 것이며 그 후사를 통해 하나님이 큰 민족을 일구시고, 아브라함과 그 자녀를 "여호와의 도를 지켜 의와 공도를 행하"는 백성으로 삼아 선택적 사랑을 쏟겠다고 약속하신 후, "소돔과 고모라에 대한 부르짖음"을 소홀히 할 수 없다고 선포하시니, 이는 이들의 "죄악이 심히 무거"운 까닭이다(창 18:19-20). 앞서 악이 이때만큼 창궐했을 때 하나님은 홍수를 보내서 인간을 지면에서 거의 쓸어버리다시피 하셨다(창 6-9장). 소돔과 고모라도 같은 운명을 당할 만하다. 여기 단지 재미만을 위해 여인들과 아이들을 포함해 무고한 사람들을 강간하고 죽이는 이들이 있다. 이는 완전한 악이다.

하나님의 진노가 임박했음을 알고 아브라함은 공의가 잊혀질까봐 걱정한다. "주께서 의인을 악인과 함께 멸하려 하시나이까…세상을 심판하시는 이가 정의를 행하실 것이 아니니이까"(창 18:23, 25). 그러고 나서 아브라함은 하나님과 긴 협상을 시작한다. 하나님을 상대로 말이다. 의인 오십 명…아니 사십오 명…아니 사십 명…아니 삼십 명…아니 스무 명이 있다면 어떻게 하시겠습니까? 하나님은 의인 이십 명만 있어도 성을 멸하지 않겠다고 대답하신다. 아브라함은 피조물이 하나님께 요구할 수 있는 권리의 한계선을 넘고 있다는 것을 알면서도 의인 열 명만 있다면 어떻게 하시겠느냐고 또 묻는다. "내가 십 명으로 말미암아 멸하지 아니하리라"라고 하나님은 말씀하신다(18:32). 우리 하나님은 얼마나 은혜로우신가. 하나님은 하나님을 두려워하는 사람 몇 명만 있어도 기꺼이 모든 목숨을 살려 주시려고 한다. 그러나 슬프게도 열 명조차 찾을 수 없다. 이야기의 결말 부분에서 하나님은 하늘에서 유황과 불을 내려 소돔과 고모라를 멸하신다.

"세상을 심판하시는 이가 정의를 행하실 것이 아니니이까?" 그날 아브라함은 이 질문에 대한 답변이 언제나 '그렇다'라는 것을 알게 된다. 세상의 무시무시한 악 한가운데서도 하나님은 변덕스러운 분노로 냉정을 잃는 그 감수성 예민한 그리스 신들 같지 않으시다. 변덕스럽기는커녕 이 하나님은 법복을 입고 법정으로 들어가셔서, 실로 모든 사람의 모든 생각과 행동을 면밀히 살피신 후에야 법봉을 흔들며 평결을 내리신다. "유죄."

세상을 심판하시는 이는 늘 옳은 일을 행하신다. 불의하고 악한 세상, 무고한 자에게 저지르는 범죄를 눈감아 주는 세상 한가운데서, 우리는 우리 하나님이 공의로운 분이시며 언젠가 그분이 모든 것을 바로 잡으시리라는 사실을 알고 큰 위로를 얻을 수 있다.

그 마지막 심판 날까지 우리는 의롭다 여김 받지 못한 이들에게 십자가를 가리켜야 한다. 오직 거기에서만 거룩하신 사랑의 하나님과 더불어 누리는 화평을 얻을 수 있기 때문이다.

12

하나님은 자신의 영광을 위해
질투하셔야 하는가?

— 질투와 영광

너는 다른 신에게 절하지 말라 여호와는 질투라 이름 하는 질투의 하나
님임이니라.

출 34:14

우리는 숨을 쉬는 것보다 더 자주 하나님을 생각해야 한다

나지안주스의 그레고리우스, 《*Theological Orations*》

옛날에 싯딤 땅에

이 이야기를 영화로 만든다면 아마 R 등급(17세 미만은 부모 동반 필수—편
집주)이 될 것이다. 사람들이 목매달려 죽은 뒤 뜨거운 태양 아래 시신
이 방치되고, 역병이 덮쳐 이스라엘 사람 이만 사천 명이 몰살당하고,
간음 중이던 남녀가 침실에서 도살당한다. 너무 참혹해서 가족들이 함
께 모여 앉아 볼 수 없는 이야기이다. 나는 지금 민수기 25장 이야기를
하고 있다.

이 모든 일은 싯딤 땅에서 시작한다. 하나님의 백성인 이스라엘이 "모압 여자들과 음행하기를 시작"한다(민 25:1)[1]. 모압 여인들이 이스라엘 남자들을 꼬드겨 "이스라엘이 바알브올에게 가담"했다(25:3). 훨씬 후대에는 유다 왕 므낫세가 하나님의 백성을 인도해 예루살렘에서 바알을 예배하게 하고는 자기 아들을 불태워 제물로 바친다(왕하 21:6). 이런 사례들로 볼 때 하나님이 다른 나라 여인들과 결혼하는 것을 백성에게 경고하여 금하시는 이유가 뭔지 알 수 있을 것이다.

민수기 25장에서 이스라엘은 모압의 딸들과 간음하고 이들의 신에게 예배하면서 우상숭배에 빠져든다. 이스라엘은 육체로 간음했을 뿐만 아니라 영적으로도 간음했다. 이 여인들과 잠자리를 하는 것은 가나안 족속의 다산多産 신 바알 숭배의 일부였기 때문이다. 하나님이 자기 백성과 은혜로 세우신 언약이 더럽혀졌다. 이스라엘은 정숙치 못한 배우자였다.

당연히 "여호와께서 이스라엘에게 진노"하셨다(민 25:3). 이스라엘의 행동은 치명적인 결과를 낳았다. 여호와께서는 "백성의 수령들을 잡아 태양을 향하여 여호와 앞에 목매어 달라"고 모세에게 명하신다. 모세가 이 명령을 이행하기 전에는 "여호와의 진노가 이스라엘에게서 떠나"지 않을 것이다(25:4). 이 장면은 사실적 묘사가 두드러진다. 수령들을 "목매단다"는 것은 이들을 쭈르륵 말뚝에 꿰찌른 뒤 땅을 파고 그 말뚝을 세워 모든 사람이 그 시체를 볼 수 있게 한다는 뜻이다. 사람의 시신이 조상이 묻힌 땅에 함께 묻히는 게 아니라, 태양 아래 방치되어 새들의 먹이가 되고, 만인이 볼 수 있게 말뚝에 꿰찔러져 있다는 것은 수치스러운 죽음이다.[2]

그때, 상상할 수도 없는 일이 일어난다. "이스라엘 자손의 온 회중이 회막 문에서 울 때에 이스라엘 자손 한 사람이 모세와 온 회중의 눈 앞에 미디안의 한 여인을 데리고 그의 형제에게로 온지라"(25:6). 충격적인 장면이다. 모든 백성 앞에서, 자기 가족 앞에서, 심지어 하나님의 참 거처인 회막 앞에서 이 남자는 미디안 여인과 간음을 범한다. 은밀히 범하는 간음도 악한데, 만인이 보고 있는 중에 하나님의 집 바로 앞에서 간음을 저지른다는 것은 도착倒錯 행위의 절정이요 우상숭배의 정점이다.

누군가가 나서서 이 미친 짓을 중단시켜야 한다.

바로 제사장 아론의 아들인 엘르아살의 아들 비느하스가 나섰다. 의로운 분노에 사로잡힌(예수님이 성전에서 상을 뒤엎으신 일을 생각해 보라) 비느하스는 창을 들고 이 남녀를 좇아 방으로 들어가 두 사람을 한꺼번에 찔렀고, 창은 두 남녀의 배를 관통해 함께 꿰어 버린다. 하나님은 이스라엘에 역병을 내리셨는데, 이 두 남녀가 죽는 순간, 곧 역병이 멈춘다. 이만 사천 명이 그 역병으로 죽었다.

비느하스가 하나님의 영광을 위한 경건한 열심에 사로잡혀 있다는 것만 빼면 마치 "글래디에이터" 같은 영화의 한 장면 같다. 이때 하나님이 모세에게 어떤 반응을 보이시는지 주목하라. 하나님은 비느하스가 "내 질투심으로 질투하여 이스라엘 자손 중에서 내 노를 돌이켜서 내 질투심으로 그들을 소멸하지 않게 하였"다고 말씀하신다(25:11). 비느하스의 영웅적인 용기는 하나님을 위한 질투심에서 나온 용기이며, 그의 질투심은 자신의 이름을 위한 하나님의 질투심에서 비롯된 것이다.

'질투', 아주 나쁜 단어

오늘날 사회는 '질투'라는 말을 좋아하지 않는다. 이는 나쁜 단어다. 질투라고 하면 보통 불안정하고 집착이 강하고 시기심으로 가득한 사람의 이미지가 떠오른다. 현대 심리학은 대개 질투를 제어하기 힘든 분노 같은 변덕스러운 충동에 바탕을 둔 예측 불가능한 감정으로 본다. 하나님이 질투하신다고 말하는 여러 성경 구절을 보고 오늘날 그리스도인들이 당황하거나 심지어 혐오감을 느끼는 것도 별반 이상한 일이 아니다.[3] 하지만 이들이 그런 역겨움을 느끼는 것은, 인간이 생각하는 아주 왜곡된 질투 개념을 하나님께 투사하고 있기 때문이다.

무엇보다 먼저, 창조주는 피조물이 아니라는 것을 기억할 필요가 있다. 하나님을 설명할 때마다 우리는 인간 세상에서 경험할 수 있는 상징과 대상을 사용해 인간의 언어로 하나님을 설명한다. 그래서 인간의 언어를 유추적 언어라고 하는 것이다(한 가지 뜻밖에 없는 표현과 대조적이다. 2장 참조). 하나님을 설명하는 것은 우리보다 크실 뿐만 아니라 존재 유형 자체가 우리와 전혀 다른 분을 설명하는 것이기 때문이다. 더 나아가, 우리 인간의 체험을 바탕으로 인간이 아니고 유한하지 않고 물질적이지 않은 분을 설명할 때조차도, 인간의 속성을 비도덕적인 의미에서 하나님께 돌려서는 절대 안 된다. 안타깝게도 우리 시대 문화는 질투를 비난 받을 행동으로 여기는 경향이 크기에, 하나님이 질투하신다는 의미가 무엇인지에(그리고 어떤 의미가 아닌지에) 대해 오해를 바로잡아야 한다.

출발점은, 성경이 질투에 대해 말하는 방식과 우리 시대 문화가 질투를 이해하는 방식이 서로 다르다는 점을 분명히 하는 것이다. 하나님은 불안정하거나, 시기심에 압도되거나, 억제할 수 없는 부도덕한 분노에 예측불가능하게 사로잡히는 분이 아니다. 하나님에게 질투란 전혀 다른 의미다. 우선, 질투는 시기와 다르다. 성경에서 시기는 늘 죄로 간주된다. 시기는 탐심, 즉 내 것이 아닌 무언가를 욕망하고, 내게 없는 무언가를 가졌다거나 나와 다른 어떤 사람이라고 해서 누군가에게 분개하는 것을 말한다.[4] 시기의 특징은 악의적이고, 비합리적이고, 원한을 품는 태도다.

반면 질투는 "배타적 헌신이 있는 어떤 관계 안에서 그 헌신을 위협하는 것이 있을 때 이 배타적 헌신을 유지하려는 격렬한 욕망"이다.[5] 성경이 정의하는 질투는 아내를 터무니없이 의심하다가 급기야 아내를 때리기까지 하면서 미쳐 날뛰는 자, 투기 심한 남편, 미치광이를 묘사하는 말이 아니다. 그렇다. 질투란 아내를 지극히 사랑하고 아내를 잘 보살피며 결혼식 때 한 약속대로 헌신적으로 책무를 다한 나머지 아내가 설령 바람이 나서 간음을 하더라도 그 아내를 되찾으려고 착실하게 애쓰는 남편을 묘사하는 말에 더 가깝다. 누구도 이 두 번째 유형의 남편을 보면서 사랑으로 부부간의 신의信義를 고집하는 일에 미쳤다고 생각하지 않을 것이다. 두 사람이 서로를 하나로 묶는 언약을 맺었다면 반드시 그런 태도를 보여야 한다.

우리 시대는 포괄주의inclusivism 시대라서 배타주의exclusivism를 편협하게 여기지만, 사실 이 문제를 생각해 보면 편협한 것이 때로는 우리가 할 수 있는 가장 큰 사랑의 행동이다. 여자라면 자신이 다른 남자와 바람을 피우는데도 크게 신경 쓰지 않을 만큼 관대한 남자와 결혼하고 싶지는 않을 것이다. 분별없고 상대를 학대하는 배우자를 원하지 않는 것은 당연하지만, 우리가 단연코 원하는 배우자는 결혼 서약에서 약속한 배타적 헌신을 유지하고 지키는 일에 기꺼이 목숨을 바치는 사람이다. 편협한 사랑이야말로 우리에게 없어서는 안 되는 질투의 유형이다.[6] 이 사랑이 없으면, 배우자가 나를 끝까지 따라다닐 만큼 나를 사랑하는지 확신할 수 없다.

하나님의 이름은 질투다

하나님을 질투하는 분이라 할 때, 하나님에게 가장 중요한 질투의 목적은 우리 인간이 아니다. 물론 하나님은 자기 백성을 향해 질투하시지만, 하나님의 질투의 주된 목적은 자신의 이름과 자신의 영광이다. 하나님을 묘사할 때 자기 백성을 향해 질투하는 분으로 묘사하는 이유는 하나님이 자기 이름의 영광을 지키려 질투하는 분이시기 때문이다.

먼저, 하나님이 자신의 영광을 위해 어떤 식으로 질투하시는지 살펴보자. 하나님은 참되고 살아 계신 유일한 하나님이시기에, 모든 영광이 하나님의 것이다. 하나님은 자신의 영광을 다른 이에게 주려고 하지 않으신다(사 42:8). 오직 그분만이 하나님이다. 그러므로 그분만이 경배를 받으셔야지, 주변 나라의 신들이 경배 받아서는 안 된다. 우상숭배는 자신만이 신이라고 하시는 하나님의 배타적 주장에 대한 궁극적 모욕이다. 질투란 "유일한 참 하나님으로 인식되어야 할 하나님의 배타적 권리를 파기하는 행위에 [하나님이] 늘 대응하신다"는 의미

다.[7]

이스라엘이 애굽에서 해방되자마자 하나님이 가장 처음 언급하시는 일이 바로 우상숭배다. 우상숭배는 하나님의 영광의 급소에 가하는 치명적 일격이다. 이는 창조주가 아니라 피조물에게 영광을 돌리는 행위다. 그래서 하나님은 누구도 변명할 수 없게 명백히 말씀하신다. "나는 너를 애굽 땅…에서 인도하여 낸 네 하나님 여호와니라 너는 나 외에는 다른 신들을 네게 두지 말라…나 네 하나님 여호와는 질투하는 하나님인즉"(출 20:2-3, 5). "너는 다른 신에게 절하지 말라 여호와는 질투라 이름하는 질투의 하나님임이니라"(출 34:14).

이 부분에서 단순성, 고통불가성, 불변성 같은 속성들이 다시 한 번 타당성을 갖게 된다. 인간의 감정과 달리 하나님의 질투는 하나님 안에 있는 어떤 기분이 아니다. 하나님에게 질투는 하나님의 기분이 순간적으로 이랬다저랬다 요동하는 데 따르는 결과가 아니다. 그렇다. 이 하나님의 참 이름은 '질투'다. 하나님은 자신의 영광에 어느 순간 좀 더 열렬히 신경 쓰기라도 하는 듯 질투하게 되는 분이 아니다. 하나님은 자신의 영광에 늘 신경 쓰신다. 이것이 하나님의 정체성의 본질이다.

이것이 바로 하나님이 지금 같은 방식으로 행동하시는 이유이기도 하다. 여러분 자신에게 물어보라. 하나님은 왜 바로와 그 백성에게 재앙에 재앙을 연이어(도합 열 번) 보내면서 애굽에 그렇게 지루한 고통을 안기시는가? 단순히 바로가 너무 고집이 세기 때문인 것으로 보일지도 모른다. 하지만 그것은 피상적 대답이다. 이 책의 10장에서 하나님의 전능성에 대해 배운 것을 고려하면, 하나님은 누구에게 훼방 받을 수 있는 분이 아니시다. 원하시기만 했다면 하나님은 모세가 바로를 찾아가 하나님의 백성을 풀어 주라고 처음 말하던 바로 그때 백성을 해방시키실 수도 있었다.

하나님은 모세가 바로를 찾아가기도 전에, 불타는 떨기나무에서의 만남 때, 자신이 바로의 마음을 완악하게 할 것이며 그래서 바로가 이스라엘 백성을 풀어 주지 않으려 할 것이라고 미리 말씀해 주셨다. "네가 애굽으로 돌아가거든 내가 네 손에 준 이적을 바로 앞에서 다 행하라 그러나 내가 그의 마음을 완악하게 한즉 그가 백성을 보내 주지 아니하리니"(출 4:21; 참고 7:13; 9:12; 10:1; 11:10; 14:4, 8). 하나님은 바로의 마음을 완악하게 하셔서 엄청난 재앙을 연이어 내리셔야 했다. 하나님은 이 모든 일을 의도적으로 하신다. 왜인가? 여덟 번째 재앙 중에 하나님은 다음과 같이 친히 이유를 말씀해 주신다. "여호와께서 모세에게 이르시되 바로에게로 들어가라 내가 그의 마음과 그의 신하들의 마음을 완강하게 함은 나의 표징을 그들 중에 보이기 위함이며 네게 내가 애굽에서 행한 일들 곧 내가 그들 가운데에서 행한 표징을 네 아들과 네 자손의 귀에 전하기 위함이라 너희는 내가 여호와인 줄을 알리라"(출 10:1-2). 여호와께서 바로의 마음을 완악하게 하시면 지상에서 가장 강한 통치자를 제압할 수 있는 자신의 비할 바 없는 권능을 드러내실 수 있으며, 이는 애굽 사람들뿐만 아니라 이를 지켜보는 온 세상에 자신의 영광스러운 능력이 얼마나 큰지를 나타내시기 위해서다. 이스라엘이 애굽을 떠나 가나안 땅으로 향할 때 주변 나라들이 두려워 떠는 것은 그들의 하나님이 바로를 짓뭉개버린 하나님이심을 알기 때문이다. 모세가 홍해를 건너고 나서 노래하는 것처럼 "여러 나라가 듣고" 떤다

(출 15:14). 하나님은 자신이 "여호와인 줄" 온 세상이 알기를 바라신다.

소멸하는 불, 충성스런 남편

이스라엘은 하나님의 특별한 백성으로, 언약에 충실함을 통해 받는 언약의 축복이 어떤 것인지 주변 나라들에게 드러내 보여야 할 자들로 택함 받는다. 이스라엘과 하나님의 관계는 결혼 관계로 묘사된다(호 2장). 이스라엘이 고집스럽게 언약을 저버리고 이방 신들을 숭배하면서 남편에게 신실하지 못한 것으로 드러나자, 하나님은 자기 백성을 잃지 않으려고 질투심을 보이신다. 이 질투심은 백성을 징계하는 것으로 나타나기도 하고, 고집스럽고 제멋대로이며 간음까지 저지른 신부를 사랑과 은혜로 찾아다니는 모습으로 나타나기도 한다.

이스라엘이 이런 일에 대해 미리 경고를 받지 않은 것도 아니다. 모세는 이스라엘에게 기억하라고 거듭 명령한다. "너희는 스스로 삼가 너희의 하나님 여호와께서 너희와 세우신 언약을 잊지 말고 네 하나님 여호와께서 금하신 어떤 형상의 우상도 조각하지 말라 네 하나님 여호와는 소멸하는 불이시요 질투하시는 하나님이시니라"(신 4:23-24). 기억하기는 구약성경에서 가장 자주 볼 수 있는 주제 중 하나이다. 이스라엘은 여호와가 어떤 분이신지를, 즉 소멸하는 불이시라는 것을 끊임없이 기억해야 한다. 그렇게 해야 언약에 계속 신실할 수 있고, 언약에 신실해야 지나는 길에 있는 모든 것을 삼켜버리는 불길에 부닥치지 않는다.

하지만 하나님의 질투는 진노에 한정되지 않는다. 하나님의 질투는 사랑으로 계속 찾아다니는 것으로 표출되기도 한다. 호세아서는 하나님과 이스라엘의 관계를 창기와의 결혼에 비교한다. 하나님은 호세아 선지자에게 고멜과 결혼하라고 명하신다. 고멜은 "음란한 여자"(1:2)로서, 이는 하나님의 백성의 불성실과 언약에 신실치 못함을 생생히 보여 주는 그림이다. 호세아서 전체를 통해 하나님은 이스라엘의 영적 간음(우상숭배)에 심판을 선언하시면서, 자신을 삼키는 사자에 비유하시고 새끼 잃은 곰에 비유하신다(13:7-8).[8]

에스겔 선지자도 결혼의 비유를 사용하되 훨씬 더 도발적인 관점에서 사용한다. 에스겔서에서 이스라엘은 태어나던 날 길거리에서 피투성이로 허우적거리다 죽게 방치된 계집아이에 비교된다(겔 16:5). 아이가 피투성이로 발짓하고 있을 때 여호와께서 이를 보시고 "살아 있으라"(16:6)고 말씀하신다. 아이가 자라자 여호와께서는 이 여인을 자신의 신부로 맞아들여 언약을 맺으시고, 그렇게 해서 여인이 자신에게 속하게 하고 자신의 나라의 무한한 선물을 누릴 수 있게 하신다(16:8). 그러나 여인은 "창기" 또는 "음탕한 여인"이 되어 자기 몸을 팔 뿐만 아니라 값을 받지 않고도 그런 짓을 한다(16:15-34). 여인은 한 남자와 간음을 저지를 뿐만 아니라 직업적 창기가 되어 많은 사람에게 몸을 주는 "판매용 상품" 신세가 된다.[9]

무엇이 잘못된 것일까? 여인은 여호와보다는 자신의 미모를 신뢰했다(16:15). 여인은 자신이 어디에서 왔으며 누가 자신을 구했는지를 망각했다. 여인은 하나님의 영광보다는 허영을 위해 산다. 한 작가의 말처럼 "선물이 선물 준 사람을 대신한다."[10] 그래서 여호와께서는 여인을 그 연인들에게 넘겨서, 여인이 벌거벗은 모습을 모두가 보게 한다(16:37). 또한, 자신의 미모가 혐오스러운 것이 되었음을 깨달을 때까지 여인을 추방한다(16:35-37). "내가 또 간음하…는 여인을 심판함 같이 너를 심판하여 진노의 피와 질투의 피를 네게 돌"린다고 하나님은 말씀하신다(16:38).

하나님의 질투는 흔히 진노라는 결과를 낳지만, 그분의 질투는 긍휼, 확고한 사랑, 자비를 보장하기도 한다. 호세아서에서 하나님이 깨끗케 하는 사랑으로 자신의 신부를 사랑하셔서 언약의 약속이 지속될 것을 보장한 이유는 하나님이 질투하는 하나님이시기 때문이다. 하나님은 이스라엘이 "사랑하는 자를 따라가서 나를 잊어버"렸다고 말씀하시지만(호 2:13), 이스라엘의 남편으로서 하나님은 "그를 타일러…서 말로 위로하"실 것이다(2:14). 그러면 "네가 나를 내 남편이라 일컫고 다시는 내 바알이라 일컫지 아니"할 것이다(2:16). 언약을 맺었으므로 "내가 네게 장가 들어 영원히 살" 것이다(2:19a). 불쌍히 여기는 마음과 사랑하는 마음으로 끈질기게 찾아다니게 만드는 그 질투심이 하나님 자신의 속성을 특징으로 하는 결혼을 낳는다. "내가 네게 장가들어… 공의와 정의와 은총과 긍휼히 여김으로 네게 장가들며 진실함으로 네게 장가들리니"(2:19b-20). 호세아서 후반부에서는 남편으로서의 하나님에서 부모로서의 하나님으로 비유적 표현이 바뀐다. 그렇지만 질투에 긍휼, 사랑, 용서하는 자비가 뒤따른다는 사실에 대한 강조는 여전하다. 하나님은 아들이 집안과 의절했음에도 이 아들을 돌보는 부모로 묘사된다(11:1-9).

심판의 사례든 자비의 사례든, 이 비유들의 의도는 백성의 마음을 잃지 않으려고 하는 하나님의 질투를 포착하려는 것이며, 이 백성은 하나님께 충성해야 하는 순결하고 거룩한 백성, 참되고 유일한 한 분 하나님을 경배하는 자들로 구별된 백성이다. "그러나 애굽 땅에 있을 때부터 나는 네 하나님 여호와라 나 밖에 네가 다른 신을 알지 말 것이라 나 외에는 구원자가 없느니라"(13:4).[11] 하지만 하나님이 자신의 부정不貞한 신부를 사랑으로 찾아다니는 것이 단지 이스라엘을 위해서라고 생각해서는 안 된다. 하나님의 질투심은 이스라엘의 유익(이스라엘이 우상을 버리고 멸망의 길에서 돌이켜 언약의 축복을 누릴 수 있도록 하는)을 위한 것이기도 하지만, 이 질투심은 주로 하나님 자신의 이름을 위한 것이다. 즉, 나라들 사이에서 하나님의 영광이 더럽혀지는 일이 없도록 하려는 것이다. 하나님 자신의 명예가 걸린 일이기에, 하나님의 질투심은 "반역하는 백성이 그릇된 길을 갈 때 사랑으로 이들을 찾아다니게 하는" "원인"이 된다.[12]

삼위일체의 영광과 우리 구주의 질투심

거의 모든 시대마다 교회에 침입하는 듯한 한 가지 고질적 바이러스는, 구약성경의 하나님은 진노의 하나님이고 신약성경의 하나님은 사랑의 하나님이라고 생각하는 경향이다. 우선, 신의를 저버린 신부를 향한 하나님의 끈질긴 사랑을 통해 하나님의 질투심이 표현되는 부분이 구약성경에 수없이 많다는 것을 살펴보기만 해도 하나님을 그렇게 서툴게 묘사하는 그림은 일소될 수 있다. 그리고 이 서툰 그림은 예수님의 일생을 살펴보아도 말끔히 제거된다. 예수님을 순하고 온화하게만 묘사하면 예수님이 여러 번 격분하신 경우를 제대로 다루지 못한다. 예수님은 인간의 마음속에서 부패를 보셨고, 바리새인들을 향해 종종 격분하셨다. 예수님의 격노(거룩한 분노)는 신적 질투심에 뿌리를 두고 있다.

요한복음에서 예수님은 자신과 아버지 사이의 영광에 관해 거듭 말씀하신다. 말씀이 "육신이 되어 우리 가운데 거하시매" 제자들은 "그의 영광을 보"는 특권을 누렸으며, 그 영광은 "아버지의 독생자의 영광이요 은혜와 진리가 충만"했다(1:14). 예수님은 갈릴리 가나에서 첫 번째 기적(2:11)을 행하셨을 때뿐 아니라, 다리 저는 사람이 걸을 때마다 "그의 영광을 나타내"셨다. 예수님은 나사로를 무덤에서 일으키기 전에 이렇게 말씀하셨다. "이 병은 죽을 병이 아니라 하나님의 영광을 위함이요 하나님의 아들이 이로 말미암아 영광을 받게 하려 함이라"(11:4). 또 예수님은 "나는 사람에게서 영광을 취하지 아니하노라"(5:41)라고 하셨고, "자기 영광만 구하"지 않는다고(7:18) 말씀하셨다. 그보다, "내게 영광을 돌리시는 이는 내 아버지"시라고 말씀하셨으며, 이 사실은 나사로가 무덤에서 걸어 나올 때 눈에 보이게 입증되었다. 고난 한가운데서 자기 목숨을 내려놓고 하나님의 진노의 잔을 마실 준비를 하면서도 예수님은 이렇게 기도하신다. "아버지여 창세 전에 내가 아버지와 함께 가졌던 영화로써 지금도 아버지와 함께 나를 영화롭게 하옵소서"(17:5; 참고 12:12-28). 하지만 예수님의 기도는 자신만을 위한 기도가 아니다. 예수님은 "아버지여 내게 주신 자도 나 있는 곳에 나와 함께 있어 아버지께서 창세 전부터 나를 사랑하시므로 내게 주신 나의 영광을 그들로 보게 하시기를 원하옵나이다"(17:24)라고 기도하신다.

값을 헤아릴 수 없는 이 신적 영광이 바로 예수님을 감동시켜, 그 영광이 진흙탕에 끌리는 것을 볼 때마다 이 영광을 위해 질투하시게 된다. 예를 들어, 예수께서는 유월절을 지키러 예루살렘으로 가서 성전에 들어가시는데, 거기서 본 것은 돈 바꿔 주는 이들과 짐승 파는 이들뿐이다. "노끈으로 채찍을 만드사…다 성전에서 내쫓으시고 돈 바꾸는 사람들의 돈을 쏟으시며 상을 엎으시고"(2:15). 예수님은 격노하신다. "이것을 여기서 가져가라 내 아버지의 집으로 장사하는 집을 만들지 말라"(2:16). 그리스도의 의로운 분노를 목격한 제자들은 시편 69편 9절을 떠올린다. "주의 전을 사모하는 열심이 나를 삼키리라"(2:17). 열심zeal과 질투심jealousy은 동일한 것은 아니지만(어떤 사람은 경건한 질투심 없이 열심을 품을 수 있다), 경건한 질투심에는 어떤 형태로든 열심이 뒤따르며, 질투는 열심의 표현이다.[13] 예수님이 상을 엎고 채찍을 휘둘러 짐승들을 성전에서 몰아내시는 것을 볼 때, 하나님의 거룩한 임재를 가벼이 여기는 사람들을 관용하지 않는 신적 질투심이 예수님의 특징인 것이 분명하다. 예수님의 질투심은 사랑이다. 아내를 향한 남편의 사랑처럼 배타적인 사랑이다.

완전하고 지고한 존재는 모든 영광을 받으셔야 하는가?

이 책 서두에서, 그리고 책 전체에서 우리가 안셀무스의 도움을 받아 주장한 것은, 하나님은 하나님보다 더 큰 존재는 상상할 수 없을 만큼 크신 분이라는 것이다.[14] 하나님의 모든 속성은 바로 이 한 가지 진리에서 비롯된다고 우리는 주장했다. 하나님이 지고한 분이시라면, 더할 나위 없이 완전한 분이시라면, 하나님의 존재에 어떤 제한을 두는

것은 불가능하다. 지고한 존재는 무한한 존재여야 하고, 무한한 존재
는 독자적이고, 단순하고, 불변하고, 외부의 영향이나 자극에 무감하고
(고통불가하고), 영원하고, 편재하고, 전능하고, 전지하고, 전적으로 지혜
롭고, 거룩하고, 사랑이 깊은 존재여야 한다. 그런데 하나님의 영광은
이 그림의 어느 부분에 들어맞는가?

하나님이 지고하고 완전한 분이요, 하나님보다 더 큰 존재는 상상
할 수 없을 만큼 크신 분이라면, 그분은 우주에서 유일하게 자기 자신
과 자신의 영광을 다른 모든 것보다 높일 권리가 있는 분이시다. 하나
님이 '숨뭄 보눔'*summum bonum*, 즉 최고선이시라면, 그분은 다른 어떤 사
람이나 다른 어떤 것에 의지해 무언가를 성취하는 분이 아니시다. 그
보다 하나님은 자기 자신을 의지하신다. 하나님 자신이 완전을 찾을
수 있는 곳이기 때문이다. 자기 자신을 다른 모든 것보다 높이지 않으
시면, 하나님은 의로운 하나님이 아닐 것이다. 의로운 존재는 가장 가
치 있는 것을 가치 있게 여긴다. 의로운 존재는 가장 사랑할 만한 것을
사랑한다.[15] 하지만 하나님은 자기 외부를 보실 필요가 없다. 하나님
자신이 그분의 사랑과 영광과 행복의 대상이시며, 이는 하나님 자신이
가장 가치 있고, 가장 사랑할 만하고, 찬미하기에 가장 합당한 분이기
때문이다.[16] 하나님은 결국 "존재 중의 존재요, 모든 존재 중 무한히
최대이자 최고의 존재"시라고 조나단 에드워즈는 말한다.[17]

우리가 피조물로서 늘 자기 자신만 생각하고 주로 자기 자신의 명
성에만 관심을 가지면서 자기 자신을 다른 모든 사람보다 칭찬 받아야
할 사람으로 여긴다면, 우리는 이기적인 사람임이 틀림없다. 그런 식
으로 행동하다가는 "자기 자신을 어떤 존재로 생각합니까? 하나님이

라고 생각하는 겁니까?"라는 반응을 얻을지 모른다. 그리고 당연히 그런 반응을 얻을 수밖에 없다. 아무튼 우리는 작은 신들이 아니다. 우주가 나 중심으로 도는 양 행동해서는 안 된다. 우리는 하나님, 곧 우리 창조주를 위해 창조된 사람들이다. 하나님의 형상대로 창조된 자들로서 우리가 여기 이 땅에 사는 것은 하나님을 나타내고, 하나님께 관심이 모이도록 하며, 하나님의 영광을 반영하기 위해서다. 소망이 없을 만큼 자기중심적인 세상에서, 인간이 성경적 세계관을 가지고 이 땅에 사는 목적은 더할 수 없이 반문화적일 수밖에 없다. 세상은 자기 내면을 들여다보라고, 자부심을 가지라고, 자기 본위가 되라고, 자기중심적으로 살라고 사람들을 부추기지만, 기독교는 수직 방향으로 인간 현존의 틀을 짠다. 즉, 나는 신이 아니라 하나님의 창조물이고 내가 사는 목적은 하나님의 영광을 위해 사는 것이라고 주장한다.

이런 세계관은 기독교의 주장에 대한 많은 반론과 달리, 우리 자신의 행복과 대립하지 않는다. 8장에서 보았다시피, 웨스트민스터 소요리문답의 첫 질문은 "사람의 제일 되는 목적은 무엇인가?"이다. 그리고 답은 "사람의 제일 되는 목적은 하나님을 영화롭게 하고, 그분을 영원히 즐거워하는 것"이다. 존 파이퍼는 이 답을 다음과 같이 살짝 바꾼 것으로 유명하다. "사람의 제일 되는 목적은 하나님을 영원히 즐거워함으로써 하나님을 영화롭게 하는 것이다."[18] 이 요리문답을 작성한 청교도들도 존 파이퍼와 생각이 다르지 않을 것이다. 파이퍼의 실질적 주장은, 우리 인생의 최대 기쁨과 즐거움은 오직 하나님을 영화롭게 하는 일을 통해서만 얻을 수 있다는 것이다. 세상은 하나님을 영화롭게 하는 삶은 흥을 깬다고 말하겠지만("그런 인생이 무슨 재미가 있겠나!"), 성경은 하나님을 영화롭게 하는 삶이야말로 최대의 기쁨을 누리는 삶이라고 말한다. 그래서 존 파이퍼는 "하나님은 우리가 하나님 안에서 가장 만족할 때 우리 안에서 가장 영광을 받으신다"[19]는 유명한 말을 했다.

한마디로, 하나님의 형상을 지닌 자들로서 우리의 참 현존은 가장 크고 가장 완전한 분이신 하나님을 중심으로 한다는 것이다. 우리가 하나님을 지고하신 분으로 보지 못할 때 어김없이 우상숭배가 발생한다. "그런 하나님은 이기적인 하나님 아닌가요?"라고 물을지도 모르겠다. 하나님이 가장 영화로운 분이 아니라면, 하나님이 하나님보다 더 큰 존재는 상상할 수 없을 만큼 크신 분이 아니라면, 그렇게 말할 수 있을 것이다. 그러나 하나님은 가장 영화로운 분이시기에, 하나님이 만약 하나님 아닌 다른 어떤 것이나 다른 어떤 존재를 우리에게 가리키신다면 그것이야말로 하나님이 하실 수 있는 가장 이기적인 행동일 것이다. 또한 이는 하나님이 하실 수 있는 가장 애정 없는 행동일 것이다. 하나님이 가장 완전하고, 지고하고, 영광스러운 분이실진대, 우리는 하나님에게서 인생 최대의 기쁨을 찾을 수 있다. 하나님이 자신을 지고한 존재로 나타내시면서 우리의 관심을 끌지 않으신다면 우리는 그분 안에서 인생 최대의 기쁨을 경험하지 못할 것이다. 그러므로, 자신이 모든 영광을 받으셔야 한다는 하나님의 명령은 하나님이 우리에게 하실 수 있는 가장 자상하고 사랑 넘치는 일이다. 오직 그때에라야 우리 자신이 인생에서 참 만족을 찾을 수 있을 테니 말이다. 아주 역설적이지만, 완전히 지고하신 하나님이면서도 그분을 중심으로 살며 그분의 영광을 위해 살라고 강조하지 않는 하나님이야말로 이기적인 하나님이다.

경건한 질투와 그리스도인의 삶

우리가 창조주를 영화롭게 하기 위해 존재한다면, 질투는 하나님의 형상을 지닌 우리의 특징이기도 해야 한다. 우리의 질투가 하나님의 질투와 똑같지는 않지만(우리는 우리의 영광이 아니라 하나님의 영광을 위해 질투하는 반면, 하나님은 하나님 자신의 영광을 위해 질투하신다), 질투는 공유적 속성이며 모든 면에서 그리스도인을 규정하는 속성이다.

이는 말하기는 쉬워도 행하기는 어렵다. 특히 우리 시대 문화가 다른 신들로 우리를 유혹하거나 자기들이 우상화하는 신들을 섬기지 않는다고 우리를 박해할 때는 더욱 그렇다. 박해를 받을 때에도 우리는 우리 하나님을 위해 여전히 질투할 것인가? 아니면 그냥 포기하고 타협할 것인가? 열왕기상 18장을 보면, 이것이 하나님의 선지자 엘리야 앞에 놓인 딜레마다. 박해가 극심해, 이세벨은 "여호와의 선지자들을 멸"했다(왕상 18:4a). 시대가 너무 절망적이어서, 이세벨보다 여호와를 더 두려워하는 오바댜는 선지자 백 명을 데려다가 "오십 명씩 굴에 숨"긴다(18:4b). 바알을 따르기보다 하나님을 따른다는 것은 곧 자기 목숨을 내놓는 일이다.

엘리야가 갈멜 산에서 바알의 선지자들에게 도전할 때, 구경만 하는 이스라엘 사람들을 꾸짖는 것을 주목하라. "너희가 어느 때까지 둘 사이에서 머뭇머뭇 하려느냐 여호와가 만일 하나님이면 그를 따르고 바알이 만일 하나님이면 그를 따를지니라"(18:21a). 여호와께서는 자기 이름과 자기 백성을 위해 질투하신다. 여호와께서는 참 예배와 우상숭배 사이에서 머뭇거리는 백성을 관용하지 않으실 것이다. 하나님이 요한계시록에서 라오디게아 교회에 주시는 경고는 엘리야 시대의 이스라엘에게도 그대로 적용될 수 있다. "내가 네 행위를 아노니 네가 차지도 아니하고 뜨겁지도 아니하도다 네가 차든지 뜨겁든지 하기를 원하노라 네가 이같이 미지근하여 뜨겁지도 아니하고 차지도 아니하니 내 입에서 너를 토하여 버리리라"(3:15-16). 이스라엘이 경건한 질투심을 잃었다는 사실은 엘리야의 말에 대한 이들의 반응에서 분명히 볼 수 있다. "백성이 말 한마디도 대답하지 아니하는지라"(왕상 18:21b). 이스라엘의 침묵은 크고도 분명하다. 엘리야는 내내 혼자다. "여호와의 선지자는 나만 홀로 남았으나 바알의 선지자는 사백오십 명이로다"(18:22).

하지만 엘리야는 자신이 혼자가 아님을 알고 있다. 인간의 손으로 만든 거짓 신들은 눈에 보이기는 하지만 아무 말도 못한다는 것을 기억하라. 바알의 선지자들이 어떤 묘기를 부리든, 돌아오는 것은 침묵뿐이다. 하늘에서 불이 내려와 제물을 태우지 않는다. 그러나 엘리야가 보이지 않는 하나님을 부르자 그의 간구는 여호와의 귀에 들리고, "여호와의 불"이 내려와 번제물을 태운다(18:38). 엘리야의 간구에 주목해 보자. "여호와여 내게 응답하옵소서 내게 응답하옵소서 이 백성에게 주 여호와는 하나님이신 것…을 알게 하옵소서"(18:37). 엘리야는 하나님의 질투에 대해 알고 있다. 엘리야는 하나님이 자신의 이름을 위해 질투하시며, 그래서 바로의 위협 아래서 이스라엘을 구해내시듯 행동에 나서서 자신만이 여호와임을 모든 사람에게 보여 주실 것을 알고 있다. 이야기 후반에서 엘리야는 이세벨을 피해 도망하면서 여호와께 말한다. "내가 만군의 하나님 여호와께 열심이 유별하오니," 다른 모든 사람은 "주의 언약을 버리고…오직 나만 남았나이다"(19:10).

여기, 모든 그리스도인의 특징이어야 할 질투심이 있다. 이 책 전체를 통해 우리는 모든 다양한 속성 가운데 있는 하나님의 영광을 바라보고 경이로워 했다. 그러나 우리가 이스라엘처럼 하나님과 하나님의 언약을 위해 질투하라고 명령 받고서 "한마디도 대답하지 아니하"면 그렇게 해봤자 아무 의미도 없다는 것을 유념하라. 경건한 질투가 없는 그리스도인은 자신의 정체성을 심각히 점검해 볼 필요가 있다. 왼쪽에는 바알을, 오른쪽에는 하나님을 두고 침묵을 지키며 둘 사이에서 머뭇거린다면, 이는 하나님의 입에서 나를 토해내 주시길 청하는 것과 다름없다. 이는 소멸하는 불이신 하나님의 진노를 사는 행동이다.

그 경고는 교회 전체에도 적용된다. 교회 안에 숨어드는 거짓 교사들이 전한 거짓 복음을 받아들이는 교인들의 모습에 실망한 바울은 엘리야의 기백으로 고린도 교회를 향해 이렇게 말한다. "내가 하나님의 열심으로 너희를 위하여 열심을 내노니 내가 너희를 정결한 처녀로 한 남편인 그리스도께 드리려고 중매함이로다 그러나 나는 뱀이 그 간계로 하와를 미혹한 것 같이 너희 마음이 그리스도를 향하는 진실함과 깨끗함에서 떠나 부패할까 두려워하노라"(고후 11:2-3).

"그리스도를 향하는 진실함과 깨끗함", 이것이 바로 모든 그리스도인과 모든 교회를 정의하는 경건한 질투의 모범이다. 우리에게는 사도 바울처럼 하나님이 어떤 분이신지를 바로 아는 일에 지극히 헌신하기에 하나님의 백성을 위해 "하나님의 열심으로 열심을 내"는 지도자,

비느하스와 엘리야처럼 분연히 일어나 무언가를 말할 용기를 지닌 지도자가 더 많이 필요하다.

우리의 비느하스

결론을 내리자면, 하나님의 영광과 하나님 백성의 정결을 위해 하나님의 질투심으로 질투하는 비느하스가 그 간음하며 우상숭배하는 남녀를 한꺼번에 창으로 꿰뚫어 죽이자마자 "염병이 이스라엘 자손에게서 그쳤"다는(민 25:8) 것이 대단히 흥미롭지 않은가? 그 순간에 속죄가 이루어지고, 하나님의 진노가 진정된다(25:11).

비느하스는 작은 메시아, 참 구주의 그림자요 모형이다. 하나님의 백성의 악함을 아시는 예수님은 십자가로 달려가서 재앙을 멈추신다(눅 9:51-56). 하나님의 백성에게 임해야 하는 진노를 가라앉히는 형벌은 하나님의 질투에 사로잡힌 분, 곧 육신을 입은 하나님의 아들께서 다 받으셨다. 예수님은 창으로 사람을 죽이시지 않는다. 예수님은 베드로에게 "네 칼을 도로 칼집에 꽂으라 칼을 가지는 자는 다 칼로 망하느니라"(마 26:52)라고 말씀하신다. 대신 예수님은 앞으로 걸어나가 죽음의 창에 꿰일 제물로 자신을 바치신다. 자신의 속죄가 지극히 유효하기에 그분은 "다 이루었다"고 부르짖으신다(요 19:30). 예수님이 더할 나위 없이 충분하게 죗값을 치르셨기에 무덤은 제 삼 일에 텅 빈 채 발견된다.

그리스도께서 부활하셔서 승리하시니, 온 세상은 질투가 그분의 이름임을 알게 될 것이다.

용어 풀이

아래 용어 풀이는 독자들이 이 책 전체의 논의를 따라잡을 수 있도록 돕기 위한 것이다. 하나님의 속성은 모두 상호 연결되어 있기에, 이 용어 풀이를 읽으면 각 장에서 하나님의 속성이 상세히 언급되는 부분을 이해하는 데 도움이 될 것이다. 각 용어의 의미를 철저히 정의하기보다는 간단히 설명했다.

거룩함^{holiness} : 자존하시며, 세상에 좌우되지 않는 분으로서의 하나님의 완전한 초월성과 그분의 윤리적 정결함, 의로움, 공의를 말한다. '자존성^{a se}'도 보라.

경륜적 삼위일체^{economic Trinity} : 창조 질서와 관련해서의 삼위 하나님. 창조, 섭리, 구속에서 볼 수 있는 삼위 하나님의 외적 사역을 가리킨다. '아드 엑스트라', '내재적 삼위일체'도 보라.

고전적 유신론classical theism : 교부 시대, 중세 시대, 종교개혁 시대의 대다수 입장으로서 고전적 유신론은 단순성, 자존성, 시간을 초월한 영원성 등의 신적 속성, 그리고 "순수 현실태" 같은 표현에 의해 정의된다. 때로 "완전한 존재의 신학"perfect being theology이라고도 하며, 이는 하나님이 하나님보다 더 큰 존재는 상상할 수 없을 만큼 크신 분, 즉 완전한 분이시라는 안셀무스의 논증에서 나온 표현이다. 이 입장을 대표하는 신학자로는 아우구스티누스, 안셀무스, 아퀴나스가 있고 그 외에도 다수가 있다. '순수 현실태/순수 현실성'도 보라.

고통가능한passible : 유한한 피조물로서 감정 변화를 겪는다는 의미다. 외부의 자극에 고통당할 수 있다는 의미다. '고통불가성'과 비교해 보라.

고통불가성impassibility : 하나님은 어떤 방식으로든 감정의 변화를 겪지 않으신다. 무감성이라고도 한다. 하나님은 고통당하지 않으신다. 하나님은 단순히 외부의 자극에 무감하기로 선택하시는 게 아니다. 고통불가성은 하나님의 참 본질 고유의 것이다. 고통불가성은 불변성 안에 필연적으로 내포되어 있다. '불변성'도 보라.

공유적 속성communicable attributes : 하나님에게 해당될 뿐 아니라 하나님의 형상을 지닌 존재들에게도 부분적으로 반영되는 신적 속성.

광대함immensity : 하나님의 본질은 확산되지 않는다. 하나님은 공간에 담기지 않고 한계가 없으시다. 하나님은 측량불가하시다. '무한성', '편재'도 보라.

권능power : '절대적 권능', '질서적 권능'을 보라.

긍정적으로 서술된 신학cataphatic theology : 하나님이 어떤 분이신지를 말함으로써 하나님을 설명하는 방식. 하나님에 대한 긍정적 단언. 예를 들어, 하나님은 사랑이시다, 하나님은 거룩하시다. '부정적으로 서술된 신학'도 보라.

기원의 영원한 관계eternal relations of origin : 성부, 성자, 성령께서 영원 속에서 서로 관계를 맺는 방식을 가리킨다. 성부는 누구에게서도 나지 않고(성부 되심), 성자는 영원히 성부에게서 낳은 바 되시고(성자 되심, 영원한 발생), 성령은 성부와 성자에게서 영원히 나오신다(성령 되심, 영원한 나오심/발출). 기원의 영원한 관계는 삼위일체의 외적/경륜적 사명을 위한 형이상학적 토대다. 때로는 "영원한 위격적 존재 방식eternal personal modes of subsistence"이라는 표현이 좀 더 정확한 의미로 대신 쓰이기도 한다. 즉, 하나님의 하나의 단순한 본질은 성부, 성자, 성령 세 위격 안에 영원히 존재한다subsists.

내재적 삼위일체immanent Trinity : 창조 질서와 별개로 영원 가운데 그 자체로서의 삼위 하나님을 말한다. '경륜적 삼위일체'와 비교해 보라.

니케아 공의회 Nicaea, Council of : 주후 325년 소집된 공식 교회 회의로, 성자께서 영원히 성부와 신적으로 동등하시다는 것을 부인한 아리우스주의 운동과 그 신학적 견해를 정죄했다.

다신론polytheism : 한 분 하나님만 있지 않고 여러 신들이 있다는 믿음.

다의적인equivocal : 어떤 것 혹은 어떤 사람이 어떤 것 혹은 어떤 사람과 전혀 다른 것을 말한다. 둘 사이에 아무 관계도 없다(예를 들어, 바깥 날씨는 시원하다cool는 진술과 어떤 사람이 쿨한cool 스타일이라는 진술을 생각해 보라). 이를 하나님에 관한 지식에 적용한다면, 우리는 하나님에게 해당하는 진리를 아무것도 알 수 없을 것이다. '유추적인', '한 가지 뜻밖에 없는'과 비교해 보라.

단순성simplicity : 하나님은 부분들로 구성되지 않으신다. 하나님은 복합적이거나 합성적인 존재가 아니시다. 따라서, "하나님이 속성들을 소유하신다"는 말은 신학적으로 정확하지 않다. 그보다, "하나님은 하나님의 속성이시다"라는 말이 더 정확한 표현이다. 하나님의 본질은 하나님의 속성이고, 하나님의 속성이 하나님의 본질이다. 하나님 안에 있는 모든 것이 단순하게 하나님이다. '합성적'과 비교해 보라.

도덕적 뜻moral will : 옳고 그름, 선과 악에 관해 인간에게 계시된 하나님의 도덕적 명령. "교훈적인" 혹은 "계시된" 하나님의 뜻이라고도 한다. '주권적 뜻'과 비교해 보라.

동시에 도처에 존재하심ubiquity : '광대함', '편재성'을 보라.

레스 시그니피카타res significata : 식별되고 있는 대상이 보이는 것을 의미함. 어떤 것이 나타내지고 있음. 하나님과 관련해서 레스 시그니피카타는 나타내지고 있는 속성을 가리킨다. 이 표현은 토마스 아퀴나스가 사용했다. '모두스 시그니피칸디'와 비교해 보라.

만유내재신론panentheism : 하나님은 세상과 구별되시지만 그럼에도 자신의 현존이나 성취를 위해 혹은 둘 다를 위해 세상에 의존하신다는 견해. 하나님과 세상은 동의어(범신론)가 아니지만, 그럼에도 하나님은 세상 속에 있고 세상은 하나님 안에 있다고 본다. 과정신학process theology이라 알려진 견해에서 만유내재신론을 확언한다. '범신론'과 비교해 보라.

모두스 시그니피칸디modus significandi : 어떤 용어가 어떤 것에 적용되는 방법. 토마스 아퀴나스는 레스 시그니피카타res significata는 어떤 식으로도 변하지 않지만, 모두스 시그니피칸디는 변할 수 있다고 주장했다. '레스 시그니피카타'와 비교해 보라.

모형ectype : 원형의 사본. 신학에서, 피조물은 모형이고, 하나님은 원형이시다. '원형'과 비교해 보라.

무한성infinitude : 무한하신 하나님은 측량이 불가능하다. 하나님의 존재being에는 한계가 없다.

발출spiration : '기원의 영원한 관계'를 보라.

범신론pantheism : 하나님과 세상이 동의어라고 보는 견해. 하나님이 세상이고 세상이 하나님이다. '만유내재신론'과 비교해 보라.

베룸verum : 하나님과 관련해서는 지고한 진리로서의 하나님을 가리킨다.

변하기 쉬운mutable : 변하는 어떤 것을 말한다. '불변성'과 비교해 보라.

보상이 있는 공의remunerative justice : 하나님은 자신의 거룩한 율법에 순종하면 상급을 베푸신다(보상하신다). 이는 하나님의 언약적 사랑과 은혜에서 유래한다. '보응하는 공의'와 비교해 보라.

보응하는 공의retributive justice : 하나님은 자신의 거룩한 법을 어긴 데 대해 징벌을 시행하신다(보응하신다, 벌하신다). 이는 신적 진노의 형태로 나타나는 하나님의 거룩함, 의로움, 공의에서 유래한다. 보응하는 공의가 화목제물의 열쇠다. '화목제물'을 보라. '보상이 있는 공의'와 비교해 보라.

복합적composite : '합성적'을 보라.

본질essence : 하나님의 존재being를 일컫는다. 하나님이 무엇인지에 해당하는 용어. 하나님의 본질(본체substance, 존재being)과 하나님의 실존existence은 별개가 아니며, 이 둘은 동일하다. 하나님의 본질이 하나님의 속성이고 하나님의 속성이 하나님의 본질이다. 삼위일체와 관련해 하나님은 한 본질, 세 위격이시다. '에세esse'도 보라. '비본질적인'과 비교해 보라.

부동의 시초적 시동자unmoved mover : 하나님은 다른 존재에 의해 움직이지 않는 유일한 존재이시다. 부동의 시초적 존재는 움직이는 다른 모든 존재와 대상의 움직임을 설명하는 데 없어서는 안 된다. '불변성', '시간을 초월하는 영원성'을 보라.

부정을 통한 방식via negationis : 부정적 진술 방식. 하나님은 무한하시고 피조물은 유한하기에, 피조물은 하나님이 어떤 분이 아니신지를 앎으로써 하나님을 가장 잘 알게 된다. 이 방식이 적절한 이유는 창조주의 본질/존재와 피조물의 본질/존재 사이에는 연속성보다 불연속성이 더 많기 때문이라는 것이 고전적 유신론의 견해다. '부정적으로 서술된 신학'도 보라.

부정적으로 서술된 신학apophatic theology : 하나님이 어떤 분이 아니라는 것을 말함으로써 하나님을 설명하는 방식(예를 들어, 하나님은 변하지 않으신다, 하나님은 불변하신다). '부정을 통한 방식'도 보라. '긍정적으로 서술된 신학'과 대조된다.

분리할 수 없는 사역inseparable operations : 창조, 섭리, 구속이라는 외적 사역을 하실 때 삼위 하나님은 나뉘지 않으신다. 하나님의 모든 일 혹은 모든 사역에서 세 위격은 서로 분리할 수 없게 일하신다. 삼위일체의 외적 사역은 나뉘지 않는다opera Trinitatis ad extra sunt indivisa. 삼위일체의 외적 사역에서 세 위격의 일체성(경륜적 삼위일체)은 영원 속에 계신 삼위 하나님의 존재/본질의 일체성에서 비롯된다. '전유', '경륜적 삼위일체', '내재적 삼위일체'도 보라.

불가해성incomprehensibility : 유한한 피조물은 하나님의 무한한 본질을 파악할 수 없다. 피조물은 하나님이 자신이 하는 일을 통해 자신을 나타내시는 만큼만 하나님을 알 수 있으며, 그 모든 영광과 신비 가운데 있는 하나님의 무한한 본질은 알 수 없다. 피조물은 하나님을 참으로 알 수는 있지만, 남김없이 속속들이 혹은 포괄적으로 알 수는 없다. '부정적으로 서술된 신학', '부정을 통한 방식'도 보라.

불변성immutability : 하나님은 어떤 식으로도 변하지 않으신다.

비공유적 속성incommunicable attributes : 하나님에게는 해당되나 피조물에게는 해당되지 않는 신적 속성(예를 들어 무한성, 자존성, 단순성 등). '공유적 속성'과 비교해 보라.

비물질적인incorporeal : 비육체적인. 하나님에게는 몸이 없다. 하나님은 물질적
이시지 않다. '무한성'도 보라.

비본질적인accidental : 다른 어떤 것에게 본질적이지 않은 어떤 것을 말한다. '본
질'과 비교해 보라.

사벨리우스주의Sabellianism : '양태론'을 보라.

사회적 삼위일체론social trinitarianism : 사회적 삼위일체론에는 여러 상이한 유형
이 있지만, 그 핵심은 삼위일체가 주로 기원의 영원한 관계(영원한 발생과 영
원한 발출)에 의해 규정되지 않고 사랑이나 의지 같은 일정한 사회적 측면에
의해 규정된다고 하는 믿음이다. 사회적 삼위일체론은 각양각색의 현대 신
학자들이 채택해 온 견해다. '기원의 영원한 관계'도 보라.

삼신론tritheism : 한 하나님이 아니라 세 하나님이 있다고 하는 견해. 삼신론은
한 본질이 세 위격 안에 온전히 존재한다는subsist 것을 부인함으로써 삼위
일체의 일체성을 훼손한다.

성부 되심paternity : '기원의 영원한 관계'를 보라.

성자 되심filiation : '기원의 영원한 관계'를 보라.

속성의 교류communicatio idiomatum : 성육신하신 하나님의 아들 안에 있는 신성과
인성 각각의 고유한 특성들 혹은 속성들의 교류. 루터교 일부에서는 이 교
류가 그리스도의 두 본성 사이의 교류라고 주장했다. 개혁주의 전통에서는
교류가 본성 차원이 아니라 위격 차원에서 이뤄진다고 주장했다.

수동적 잠재력passive potency : 활성화되거나 성취될 필요가 있는 어떤 것, 잠재
력이 충족되어 완전에 이르러야 할 어떤 것을 말한다. 고전적 유신론은 하
나님에게 수동적 잠재력이라는 특성이 있음을 부인한다. '순수 현실태/순

수 현실성'과 비교해 보라.

순수 현실태^{actus purus}/**순수 현실성**^{purus actua} : 하나님은 이미 하나님이시므로, 그보다 더한 무언가가 되시거나 그보다 더 완전한 무언가가 될 필요가 있기라도 한 것처럼 하나님 안에서 활성화되어야 할 것은 아무것도 없다. 하나님은 최대한 살아 계시고, 완전히 실현되셨고, 자신 안에서 스스로 절대적 생명이시며, 그러므로 완전한 존재로서 변화나 개선은 불가능하다. 하나님은 순수 현실태로서, 타자를 변화시키고 타자에게 영향을 끼칠 수 있지만, 타자에 의해 영향을 받고 변할 수 있는 수동적 잠재력을 갖고 계시지는 않다. 순수 현실태는 무한성, 자존성, 단순성, 불변성, 시간을 초월하는 영원성 등의 속성과 연결되어 있다. '수동적 잠재력'과 비교해 보라.

숨뭄 보눔^{summum bonum} : 지고선.

시간을 초월하는 영원성^{timeless eternity} : 하나님은 시간의 제한에 매이는 분이 아니다. 하나님의 본질은 존속 기간이 없다. '무한성'도 보라.

신인동감론적^{anthropopathic} : 인간의 감정과 격정을 나타내는 표현으로 하나님을 묘사하는 것을 말한다. 이런 표현은 문자적으로 이해해서는 안 되고 비유적으로 이해해야 한다.

신인동형론적^{anthropomorphic} : 유한한 인간 세계의 범주와 언어 표현으로 하나님을 묘사하는 것을 말한다. 이런 표현은 문자적으로 이해해서는 안 되고 비유적으로 이해해야 한다.

아드 엑스트라^{ad extra} : 창조, 섭리, 구속을 포함해, 창조 질서와 관계된 하나님의 외적 사역을 말한다. '아드 인트라'도 보라.

아드 인트라^{ad intra} : 창조 질서와 별개로, 하나님 자신과 관계된 하나님의 내적 사역을 말한다. 내적 사역은 영원하고 불변하다. '아드 엑스트라'도 보라.

양태론modalism : 삼위 하나님이 구별된 세 위격이라는 사실을 부인하는 이단. "사벨리우스주의Sabellianism" 또는 "양태론적 단일신론"이라고도 한다.

양태론적 단일신론modalistic monarchianism : '양태론'을 보라.

에세esse : 하나님과 관련해서 이는 지고한 존재로서의 하나님을 가리킨다.

열린 유신론open theism : 하나님이 미래를 아신다는 것을 부인하는 견해. 하나님이 모든 것을 철저히 미리 아신다는 것을 부인한다.

영원eternal/**영원성**eternity : '시간을 초월하는 영원성'을 보라.

영원한 발생과 발출eternal generation and spiration : '기원의 영원한 관계'를 보라.

영원한 위격적 존재 방식eternal personal modes of subsistence : '기원의 영원한 관계'를 보라.

오페라 트리니타티스 아드 엑스트라 순트 인디비사opera Trinitatis ad extra sunt indivisa : 삼위일체의 외적 사역은 나뉘지 않는다. '분리할 수 없는 사역'을 보라.

완전한 존재perfect being : '고전적 유신론'을 보라.

원형archetype : 원본. 신학에서 하나님은 원형이시고 하나님의 형상으로 창조된 피조물은 모형(모방물, 복사본 혹은 형상)이다. '모형'과 비교해 보라.

유신론적 인격주의theistic personalism : '일다신론'을 보라.

유추적인analogical : 닮은 어떤 것과 유사성과 연속성을 공유하는 어떤 것을 말한다. 둘 사이에 완전한 연속성도 완전한 불연속성도 없지만 유사성은 있다. 하나님과 관련해서 말하자면, 하나님에 관한 피조물의 지식과 하나님을 일컫는 용어는 유추적이다(한 가지 뜻밖에 없거나 다의적이기보다). '다의적인', '한 가지 뜻밖에 없는'과 비교해 보라.

일다신론monopolytheism : 하나님은 피조물과 유형이 다른 존재가 아니라 단순히 피조물보다 더 큰 존재라는 주장. 이 하나님은 고대 종교(다신론)의 여러 신들과 다르지 않으니, 이 신들은 자신들에게 예배하는 인간을 많이 닮아서 격한 감정에 따라 변덕스럽게 이랬다저랬다 한다. 유일한 차이점이라면, 일다신론의 하나님은 여럿^poly이 아니라 한^mono 분이라는 것이다. 일다신론은 "유신론적 인격주의"^theistic personalism라고도 하는데, "유신론적"이라는 말은 하나님을 가리키지만, "인격주의"는 인간이 인격체인 것처럼 하나님도 한 인격이라는 식으로 하나님이 정의되는 것을 가리킨다. '다신론'과 비교해 보라.

일신론^monotheism : 한 분 하나님을 믿는 믿음. '다신론'과 비교해 보라.

자존성^aseity, *a se* : 하나님은 창조 질서에 좌우되지 않으시고, 자충족적이시며, 자존하신다. 적극적으로 말하자면, 하나님은 자신 안에서, 자기 스스로 생명이시다.

잠재력^potency : '수동적 잠재력'을 보라.

전능성^omnipotence : 하나님은 전적으로 능력 있으시다.

전유^appropriations : 삼위일체의 외적 사역은 나눌 수 없지만^opera Trinitatis ad extra sunt *indivisa*, 삼위일체의 한 위격이 중심 역할과 특별한 역할을 맡을 수도 있다. 독특한 사역을 한 특정 위격이 자신의 역할로 삼을 수 있다. 예를 들어, 성육신하신 것은 성자고, 성자께서 성취하신 구속을 완전케 하시는 분은 성령이다.

전지성^omniscience : 하나님은 모든 것을 다 아신다.

전현성^omnisapience : 하나님은 전적으로 지혜로우시다.

절대적 권능^absolute power : 하나님에게 가능한 일이지만 여러 가지 이유로 하지 않기로 하시는 일들을 포함해, 모든 일을 다 하실 수 있는 하나님의 능력을 말한다. '질서적 권능'과 비교해 보라.

존재subsistence : 삼위일체에 관해 말할 때 전형적으로 하나의 단순한 신적 본질이 세 가지 위격적 존재 방식으로, 즉 성부와 성자와 성령으로 영원히 존재한다고subsists 하는 표현에서 쓰인다. 간단히 말해, 하나님의 본질은 세 위격으로 존재한다. '기원의 영원한 관계'도 보라.

존재론ontology : 어떤 것의 본질, 본성, 존재, 현존에 대한 연구.

주권적 뜻sovereign will : 영원 가운데서 만사에 관한 하나님의 불변하고 독자적이고 유효한 작정. 하나님의 의논의 비밀. 하나님의 "작정적 뜻" 혹은 "비밀한 뜻"이라고도 한다. '도덕적 뜻'과 비교해 보라.

질서적 권능ordinate power : 하나님이 하기로 정하시고, 작정하시고, 뜻하신 일을 가리킨다. '절대적 권능'과 비교해 보라.

질투jealousy : 자신의 영광 및 자신을 향한 언약 백성의 헌신에 대한 하나님의 질투하시는 사랑을 가리킨다. 인간의 죄 된 질투심과 혼동해서는 안 된다.

칼뱅주의에서 말하는 '밖에서' *Extra Calvinisticum* : 말씀이 육신이 되기는 하지만, 성자의 위격은 그분의 인성에 품기거나 인성에 제한당할 수 없다. 그분의 신성 때문에 그분은 계속 자신의 육체 밖에서나 육체를 초월해서도 존재하시고 역사하신다. 예를 들어, 성육신 기간 중에도 성자께서는 여전히 자신의 권능의 말씀으로 우주를 지탱하신다(히 1:3; 골 1:15-17). 그러므로, 비록 신비롭기는 해도 성자의 위격은 동시에 두 본성 안에서, 두 본성을 통해, 능동적으로 일하신다. 칼뱅주의에서 말하는 '밖에서'는 장 칼뱅의 독창적 표현이 아니며 초기 교부들과 중세 교부들의 저작에서도 찾아볼 수 있다.

칼케돈 공의회 Chalcedon, Council of : 주후 451년 소집되어 그리스도의 위격, 특히 그리스도의 두 가지 본성에 대한 정통적 이해를 확립한 공식적 교회 회의이다.

퀴디티^{quiddity} : 어떤 것의 본질.

탁월하다^{supereminent} : 피조물에게서 볼 수 있는 공유적 속성은 하나님에게 적용되되 정도 면에서 무한하다. 하나님의 존재는 무한하기에, 피조물에게 어떤 공유적 속성이 있든 이것이 하나님에게는 무한히 적용된다. 창조주는 피조물과는 다른 유형의 존재인 까닭이다. '무한성'도 보라.

편재성^{omnipresence} : 하나님은 자신의 존재 전체로 모든 곳에 동시에 존재하신다.

풀크룸^{pulchrum} : 지고한 아름다움으로서의 하나님을 가리키는 데 쓰이는 말.

한 가지 뜻밖에 없는^{univocal} : 어떤 것이 다른 어떤 것과 똑같은, 동일한 의미를 지닌다. 이 개념을 하나님에 대한 지식에 적용하면, 우리가 하나님을 하나님 자체로, 자신의 본질 가운데 계신 그대로 알 수 있다는 뜻일 것이다. 우리가 어떤 것을 알되 하나님이 아시는 대로 아는 것을 말한다. 고전적 유신론은 우리가 무한하신 하나님에 대해 한 가지 뜻밖에 없는 지식^{univocal knowledge}을 가질 수 있다는 개념을 거부한다. '유추적인', '다의적인'과 비교해 보라.

합성적^{compound} : 부분들로 이뤄진 유한한 것. 복합적으로 되는 것. 하나님은 합성적 혹은 복합적 존재가 아니다. 하나님은 부분들로 이뤄지지 않는다. 하나님은 단순하시다. '단순성'도 보라.

화목제물^{propitiation} : 자기 백성에 대한 사랑으로 성부께서 성자를 보내셔서 성육신하게 하시고 죄인을 대신하여 죄인의 죄에 대한 형벌을 치르게(즉 하나님의 진노를 받게) 하셨다. 성경은 그리스도가 우리 죄를 위한 화목제물이라고 말한다(롬 3:25; 히 2:17; 요일 2:2; 4:10).

미주

책머리에

1 Calvin, *Institutes* 2.12.1.

들어가는 말

1 Calvin, *Institutes* 1.1.3.

2 Calvin, *Institutes* 1.1.3.

3 Augustine, *Confessions* 1.4 (4) (pp. 4-5). Cf. Charnock, *Existence and Attributes of God*, 1:200.

4 아우구스티누스는 다른 책에서도 비슷한 내용을 상세히 설명한다.

5 Anselm, *Proslogion* 2 (*Major Works*, 87).

6 호그[Hogg]가 "Anselm of Canterbury," 17에서 지적하다시피, 안셀무스에게 "하나님의 본질과 존재는 분리될 수 없는 성질이었다. 하나님이 존재하심을 입증하는 것은 그와 동시에 하나님의 본질을(하나님이 어떤 분이신지를) 확고히 할 수 있다는 의미였다."

7 이 질문에 대답하다 보면 자연히 다음과 같은 질문이 이어진다. 성경에서 하나님이 행하신다고 말하는 일들을 행하려면 하나님은 어떤 분이어야 하는가?

8 Tozer, *Knowledge of the Holy*, 9.

9 Augustine, *Confessions* 1.1 (1) (p. 3).

10 Helm, *Eternal God*, 195.

1장 우리는 하나님의 본질을 알 수 있는가?

1 ESV 스터디 바이블에서 Kenneth L. Harris의 해석을 보라.

2 Weinandy, *Does God Suffer?*, 33.

3 Bavinck, *Reformed Dogmatics*, 2:36.

4 Augustine, *Lectures on the Gospel of John*, tractate 38. Bavinck, *Reformed Dogmatics*, 2:48에서 인용함.

5 Aquinas, *Summa Theologiae* 1a.12.7.

6 Bavinck, *Reformed Dogmatics*, 2:36.

7 Bavinck, *Reformed Dogmatics*, 2:36.

8 Bavinck, *Reformed Dogmatics*, 2:39.

9 *Merriam-Webster*, s.v. "quidditative (*adj.*)," accessed August 20, 2018, https://www.merriam-webster.com/dictionary/quidditative.

10 안셀무스는 "형언할 수 없다"[ineffable]는 말을 《모노슬로기온》과 《프로슬로기온》 도처에서 사용한다(*Major Works*, 97).

11 *Merriam-Webster*, s.v. "ineffable (*adj.*)," accessed August 20, 2018, https://www.merriam-webster.com/dictionary/ineffable.

12 Anselm, *Proslogion* 1 (*Major Works*, 87).

13 Weinandy, *Does God Suffer?*, 33.

14 Bavinck, *Reformed Dogmatics*, 2:44.

15 Bavinck, *Reformed Dogmatics*, 2:51.

16 Bavinck, *Reformed Dogmatics*, 2:44.

17 Bavinck, *Reformed Dogmatics*, 2:47.

18 Bavinck, *Reformed Dogmatics*, 2:47.

19 *Merriam-Webster*, s.v. "antinomy (*n.*)," accessed August 20, 2018, https://www.merriam-webster.com/dictionary/antinomy.

20 *Merriam-Webster*, s.v. "insoluble (*adj.*)," accessed August 20, 2018, https://www.merriam-webster.com/dictionary/insoluble.

21 Bavinck, *Reformed Dogmatics*, 2:47.

22 Bavinck, *Reformed Dogmatics*, 2:49.

23 Bavinck, *Reformed Dogmatics*, 2:49.

24 Bavinck, *Reformed Dogmatics*, 2:39.

25 Augustine, *Trinity* 5.1 (trans. Hill, p. 189).

26 Calvin, *Institutes* 1.5.9.

27 Bavinck, *Reformed Dogmatics*, 2:48.

28 First stanza of Smith, "Immortal, Invisible."

2장 우리는 하나님을 좇아 하나님의 생각을 생각할 수 있는가?

1 Bavinck, *Reformed Dogmatics*, 2:30.

2 Origen, *Homilies on Jeremiah* 18.6.4 (pp. 198-99). 적응 계시에 관한 교부들의 견해를 개관한 책으로는 Sheridan, *Language for God*을 보라.

3 Calvin, *Institutes* 1.13.1.

4 Calvin, *Institutes* 1.13.1.

5 Bavinck, *Reformed Dogmatics*, 2:49.

6 Bavinck, *Reformed Dogmatics*, 2:51.

7 신적 계시, 특히 하나님이 어떻게 성경을 통해 우리에게 말씀하셨는지를 본격적으로 다룬 책으로는 M. Barrett, *God's Word Alone*을 보라.

8 Bavinck, *Reformed Dogmatics*, 2:159.

9 이런 범주를 광범위하게 다룬 책으로는 Aquinas, *Summa Theologiae* 1a.13.5−7을 보라.

10 Aquinas, *Summa Theologiae* 1a.13.10.

11 이는 '테올로지아'theologia와 '오이코노미아'oikonomia의 차이다. 전자는 하나님이 그 자체로 어떤 분이신지를 아는 지식이고, 후자는 하나님이 하시는 일 특히 자신의 구

속 계획을 성취할 때 어떤 일을 하시는지를 아는 지식이다.

12 Rogers, *Perfect Being Theology*, 17.

13 Rogers, *Perfect Being Theology*, 17.

14 Rogers, *Perfect Being Theology*, 17.

15 개에 관한 이 예화는 Rogers, *Perfect Being Theology*, 17에서 가져왔지만, 내가 다양하게 각색해서 쓰고 있다.

16 Rogers, *Perfect Being Theology*, 17.

17 Bavinck, *Reformed Dogmatics*, 2:130.

18 "탁월하다"supereminent는 스콜라 신학에서 차용한 용어다.

19 Augustine, *Confessions* 11.4 (6) (p. 224).

20 로저스는 *Perfect Being Theology*, 17에서 "동일성"sameness이라는 표현을 쓰지만, 내가 생각하기에 이 표현은 한 가지 뜻이라는univocal 말로 들려서 혼동을 일으킬 수 도 있다.

21 Aquinas, *Summa Theologiae* 1a.13.2.

22 이 구별에 대해 좀 더 알고자 하면 Hart, *Experience of God*, 142를 보라.

23 Rogers, *Perfect Being Theology*, 17.

24 Bavinck, *Reformed Dogmatics*, 2:130.

25 칼뱅은 (*Institutes* 1.13.1에서) 우리가 혹 그런 잘못을 저지르지 않을까 두려워해야 한다고 말한다. "그분의 무한성은 우리 자신의 관념으로 하나님을 측량하려는 시도 를 삼가게 할 것이 틀림없다."

26 Lewis, *Weight of Glory*, 134.

27 Lewis, *Weight of Glory*, 134.

28 "성경은 신인동형론적 표현 몇 가지가 여기저기 산재해 있는 게 아니라 처음부터 끝까지 신인동형론적이다."(Bavinck, *Reformed Dogmatics*, 2:99).

29 Aquinas, *Summa Theologiae* 1a.3.1.

30 Aquinas, *Summa Theologiae* 1a.3.1.

31 아퀴나스는 (*Summa Theologiae* 1a.3.1에서) 다른 취지로 말한다. "어떤 사람은 하 나님께 다가가고 또 어떤 사람은 하나님에게서 멀어지되 몸을 움직임으로써 다가 가거나 멀어지지 않는다. 하나님은 모든 곳에 계시기에 다만 마음을 움직임으로써 다가가거나 멀어진다. 이와 같은 맥락에서, '다가간다'와 '멀어진다'는 말은 마음이 마치 공간 속에서 이동하는 것처럼 움직이는 광경을 나타내는 은유다."

32 Bavinck, *Reformed Dogmatics*, 2:130.

33 Bavinck, *Reformed Dogmatics*, 2:130.

34 Tertullian, *Against Marcion* 2.16 (p. 310). Weinandy, *Does God Suffer?*, 102에
서 인용함.

35 Tozer, *Knowledge of the Holy*, 9.

36 Charnock, *Existence and Attributes of God*, 1:201.

3장 하나님은 완전한 분이신가?

1 Hart, *Experience of God*, 88.

2 Hart, *Experience of God*, 127 (cf. 130).

3 Muller, *Divine Essence and Attributes*, 330; cf. Dolezal, *All That Is in God*,
48.

4 Hart, *Experience of God*, 109.

5 Aquinas, *Summa Theologiae* 1a.7.3.

6 Aquinas, *Summa Theologiae* 1a.7.3.

7 Anselm, *Proslogion* 2 (*Major Works*, 87).

8 Hart, *Experience of God*, 122.

9 Augustine, *On Free Choice of the Will* 1 (p. 4).

10 어떤 이들은 "존재의 풍성함"plentitude of being이라는 표현을 쓴다. Dolezal, *God
without Parts*, 77을 보라.

11 Rogers, *Perfect Being Theology*, 11.

12 À Brakel, *Christian's Reasonable Service*, 1:96.

13 Rogers, *Perfect Being Theology*, 11 (cf. 13).

14 Rogers, *Perfect Being Theology*, 11.

15 Rogers, *Perfect Being Theology*, 15. Helm, *Eternal God*, 11은 유사한 요점을
제공한다.

16 Bavinck, *Doctrine of God*, 154, 157.

17 Charnock, *Existence and Attributes of God*, 1:383.

18 주의하라. 우리가 여기서 "한량없다"infinite measure는 표현을 쓰기는 하지만 이 말조차

도 그 자체로 성립이 안 된다. 무한한 것에는 분량^{measure}이란 게 없기 때문이다. 우리가 무한하신 하나님에 대해 무언가를 말하려는 것조차도 사실은 문법의 한계라는 덫에 걸린다.

19 ESV 스터디 바이블에서 행 19:9에 관한 John B. Polhill의 해설을 보라.

20 Harman, "Singing and Living Justification," forthcoming.

21 Anselm, *Monologion* 4 (*Major Works*, 15).

22 Rogers, *Perfect Being Theology*, 2.

4장 하나님은 내게 의존하시는가?

1 내가 자존성이란 말의 정의를 이런 식으로 표현한 것은, "자존성"을 어떤 외부적 원인에서 생겨난 것이 그저 부재한다거나 그 원인에 의존한다는 "부정적 관점"에서 정의하지 말고, 긍정적 관점에서, 즉 "하나님의 생명"은 "하나님 자신에게서 나오며, 따라서 하나님 자신 안에" 있다는 관점에서 정의하라는 존 웹스터의 훈계에 주의를 기울이기 위해서다. Webster, *God without Measure*, 19를 보라.

2 하나님에게 외부적 원인이 없다면 하나님은 스스로가 스스로의 원인이심에 틀림없다고 결론 내릴 수도 있는데, 이는 잘못이다. 자기가 자기 존재의 원인이 된다는 것은 하나님 고유의 완전성은 물론 신적 단순성, 영원성, 불변성과 모순된다.

3 Webster, *God without Measure*, 27.

4 Anselm, *On the Fall of the Devil* 1 (*Major Works*, 194).

5 Augustine, *Confessions* 11.4 (6) (p. 224).

6 Edwards, *Discourse on the Trinity*, 113.

7 좀 더 명쾌히 설명하자면, "위격적 존재 방식"^{personal modes of subsisting}이라는 표현은 교회가 기원의 영원한 관계(영원한 발생과 출출)에 관해 이야기하는 한 가지 방식이다. 이것을 "양태론"이라고 하는 삼위일체 관련 이단과 혼동해서는 안 된다. 양태론은 본체의 존재 방식이 위격적이라는 것을, 즉 구별된 세 위격으로 존재한다는 것을 부인한다. 그러므로 "위격적"이라는 말이 핵심이다. 개혁주의 전통에서 이 표현("본체의 존재 방식")이 어떻게 쓰여 왔는지를 알려면 Muller, *"modus subsistendi,"* in *Dictionary of Latin and Greek Theological Terms*, 222를 보라. 또한 "기원의 영원한 관계"라는 표현에서 "관계"^{relations}는 오늘날 쓰이는 것처럼 "연고 관

계"relationship를 말하는 게 아니다. "관계"라는 말을 쓸 때는 세 위격의 영원한 기원을 염두에 두어야 한다.

8 성자의 영원한 발생이 발생된 '본질'로 이뤄지는가 아니면 발생된 '위격'으로 이뤄지는가에 관해서는 오랜 논쟁이 있다. 초기 교부들 중에는 발생된 본질 쪽에 손을 드는 이들도 있고 발생된 위격 쪽에 손을 드는 이들도 있다. 장 칼뱅은 발생된 위격 쪽에 손을 들어서 논란이 되는데, 칼뱅의 의도는 '자존하는 하나님'autotheos으로서의 성자를 수호하려는 것이다. 이 논쟁에 관해서는 Ellis, *Calvin, Classical Trinitarianism & the Aseity of the Son*; M. Barrett, "Balancing *Sola Scriptura* and Catholic Trinitarianism"을 보라.

9 Webster, *God without Measure*, 25.

10 Bavinck, *Reformed Dogmatics*, 2:239.

11 이 질문에 답변할 때 나는 바빙크의 안내를 따라 그가 쓰는 몇 가지 표현들(스스로 신이신, 스스로 지혜로우신, 스스로 고결하신, 스스로 탁월하신 등)을 써서 답변한다. 물론, 안셀무스 같은 사람의 답변을 잘 다듬어서 설명하기도 한다. Bavinck, *Reformed Dogmatics*, 2:151를 보라.

12 Anselm, *Monologion* 16 (*Major Works*, 29).

13 Anselm, *Monologion* 4 (*Major Works*, 15).

14 Bavinck, *Reformed Dogmatics*, 2:151.

15 Anselm, *Monologion* 6 (*Major Works*, 18).

16 Calvin, *Institutes* 1.2.1.

17 Anselm, *Monologion* 7 (*Major Works*, 20).

18 Horton, *Christian Faith*, 235.

5장 하나님은 부분들로 이루어지는가?

1 Augustine, *City of God* 11.10. Augustine, *Trinity* 7.10도 보라.

2 Augustine, *Trinity* 6.7 (trans. McKenna). Bavinck, *Reformed Dogmatics*, 2:118에서 인용함. Turretin, *Institutes*, 1:187-89도 보라.

3 Anselm, *Proslogion* 18 (*Major Works*, 98).

4 Aquinas, *Summa Theologiae* 1a.3.7 (cf. 1a.3.1 여기서 아퀴나스는 하나님에게 왜

우연이 없는지 그 이유를 설명하는데, 우연이란 잠재력을 전제로 하기 때문이라는 것이 그가 말하는 주 이유다). 더 명료하게 말하자면, 하나님은 그 어떤 혼합으로부터도 자유롭고, 전혀 혼합될 수 없는 분이다.

5 Irenaeus, *Against Heresies* 2.13.3 (p. 374).

6 Cf. Duby, *Divine Simplicity*, 88.

7 Aquinas, *Summa contra Gentiles* 1.18.3 –5 (p. 103).

8 Anselm, *Proslogion* 17 (*Major Works*, 30).

9 Bavinck, *Reformed Dogmatics*, 2:173.

10 Aquinas, *Summa Theologiae* 1a.3.7.

11 Rogers, *Perfect Being Theology*, 25.

12 Aquinas, *Summa Theologiae* 1a.3.7 (cf. 1a.3.8에서는 사물의 최초의 유효한 원인이신 하나님에 관해 말한다).

13 Charnock, *Existence and Attributes of God*, 1:333.

14 Hart, *Experience of God*, 92.

15 Rogers, *Perfect Being Theology*, 25.

16 Rogers, *Perfect Being Theology*, 25.

17 Hart, *Experience of God*, 92.

18 Rogers, *Perfect Being Theology*, 25.

19 Rogers, *Perfect Being Theology*, 26.

20 Rogers, *Perfect Being Theology*, 27.

21 Swinnock, *Incomparableness of God*, 4:423 –24.

22 Augustine, *Trinity* 6.4 (trans. McKenna); Augustine, *City of God* 12.18. Bavinck, *Reformed Dogmatics*, 2:127에서 인용함.

23 Augustine, *Homily* 341 §8. Bavinck, *Reformed Dogmatics*, 2:126에서 인용함.

24 *Encyclopaedia Britannica*, s.v. "refraction," accessed August 20, 2018, https://www.britannica.com/science/refraction.

25 이는 불완전한 예증 또는 은유다. "분광기는 빛과 별개로 존재하는 반면, 유한한 본질은 자신이 받아들여서 조절하는 존재에 늘 의존한다." (Hart, *Experience of God*, 133).

26 Dolezal, *All That Is in God*, 76.

27 Dolezal, *All That Is in God*, 76.

28 Bavinck, *Reformed Dogmatics*, 2:127.

29 Anselm, *Monologion* 17 (*Major Works*, 30). Cf. Bavinck, *Reformed Dogmatics*, 2:128.

30 Hart, *Experience of God*, 126.

31 Aquinas, *Summa Theologiae* 1a.13.4.

32 아이와 동전 예화의 출처는 바빙크지만, 내가 이 예화에 살을 붙여 나름의 이야기로 만들었다. Bavinck, *Reformed Dogmatics*, 2:176. 바빙크는 이러한 예화를 Augustine, Moses Maimonides, Basil에게서 취한다.

33 Bavinck, *Reformed Dogmatics*, 2:127.

34 Aquinas, *Summa Theologiae* 1a.3.3. 이 부분을 좀 더 자세히 다루려면 Dolezal, *All That Is in God*, 77을 보라.

35 E.g., Craig, "Toward a Tenable Social Trinitarianism," 95 –99; Moreland and Craig, *Philosophical Foundations*, 580 –94.

36 Turretin, *Institutes*, 1:193.

37 더비는 *Divine Simplicity*, 214에서 다음과 같이 조건을 덧붙여서 이해에 도움을 준다. "하지만 각 위격은 나름의 독특한 방식으로 저마다 신적 본질을 소유하거나 사실상 신적 본질이다(본질의 속성을 지닌)."

38 À Brakel, *Christian's Reasonable Service*, 1:141.

39 기원의 영원한 관계를 더 깊이 연구하려면 Sanders, *The Deep Things of God* 그리고 *The Triune God*을 보라.

40 Turretin, *Institutes*, 1:193.

41 기원의 영원한 관계는 구원 역사에서 세 위격이 일하시는 방식의 토대다. 역사에서 세 위격의 사명mission은 영원 가운데서 이들이 영원한 위격적 방식으로 존재하는 데서 비롯된다. 하지만 내재적 삼위일체가 경륜적 삼위일체로 축약 정리된다고 생각해서는 안 된다. 그보다 내재적 삼위일체는 경륜적 삼위일체의 형이상학적 토대이며, 늘 구별을 유지한다.

42 Gregory of Nyssa, *Quod Non Sint Tres Dii*, 45:125 –28.

43 Muller, *The Triunity of God*, 267 –74을 보라.

44 존 오웬은 신적 전유와 나눌 수 없는 사역을 한 문장으로 강조한다. "구별된 위격 간 사역의 순서는 복되신 삼위일체 안에서 본체의 순서에 의존하는 데 반해, 하나님의 모든 큰 일에서 최종적이고 완결하고 완성하는 행위는 성령께서 하시는 일로 돌려

진다." Owen, *Works*, 3:94.

45 John of Damascus, *Expositio de Fide Orthodoxa*, 94:828-29. Cf. Duby, *Divine Simplicity*, 217.

46 Duby, *Divine Simplicity*, 214-15.

47 Augustine, *City of God* 11.10.

48 역설적으로, 진짜 난제는 단순성을 부인하는 사람에게 닥친다. 단순성을 부인하면, 단순성 없이 일신론이 어떻게 유지될 수 있는지 알 수 없기 때문이다. Dolezal, *All That Is in God*, 105; Swain, "Divine Trinity," 102-3을 보라.

49 Duby, *Divine Simplicity*, 233.

50 Hart, *Experience of God*, 128 (cf. 134).

51 Hart, *Experience of God*, 128.

6장 하나님은 변하시는가?

1 이 부분은 시 18:2, 31 cf. 30:3에서 거의 그 말 그대로 반복된다.

2 신 32:4, 18, 30, 31, 37, 삼상 2:2을 보라.

3 Charnock, *Existence and Attributes of God*, 1:318.

4 Charnock, *Existence and Attributes of God*, 1:318.

5 차녹은 완전 개념을 소개하지는 않지만 권능 개념에 호소한다(나는 이 책을 집필하고 나서야 이를 깨달았다). Cf. Charnock, *Existence and Attributes of God*, 1:334

6 Rogers, *Perfect Being Theology*, 28.

7 Aquinas, *Summa Theologiae* 1a.9.1. Rogers, *Perfect Being Theology*, 47에서 인용함.

8 Rogers, *Perfect Being Theology*, 47.

9 Rogers, *Perfect Being Theology*, 28.

10 Weinandy, *Does God Suffer?*, 38, 123.

11 Rogers, *Perfect Being Theology*, 28. Aquinas에 관하여, Rogers는 *Summa Theologiae* 1a.3.4; 1a.4.1을 염두에 두고 있다.

12 Aquinas, *Summa contra Gentiles* 1.16 (*Opera Omnia*, 13:44-45)을 보라. Aquinas, *Summa Theologiae* 1a.2.3 (*Opera Omnia*, 4:31); 1a.3.1 (*Opera*

Omnia, 4:35 - 6); 1a.3.2, corp. (*Opera Omnia*, 4:37); 1a.3.3, corp. (*Opera Omnia*, 4:39 - 40). Cf. Duby, *Divine Simplicity*, 12. Turretin, Institutes, 1:188도 보라. Rennie, "Theology of the Doctrine of Divine Impassibility: (I)," 289; Rennie, "Analogy and the Doctrine of Divine Impassibility."

13 Rennie, "Theology of the Doctrine of Divine Impassibility: (I)," 288.

14 순수 현실태에 관하여는 Feser, *Scholastic Metaphysics*, 39, Rennie, "Theology of the Doctrine of Divine Impassibility: (I)," 288을 보라.

15 Aquinas, *Summa Theologiae* 1a.3.1.

16 Aquinas, *Summa Theologiae* 1a.2.3.

17 Dolezal, "Strong Impassibility," forthcoming.

18 Aquinas, *Summa Theologiae* 1a.9.1. Weinandy, *Does God Suffer?*, 38, 123에 서 인용함.

19 Weinandy, *Does God Suffer?*, 38, 123.

20 Bavinck, *Reformed Dogmatics*, 2:156, 157, 211.

21 Aquinas, *Summa Theologiae* 1a.9.1. Weinandy, *Does God Suffer?*, 38, 123에 서 인용함.

22 Charnock, *Existence and Attributes of God*, 1:318.

23 Sproul, *Enjoying God*, 166.

24 Bavinck, *Reformed Dogmatics*, 2:156.

25 Bavinck, *Reformed Dogmatics*, 2:173.

26 Charnock, *Existence and Attributes of God*, 1:332.

27 Charnock, *Existence and Attributes of God*, 1:332.

28 히 1:11-12 참조, 이 말씀은 그리스도에게 적용한다.

29 Charnock, *Existence and Attributes of God*, 1:318.

30 Charnock, *Existence and Attributes of God*, 1:326.

31 나는 여기서 차녹의 말을 차용했다. *Existence and Attributes of God*, 1:353.

32 성경 다른 부분에서는 하나님이 죄 사함 받은 자들의 죄를 "잊으신다"고 말한다. 이는 문자 그대로 하나님에게 그 죄들에 대한 지식이 없다는 뜻이 아니다. 만약 그렇다면 하나님은 더는 모든 것을 다 아시는 분이 아닐 것이다. 그보다 이는 우리 인간의 체험에 익숙한 신인동감론적 표현으로, 하나님이 앞으로는 우리 죄를 거론하며 책망하지 않으시리라는 뜻이다. 우리 죄를 사하신 것이다.

33 Charnock, *Existence and Attributes of God*, 1:353.

34 Edwards, *Charity and Its Fruits*, 215 – 16.

35 Bavinck, *Reformed Dogmatics*, 2:211; Rennie, "Theology of the Doctrine of Divine Impassibility: (II)," 307 – 10.

36 Bavinck, *Reformed Dogmatics*, 2:158.

37 Barth, *Church Dogmatics*, 2.1:494를 보라. Weinandy, *Does God Suffer?*, 123 를 참고했다.

38 Weinandy, *Does God Change?*, 79.

39 Weinandy, *Does God Change?*, 124.

40 Bavinck, *Reformed Dogmatics*, 2:158.

41 이 예화의 아이디어는 Bavinck, *Reformed Dogmatics*, 2:159에서 가져왔다.

42 예를 들어, 시 106:44 – 45; 사 38:1 – 6; 렘 18:7 – 10; 26:3, 13, 19; 욜 2:13 – 14; 암 7:3 – 6을 보라.

43 비슷한 구절이 민 23:19에 있다.

44 Duby, *Divine Simplicity*, 137.

45 Duby, *Divine Simplicity*, 137.

46 Augustine, *Trinity* 5.2 (trans. Hill, p. 190).

47 돌절은 *All That Is in God*, 18에서 여기에 중요한 단서를 붙인다. "이는 불변성이 단지 언약에 대한 하나님의 신실함만이 아니라 그 이상을 가리킨다는 점을 보여 주는 게 확실하다. 하나님이 언약에 신실하시다는 확신 그 자체가 하나님의 불변하는 존재에 달려 있는 까닭이다."

48 성자가 어떻게 불변하면서도 성육신하실 수 있는지에 대해서는 지면이 허락지 않아 탐구할 수가 없다. 이 부분에 대해서는 Muller, "Incarnation, Immutability, and the Case for Classical Theism," 22 –40; Weinandy, *Does God Change?*를 보라.

7장 하나님에게는 감정이 있는가?

1 Parker, "Greek Religion," 249.

2 Parker, "Greek Religion," 250.

3 Parker, "Greek Religion," 255.

4 좀 더 자세기 알기 위해서는 *The Rape of Europa*, The National Gallery website, accessed September 28, 2018, https://www.nationalgallery.org.uk/paintings/paolo-veronese-the-rape-of-europa을 보라.

5 Horton, *Pilgrim Theology*, 80.

6 Weinandy, *Does God Suffer?*, 37-39.

7 Weinandy, *Does God Suffer?*, 38-39 (번호 매김).

8 Weinandy, *Does God Suffer?*, 38, 111.

9 Helm, "Impossibility of Divine Passibility," 138.

10 Helm, "Impossibility of Divine Passibility," 138.

11 이 부분이 고통불가성에 대한 내 견해가 다른 이들의 해석과 구별되는 지점으로서, 정도의 차이는 있지만 이들은 하나님이 자신이 선택하는 때와 장소에서만 외부의 자극에 고통불가하시다고(무감하시다고) 믿는다. 게다가 내 견해에 담긴 한 가지 함축적 의미는, 하나님의 주권이 하나님의 불변하고 고통불가한 본질에서 나오지 하나님의 불변하고 고통불가한 본질이 하나님의 주권에서 나오는 게 아니라는 것이다. Dolezal, "Still Impassible," 141을 보라.

12 다른 곳에서 웨이넌디는 "고통불가하다"는 것은 "신적 속성으로서, 이 속성 때문에 하나님은 내부에서 자연스럽게 일어나는 것이든 인간 및 창조질서와의 관계와 상호작용에 의해 생겨난 것이든, 내면의 감정적 변화를 겪지 않으신다고 말할 수 있다"고 정의한다. (Weinandy, "Impassibility of God," 7:357).

13 돌절이 "Strong Impassibility"(미간행)에서 말하는 것처럼, "그분은 아주 역동적이고 아주 활동적이어서 어떤 변화도 그분을 더 활동적으로 만들지 못한다. 그분은 순수 현실태이고 단순하시다."

14 가브리뤄크는 ("God's Impassible Suffering in the Flesh," 139에서) 대다수 사람이 고통불가성을 형이상학적 용어가 아니라 심리학 용어로, 즉 정서적 냉담함이라는 의미를 담은 말로 생각한다는 사실에서 오해가 발생한다고 말한다.

15 웨이넌디의 전체 책 *Does God Suffer?*는 어떤 의미에서 그러한 캐리커쳐를 바로 잡기 위한 노력이다.

16 Weinandy, *Does God Suffer?*, 38.

17 Dolezal, "Strong Impassibility," forthcoming.

18 Dolezal, "Strong Impassibility," forthcoming.

19 Weinandy, *Does God Suffer?*, 38, 111.

20 Weinandy, *Does God Suffer?*, 37.

21 Elie Wiesel, *Night*. Moltmann, *Crucified God*, 410에서 인용함.

22 Moltmann, *Crucified God*, 410.

23 Moltmann, *Crucified God*, 417.

24 Moltmann, *Crucified God*, 370, 400, 406.

25 Moltmann, *Crucified God*, 406-7.

26 Moltmann, *Crucified God*, 407.

27 Moltmann, *Crucified God*, 409. Kuhn, *Gottes Selbsterniedrigung in der Theologie der Rabbinen*, 89-90에서 인용함.

28 Moltmann, *Crucified God*, 362.

29 Moltmann, *Crucified God*, 368.

30 Moltmann, *Crucified God*, 375.

31 Moltmann, *Crucified God*, 404.

32 Moltmann, *Crucified God*, 411 (cf. 310).

33 매혹적인 한 문화 연구서에서 웨이넌디는 ("Does God Suffer?," 2) "사회적/문화적 배경에 (이런 생각이) 널리 만연되어 있다"고 말한다.

34 이 예화는 원래 Gavrilyuk, *Suffering of the Impassible God*, 10에서 영감을 받아 만들었지만, 그렇다고 해서 가브리뤼크와 내가 똑같은 견해라는 말은 아니다.

35 Gavrilyuk, *Suffering of the Impassible God*, 10.

36 Gavrilyuk, *Suffering of the Impassible God*, 11.

37 Augustine, *Confessions* 3.2 (3) (p. 37).

38 Helm, "Impossibility of Divine Passibility," 120.

39 Helm, "Impossibility of Divine Passibility," 120 (cf. 121).

40 Helm, "Impossibility of Divine Passibility," 122.

41 Helm, "Impossibility of Divine Passibility," 125.

42 Weinandy, *Does God Suffer?*, 161.

43 Weinandy, *Does God Suffer?*, 161.

44 Calvin, *Institutes* 1.13.1. 이 책의 2장에서 다룬 "혀짤배기 말"도 보라.

45 Ussher, *Body of Divinitie*, 34.

46 Weinandy, "Does God Suffer?," 7.

47 Calvin, *Covenant Enforced*, 250.

48 이 부분은 Helm, "Impossibility of Divine Passibility," 134에 탁월하게 표현되어 있다.

49 Rennie, "Analogy and the Doctrine of Divine Impassibility," 65. 웨이넌디도 *Does God Suffer?*, 100에서 비슷한 주장을 한다.

50 Anselm, *Proslogion* 7 (Major Works, 90).

51 Dixon, "Theology, Anti-Theology and Atheology," 307. 그의 훨씬 방대한 연구 인 *From Passions to Emotions*도 보라.

52 몰트만은 개혁주의가 해석하는 '속성의 교류'를 비판적으로 읽는다. Moltmann, *Crucified God*, 640-41을 보라.

53 Moltmann, *Crucified God*, 307.

54 Moltmann, *Crucified God*, 333.

55 "Chalcedonian Decree."

56 Moltmann, *Crucified God*, 336.

57 나는 Moltmann, *Crucified God*, 337 (cf. 310-11)을 인용하여 말하고 있다.

58 "Symbol of Chalcedon," 2:62.

59 Weinandy, *Does God Suffer?*, 200.

60 Weinandy, *Does God Suffer?*, 200. 웨이넌디가 이 부분을 다음과 같이 달리 표현 하는 것을 생각해 보라. "하나님의 아들의 위격이 참으로 세상에 태어나시고 슬퍼 하시고 고난당하시고 죽으신 것은 하나님으로서가 아니라 인간으로서니, 이제 그것 이 하나님의 아들이 실제로 현존하는 새로운 방식인 까닭이다."

61 Weinandy, *Does God Suffer?*, 202, 206.

62 Gregory of Nazianzus, *To Cledonius the Priest against Apollinarius*, 7:439.

63 어떤 사본은 행 20:28에서 "하나님의 교회" 대신 "주의 교회"라는 표현을 쓴다(cf. ESV 본문 주). 하지만 고전 2:8에서 입증되는 것처럼, 그 표현도 한낱 인간이 십자가 에서 죽은 것이 아니라고 추정한다.

64 Weinandy, *Does God Suffer?*, 204-5.

65 Weinandy, *Does God Suffer?*, 206.

66 Aquinas, *Summa Theologiae* 3.10.1

67 Weinandy, *Does God Suffer?*, 206.

68 Weinandy, *Does God Suffer?*, 206.

69 이 부분은 Dodds, *Unchanging God of Love*, 207-8에서 통찰력 있게 강조된다. Dolezal, "Strong Impassibility."도 보라.

8장 하나님은 시간 속에 존재하시는가?

1 Augustine, *Confessions* 11.10 (12) (p. 228).

2 Augustine, *Confessions* 11.12 (14) (p. 229).

3 Augustine, *Confessions* 11.12 (14) (p. 229).

4 Augustine, *Confessions* 11.12 (14) (p. 229).

5 Augustine, *Confessions* 11.12 (14) (p. 229). Cf. 로저스도 *Perfect Being Theology*, 48에서 *Confessions*의 이 부분을 인정하되, 다만 이런 반론이 완전한 존재의 핵심에 타격을 가하기도 한다고 주장한다. 하지만 로저스는 아우구스티누스가 하나님의 완전성을 반론에서 구해낸다고 여긴다.

6 Bavinck, *Reformed Dogmatics*, 2:160.

7 Bavinck, *Reformed Dogmatics*, 2:161에 이 인용구들이 열거되어 있다.

8 사 48:12을 보라. "나는 그니 나는 처음이요 또 나는 마지막이라."

9 Augustine, *Confessions* 11.11 (13) (p. 229). Turretin, *Institutes*, 1:202-4도 보라.

10 Bavinck, *Reformed Dogmatics*, 2:162.

11 Aquinas, *Summa Theologiae* 1a.10.1.

12 Bavinck, *Reformed Dogmatics*, 2:163.

13 Augustine, *Confessions* 11.11 (13) (p. 228).

14 Rogers, *Perfect Being Theology*, 55-56.

15 Bavinck, *Reformed Dogmatics*, 2:162.

16 Anselm, *Monologion* 22 (*Major Works*, 39).

17 (아퀴나스는 "동시적 전체"라는 이 표현을 보에티우스에게서 차용하고 있음을 인정한다). 성경이 왜 시간과 관계된 표현을 써서 하나님을 가리키는지 그 이유에 관해서는 Aquinas, *Summa Theologiae* 1a.10.1를 보라.

18 Aquinas, *Summa Theologiae* 1a.10.4.

19 Anselm, *Monologion* 24 (*Major Works*, 40-41).

20 Augustine, *Confessions* 11.14 (17) (p. 230).

21 E.g., Turretin, *Institutes*, 1:203.

22 로저스는 "시간에서 자유로운"이라는 표현을 쓰는데, 이는 헬름에게서 차용한 표현
으로(*Eternal God*, 36), 헬름은 우리가 지금 설명하고 있는 많은 오해를 피하기 위
해 한동안 이 표현을 썼다.

23 Tertullian, *Against Marcion* 1.8 (p. 276). Weinandy, *Does God Suffer?*, 103에
서 인용함.

24 Rogers, *Perfect Being Theology*, 57.

25 Rogers, *Perfect Being Theology*, 63.

26 Aquinas, *Summa Theologiae* 1a.14.6.

27 Helm, *Eternal God*, 17.

28 Charnock, *Existence and Attributes of God*, 1:287 (cf. 307).

29 Charnock, *Existence and Attributes of God*, 1:280.

30 Charnock, *Existence and Attributes of God*, 1:287.

31 Anselm, *Monologion* 28 (*Major Works*, 44).

32 Charnock, *Existence and Attributes of God*, 1:289.

33 Charnock, *Existence and Attributes of God*, 1:283.

34 Anselm, *Monologion* 21 (*Major Works*, 36).

35 Anselm, *Monologion* 21 (*Major Works*, 36).

36 Charnock, *Existence and Attributes of God*, 1:279-80.

37 Charnock, *Existence and Attributes of God*, 1:280.

38 Charnock, *Existence and Attributes of God*, 1:284.

39 Charnock, *Existence and Attributes of God*, 1:284.

40 Anselm, *Monologion* 21 (*Major Works*, 37).

41 Charnock, *Existence and Attributes of God*, 1:283.

42 Boethius, *Consolation of Philosophy* 5, prose 6 (p. 132).

43 Charnock, *Existence and Attributes of God*, 1:288.

44 Rogers, *Perfect Being Theology*, 62.

45 Helm, *Eternal God*, 21 - 22. Cf. Rogers, *Perfect Being Theology*, 64.

46 하나님의 존재와 의지가 일치한다는 것에 관해서는 Aquinas, *Summa contra
gentiles*, book 1, chapter 82 (pp. 260 - 63)를 보라.

47 Hanby, *No God, No Science?*, 322.

48 Helm, *Eternal God*, 21 – 22; Rogers, *Perfect Being Theology*, 64.

49 Augustine, *Trinity* 5.2 (trans. Hill, p. 190).

50 Augustine, *Confessions* 1.4 (4) (p. 5). Cf. Charnock, *Existence and Attributes of God*, 1:200.

51 Charnock, *Existence and Attributes of God*, 1:296.

52 Charnock, *Existence and Attributes of God*, 1:296.

53 ESV 스터디 바이블에서 T. Desmond Alexander의 해설을 보라.

54 Waltke and Houston, *Psalms as Christian Worship*, 509을 보라.

55 Charnock, *Existence and Attributes of God*, 1:294.

56 Charnock, *Existence and Attributes of God*, 1:297.

57 Augustine, *Confessions* 1.1 (1) (p. 3).

58 이 표현은 존 파이퍼의 책 *Desiring God* (e.g., p. 10) 도처에서 볼 수 있다.

59 Piper, *Desiring God*, 18.

60 Lewis, *Weight of Glory*, 26.

61 Charnock, *Existence and Attributes of God*, 1:298.

62 Charnock, *Existence and Attributes of God*, 1:298.

63 Charnock, *Existence and Attributes of God*, 1:298.

64 Charnock, *Existence and Attributes of God*, 1:299.

65 Charnock, *Existence and Attributes of God*, 1:304.

9장 하나님은 공간의 제한을 받으시는가?

1 Bavinck, *Reformed Dogmatics*, 2:166.

2 Charnock, *Existence and Attributes of God*, 1:368.

3 Charnock, *Existence and Attributes of God*, 1:367.

4 이 문구는 Rogers, *Perfect Being Theology*, 59에서 유래한다.

5 Bavinck, *Reformed Dogmatics*, 2:166.

6 Charnock, *Existence and Attributes of God*, 1:380.

7 Bavinck, *Reformed Dogmatics*, 2:167.

8 Charnock, *Existence and Attributes of God*, 1:368.

9 Bavinck, *Reformed Dogmatics*, 2:167.

10 이 문구는 Helm, *Eternal God*, 53에서 유래한다.

11 Aquinas, *Summa Theologiae* 1a.8.2.

12 Charnock, *Existence and Attributes of God*, 1:375.

13 Anselm, *Monologion* 20 (*Major Works*, 34). Cf. *Monologion* 21 (*Major Works*, 35).

14 Charnock, *Existence and Attributes of God*, 1:374–75.

15 Charnock, *Existence and Attributes of God*, 1:367.

16 Charnock, *Existence and Attributes of God*, 1:369.

17 Charnock, *Existence and Attributes of God*, 1:374.

18 Charnock, *Existence and Attributes of God*, 1:389.

19 Charnock, *Existence and Attributes of God*, 1:374.

20 Charnock, *Existence and Attributes of God*, 1:383.

21 Charnock, *Existence and Attributes of God*, 1:381.

22 Charnock, *Existence and Attributes of God*, 1:381.

23 Charnock, *Existence and Attributes of God*, 1:381.

24 Charnock, *Existence and Attributes of God*, 1:383.

25 Charnock, *Existence and Attributes of God*, 1:394.

26 Charnock, *Existence and Attributes of God*, 1:394.

27 Charnock, *Existence and Attributes of God*, 1:385.

28 여기서 내 강조점은 하나님의 행위 또는 역사에 주어진다. 투레티누스가 *Institutes*, 1:201에서 설명하는 것처럼, "하나님이 올라가신다 또는 내려가신다고 말할 때… 이는 하나님의 본질과 관련해 하는 말이 아니라, 하나님의 다양한 역사가 부재 혹은 존재한다는 것과 관련해 하는 말이다."

29 Turretin, *Institutes*, 1:200.

30 Charnock, *Existence and Attributes of God*, 1:387.

31 Charnock, *Existence and Attributes of God*, 1:387.

32 이 예화의 토대는 차녹에게서 가져왔고, 예화를 상세히 설명하기 위해 내가 상당히 윤색했다. Charnock, *Existence and Attributes of God*, 1:329.

33 Charnock, *Existence and Attributes of God*, 1:329.

34 Charnock, *Existence and Attributes of God*, 1:369.

35 Charnock, *Existence and Attributes of God*, 1:369.

36 도덕주의적 치료 이신론(MTD)이 한 예다. MTD에 대해 더 알고자 하면 Horton, *Christless Christianity*를 보라.

37 예외도 있다. 일부 이신론자들은 섭리의 여지를 남겨 놓지만, 그럼에도 초자연적 간섭과 관여는 배제한다. 이신론자들 중에는 예수님의 사역에서 초자연성을 부인하는 이들이 많다.

38 바울이 인용하는 이는 크레타의 에피메니데스로, 주전 17세기 인물이다.

39 아퀴나스는 *Summa Theologiae* 1a.8.3에서 그레고리우스를 인용한다(주 9번에서는 이 문장을 아 5:17에 대한 *Glossa ordinaria*(표준주석)에서 인용했다고 설명하며, 이 주석은 이 말을 그레고리우스가 했다고는 하되 출처는 언급하지 않는다).

40 Charnock, *Existence and Attributes of God*, 1:405. 아퀴나스도 이와 비슷한 구별을 짓는다(*Summa Theologiae* 1a.8.3).

41 Packer, *Keep in Step with the Spirit*, 43.

42 Peterson, *Possessed by God*, 28.

43 Bavinck, *Reformed Dogmatics*, 2:169-70.

44 Augustine, *Expositions on the Psalms*, on Ps. 94. Bavinck, *Reformed Dogmatics*, 2:170에서 인용함.

45 Bavinck, *Reformed Dogmatics*, 2:170.

46 Augustine, *Expositions on the Psalms*, on Ps. 34. Bavinck, *Reformed Dogmatics*, 2:170에서 인용함.

47 Augustine, *Expositions on the Psalms*, on Ps. 74. Bavinck, *Reformed Dogmatics*, 2:170에서 인용함.

48 이에 대해 구체적으로 살펴보려면 Charnock, *Existence and Attributes of God*, 1:399을 보라.

10장   하나님은 전능하시고, 모든 것을 다 아시며, 완전히 지혜로우신가?

1 Charnock, *Existence and Attributes of God*, 2:17.

2 차녹은 *Existence and Attributes of God*, 2:17에서 이 점을 좀 더 전문적으로 설명한다. 즉, 전능함은 "신적 본질의 유효한 외적 사역일 뿐이다."

3 Bavinck, *Reformed Dogmatics*, 2:235.

4 Bavinck, *Reformed Dogmatics*, 2:212, 237, 249를 보라.

5 Bavinck, *Reformed Dogmatics*, 2:247.

6 Charnock, *Existence and Attributes of God*, 2:12.

7 마지막 두 질문은 아퀴나스, *Summa Theologiae*, 1a.7.2에서 가져왔다.

8 Anselm, *Proslogion* 7 (*Major Works*, 90).

9 Rogers, *Perfect Being Theology*, 31.

10 Bavinck, *Reformed Dogmatics*, 2:192.

11 Augustine, *Trinity* 15.4.22 (trans. Hill, p. 414).

12 John of Damascus, *Orthodox Faith* 2.2, p. 205.

13 Rogers, *Perfect Being Theology*, 31.

14 Augustine, *Trinity* 15.13; 6.10. Aquinas, *Summa Theologiae* 1a.14.8에서 인용함. Charnock, *Existence and Attributes of God*, 1:324은 유사한 요점을 제공한다.

15 중간 지식middle knowledge, 몰리니즘Molinism 논쟁에 관해 더 탐구하다 보면 입문서 수준인 이 책의 범위를 벗어나게 될 것이다. 그러나 적어도 한 가지 유의하고 넘어갈 점이 있는데, 내가 몰리니즘을 배격하는 이유는 몰리니즘이 바로 이 행동을 하기 때문이라는 것이다. 즉, 하나님 외부의 어떤 것이나 어떤 사람에 대한 하나님의 지식에 조건을 붙이는 것이다. 설령 그 지식의 대상이 정말로 있을지도 모를 어떤 다른 세상일지라도 말이다. 그런 이유로 나는 몰리니즘도 열린 유신론이나 알미니우스주의 앞에 제기되는 쟁점과 이의를 피해 갈 수 없다고 믿는다. 열린 유신론이나 알미니우스주의도 마찬가지로 자유의지론자들이 말하는 인간의 자유에 대한 하나님의 지식과 그 지식에 근거해 행동할 수 있는 하나님의 능력에 조건을 붙인다. 그 자유는 언제나 달리 행사될 수 있고, 반드시 필요하지도 않은데 말이다. 몰리니즘을 비판한 글로는 Blocher, "Middle Knowledge': Solution or Seduction?"를 보라.

16 하나님의 포괄적이고 철저하고 치밀한 전지성에 대해서는 이 구절들을 보라. 왕하 13:19; 욥 37:16; 시 139:1–4, 16; 147:5; 사 5:1–7 (cf. 신 31:16–21); 41:21–29; 42:8–9; 43:8–13; 44:6–8; 44:24–28; 45:1–7; 45:18–25; 46:8–11; 48:3–8; 시 44:21; 94:11; 139:1–6, 17–18; 단 11:2, 4, 5–35; 사 40:12–14; 42:9; 44:7–8; 렘 1:4–5; 38:17–20; 요 13:19–21 (cf. 사 43:10); 13:38; 18:19–27; 21:18–19; 롬 11:33–36; 히 4:13. 예수님의 전지성에 대해서는 이 구절들을 보라. 요 6:64,

70 – 71 (cf. 마 26:21 – 25); 13:19; 13:38 (cf. 18:19 – 28); 14:29; 16:4; 21:18 – 19; 눅 22:31 – 32.

17 Bavinck, *Reformed Dogmatics*, 2:198; Sproul, *Enjoying God*, 127.

18 Bavinck, *Reformed Dogmatics*, 2:200.

19 "그런 이유로 하나님의 지식은 나뉘지 않고, 단순하고, 변할 수 없고, 영원하다. 하나님은 모든 것을 영원부터, 즉각적으로, 동시에 아신다. 하나님의 지성의 눈에는 모든 것이 영원히 현재다"(바빙크, *Reformed Dogmatics*, 2:196). 여기서 바빙크는 이레나이우스, 아우구스티누스, 롬바르드, 아퀴나스, 잔키우스, 폴라누스에게 동의를 구한다. 또한 투레니티누스는 *Institutes*, 1:207에서 하나님은 "자신의 본질로써" 만사를 아신다고 한다. 그분은 만사를 "나뉨이 없이 아시며, 이는 그분이 만사를 추론적이고 논증적으로 아시는 게 아니라 직관적으로, 순수 지력으로 아시기 때문이다."

20 Augustine, *Confessions* 11.1 (1) (p. 221).

21 Charnock, *Existence and Attributes of God*, 1:285.

22 Rogers, *Perfect Being Theology*, 31.

23 Anselm, *On the Incarnation of the Word* 7 (*Major Works*, 247).

24 이 경우에서처럼, 나는 간혹 강조를 위해 성경 인용문을 이탤릭체로 쓴다.

25 Thomas E. McComiskey, "*bārā*" in Botterweck and Ringgren, eds., *Theological Dictionary of the Old Testament*, 1:127 – 28. 이런 관측을 할 수 있었던 것은 Ware, *God's Greater Glory*, 71-72 덕분이다.

26 Ware, *God's Greater Glory*, 72. Cf. G. Herbert Livingston, "*rāʿaʿ*," in Botterweck and Ringgren, *Theological Dictionary of the Old Testament*, 2:854 – 57.

27 애 3:37 – 38; 전 7:13 – 14에서도 같은 말을 한다.

28 Bavinck, *Reformed Dogmatics*, 2:241.

29 Turretin, *Institutes*, 1:515.

30 이런 대비는 성경 전체에서 전제되지만, 아우구스티누스에서부터 개혁자들에 이르기까지 한결같이 확언하는 대비이기도 하다. 하나님의 뜻에 담긴 이런 대비에 대해서는 Bavinck, *Reformed Dogmatics*, 2:241 – 45를 보라.

31 Bavinck, *Reformed Dogmatics*, 2:243. 시 33:11; 115:3; 단 4:25, 35; 사 46:10; 마 11:26; 롬 9:8; 엡 1:4; 계 4:11을 보라.

32 Bavinck, *Reformed Dogmatics*, 2:244.

33 하나님이 악을 미리 정해 두신 데에는 여러 가지 이유가 있다. 성경에서 그중 몇 가지만 찾아본다면 다음과 같다. 1. 하나님의 무한히 지혜로운 계획에 따라 하나님의 뜻을 성취하기 위해(창 50:15-21). 2. 그렇게 하지 않았을 경우에 비해 더 큰 영광을 하나님 자신에게 돌리기 위해. 우리의 약함 때문에 하나님의 권능과 영광이 더 커 보인다(고후 4:8-12; 12:8-10). 3. 우리에게 변화를 일으키기 위해. 4. 십자가에 달리신 우리 구주께 우리의 충성을 보이고 그분과의 연합[identity]을 입증하기 위해(요 5:10-12; 15:18-20; 빌 1:21; 3:10; 딤후 3:12). 5. 하나님의 자녀를 성화시키고 강하게 하기 위해(롬 5:3-5; 약 1:2-4; cf. 히 5:8의 고난을 통한 순종). 6. 하나님의 자녀가 고난 중에 있는 사람들을 섬길 수 있도록 하기 위해(고후 1:3-7). 7. 자녀들을 연단하기 위해(잠 3:12; 히 12:9-11; cf. C. S. 루이스는 *Problem of Pain*, 81에서 고통을 가리켜 하나님의 "메가폰"이라고 한다). 8. 악한 자를 징벌하기 위해(신적 심판의 수단과 도구로서의 악, 민 16:31-35, 41-50; 사 10:5-19). 악을 미리 정해 두신 이유 중 어떤 것은 끝까지 하나의 신비로서 우리에게 감춰져서, 여호와께 속한 "감추어진 일"이 될 것이다(신 29:29). 위에서 제시한 일부 예는 Ware, *God's Greater Glory*, 169에서 찾아볼 수 있고, 그 외에는 나의 연구 결과다.

34 Mandell Creighton 주교에게 쓴 편지, April 5, 1887. Dalberg-Acton, *Historical Essays and Studies*, 504에서 인용함.

35 Bavinck, *Reformed Dogmatics*, 2:240.

36 Bavinck, *Reformed Dogmatics*, 2:240.

37 Schaeffer, *No Little People*, 5.

38 Rogers, *Perfect Being Theology*, 9.

11장 하나님은 거룩하신 동시에 자애로우실 수 있는가?

1 Garrett, *Exodus*, 207.

2 Garrett, *Exodus*, 207 and 212. 나는, "그분의 '이름'을 묻는 것은 완전히 요점을 놓치는 것이다. 왜냐하면 아무리 보아도 그분은 신들 중의 한 분이 아니기 때문"이라는 가렛의 말에 반드시 동의하지는 않는다. 모세가 하나님의 이름을 묻기는 하지만, 하나님이 주도권을 쥐고 모세에게 나타나 자신의 계획을 밝히신다. 게다가, 하나님은 출애굽기 스토리라인은 물론, 구약성경의 스토리라인이 진행되는 동안 전혀

거리낌 없이 자신의 이름 혹은 이름들을 드러내신다. 출애굽기 3장에서 하나님은 모세와 이스라엘이 자신을 이 특정한 이름으로도 알기를 바라시는 게 확실하다.

3 Hamilton, *Exodus*, 66.

4 이 주제에 대한 설명은 Frame, *Doctrine of God*을 보라.

5 Sproul, *Enjoying God*, 138을 보라.

6 ESV 스터디 바이블에서 Brian E. Kelly의 대하 26:16에 관한 해설을 참고하라.

7 켈리는 (ESV 스터디 바이블 해설에서) 웃시야가 정치적 권한을 넘어 영적 권한까지 요구하고 있다고 말한다.

8 Oswalt, *Isaiah*, 177.

9 Oswalt, *Isaiah*, 177.

10 이 두 가지 해석에 대해서는 민 21:6; 사 14:29; 30:6를 보라. 불은 "모든 곳에서 하나님의 거룩함과 연관되며(출 3:1-6; 13:21; 19:18; 레 10:1-2; 민 11:1-2; 왕상 18:24; 사 6:6-7), 그래서 거룩함을 선포하는 자들(3절)이 '불같은' 외모를 지닌 것은 아주 타당한 일이다."(Oswalt, *Isaiah*, 180-81).

11 Oswalt, *Isaiah*, 181.

12 다른 예로, 계 4:8을 보라.

13 Carson, *Difficult Doctrine of the Love of God*, 16–21.

14 Turretin, *Institutes*, 1:237.

15 이 점에 대해서는 Bavinck, *Reformed Dogmatics*, 2:224을 보라.

12장   하나님은 자신의 영광을 위해 질투하셔야 하는가?

1 이 책의 7장에서 민수기 22-24장에 기록된 발람 이야기를 다룬 것을 기억할 것이다. 발람은 여호와의 말씀을 전하지만, 그 일을 마지못해서 하는, 심지어 불순종하고 불경건한 사람이다. 요한계시록 2장 14절을 보면, "발락을 가르쳐 이스라엘 자손 앞에 걸림돌을 놓아 우상의 제물을 먹게 하였고 또 행음하게" 한 사람이 발람이라는 것을 알 수 있다. 따라서, 발락이 발람에게 바라는 것과 달리 발람이 이스라엘을 축복하는 예언을 하기는 하지만, 그럼에도 결국 발람은 이스라엘의 힘을 약화시킬 다른 방법을 찾아낸다. 즉, 호리는 여인들을 보내 이스라엘을 꾀어 우상숭배와 음행에 빠지게 만든다.

2 ESV 스터디 바이블에서 이 수치스러운 죽음에 관한 Gordon J. Wenham의 해설을 보라.

3 출 20:5; 34:14; 민 25:11; 신 4:24; 5:9; 6:15; 29:20; 31:16 – 17; 32:16, 21; 수 24:19; 왕하 19:31; 시 78:58; 79:5; 사 9:7; 26:11; 37:32; 42:13; 59:17; 63:15; 겔 5:13; 8:3 – 5; 16:38, 42; 23:25; 36:5 – 6; 39:25; 욜 2:18; 나 1:2; 습 1:18; 3:8; 슥 1:14 – 15; 8:2; 요 2:17; 고전 10:22; 고후 11:2; 약 4:5.

4 이 차이에 대해 더 연구하려면 Thoennes, *Godly Jealousy*, 13-15를 보라. Thoennes는 이 구별을 더 심화시킨다. 예를 들어, 열심과 질투도 같은 개념이 아니어서, 열심은 질투에 비해 더 폭넓은 범주의 개념이다.

5 Thoennes, *Godly Jealousy*, 13.

6 Thoennes의 책의 부제는 "A Theology of Intolerant Love"이다.

7 Thoennes, *Godly Jealousy*, 22.

8 사 1:21; 54:5 – 6; 57:3; 57:8; 렘 2:2, 23 – 25; 3:20; 31:32; 겔 16:1 – 43.

9 Thoennes, *Godly Jealousy*, 64. 그는 Block, *Ezekiel*, 1:465에서 내용을 이끌어 내었다.

10 Zimmerli, *Ezekiel*, 1:342; cf. Thoennes, *Godly Jealousy*, 107.

11 여호와를 거부한 결과가 무엇인지는 명백하다. 이스라엘은 "다른 신으로 그의 질투를 일으키며 가증한 것으로 그의 진노를 격발"했다(신 32:16). "그들이 하나님이 아닌 것으로 내 질투를 일으키며 허무한 것으로 내 진노를 일으켰나니…"(신 32:21; 6:13-16 참조).

12 Thoennes, *Godly Jealousy*, 23.

13 Thoennes, *Godly Jealousy*, 12.

14 Anselm, *Proslogion* 2 (*Major Works*, 87).

15 Thoennes, *Godly Jealousy*, 64.

16 이 점에 대해 더 알고 싶다면 Rennie, "Theology of the Doctrine of Divine Impassibility: (II)," 307를 보라.

17 그러므로, "진정한 덕행은 주로 하나님께 대한 사랑 가운데 있는 것이 틀림없다."

18 Piper, *Desiring God*, 18.

19 Piper, *Desiring God* (e.g., p. 10) 책 전반에 걸쳐 발견되는 선언이다.

참고 문헌

à Brakel, Wilhelmus. *The Christian's Reasonable Service*. Vol. 1, *God, Man, and Christ*. Grand Rapids: Reformation Heritage Press, 2012.

Anselm of Canterbury. *The Major Works*. Edited by Brian Davies and G. R. Evans. Oxford: Oxford University Press, 1998.

Aquinas, Thomas. *Opera Omnia*. Leonine ed. Rome: Typographia Polyglotta, 1882 –.

———. *Summa contra Gentiles, Book One: God*. Translated by Anton C. Pegis. Notre Dame, IN: University of Notre Dame Press, 1955. 《대이교도대전》 분도 출판사 역간.

———. *Summa Theologiae, Questions on God*. Edited by Brian Davies and Brian Leftow. Cambridge Texts in the History of Philosophy. Cambridge: Cambridge University Press, 2006.

Augustine of Hippo. *The City of God*. Edited by G. R. Evans. Translated by Henry Bettenson. New York: Penguin, 1972. 《신국론》, 아우룸 역간.

———. *The Confessions*. Translated by Henry Chadwick. Oxford: Oxford University Press, 1991. 《고백록》, 크리스천다이제스트 역간.

―――. *On Free Choice of the Will*. Translated by Thomas Williams. Indianapolis: Hackett, 1993.

―――. *The Trinity*. Edited by John E. Rotelle. Translated by Edmund Hill. The Works of Saint Augustine 5. Hyde Park, NY: New City, 1991. 《삼위일체론》, 크리스천다이제스트 역간.

―――. *The Trinity*. Translated by Stephen McKenna. Fathers of the Church 45. Washington, DC: Catholic University of America Press, 1963.

Baines, Ronald S., Richard C. Barcellos, James P. Butler, Stefan T. Lindblad, and James M. Renihan, eds. *Confessing the Impassible God: The Biblical, Classical, and Confessional Doctrine of Divine Impassibility*. Palmdale, CA: RBAP, 2015.

Barrett, Jordan. *Divine Simplicity: A Biblical and Trinitarian Account*. Emerging Scholars. Minneapolis: Fortress, 2017.

Barrett, Matthew. "Balancing *Sola Scriptura* and Catholic Trinitarianism: John Calvin, Nicene Complexity, and the Necessary Tension of Dogmatics." *Midwestern Journal of Theology* 16, no. 2 (Fall 2017): 45–78.

―――. *God's Word Alone: The Authority of Scripture*. Grand Rapids: Zondervan, 2016. 《오직 하나님의 말씀》, 부흥과개혁사 역간.

Barth, Karl. *Church Dogmatics*. Vol. 2.1, *The Doctrine of God*. 1957. Reprint, Peabody, MA: Hendrickson, 2010.

Bavinck, Herman. *The Doctrine of God*. Edinburgh: Banner of Truth, 1978. 《개혁교의학》, 부흥과개혁사 역간.

―――. *Reformed Dogmatics*. Vol. 2, *God and Creation*. Grand Rapids: Baker Academic, 2006. 《개혁교의학》, 부흥과개혁사 역간.

Berkhof, Louis. *Systematic Theology*. 1959. Reprint, Edinburgh: Banner of Truth, 2003. 《벌코프 조직신학》, 크리스천다이제스트 역간.

Blocher, Henri A. G. "'Middle Knowledge': Solution or Seduction?" *Unio cum Christo* 4, no. 1 (2018): 29–46.

Block, Daniel. *The Book of Ezekiel*. 2 vols. New International Commentary on the Old Testament. Grand Rapids: Eerdmans, 1997–98.

Boethius. *The Consolation of Philosophy*. Translated by Victor Watts. London:

Penguin, 1999.

Botterweck, G. Johannes, and Helmer Ringgren, eds. *Theological Dictionary of the Old Testament*. Translated by John T. Willis et al. 15 vols. Grand Rapids: Eerdmans, 1974–2006.

Boyer, Steven D., and Christopher Hall. *The Mystery of God: Theology for Knowing the Unknowable*. Grand Rapids: Baker Academic, 2012.

Bray, Gerald. *The Doctrine of God*. Contours of Christian Theology. Downers Grove, IL: InterVarsity, 1993.

Calvin, John. *The Covenant Enforced: Sermons on Deuteronomy 27 and 28*. Edited by James B. Jordan. Tyler, TX: Institute for Christian Economics, 1990.

———. *Institutes of the Christian Religion*. Edited by John T. McNeill. Translated by Ford Lewis Battles. 2 vols. The Library of Christian Classics. 1960. Reprint, Louisville: Westminster John Knox, 2006. 《기독교 강요》, 크리스천다이제스트 역간.

———. The *Secret Providence of God*. Edited by Paul Helm. Wheaton: Crossway, 2010.

Carson, D. A. *The Difficult Doctrine of the Love of God*. Wheaton: Crossway, 2000. 《D. A. 카슨의 하나님의 사랑》, 죠이북스 역간.

———. *Divine Sovereignty and Human Responsibility: Biblical Perspectives in Tension*. Eugene, OR: Wipf and Stock, 2002.

———. *How Long, O Lord? Reflections on Suffering and Evil*. 2nd ed. Grand Rapids: Baker Academic, 2006. 《위로의 하나님》, CLC 기독교문서선교회 역간.

Carter, Craig A. *Interpreting Scripture with the Great Tradition: Recovering the Genius of Premodern Exegesis*. Grand Rapids: Baker Books, 2018.

"The Chalcedonian Decree." *In Christology of the Later Fathers*, edited by Edward R. Hardy, Library of Christian Classics, 373. Louisville: Westminster John Knox, 1954.

Charnock, Stephen. *Discourses upon the Existence and Attributes of God*. 2 vols. 1874. Reprint, Grand Rapids: Baker, 1996. 《하나님의 존재와 속성》, 부흥과 개혁사 역간.

———. *The Works of Stephen Charnock*. Volumes 1 and 2. Edinburgh: Banner of

Truth, 1986, 2010.

Craig, William Lane. "Toward a Tenable Social Trinitarianism." In *Philosophical and Theological Essays on the Trinity*, edited by Thomas McCall and Michael C. Rea, 89 – 99. Oxford: Oxford University Press, 2009.

Dalberg-Acton, John. *Historical Essays and Studies*. Edited by J. N. Figgis and R. V. Laurence. London: Macmillan, 1907.

Dixon, Thomas. *From Passions to Emotions: The Creation of a Secular Psychological Category*. Cambridge: Cambridge University Press, 2006.

———. "Theology, Anti-Theology and Atheology: From Christian Passions to Secular Emotions." *Modern Theology* 15, no. 3 (1999): 297 – 330.

Dodds, Michael J. *The Unchanging God of Love: Thomas Aquinas and Contemporary Theology on Divine Immutability*. Washington, DC: Catholic University of America Press, 2008.

Dolezal, James E. *All That Is in God: Evangelical Theology and the Challenge of Classical Christian Theism*. Grand Rapids: Reformation Heritage Books, 2017.

———. *God without Parts: Divine Simplicity and the Metaphysics of God's Absoluteness*. Eugene, OR: Pickwick, 2011.

———. "Still Impassible: Confessing God without Passions." *Journal of the Institute of Reformed Baptist Studies* 1 (2014): 125 – 51.

———. "Strong Impassibility." In *Divine Impassibility: Four Views of God's Emotions and Suffering*, edited by Robert Matz and A. Chadwick Thornhill. Downers Grove, IL: IVP Academic, 2019.

Dorner, Isaak A. *Divine Immutability: A Critical Reconsideration*. Translated by Robert R. Williams and Claude Welch. Fortress Texts in Modern Theology. Minneapolis: Fortress, 1994. First published in German in 1856 – 58.

Duby, Steven J. *Divine Simplicity: A Dogmatic Account*. T&T Clark Studies in Systematic Theology. New York: Bloomsbury T&T Clark, 2016.

Edwards, Jonathan. *Charity and Its Fruits*. Carlisle, PA: Banner of Truth Trust, 1969. 《사랑》, 청교도신앙사 역간.

———. *Discourse on the Trinity. In The Works of Jonathan Edwards*, vol.

21,*Writings on the Trinity, Grace, and Faith*. New Haven: Yale University Press, 2003. 《조나단 에드워즈의 삼위일체론》, CLC 기독교문서선교회 역간.

―――. *The End for Which God Created the World*. In John Piper, *God's Passion for His Glory: Living the Vision of Jonathan Edwards*, 117‑252. Wheaton: Crossway, 1998. 《조나단 에드워즈가 본 천지 창조의 목적》, 솔로몬 역간.

―――. *The Nature of True Virtue*. In *The Works of Jonathan Edwards*, vol. 8, *Ethical Writings*, ed. Paul Ramsey, 537‑627. New Haven: Yale University Press, 1989. 《참된 미덕의 본질》, 부흥과개혁사 역간.

Ellis, Brannon. *Calvin, Classical Trinitarianism & the Aseity of the Son*. Oxford: Oxford University Press, 2012.

The ESV Study Bible. Wheaton: Crossway, 2008. 《ESV 스터디 바이블》, 부흥과개혁사 역간.

Feinberg, John S. *No One Like Him: The Doctrine of God*. Foundations of Evangelical Theology. Wheaton: Crossway, 2001.

Feser, Edward. *Scholastic Metaphysics*. Germany: Editiones Scholasticae, 2014.

Frame, John M. *The Doctrine of God*. Phillipsburg, NJ: P&R, 2002.

Garrett, Duane A. *A Commentary on Exodus*. Kregel Exegetical Library. Grand Rapids: Kregel Academic, 2014.

Gavrilyuk, Paul L. "God's Impassible Suffering in the Flesh: The Promise of Paradoxical Christology." In *Divine Impassibility and the Mystery of Human Suffering*, edited by James F. Keating and Thomas Joseph White, 127‑49. Grand Rapids: Eerdmans, 2009.

―――. *The Suffering of the Impassible God: The Dialectics of Patristic Thought*. Oxford Early Christian Studies. Oxford: Oxford University Press, 2004.

Gill, John. *A Body of Doctrinal Divinity*. Atlanta: Turner Lassetter, 1957.

Gregory of Nazianzus. *Theological Orations*. In *Nicene and Post-Nicene Fathers*, second series, edited by Philip Schaff and Henry Wace, 7:203‑434. Peabody, MA: Hendrickson, 2012.

―――. *To Cledonius the Priest against Apollinarius*. In *Nicene and Post-Nicene Fathers*, second series, edited by Philip Schaff and Henry Wace, 7:439‑43. Peabody, MA: Hendrickson, 2012.

Gregory of Nyssa. *Quod Non Sint Tres Dii, ad Ablabium*. In *Patrologia Graeca*, edited by Jacques-Paul Migne, vol. 45. Paris, 1863.

Gunton, Colin E. *Act and Being: Towards a Theology of the Divine Attributes*. London: SCM, 2002.

Hamilton, Victor P. *Exodus: An Exegetical Commentary*. Grand Rapids: Baker Academic, 2011.

Hanby, Michael. *No God, No Science? Theology, Cosmology, Biology*. Oxford: Wiley-Blackwell, 2013.

Harman, Allan. "Singing and Living Justification by Faith Alone: The Psalms and the Wisdom Literature." In *The Doctrine on Which the Church Stands or Falls*, edited by Matthew Barrett. Wheaton: Crossway, forthcoming.

Hart, David Bentley. *The Experience of God: Being, Consciousness, Bliss*. New Haven: Yale University Press, 2013.

Helm, Paul. *Eternal God*. Oxford: Clarendon, 1988.

———. "The Impossibility of Divine Passibility." In *The Power and Weakness of God: Impassibility and Orthodoxy; Papers Presented at the Third Edinburgh Conference in Christian Dogmatics, 1989*, edited by Nigel M. de S. Cameron, 119-40. Edinburgh: Rutherford, 1990.

Henry, Carl F. H. *God Who Stands and Stays*. Vol. 5, *God, Revelation and Authority*. Wheaton: Crossway, 1999.

Hodge, Charles. *Systematic Theology*. Vol. 1. Grand Rapids: Eerdmans, 1986.《찰스 하지 조직신학》, 크리스천다이제스트 역간.

Hogg, David S. "Anselm of Canterbury (1033-1109)." In *The Dictionary of Historical Theology*, edited by Trevor A. Hart, 16-18. Grand Rapids: Eerdmans, 2000.

Horton, Michael. *The Christian Faith: A Systematic Theology for Pilgrims on the Way*. Grand Rapids: Zondervan, 2011.

———. *Christless Christianity: The Alternative Gospel of the American Church*. Grand Rapids: Baker Books, 2008.《그리스도 없는 기독교》, 부흥과개혁사 역간.

———. *Pilgrim Theology*. Grand Rapids: Zondervan, 2013.《천국 가는 순례자를 위한 조직신학》, 부흥과개혁사 역간.

Huffman, Douglas S., and Eric L. Johnson, eds. *God under Fire: Modern Scholarship Reinvents God*. Grand Rapids: Zondervan, 2000.

Irenaeus. *Against Heresies*. *In Ante-Nicene Fathers*, edited by Alexander Roberts and James Donaldson, 1:315 – 567. Peabody, MA: Hendrickson, 2012.

John Chrysostom. *On the Incomprehensible Nature of God*. Translated by Paul W. Harkins. Washington, DC: Catholic University of America Press, 2010.

John of Damascus. *Expositio de Fide Orthodoxa*. *In Patrologia Graeca*, edited by Jacques-Paul Migne, vol. 94. Paris, 1863.

———. *Exposition of the Orthodox Faith*. Translated by S. D. F. Salmond. In *Nicene and Post-Nicene Fathers*, second series, edited by Philip Schaff and Henry Wace, 9:1 – 101. Peabody, MA: Hendrickson, 2012.

———. *The Orthodox Faith*. In *Writings*, translated by Frederic H. Chase Jr., 165 – 406. Washington, DC: Catholic University of America Press, 1958.

Kuhn, P. *Gottes Selbsterniedrigung in der Theologie der Rabbinen*. Munich: Kösel, 1968.

Leigh, Edward. *A Systeme or Body of Divinity*. London, n.d.

Lewis, C. S. *The Problem of Pain*. New York: Macmillan, 1959. 《고통의 문제》, 홍성사 역간.

———. *The Weight of Glory*. New York: HarperCollins, 2001. 《영광의 무게》, 홍성사 역간.

Lister, J. Ryan. *The Presence of God: Its Place in the Storyline of Scripture and the Story of Our Lives*. Wheaton: Crossway, 2015.

Lister, Rob. *God Is Impassible and Impassioned: Toward a Theology of Divine Emotion*. Wheaton: Crossway, 2013.

Littlejohn, Bradford. *God of Our Fathers: Classical Theism for the Contemporary Church*. Moscow, ID: The Davenant Institute, 2018.

Long, D. Stephen. *The Perfectly Simple Triune God: Aquinas and His Legacy*. Minneapolis: Fortress, 2016.

McCormack, Bruce L., ed. *Engaging the Doctrine of God: Contemporary Protestant Perspectives*. Grand Rapids: Baker Academic, 2008.

McGinnis, Andrew M. *The Son of God beyond the Flesh: A Historical and*

Theological Study of the extra Calvinisticum. New York: Bloomsbury T&T Clark, 2014.

Molina, Luis de. *On Divine Foreknowledge: Part IV of the "Concordia."* Translated by Alfred J. Freddoso. Cornell Classics in Philosophy. Reprint, New York: Cornell University Press, 2004.

Moltmann, Jürgen. *The Crucified God: The Cross of Christ as the Foundation and Criticism of Christian Theology.* 40th anniv. ed. Minneapolis: Fortress, 2015.《십자가에 달리신 하나님》, 대한기독교서회 역간.

―――. *The Trinity and the Kingdom: The Doctrine of God.* Minneapolis: Fortress, 1993.《삼위일체와 하나님의 나라》, 대한기독교서회 역간.

Moreland, J. P., and William Lane Craig. *Philosophical Foundations for a Christian Worldview.* Downers Grove, IL: InterVarsity, 2003.《인식론》, CLC 기독교문서선교회 역간.

Mozley, J. K. *The Impassibility of God: A Survey of Christian Thought.* Cambridge: Cambridge University Press, 1926.

Muller, Richard A. *Dictionary of Latin and Greek Theological Terms: Drawn Principally from Protestant Scholastic Theology.* 2nd ed. Grand Rapids: Baker Academic, 2017.

―――. *The Divine Essence and Attributes.* Vol. 3, *Post-Reformation Reformed Dogmatics: The Rise and Development of Reformed Orthodoxy, ca. 1520 to ca. 1725.* Grand Rapids: Baker Academic, 2003.

―――. "Incarnation, Immutability, and the Case for Classical Theism." *Westminster Theological Journal* 45 (1983): 22–40.

―――. *The Triunity of God.* Vol. 4 of *Post-Reformation Reformed Dogmatics: The Rise and Development of Reformed Orthodoxy, ca. 1520 to ca. 1725.* Grand Rapids: Baker Academic, 2003.

Nash, Ronald H. *The Concept of God: An Exploration of Contemporary Difficulties with the Attributes of God.* Grand Rapids: Zondervan, 1983.

Ockham, William. *Predestination, God's Foreknowledge, and Future Contingents.* Translated by Marilyn McCord Adams and Morman Kretzmann. 2nd ed. Indianapolis: Hackett, 1983.

Oden, Thomas C. *The Living God*. Vol. 1, *Systematic Theology*. San Francisco: HarperSanFrancisco, 1987.

Oliphint, K. Scott. *God with Us: Divine Condescension and the Attributes of God*. Wheaton: Crossway, 2012.

———. The Majesty of Mystery: *Celebrating the Glory of an Incomprehensible God*. Bellingham, WA: Lexham, 2016.

Origen. *De Principiis. In Ante-Nicene Fathers*, edited by Alexander Roberts and James Donaldson, 4:239–382. Peabody, MA: Hendrickson, 2012.

———. *Homilies on Jeremiah; Homily on 1 Kings 28*. Translated by John Clark Smith. Fathers of the Church 97. Washington, DC: Catholic University of America Press, 1998.

Oswalt, John N. *The Book of Isaiah: Chapters 1–39*. New International Commentary on the Old Testament. Grand Rapids: Eerdmans, 1986.

Owen, John. *The Works of John Owen*. Edited by William H. Goold. Vol. 2, *Of Communion with God the Father, Son, and Holy Ghost*. Edinburgh: Banner of Truth, 1965.

———. *The Works of John Owen*. Edited by William H. Goold. Vol. 3, *Discourse Concerning the Holy Spirit*. 1850–53. Reprint, Edinburgh: Banner of Truth Trust, 2009.

———. *The Works of John Owen*. Edited by William H. Goold. Vol. 12, *Vindicae Evangelicae*. 1850–53. Reprint, Edinburgh: Banner of Truth Trust, 1999.

Packer, J. I. *Keep in Step with the Spirit: Finding Fullness in Our Walk with God*. Rev. ed. Grand Rapids: Baker Books, 2005.《성령을 아는 지식》, 홍성사 역간.

———. *Knowing God*. Downers Grove, IL: InterVarsity, 1973.《하나님을 아는 지식》, IVP 역간.

———. *Puritan Portraits*. Fearn, Ross-shire: Christian Focus, 2012.《청교도 인물사》, CLC 기독교문서선교회 역간.

Parker, Robert. "Greek Religion." In *The Oxford Illustrated History of Greece and the Hellenistic World*, edited by John Boardman, Jasper Griffin, and Oswyn Murray, 248–68. Oxford: Oxford University Press, 1988.

Peterson, David. *Possessed by God: A New Testament Theology of Sanctification and Holiness*. Downers Grove, IL: InterVarsity, 1995.

Pink, Arthur W. *The Attributes of God*. Grand Rapids: Baker, 1975. 《하나님을 아는 즐거움》, 누가 역간.

Piper, John. *Desiring God: Meditations of a Christian Hedonist*. Colorado Springs: Multnomah, 2011. 《하나님을 기뻐하라》, 생명의말씀사 역간.

―――. *The Pleasures of God: Meditations on God's Delight in Being God*. Rev. ed. Sisters, OR: Multnomah, 2000.

Placher, William C. *The Domestication of Transcendence: How Modern Thinking about God Went Wrong*. Louisville: Westminster John Knox, 1998.

Raddle-Gallwitz, Andrew. *Basil of Caesarea, Gregory of Nyssa, and the Transformation of Divine Simplicity*. Oxford Early Christian Studies. Oxford: Oxford University Press, 2009.

Renihan, Samuel. *God without Passions: A Primer; A Practical and Pastoral Study of Divine Impassibility*. Palmdale, CA: RBAP, 2015.

―――, ed. *God without Passions: A Reader*. Palmdale, CA: RBAP, 2015.

Rennie, Charles J. "Analogy and the Doctrine of Divine Impassibility." In Baines et al., *Confessing the Impassible God*, 47–80.

―――. "A Theology of the Doctrine of Divine Impassibility: (I) Impassibility and the Essence and Attributes of God." In Baines et al., *Confessing the Impassible God*, 279–304.

―――. "A Theology of the Doctrine of Divine Impassibility: (II) Impassibility and the Divine Affections." In Baines et al., *Confessing the Impassible God*, 305–36.

Rogers, Katherin A. *Perfect Being Theology*. Reason and Religion. Edinburgh: Edinburgh University Press, 2000.

Sanders, Fred. *The Deep Things of God: How the Trinity Changes Everything*. Wheaton: Crossway, 2010. 《삼위일체 하나님이 복음이다》, 부흥과개혁사 역간.

―――. *The Triune God*. New Studies in Dogmatics. Grand Rapids: Zondervan, 2016.

Sanlon, Peter. *Simply God: Recovering the Classical Trinity*. Nottingham,

England: Inter-Varsity, 2014.

Schaeffer, Francis A. *No Little People*. In *The Complete Works of Francis A. Schaeffer*, 3:3 –194. Wheaton: Crossway, 2003.

Shedd, William G. T. *Dogmatic Theology*. Edited by Alan W. Gomes. 3rd ed. Phillipsburg, NJ: P&R, 2003.

Sheridan, Mark. *Language for God in Patristic Tradition: Wrestling with Biblical Anthropomorphism*. Downers Grove, IL: IVP Academic, 2005.

Smith, William Chalmers. "Immortal, Invisible." In *Hymns for Praise and Worship*, no. 21. Nappanee, IN: Evangel, 1984.

Sonderegger, Katherine. *Systematic Theology*. Vol. 1, *The Doctrine of God*. Minneapolis: Fortress, 2015.

Sproul, R. C. *Enjoying God: Finding Hope in the Attributes of God*. Grand Rapids: Baker Books, 2017.

Swain, Scott R. "Divine Trinity." In *Christian Dogmatics: Reformed Theology for the Church Catholic*, edited by Michael Allen and Scott R. Swain, 78 –106. Grand Rapids: Baker Academic, 2016.

Swinnock, George. *The Incomparableness of God*. Vol. 4 of *The Works of George Swinnock*. Edinburgh: Banner of Truth, 1992.

"The Symbol of Chalcedon." In *The Creeds of Christendom*, edited by Philip Schaff, 2:62 –63. Reprint, Grand Rapids: Baker Books, 2007.

Tertullian. *Against Marcion*. In *Ante-Nicene Fathers*, edited by Alexander Roberts and James Donaldson, 3:271 –475. Peabody, MA: Hendrickson, 2012.

Thoennes, K. Erik. *Godly Jealousy: A Theology of Intolerant Love*. Fearn, Ross-shire: Mentor, 2005.

Tozer, A. W. *The Attributes of God*. Vol. 1, *A Journey into the Father's Heart*. Camp Hill, PA: Christian Publications, 1997. 《GOD 하나님》, 규장 역간.

———. *The Attributes of God*. Vol. 2, *Deeper into the Father's Heart*. Camp Hill, PA: Christian Publications, 2001. 《GOD 하나님》, 규장 역간.

———. *The Knowledge of the Holy*. San Francisco: HarperSanFrancisco, 1961. 《하나님을 바로 알자》, 생명의말씀사 역간.

Turretin, Francis. *Institutes of Elenctic Theology*. Edited by James T. Dennison Jr. Translated by George Giger. Vol. 1, *First through Tenth Topics*. Phillipsburg, NJ: 1992.

Ussher, James. *A Body of Divinitie, or the Summe and Substance of Christian Religion*. London: M.F., 1645.

Vanhoozer, Kevin J. *Remythologizing Theology: Divine Action, Passion, and Authorship*. Cambridge Studies in Christian Doctrine. Cambridge: Cambridge University Press, 2010.

Vos, Geerhardus. *Reformed Dogmatics*. Translated by Richard B. Gaffin Jr. Vol. 1, *Theology Proper*. Bellingham, WA: Lexham, 2012–14. 《게르할더스 보스의 개혁교의학》, 솔로몬 역간.

Waltke, Bruce K., and James M. Houston. *The Psalms as Christian Worship: A Historical Commentary*. Grand Rapids: Eerdmans, 2010.

Ware, Bruce, ed. *Four Views on the Doctrine of God*. Nashville: B&H, 2008.

———. *God's Greater Glory: The Exalted God of Scripture and the Christian Faith*. Wheaton: Crossway, 2004. 《더 큰 하나님의 영광》, 부흥과개혁사 역간.

———. *God's Lesser Glory: The Diminished God of Open Theism*. Wheaton: Crossway, 2000.

Watson, Thomas. *A Body of Divinity*. Reprint, Edinburgh: Banner of Truth, 2012.

Webster, John. *Confessing God: Essays in Christian Dogmatics II*. New York: Bloomsbury T&T Clark, 2016.

———. *God without Measure: Working Papers in Christian Theology*. Vol. 1, *God and the Works of God*. New York: Bloomsbury T&T Clark, 2016.

Weinandy, Thomas G. *Does God Change? The Word's Becoming in the Incarnation*. Studies in Historical Theology 4. Still River, MA: St. Bede's Press, 2002.

———. "Does God Suffer?" *First Things* 117 (November 2001): 35–41.

———. *Does God Suffer? The Mystery of God's Love*. Notre Dame, IN: University of Notre Dame Press, 2000.

———. "Impassibility of God." In *New Catholic Encyclopedia*, edited by Thomas Carson and Joann Cerrito, 7:357–60. 2nd ed. Detroit: Thomson Gale, 2003.

Williams, Garry J. *His Love Endures Forever: Reflections on the Immeasurable Love of God*. Wheaton: Crossway, 2016.

Zimmerli, Walther. *Ezekiel*. Hermeneia. 2 vols. Philadelphia: Fortress, 1979–83.

개혁된 실천 시리즈 ————

1. 깨어 있음
깨어 있음의 개혁된 실천
브라이언 헤지스 지음 | 조계광 옮김

성경은 모든 그리스도인에게 신분이나 인생의 시기와 상관없이 항상 깨어 경계할 것을 권고한다. 브라이언 헤지스는 성경과 과거의 신자들의 가르침을 바탕으로 깨어 있음의 "무엇, 왜, 어떻게, 언제, 누가"에 대해 말한다. 이 책은 반성과 자기점검과 개인적인 적용을 돕기 위해 각 장의 끝에 "점검과 적용" 질문들을 첨부했다. 이 책은 더 큰 깨어 있음, 증가된 거룩함, 삼위일체 하나님과의 더 깊은 교제를 향한 길을 발견하고자 하는 사람을 위한 책이다.

2. 기독교적 삶의 아름다움과 영광
그리스도인의 삶의 개혁된 실천
조엘 R. 비키 편집 | 조계광 옮김

본서는 그리스도인의 삶에서 정말로 중요한 요소들을 압축적으로 담고 있다. 내면적 경건생활부터 가정, 직장, 전도하는 삶, 그리고 이 땅이 적대적 환경에 대응하며 살아가는 삶에 대해 정확한 성경적 원칙을 들어 말하고 있다.
이 책은 주제들을 잘 선택해 주의 깊게 다루는데, 주로 청교도들의 글에서 중요한 포인트들을 최대한 끌어내서 핵심 주제들을 짚어준다. 영광스럽고 아름다운 그리스도인의 삶의 청사진을 맛보고 싶다면 이 책을 읽으면 된다.

3. 목사와 상담
목회 상담의 개혁된 실천
제레미 피에르, 디팍 레주 지음 | 차수정 옮김

이 책은 목회 상담이라는 어려운 책무를 어떻게 수행해야 하는지 차근차근 단계별로 쉽게 가르쳐준다. 상담의 목적은 복음의 적용이다. 이 책은 이 영광스러운 임무를 효과적으로 수행할 수 있도록 첫 상담부터 마지막 상담까지 상담 프로세스를 어떻게 꾸려가야 할지 가르쳐준다.

4. 장로 핸드북
모든 성도가 알아야 할 장로 직분
제랄드 벌고프, 레스터 데 코스터 공저 | 송광택 옮김

하나님은 복수의 장로를 통해 교회를 다스리신다. 복수의 장로가 자신의 역할을 잘 감당해야 교회 안에 하나님의 통치가 제대로 편만하게 미친다. 이 책은 그토록 중요한 장로 직분에 대한 성경의 가르침을 정리하여 제공한다. 이 책의 원칙에 의거하여 오늘날 교회 안에서 장로 후보들이 잘 양육되고 있고, 성경이 말하는 자격요건을 구비한 장로들이 성경적 원칙에 의거하여 선출되고, 장로들이 자신의 감독과 목양 책임을 잘 수행하고 있는가? 우리는 장로 직분을 바로 이해하고 새롭게 실천하여야 할 것이다. 이 책은 비단 장로만을 위한 책이 아니라 모든 성도를 위한 책이다. 성도는 장로를 선출하고 장로의 다스림에 복종하고 장로의 감독을 받고 장로를 위해 기도하고 장로의 직분 수행을 돕고 심지어 장로 직분을 사모해야 하기 때문에 장로 직분에 대한 깊은 이해가 필수적이다.

5. 단순한 영성
영적 훈련의 개혁된 실천
도널드 휘트니 지음 | 이대은 옮김

본서는 단순한 영성을 구현하기 위한 영적 훈련 방법에 대한 소중한 조언으로 가득하다. 성경 읽기, 성경 묵상, 기도하기, 일지 쓰기, 주일 보내기, 가정 예배, 영적 위인들로부터 유익 얻기, 독서하기, 복음전도, 성도의 교제 등 거의 모든 분야의 영적 훈련에 대해 말하고 있다. 조엘 비키 박사는 이 책의 내용의 절반만 실천해도 우리의 영적 생활이 분명 나아질 것이라고 한다. 그리고 한 장씩 주의하며 읽고, 날마다 기도하며 실천하라고 조언한다.

6. 집사 핸드북
모든 성도가 알아야 할 집사 직분
제랄드 벌고프, 레스터 데 코스터 공저 | 황영철 옮김

하나님의 율법은 교회 안에서 곤핍한 자들, 외로

운 자들, 정서적 필요를 가진 자들을 따뜻하고 자애롭게 돌볼 것을 명한다. 거룩한 공동체 안에 한 명도 소외된 자가 없도록 이러한 돌봄이 잘 이루어져야 한다. 이 일은 기본적으로 모든 성도가 힘써야 할 책무이지만 교회는 특별히 이 일에 책임을 지고 감당하도록 집사 직분을 세운다. 오늘날 율법의 명령이 잘 실천되어 교회 안에 사랑과 섬김의 손길이 구석구석 미치고 있는가? 우리는 집사 직분을 바로 이해하고 새롭게 실천하여야 할 것이다. 그것은 교회 공동체를 향한 하나님의 거룩한 뜻이다.

7. 지상명령 바로알기
지상명령의 개혁된 실천
마크 데버 지음 | 김태곤 옮김

이 책은 지상명령의 바른 이해와 실천을 알려준다. 지상명령은 복음전도가 전부가 아니며 예수님이 분부하신 모든 것을 가르쳐 지키게 하는 것까지 포함하는 포괄적인 명령이다. 따라서 이 명령 아래 살아가고 있는 그리스도인들은 모든 것을 가르쳐 지키게 하는 그러한 시스템을 구축하고 이를 실천해야 한다. 이 책은 예수님이 이 명령을 교회에게 명령하셨다고 지적하며 지역교회가 이 일을 수행할 수 있는 실천적 방법들을 구체적으로 다루고 있다. 삶으로 그리스도를 따르는 제자들로 가득 찬 교회를 꿈꾼다면 이 책이 큰 도움이 될 것이다.

8. 예배의 날
제4계명의 개혁된 실천
라이언 맥그로우 지음 | 조계광 옮김

제4계명은 십계명 중 하나로서 삶의 골간을 이루는 중요한 계명이다. 하나님의 뜻을 따르는 우리는 이를 모호하게 이해하고, 모호하게 실천하면 안 되며, 제대로 이해하고, 제대로 실천해야 한다. 이를 위해 우리는 이 계명의 참뜻을 신중하게 연구해야 한다. 이 책은 가장 분명한 논증을 통해 제4계명의 의미를 해석하고 밝혀준다. 하나님은 그날을 왜 제정하셨나? 그날은 얼마나 복된 날이며 무엇을 하면서 하나님의 복을 받는 날인가? 교회사에서 이 계명은 어떻게 이해되었고 어떤 학설이 있고 어느 관점이 성경적인가?

오늘날 우리는 이 계명을 어떻게 지킬 것인가?

9. 9Marks 힘든 곳의 지역 교회
가난하고 곤고한 곳에 교회가 어떻게 생명을 가져다 주는가
메즈 맥코넬, 마이크 맥킨리 지음 | 김태곤 옮김

이 책은 각각 브라질, 스코틀랜드, 미국 등의 빈궁한 지역에서 지역 교회 사역을 해 오고 있는 두 명의 저자가 그들의 실제 경험을 바탕으로 쓴 책이다. 이 책은 그런 지역에 가장 필요한 사역, 가장 효과적인 사역, 장기적인 변화를 가져오는 사역이 무엇인지 가르쳐준다. 힘든 곳에 사는 사람들을 긍휼히 여기는 마음이 있다면 꼭 참고할 만한 책이다.

10. 생기 넘치는 교회의 4가지 기초
건강한 교회 생활의 개혁된 실천
윌리엄 보에케스타인, 대니얼 하이드 공저

이 책은 두 명의 개혁파 목사가 교회에 대해 저술한 책이다. 이 책은 기존의 교회성장에 관한 책들과는 궤를 달리하며, 교회의 정체성, 권위, 일치, 활동 등 네 가지 영역에서 성경적 원칙이 확립되고 '질서가 잘 잡힌 교회'가 될 것을 촉구한다. 이 4가지 부분에서 성경적 실천이 조화롭게 형성되면 생기 넘치는 교회가 되기 위한 기초가 형성되는 셈이다. 이 네 영역 중 하나라도 잘못되고 무질서하면 그만큼 교회의 삶은 혼탁해지며 교회는 약해지게 된다.

11. 마음을 위한 하나님의 전투 계획
청교도가 실천한 성경적 묵상
데이비드 색스톤 지음 | 조엘 비키 서문 | 조계광 옮김

묵상하지 않으면 경건한 삶을 살 수 없다. 우리 시대에 일어나고 있는 일이 바로 이것이다. 오늘날은 명상에 대한 반감으로 묵상조차 거부한다. 그러면 무엇이 잘못된 명상이고 무엇이 성경적 묵상인가? 저자는 방대한 청교도 문헌을 조사하여 청교도들이 실천한 묵상을 정리하여 제시하면서, 성경적 묵상이란 무엇이고, 왜 묵상을 해야 하며, 어떻게 구체적으로 묵상을 실천하는지 알려준다. 우리는 다시금 이 필수적인 실천사항으로 돌아가야 한다.

12. 북미 개혁교단의 교회개척 매뉴얼
URCNA 교단의 공식 문서를 통해 배우는 교회개척 원리와 실천

이 책은 북미연합개혁교회(URCNA)라는 개혁 교단의 교회개척 매뉴얼로서, 교회개척의 첫 걸음부터 그 마지막 단계까지 성경의 원리에 입각한 교회개척 방법을 가르쳐준다. 모든 신자는 함께 교회를 개척하여 그리스도의 나라를 확장해야 한다.

13. 아이들이 공예배에 참석해야 하는가
아이들의 예배 참석의 개혁된 실천
대니얼 R. 하이드 지음 | 유정희 옮김

아이들만의 예배가 성경적인가? 아니면 아이들도 어른들의 공예배에 참석해야 하는가? 성경은 이에 대해 무엇을 말하는가? 아이들의 공예배 참석은 어떤 유익이 있으며 실천적인 면에서 주의할 점은 무엇인가? 이 책은 아이들의 공예배 참석 문제에 대해 성경을 토대로 돌아보게 한다.

14. 신규 목회자 핸드북
제이슨 헬로포울로스 지음 | 리곤 던컨 서문 | 김태곤 옮김

이 책은 새로 목회자가 된 사람을 향한 주옥같은 48가지 조언을 담고 있다. 리곤 던컨, 케빈 드영, 앨버트 몰러, 알리스테어 베그, 팀 챌리스 등이 이 책에 대해 극찬하였다. 이 책은 읽기 쉽고 매우 실천적이며 유익하다.

15. 존 오웬의 그리스도인의 교제 의무
그리스도인의 교제의 개혁된 실천
존 오웬 지음 | 김태곤 옮김

이 책은 그리스도인 상호 간의 교제에 대해 청교도 신학자이자 목회자였던 존 오웬이 저술한 매우 실천적인 책으로서, 이 책에서 우리는 청교도들이 그리스도인의 교제를 얼마나 중시했는지 엿볼 수 있다. 이 책은 그리스도인의 교제에 대한 핵심 원칙들을 담고 있다. 교회 안의 그룹 성경공부에 적합하도록 각 장 뒤에는 토의할 문제들이 부가되어 있다.

16. 9Marks 마크 데버, 그렉 길버트의 설교
설교의 개혁된 실천
마크 데버, 그렉 길버트 지음 | 이대은 옮김

1부에서는 설교에 대한 신학을, 2부에서는 설교에 대한 실천을 담고 있고, 3부는 설교 원고의 예를 담고 있다. 이 책은 신학적으로 탄탄한 배경 위에서 설교에 대해 가장 실천적으로 코칭하는 책이다.

17. 개혁교회 공예배
공예배의 개혁된 실천
대니얼 R. 하이드 지음 | 이선숙 옮김

많은 신자들이 평생 수백 번, 수천 번의 공예배를 드리지만 정작 예배에 대해서 제대로 이해하지 못하는 경우가 많다. 당신은 예배가 왜 지금과 같은 구조와 순서로 되어 있는지 이해하고 예배하는가? 신앙고백은 왜 하는지, 목회자가 왜 대표로 기도하는지, 말씀은 왜 읽는지, 축도는 왜 하는지 이해하고 참여하는가? 이 책은 분량은 많지 않지만 공예배의 핵심 사항들에 대하여 알기 쉽게 알려준다.

18. 신약 시대 신자가 왜 금식을 해야 하는가
금식의 개혁된 실천
대니얼 R. 하이드 지음 | 김태곤 옮김

금식은 과거 구약 시대에 국한된, 우리와 상관없는 실천사항인가? 신약 시대 신자가 정기적인 금식을 의무적으로 행해야 하는가? 자유롭게 금식할 수 있는가? 금식의 목적은 무엇인가? 이 책은 이런 여러 질문에 답하면서, 이 복된 실천사항을 성경대로 회복할 것을 촉구한다.